사회적 존재의 존재론

한국연구재단총서 Academic Library of NRF 학술명저번역 593

사회적 존재의 존재론 ❷

Zur Ontologie des gesellschaftlichen Seins

게오르그 루카치 지음 | **이종철·정대성** 옮김

아카넷

Zur Ontologie des gesellschaftlichen Seins

by Georg Lukács

차례

역자 서문

　20세기 중반, 냉전을 가로지르는 시기에 마르크스 내지 마르크스주의를 서유럽에서 여전히 유력한 지적 흐름으로 지속시킨 가장 중요한 인물이 G. 루카치(1885~1971)임을 부인할 수 없다. 헝가리 부다페스트에서 출생하여 독일 베를린 대학과 하이델베르크 대학에서 G. 짐멜, M. 베버 등 현대의 거장들에게서 배운 그는 마르크스주의를 헤겔의 변증법을 이용하여 재해석하는 작업에 일생을 바쳤다. 그의 작업은 한편으로는 동유럽을 중심으로 전개된 정통 마르크스주의와 비판적 거리를 취함으로써 후기자본주의 사회에서도 여전히 유효한 마르크스 사상의 핵심을 계승시키고 있으며, 다른 한편 서구사회에서 자본주의에 의한 인간의 사물화(Verdinglichung)의 현상을 폭로함으로써 서구사회 혹은 서구의 학계가 현실적 비판능력을 잃지 않도록 끊임없는 자극을 부여하는 작업을 수행했다.

　이러한 작업의 결과물로 『역사와 계급의식』, 『청년 헤겔』, 『이성의 파괴』 등이 출판되었으며, 이 외에도 마르크스주의적 입장을 대변하는 미학관련 서적들을 많이 남겼다. 마르크스 진영 내에서 수많은 논쟁을 불러일으킨 『역사와 계급의식』으로 인해 한때 그는 레닌의 비판을 받기도 하고, 이로 인해 자아비판적인 글을 쓰기도 하였다. 하지만 그는 정통 마르크스주의의 교조주의적인 관점에 대한 비판을 끝까지 포기하지 않았으며, 이러한 그의 작업은 K. 코르슈의 연구성과와 더불어 서구사회에서 마르크스를 새롭게 해석하는 중요한 계기를 마련하였다. 특히 '프랑크푸르트학파'는 이들의 영향을 가장 직접적으로 받은 자들이라고 할 수 있다.

『사회적 존재의 존재론』은 그의 유고로서 「서언」, 「제1부 현재의 문제 상황」, 「제2부 중요한 문제복합체들」로 이뤄진, 독일어 원문으로 1,500쪽이 넘는 방대한 작품이다. 그리고 각 부는 각각 네 개의 장으로 이뤄져 있는데, 제1부의 제1장은 당대의 가장 유력한 지적인 흐름을 형성하고 있었던 실존주의와 논리실증주의를 비판적으로 다루고 있으며, 제2장은 관념론적 전통 내에서 당대에 사회적 존재의 특성을 그나마 잘 드러내고 있다고 평가받는 니콜라이 하르트만의 존재론에 내재한 긍정적 측면과 한계를 보여준다. 이 제1장과 제2장은 우리 번역 프로젝트의 일환으로 이미 권순홍 교수(군산대)에 의해 출판되었다. 그리고 여기 번역의 대상이 된 제3장과 제4장은 루카치에게 직접적으로 영향을 준, 그에 의해 사회적 존재의 특성을 가장 잘 보여주는 고전 철학자로 평가되는 헤겔과 마르크스를 다룬다.

제1부가 인물중심의 서술이라면, 제2부는 사회적 존재를 해명하는 핵심 개념들을 다룬다. 어쩌면 사회적 존재에 대한 루카치의 핵심 사상이 집약되어 있는 부분이다. 제1장은 '노동', 제2장은 '재생산', 제3장은 '이념적인 것과 이데올로기', 그리고 제4장은 '소외'를 다루고 있는데, 머지않아 출판

될 것이다.

『사회적 존재의 존재론』의 일부, 정확히 하자면 제1부 「제3장 헤겔, 제4장 마르크스」와 제2부 「제1장 노동」은 이미 독일에서 각각 단행본으로 출판되었었는데, 이 글들은 모두 그의 유고인 이 저작 『사회적 존재의 존재론』으로 편입되었다.

먼저 '사회적 존재의 존재론'이라는 제목의 의미를 간략하게 해명할 필요가 있다. 무엇보다 '존재론(Ontologie)'이라는 말의 의미를 살펴보아야 한다. 일반적으로 칸트 이전에 존재론은 형이상학과 거의 동의어로 사용되었다. 특정한 종류의 존재자들, 즉 인간의 경험의 대상이 되는 존재자들 혹은 존재의 특정한 측면을 다루는 일반적 학문과 달리 존재론은 존재를 (특정한 측면에서가 아니라) 그 자체로 다루는 학으로서 현상세계의 너머에 있는 세계에 대한 탐구로까지 나아가며, 그 중심 주제는 신과 우주, 그리고 영혼과 같은 비경험적 대상들이다. 아리스토텔레스는 이를 제1철학이라 명하는데, 모든 학문의 가장 중요한 부분으로 받아들여졌다. 이 영역은 존재 그 자체를 다루기 때문에, 더 나아가 경험의 너머에 있는 대상을 다루기 때문에 감각이 아니라 이성에 의해서만 도달 가능하며, 그런 점에서 (경험이 배제되어 있다는 점에서) 순수한 학문으로 평가되기도 한다.

문제는 존재론이 현상의 세계가 아니라 현상 너머의 세계(혹은 경험의 가능조건—칸트)를 다루기 때문에 과학성을 실증성에서 찾는 현대 학문의 이상과 충돌한다는 점이다. 철학(존재론)은 과학으로 지양되어야 한다는 마르크스의 주장은, 자신이 고대와 중세의 형이상학적 전통이 아니라 현대 계몽사상, 혹은 과학의 정신의 연장에 서 있음을 보여준다. 이 말은 변증법적 유물론이 철저히 과학적이지 않다는, 즉 역사적-사회적으로 검증 가능한 이론이지 결코 형이상학적이지 않다는 것을 강조하는 말이다. 마르크스의 이 말에는 해석의 여지가 많이 있지만, 정통 마르크스주의는 존재론 혹은 형이상학을 더 이상 진정한 철학으로 인정하지 않는 전통을 만들었다.

따라서 루카치가 그의 말년의 저서에서 존재론을 새롭게 들고 나온 것은 그의 청년시절부터 있었던 정통 마르크스주의에 대한 비판적 태도가 결코 변하지 않았음을 보여준다. 그리고 진정한 마르크스주의의 복원을 목표로 한다고 말한다. 그는 다음과 같이 말한다. "이 연구는 마르크스주의의 위대한 전통의 복원을 이루고자 함에서 나온 것이다. 여기서 사회적 존재의 존재론을 주제로 삼은 것도 이러한 복원을 위해서이다. 왜냐하면 엄청나게 왜곡되어 있고 파상적 환원주의에 빠져 있으며, 사이비 '심오한' 이론들이 판치는 현재의 혼란에서 마르크스주의가 갱신을 이루기 위해서는 근거 지어지면서 근거 짓는 하나의 존재론이 필요하기 때문이다. 이때 이 존재론은 자연의 객관적 현실에서 사회적 존재를 위한 참된 토대를 발견할 뿐 아니라 사회적 존재를 자연관의 동일성과 동시에 차이성 속에서 서술할 수 있는 존재론이어야 한다."(93쪽)

이 진술은 이 연구의 핵심과 목표를 보여준다. 존재론이 존재들의 근본 원리들을 다룬다면 사회적 존재의 존재론 역시 사회적 존재 혹은 사회라는 존재의 근본적 원리를 다룬다고 할 수 있다. 즉 사회도 역시 자연처럼 자기만의 객관적 존재, 실체로 현존한다는 것을 함축한다.

루카치가 말하는 사회적 존재란 한편으로 사회 그 자체를 의미할 수도 있고, 다른 한편 인간을 의미할 수도 있다. 그는 사회라는 존재를 움직이는 근본적 원리와 범주들이 있다는 사실을 전혀 의심하지 않았으며, 그의 이러한 태도는 현대의 많은 주류 사회이론과 구별된다. 예컨대 현대사회를 이끌어온 자유주의나 공리주의에 의하면 사회는 원자적 개인들의 총합일 뿐 결코 실체로 존재하지 않으며, 그런 점에서 고유한 운동원리나 범주는 존재하지 않는다. 하지만 루카치는 사회라는 영역은 각 개인의 합 이상이며, 그 자체 고유한 실재성과 운동성, 법칙과 범주를 갖는다고 한다.

그렇다면 루카치에게서 '사회적 존재'는 어떤 의미를 갖는가? 사회적 존재는 우선 자연적 존재와 구별된다. 자연적 존재 혹은 자연이라는 존재는 자연법칙에 따라서 움직인다. 물리법칙에서 생물법칙에 이르는 자연을 지배하는 법칙에 자연적 존재는 철저히 종속되어 있다. 물리적 대상은 물리법칙에, 생명체는 물리법칙과 생물법칙에 동시에 지배된다. 이때 물리적 대상이 생물법칙에는 지배되지 않는다는 점에서, 그리고 생명체는 물리법칙과 생물법칙에 동시에 지배된다는 점에서 생명체의 복잡도는 그만큼 더 크다.

하지만 루카치에 따르면 인간이라는 존재를 해명하기 위해서는 또 다른 범주가 필요하다. 인간이 물리적 자연의 대상인 한에서 물리법칙의 지배를 받고, 생명체인 한에서 생물법칙의 지배를 받지만, 그것만으로는 인간의 삶, 즉 사회적 존재로서의 삶을 설명할 수 없다는 것이다. 자연이 기계적 필연성에 따라서 움직이는 데 반해 인간적 삶 혹은 사회에서의 인간의 삶은 목적성 혹은 기투성이라는 지향적 행위를 전제하지 않을 수 없다.

루카치는 이 저작에서 내내 엥겔스에 대해 명시적 비판을 수행하고 있지 않지만, 사회적 존재라는 독자적 범주를 이끌어내는 그의 이러한 태도는 사실 정통 마르크스의주의 화석화에 기여한 것으로 평가되는 엥겔스에 대한 비판을 담고 있다. 엥겔스는 다윈의 진화론을 긍정적으로 평가하면서 소위 '자연변증법'을 전개시키는데, 이는 마치 사회 역시 자연의 과정의 연속인 것 같은 인상을 심어주었다. 루카치는 이런 환원론적 해명에 대해 철저한 반대 입장을 제시함으로써 오늘날 사회와 인간을 설명함에 있어서 생물학적 방법(예컨대 진화생물학)으로의 회귀나 기계론적 방법(예컨대 인공지능)으로의 환원에 대한 반론의 전사를 형성해주었다. 물론 루카치는 사회적 존재가 자연적 존재를 조건으로 해서만 전개될 수 있다고 함으로써 사회와 자연의 결합을 언제나 강조한다. 이것은 사회를 마치 정신의 산물로 봄으로써 자연과는 어떤 연속성도 갖지 않는 듯한 인상을 주는 관념론과 대비된다.

파킨슨은 바로 이런 점에서 사회적 존재의 존재론을 다음과 같이 정리한다. "그가 인식을 실재의 '반영'이라고 말하는 것에 비춰볼 때 그가 사회적 존재의 '존재론'이라고 말했을 때 아마 사회를 연구하는 데 있어서 현실에 미리 정해진 사고범주를 부여하는 것이 아니라 거기에 객관적으로 존재하는, 다시 말해 그것을 연구하는 사람과 독립하여 존재하는 실체를 발견하는 일을 함축하고 있다고 생각하는 것이 타당할 것이다."[1]

마르크스는 『자본론』 「서문」에서 헤겔을 '죽은 개' 취급하는 당대의 지적 풍토를 비판하면서 그 누구보다 헤겔이 현실적인 철학을 했음을 칭송한 적이 있다. 루카치는 헤겔의 변증법이 마르크스보다 훨씬 더 마르크스주의의 형성에 미친 영향을 강조하며, 나아가 헤겔의 변증법을 통한 마르크스주의의 완성을 시도한다. 그는 3장 제목을 '헤겔의 잘못된 존재론과 참된 존재론'으로 이름 붙인다. 헤겔의 잘못된 존재론은 주-객 동일성이라는 관념론의 원칙에 있다. 말하자면 헤겔은, 루카치에 따르면, 객관적 세계가 주체의 산물 혹은 외화라고 함으로써 주체와 객체 간의 엄격한 구분을 전제하는 합리론이나 계몽주의를 넘어서기는 하지만, 주체와 객체가 모종의

---

1) G. H. R 파킨슨, 『게오르그 루카치』, 현준만 역, 이삭 1984, 233쪽.

관계가 있음을 넘어서서 객체를 주체에로 환원시키는 우를 범한다는 것이다. 루카치는 이를 헤겔이 논리적 관계와 현실적 관계를 혼동하고 있으며, 덜 구체적인 것(사유)에서 구체적인 것(현실)으로 나아간다는 방향의 혼동을 범하고 있다고 비판한다. 주체에 속하는 사상이 철저히 객체의 반영이라고 하는 유물론적 전제를 받아들이는 루카치는 구체적인 현실적 복합체로부터 추상하여 사상, 계기들, 양상들이 나오지 그 역이 아니라는 것이다. 그런 점에서 루카치는 "복합체들의 존재론적 우선성"(108쪽)을 말한다.

사실 이러한 비판은 마르크스주의자들이 헤겔을 비롯한 관념론에 대해 취하는 일관된 태도이다. 하지만 루카치는 그렇다고 해서 의식이 객체에 철저하게 종속되는, 즉 의식이 단순히 사물을 비추는 거울처럼 수동적으로만 사물을 반영하는 것은 아니라는 점을 강조한다. 말하자면 의식이 객체를 반영하듯 객체 역시 의식과 모종의 관계를 갖는다는 것이다. 거칠게 표현하자면 헤겔이 주체의 변증법을, 정통 마르크스주의가 객체의 변증법을 말한다면 루카치는 주-객 변증법을 통해 진정한 마르크스주의를 복원하고자 한다. 루카치는 다음과 같이 말한다. "의식은 존재론적으로 인식된 것과 무관하게 서 있는 어떤 것에 대한 의식이 아니다. 어떤 것에 대한 의식의 경우 의식의 현존이나 결여 혹은 옳음이나 그름 그 자체가 존재의 구성요소를 이룬다. 따라서 비록 어떤 주어진 상황에서 의식의 구체적 역할이 중요할 수도 있고 그렇지 않을 수도 있지만 의식 그 자체는 존재론적인 의미에서 단순한 부수현상이 아니다."(105쪽).

사회적 존재는 사회적 행위자들의 의식까지도 포함한다는, 혹은 사회적 존재를 해명함에 있어서 의식 역시 그 존재의 일부를 이룬다는 이러한 생각은, 루카치에 따르면 사회적 존재의 특성을 알려주는 핵심이 된다. 루카치는 사회적 존재의 존재론은 자연적 존재론에 기반해서만 구축이 가능하다고 말하지만, 즉 자연적 존재의 속성과 법칙에 대한 지식 없이는 사회적 존재에 대해 아무것도 말할 수 없다고 말하지만, 그렇다고 사회적 존재가 자연적 존재로 환원된다는 것을 의미하지는 않는다는 점을 강조한다. 말하자면 사회와 사회적 존재를 물리학이나 생물학으로 환원할 수는 없다는 것이다.

루카치의 이러한 생각은 헤겔의 정신철학의 영향에서 이해할 수 있다. 헤겔의 체계를 일별하면 이 말의 의미를 알 수 있다. 그의 체계를 알리는 『엔치클로페디』는 논리학, 자연철학, 그리고 정신철학으로 구성되어 있다. 그리고 정신철학은 주관정신, 객관정신, 그리고 절대정신으로 구성되어 있는데, 바로 이 객관정신의 주제가 사회와 국가를 포함한 공동체의 문제와 역사문제이다. 자연철학이 무기물에서 생명체에 이르는 과정을 다룬다면, 정신철학은 인간적 삶과 관련한 모든 제도와 기구들을 다룬다는 점에서 자연철학과 구별된다. 말하자면 역사와 사회의 변증법은 자연에는 없는 범주, 특히 자유의 범주와 이를 구체적으로 드러내는 것으로서의 목적성과 의도성의 범주를 중심으로 전개된다.

루카치의 이러한 생각은 제4장 마르크스주의에 대한 분석에서도 그대로 드러난다. 그가 정통 마르크스주의자들과 달리 헤겔 철학에서 역사적 변증법에 구성적인 긍정적인 측면을 찾으려고 했다면 마르크스를 다루는 장에서는 정통 마르크스주의의 부정적 측면을 부각하는 데 많은 지면을 할애한다. 마르크스주의 전통에서 격렬한 논쟁과 투쟁의 대상이 되는 토대와 상부구조의 관계문제를 보자. 마르크스의 공식에 따르면 토대가 상부구조를, 존재가 의식을 '결정한다'고 하는데, 이를 어떻게 해석해야 할까? 정통 마르크스주의는 이 '결정한다'를 일방적인 것으로 해석함으로써 일종의 경제결정론, 경제환원론으로 나아간다. 하지만 이러한 해석은, 엥겔스도 어디선가 비판적으로 지적했듯이, 세상에 존재하는 모든 복잡한 문제를 수학의 일차방정식보다 간단한 문제로 환원해버리는 것이다.

루카치는 이러한 해석을 수행하는 정통 마르크스주의를 '속류 마르크스주의'라고 부른다. 대신 그는 '총체성'의 범주를 끌어들여 토대와 존재를 '지배적 요인' 혹은 '포괄적 계기'라고 해석하는 방식을 택한다. 토대가 상부구조를 일방적으로 결정하는 것이 아니라, 비록 토대가 포괄적 계기를 형성하기는 하지만 상부구조와의 상호관계에 있다는 것이다. 그는 "모든 현실적인 상호관계에는 지배적인 요인이 존재한다."는 마르크스의 언명에 기대어 이를 정당화하고자 한다. 예컨대 정치나 문화와 같은 사회의 상부구조가 경제적 생활연관이라는 토대에 깊은 영향을 받지만, 동시에 정치가 경제라는 물질적 구조에 영향을 주기도 한다. 말하자면 토대와 상부구조를 포괄하는 '총체성'의 범주 내에서 각 요소들은 상호작용에 놓여 있다.

헤겔과 마르크스가 공히 강조하는 '노동' 개념을 루카치가 사회적 존재의 핵심 범주로 이끌어들이는 이유는 바로 여기에 있다. 노동은 자연적 대상을 무화시키는 것이 아니라 변형시켜 인간화시키는 행위로서 행위자의 목적성을 실행하는 과정이다. 노동을 위해서는 노동대상, 자연적인 것이 있어야 하며, 동시에 그것을 가공하기 위한 노동주체의 기획과 목적성(즉 의식적 의지)이 있어야 한다. 노동하는 자는 반드시 대상의 객관적 성질과 특성을 파악해야 한다. 예컨대 금강석 같은 단단한 대상을 가공하는 작업에서 나무와 같은 연한 도구는 아무런 도움도 되지 않는다.

이렇듯이 대상은 노동하는 자의 노동양식에 결정적인 영향을 미친다. 그렇다고 해서 행위자의 의식적 목적성이 없을 경우 생산은 이뤄지지 않는다. 식물과 동물의 행위가 자연필연성에서 오는 것이라면, 목적론적 행위는 기획과 선택이라는 인간적 행위의 전형을 보여준다. 바로 여기에서 인간의 자유의 가능성이 개시된다. 자유란 실존주의자들이 말하듯이 진공 속에서, 정확히 말하자면 어떤 조건도 주어지지 않은 상황에서 이뤄지는 것이 아니라, 언제나 특정한 대상에서, 특정한 조건에서 이뤄진다. 노동이라는 합목적적 행위에서 성공적 노동을 위해 노동대상의 성질들을 알아야 하듯이, 사회적 변혁이라는 합목적적 행위에서는 성공적 변혁을 위해 사회적 조건에 대한 인식이 필수적이다.

　루카치가 이런 말로 하고자 하는 것은 분명하다. 자본주의에서 사회주의로의 변혁은 자동적으로, 필연적으로 이뤄지는 것이 아니라 행위주체들의 의식적 의지가 필요하다는 것이다. 이런 생각은 초기의 주저인, 정통 마르크스주의자들의 엄청난 비난을 초래한 『역사와 계급의식』(1923)에서 사회주의로의 이행을 위해 프롤레타리아 계급의 의식적 의지를 강조한 것과 연속선 위에 있다. 『사회적 존재의 존재론』의 언어로 말하자면 자본주의의 사회적 조건은 노동계급에게 특정한 문제를 제기하는데, 이 계급이 이 문제에 올바르게 답할 것이라는 보장은 자동적으로 주어지지 않는다.

　마르크스 진영 내에서 루카치의 이런 문제의식은 자본주의 사회에서의 문화적 현상에 대한 비판을 좀 더 진지하게 수행할 수 있는 길을 열었다. 자본주의라는 포괄적 계기에서 등장하는 상부구조로서의 문화적 현상을 루카치가 계급모순을 포함하는 '물화(Verdinglichung)'의 관점에서 비판하고 설명하게 된 배경을 이런 관점에서 이해할 수 있다. 루카치의 이런 선구적 작업은 이후 소위 '수정 마르크스주의'라는 서구 마르크스주의자들이 자본주의 사회를 새로운 관점에서 이해할 수 있는 길을 제시했으며, 많은 종류의 변혁적, 개혁적 변이들을 양산했다. 그리고 무엇보다도 지난 40년간 신자유주의라는 강력한 태풍이 쓸고 간 폐허 위에 마르크스를 다시 호명할 수 있는 길을 예비했다.

오늘날 세계에는, 데리다의 말처럼, '마르크스의 유령들'이 다시 나타나 배회하고 있다. 하기야 자본주의가 자리하고 있는 한, 그것도 자본주의의 민낯을 여과 없이 보여주는 신자유주의가 활개 치는데 시대와 인간을 회의하도록 우리의 정신을 붙잡는 마르크스의 유령들이 어떻게 나타나지 않을 수 있겠는가? 마르크스가 다시 호명되는 것은 우리에게 약속인가, 아니면 재앙의 상징인가? 마르크스는 우리에게 젖과 꿀이 흐르는 가나안 땅인가, 아니면 광야와 사막일 뿐인가? 어쨌거나 우리는 마르크스를 다시 호명하지 않을 수 없을 정도로 척박한 상황에 내몰려 있으며, 그의 비판적 통찰에 현실적 힘을 부여한 이가 루카치임을 부인할 수 없을 것이다.

역자

제1부

현재의 문제 상황

제3장
헤겔의 잘못된 존재론과 참된 존재론

1. "모순의 똥구덩이" 속에서의 헤겔의 변증법

독일 고전철학에서는 존재론을 이론적으로 부정하는 칸트에서부터 존재론을 보편적으로 전개하는 헤겔에 이르기까지 존재론과 관련한 하나의 운동이 수행된다. 하지만 칸트가 존재론을 이론적으로 부정했다고 하더라도 자신의 도덕적 실천이 이미 존재론적으로 변형되었기 때문에 존재론에 대한 그의 부정이 애초부터 결코 절대적인 부정은 아니다. 피히테의 철학에서 [도덕적 실천이라는—역자] 이 원리는 그 본질이 활동적인 이성에 의해 산출된, 이 이성과 동등한 것으로 현상하는 참된 현실의 보편적 토대가 된다. 이와 함께 독일 고전철학은 계몽의 존재론적 문제를 다시 다루게 된다. 물론 여기서 독일 고전철학과 계몽 사이에는 계몽의 존재론적 문제의 실현을 좌절시킨 프랑스 혁명이 놓여 있음을 주목해야 한다. 따라서 독일 고전철학에서도 계몽이 진행되고 있다는 말은 독일 고전철학이 이성의 존재론적 전능성을 여전히 자기 철학의 중심문제로 삼고 있다는 말에 국한된다. 헤겔 철학은 ['계몽'과 '프랑스 혁명에 의한 계몽의 좌절'이라는—역자] 이 이중의 한정요소 없이는 이해될 수 없다. 왜냐하면 헤겔 철학은 프랑스 혁명에 의해 형성된 세계, 보다 구체적으로 말해서 나폴레옹에 의해 색조가 변해버린 혁명의 현실화에 의해 형성된 세계에서 '이성의 지배'와 '이성의 존재론적 우선성'을 말하기 때문이다. 이러한 방식의 혁명의 실현으로 인해 전체 유럽은 부르주아 사회 내에서 자생적으로 전개되던 사회문제와 마주하게 된다. 부르주아 사회의 내적 모순이 드러나기 시작한 새로운 현실에서 계몽주의적 이성의 왕국은 더 이상 철학적 사유의 중심으로 기능할 수 없게 되었다.

이렇듯 새로운 상황에 대한 가장 즉각적인 반응은 이성의 존재론적 유효성을 부인하는 것이었다. 낭만주의는 이성을 밀어내고 그 자리에 비합리(irratio)를 집어넣었다. 여기서 비합리란 말은 현재의 세계상황에 내재하는 모순을 경멸한다는 것, 나아가 아직 모순이 드러나기 이전의, 참되게 보이는 조화의 영역인 과거로 되돌아가서 하나의 길을 추구한다는 것을 내포한다. 한편 이와는 전혀 다른 반응을 보이는 사상가들도 있다. 이들은 이 새로운 형태의 현재를 현재의 모순을 극복한 참된 이성의 왕국으로의 이행과정으로 파악한다. 피히테가 바로 그 경우이다. 그는 자신의 시기를 "완전한 죄악의 시대"로 고찰했다. 그는 이 시대의 반대편에 현실적 이성의 왕국이라는 미래의 상이 반짝거리고 있다고 한다. (많은 유토피아주의자들도 피히테와는 완전히 다른 방식으로이긴 하지만 혁명 이후 모순에 빠진 바로 오늘부터 시작하여 미래 속에서 현재를 극복하고자 하는 전망을 현실적인 것으로 드러내는 사회-역사적 세계상을 추구한다.) 헤겔은 이 양극단들 사이에 놓인다. 그의 위치의 특이점은 그가 현재 자체에서 이성의 왕국을 철학적으로 증명하고자 한다는 데 있다. 이를 통해 모순은 존재론적 중심범주이면서 동시에 논리적-인식론적 범주로 발전해갔다. 위대한 철학자들 중에서 헤겔이 최초의 의식적인 변증법론자는 아니다. 하지만 그는 존재론적인 근본원리인 모순이 셸링의 "지적 직관"[1]과 같은 것으로 철학적으로 극복될 수 있다고 생각하지 않은, 헤라클레이토스 이후 최초의 의식적인 변증법론자이다. 따라서 철학의 토대인 모순성은 이성의 실현태인 실제 현실과 결합해 있는데, 헤겔 사유의 존재론적 초석들은 바로 이 모순성을 형성한다. 모순과 현실의 이러한 결합으로 인해 헤겔에게서 논리학과 존재론은, 당시의 일반적인 사유와는 다르게, 아주 친근하고 강하게 서로 결합된다.

이와 함께 지금까지 결코 도달되지 않았을 뿐 아니라 문제조차 되지 않았던 이성과 현실의 통일이 철학적으로 실현되기라도 한 것 같은 가상이 생겨났다. 그리고 이 가상은 오랜 기간 동안 일반적으로 받아들여지는 지배적인 헤겔상(像)으로 작용했다. 이러한 사실을 확인하기 위해 그를 범논리주의자로 모는 일반적인 견해를 상기하는 것만으로도 충분하다. 좀 더 자세히 고찰할 경우 그것이 매력적인 통일이든 불쾌한 통일이든 간에 이 통일은 붕괴한다. 이미 마르크스주의는 마르크스주의의 뒤집어진 형태인

---

1) 지적 직관(intellectuelle Anschauung): 사물의 표피적 현상에 대한 감각적 인식(경험론)과 사물의 내면적 질서를 보기는 하지만 사물과 주체의 근원적 통일성은 보지 못하는 오성적 인식(합리론과 칸트)의 한계를 극복하기 위해 셸링이 적극적으로 수용한 개념이다. 따라서 지적 직관은 주체와 객체의 동일성, 정신과 자연의 동일성을 파악할 수 있는 지성능력이다. 하지만 헤겔은 구별된 것들의 근원적 동일성을 추구하기는 하지만 명료화와 구별을 수행하는 반성 혹은 오성능력이 정신작용에서 불가피하다는 점도 인정한다. 이런 이유에서 헤겔은 모든 구별과 명료화를 수행하는 오성적 정신능력을 거부하는 셸링의 '지적 직관'은 "모든 소가 검게 보이는 밤"(『정신현상학』)의 세계를 만들어낼 뿐이라고 비판한다. (역주)

헤겔의 관념론을 처음부터 유물론적으로 "발로 서"도록 함으로써 헤겔 철학에 내재한 체계와 방법의 대립을 비판했었다. 헤겔이 오늘날 철학적 사유와 현실에 생동적인 힘으로 작용할 수 있으려면 마르크스주의의 고전 사상가들이 걸었던 길 위에서 나아가야 할 것이다. 우리는 마르크스가 리카도를 고찰했던 것과 같은 방식으로 헤겔을 고찰해야 한다. "이 대가의 경우 새롭고 의미심장한 것이 모순의 똥구덩이 속에서, 모순적인 현상들에서 정열적으로 전개되었다."[2] "모순의 똥구덩이"는 헤겔의 경우 전체 현실의 역동적인 토대로, 현실의 기초로, 즉 현실에 대한 합리적인 존재론적 사유의 기초로 파악된다. 이럼으로써 그에게서 이 모순의 똥구덩이는 우선 현재의 모순성을 인식하는 것으로, 사유의 문제일 뿐 아니라 현실 자체의 문제로, 하지만 현실 자체를 훨씬 넘어서는 근원적인 존재론적 문제로 나타나게 된다. 자기 시대에 첨예하게 드러난 모순의 출현으로 말미암아 헤겔은 이제 비유기적 자연에서 출발하여 삶과 사회를 넘어 이 정상에까지 밀고 가는 변증법적 과정의 극치를 보여준다.

따라서 이러한 "모순의 똥구덩이"의 첫 번째 계기는 다음과 같이 표현된다. 변증법적 모순의 운동은 헤라클레이토스에게 나타나듯이 보편적 생성도, 쿠자누스(Nicolaus Cusanus)[3]가 하듯이 세계에 대한 사변적 파악의 단

---

2) K. Marx, *Theorien über den Mehrwert* III, Stuttgart 1921, 94; MEW 26/3, S. 80.
3) 니콜라우스 쿠자누스(1401~1464)는 독일의 성직자이자 철학자이다. 그의 이론은 신 혹은 무한자와 피조물 혹은 유한자의 관계를 핵심적 문제로 삼는다. 그에 따르면 신은 절대적 통일이다. 어떤 현실도 그 외부에 있지 않다. 그와 맞선 어떤 타자존재도 없다. 모든 대립조차 그 안에 있다. 왜냐하면 그는 가장 크면서도 가장 작고, 모든 것을 포괄하면서도 각각의 개별적 사물에 영향을 미치기 때문이다. 하지만 신은 대립들을 그 대립성 속에서 갖는 것이 아니라 '대립자들의 일치(coincidentia oppositorium)' 속에서 갖는다. 쿠자누스는 신 인식에 비유적으로 기여할 수 있는 완전한 수학도형을 예로 든다. 원의 직경이 무한히 크다면 그 원의 곡률은 무한히 작을 것이다. 무한한 원은 무한한 직선이다. 여기서 굽음과 곧음의 대립이

계를 의미하지 않는다. 그것은 헤겔에게서—내적으로 일관성이 없는 청년 셸링의 시도들을 도외시한다면—오히려 변증법적인 진행과정과 실제 역사의 첫 번째 통일이다. 이를 통해 역사의 실제적인 견인차로서의 변증법은 그때까지 자신이 가질 수 없었던 존재론적 중요성을 획득한다. 그런데 이 철학의 모순적 합리성 내부에서 곧바로 "모순의 똥구덩이"의 새로운 계기가 출현한다. 즉 실제 도달한 이성의 왕국인 현재에 집중함으로써 한편으로는 주관주의적일 수밖에 없는 모든 요소들이 변증법으로부터 쫓겨나 (이러한 사실은 푸리에[Charles Fourier][4]에게서 나타난다) 결국 변증법에 내재한 객관적인 존재론적 성격이 강조되는 결과를 가져온다. 다른 한편으로 이러한 견해는 해소될 수 없는 심오한 모순을 숨기고 있다. 왜냐하면 현재는 과거와 미래를 연결하는 다리로서만 존재론적으로 근거 지어지기 때문이다. 하지만 현재가 변증법의 내적인 가능성을 현실적으로 성취한 것이라면 하나의 과정은 이 과정을 완수해가는 가운데, 그리고 이 과정을 완수한 결과로 특정한 종착점에 도달해야만 할 것이다. 그리고 그때까지 존재론적 원동자였던 현실은 내적인 풍부함을 지향하며 전진했던 자신의 고유한

일치하게 된다. 쿠자누스의 이러한 생각은 이후 녹일 관념론, 특히 변증법적 사유의 발달에 지대한 영향을 미친 것으로 평가된다. (역주)
4) 샤를르 푸리에(1772~1837)는 프랑스의 브장송에서 태어난 공상적 사회주의자로 『가정적 농업적 사단론』(1822), 『산업적 조합적 세계』(1829) 등을 저술하였다. 푸리에는 사회적 부의 증가에도 불구하고 많은 노동자들이 가난에 허덕이는 것을 보고 자본주의적 상업을 사회악의 근원이라고 생각하였다. 그는 자본주의적 상업을 비판함과 동시에 '팔랑주', 즉 생산자 협동조합을 중심으로 상업이 존재하지 않는 자유로운 생산자의 협동사회를 실현할 것을 제안하였다. 그 구성원들은 조합주택에서 공동생활을 하며, 조합의 생산 수입을 각자가 그 생산에 제공한 노동과 자본의 양에 따라 분배할 것을 주장하였다. 푸리에는 이 같은 이상사회가 사회의 평화적 개조에 의하여 실현될 수 있다고 믿었고, 계급투쟁을 부정하여 최초의 실험적 팔랑주를 설립하기 위한 자금 제공을 권력자와 자본가들에게 호소하기도 하였다. (역주)

운동을 포기하고, 자신을 재생산만 하는 단순한 계기로 되어야 할 것이다. 그렇다면 한편으로 그러한 종류의 개별적 과정들이—상대화된 방식이긴 하지만—실존한다는 것은 확실하다. 삶의 개체발생적 과정들과 계통발생적 과정들 역시 절대적으로 같지는 않지만 이와 유사한 특징을 갖는다. 다른 한편으로 개별조직들의 현존을 질서 짓는 경향들이 현실의 전체 과정에 타당한 것으로 일반화되어서는 안 된다는 것도 확실하다.

이러한 딜레마와 이 딜레마를 특정한 방향에서 명료하게 해결하려는 시도가 역사철학에서 계속 출현해왔다. 이러한 시도로부터, 예컨대 미래를 지향하든 과거를 지향하든 간에 아주 상이한 유토피아적 관점들이 생겨난다. 그런데 이러한 딜레마에 대해 답변하는 가운데 나타나는 안티노미는 동등한 형태를 갖는 것도 아니고, 동등한 가치를 갖는 것도 아니다. 르네상스 시기에 고대가 명목상으로는 새로 태어났던 것에서 보듯이 과거를 향한 운동은 상상력에 기초해 있을 뿐 아니라 자신의 본래적인 의도에 대한 오해에 기초해 있다고 할 수 있다. 그렇다면 과거의 재현에 방향을 맞춘 유토피아주의자들은 본질적으로 비합리주의적인 성격을 갖는다. 과거의 어떤 것에 의식적으로 생명을 불어넣고자 함으로써 그들은 시간의 비가역성을 존재론적으로 부인해야만 한다. 이로써 그들은 처음부터 모든 합리적 존재론과 대립하게 된다. 낭만주의자들처럼 '유기체'를 모델로 삼을 경우 이러한 모순은 훨씬 더 첨예화된다. 왜냐하면 유기체적인 발전은 시간의 비가역성을 가장 함축적으로 포함하고 있으며, 따라서 이를 통해 두 개의 존재론적 원리들은 해소될 수 없는 이율배반에 빠지기 때문이다. 이로부터 생겨난 세계관인 비합리주의는 그러한 이율배반을 사이비 변증법적 방식으로, 궤변의 방식으로 극복할 수 있을 뿐이다. 이성에 대한 비합리주의의 투쟁은 물론 이러한 종류의 해소될 수 없는 모순들을 곧장 사라지게 하겠지만, 기껏해야 한때는 이러한 관점에, 또 다른 때는 저러한 관점에 자의적으로 가치를 부여할 뿐이다.

일반적인 철학의 관점에서뿐 아니라 헤겔의 기본적인 입장을 이해하는 관점에서도 이성의 왕국이라는 계몽적 사유는 아주 중요하다. 여기에서 이성은 자연과 사회의 존재와 생성을 설명하는 최종적 원리이다. 철학의 과제는 이 원리를 발견하고 이 원리로부터 작업하는 것인데, 이를 통해 사회는 변화하지 않는 영원한 자연법칙들에 상응하게 된다. 따라서 본질적으로 서로 동등한 자연과 이성의 실천적이고 실질적인 이러한 융합은 인간의 사회적 삶의 영역에서 볼 때 현재에 대한 존재론적 규정이라기보다 미래적 요청이다. (계몽은 프랑스 혁명을 준비하는 철학이며, 헤겔의 철학은 그 혁명의 결과를 나타내는 철학이다.) 여기에서도 역시 이러한 토대에서는 해소될 수 없는 이율배반이 등장한다. 즉 자연이 전능하다고 할 경우 인간과 사회가 어떻게 이 자연에서 떨어져 나올 수 있겠는가? 이러한 이율배반은 계몽의 자연개념이 갖는 존재론적인 모호함을 드러내준다. 자연은 한편으로 갈릴레이와 뉴턴 이래 전개된 위대한 자연과학의 발전이라는 의미에서 순수한 객체성, 물질성, 고유성, 그리고 합법칙성 속에서 파악된다. 이를 통해 세계의 통찰을 위한 확고한 불멸의 존재론적 토대가 획득되었다. 이러한 토대는 결국 목적론적인 모든 전승들, 자연으로 전이된, 궁극적으로는 의인화된 모든 목적론적 관점들을 자연에서 떨어내버린다. 그리고 그러한 관점은 사유를 위해서도 확고한 존재론적 기반을 마련해준다. 물론 이때 자연의 상은 여전히 본질적으로는 기계론적인 원리에 의존해 있다. 다른 한편 이러한 자연관으로부터 사회적 존재의 존재론이 직접 유도될 수는 없다. 홉스나 스피노자와 같은 위대한 선구자에게 의존하고 있는 계몽은 어떤 대가를 치르더라도 자연과 사회를 통일하는 존재론을 관철시키고자 한다.[5] 이로써 계몽의 자연개념은 갈릴레이와 뉴턴의 자연발생적인 명백한 존재론으로부터 갑자기 하나의 가치개념(Wertbegriff)으로 변화된다. (이러한 혼합의 전통은 고대후기로까지 거슬러 올라간다.)[6] 계몽의 세계관에서는 서로 배척적인 방법론들이 무의식적이고 동시적으로 사용된다. 이 방법론들의 모순은 가치개념으로서의 자연의 배후에 주관주의적 당위만이 아니라

---

5) 홉스, 스피노자의 기계론적 세계관: 근대의 기계론적 자연관에서 영향을 받은 홉스와 스피노자는, 그 전개방식에서는 큰 차이를 보이지만, 인간의 사회적 삶, 정신적 삶 역시 거대한 기계에 다름 아니라고 한다. 스피노자의 '신, 즉 자연'이라는 명제는 이를 가장 잘 드러낸다. 자유와 정신성의 상징으로서의 신을 기계법칙이 지배하는 자연과 동일시함으로써 그는 모든 종류의 목적론적 사유, 그로부터 연류하는 전통적인 자유의 이념 등을 거부한다. 그는 누군가에 의해 움직여진 '굴러가고 있는 돌'이 누군가에 의해 움직여졌다는 사실을 모르고서 스스로 움직인다고 착각할 수 있는 것과 같이 자유롭게 생각하고 행동한다고 믿는 인간 역시 그렇게 생각하고 행동하게 된 원인을 모르기에 자신이 자유롭다고 믿는다는 것이다. 스피노자는 다음과 같이 말한다. "이러한 사실은 인간의 자유에도 해당한다. 많은 사람들은 인간만이 자유를 소유하고 있다고 뻐기는데, 사실 이 자유라고 하는 것은 인간이 자신의 욕망을 의식하지만 이 욕망을 일으키는 원인에 대해서는 알지는 못한다는 사실에서만 성립한다. 유아는 우유를 자유롭게 열망한다고 믿는다. 화가 난 소년은 자신이 자유롭게 복수한다고 믿으며, 소심한 사람은 자신이 자유롭게 도망친다고 믿는다. 술 취한 사람은 나중에 멀쩡한 상태 때 말하지 않았으면 좋았을 것이라고 후회하는 그런 것을 자유로운 결단에 의해 말했다고 믿는다. 이렇듯 열 받은 사람, 입이 가벼운 사람, 그리고 이러한 유의 대부분의 사람들은 자유로운 결단에 의해 행위하고 있지, 충동에 휩쓸리고 있다고 믿지 않는다. 그리고 이러한 선입견이 모든 사람에게 내재해 있기 때문에 사람들은 그 선입견에서 쉽게 해방되지 않는다. 왜냐하면 경험을 통해 인간이 자신의 욕망을 결코 제어할 수 없다는 것을 배움에도 불구하고, 그리고 인간이 반대감정에 휩싸일 때 종종 보다 좋은 것을 보고서도 보다 나쁜 것을 따르는 사실을 경험을 통해 배움에도 불구하고 인간은 스스로를 자유롭다고 생각하기 때문이다." (역주)

6) 루카치는 여기서 헬레니즘 시대의 스토아주의, 에피쿠로스주의, 그리고 회의주의를 염두에 두고 있다. 이 분파는 기본적으로 진리에 대한 인식보다는 행복한 삶과 지속적인 마음의 평안을 직접적으로 실현하고자 하는 경향을 가지고 있었다. 인간이 어찌할 수 없는, 우리에게 운명적으로 주어져 있는 우주의 객관적 법칙에 복종하는 것에서 삶의 참다운 행복을 찾을 수 있다고 하는 스토아주의자들의 태도는 객관적 법칙과 주관적 가치판단을 통일한 좋은 예이다. (역주)

사회적 존재의 (자연발생적인) 객관적 존재론도 있다는 사실에 의해 훨씬 강화된다. 방법론들의 이러한 혼용으로 인해 계몽의 세계관에 아주 깊은 균열이 나타났다. 특히 자연에 대한 유물론적 통찰을 사회와 역사에 대한 관념론적 통찰로 무의식적이고 필연적인 방식으로 바꾼 것이 그런 균열의 모습이다. 윤리학의 합리적 이기주의가 객관적 유물론(기계적 유물론)의 자연관을 연장한 것처럼 보이는 것, 또한 이 이기주의 속에 실제로 유물론적인 사회이론의 특정한 요소들이 숨겨져 있다고 하는 것 등으로는 이러한 모순을 해결하기는커녕 오히려 그것을 심화시킬 뿐이다.

　해소될 수 없는 이 모든 이율배반에도 불구하고 계몽의 철학이 르네상스 이래 진행되어온 경향들의 발전이자 확대라고 하는 사실을 잊어서는 안 될 것이다. 인류는 르네상스 이래 현세에서의 통일적 존재론을 구축하고자 하였으며, 이로써 이전의 초월적-목적론적-신학적 존재론을 몰아내고자 하는 경향을 가지고 있다. 이러한 생각의 배후에는 사회적 존재의 존재론이 자연존재론의 토대 위에서만 구축될 수 있다는 엄청난 사상이 숨겨져 있다. 계몽은 사회적 존재의 존재론을 자연존재론에 근거하여 구축한다. 이때 계몽은 이러한 근거를 너무나 통일적으로, 너무나 균질하게, 그리고 너무나 직접적으로 파악함으로써 궁극적 통일의 내부에 있는 질적 차이의 존재론적 원리를 사상적으로 파악할 수 없게 된다. 바로 여기에서 계몽은 그 이전의 사조들처럼 파산하고 만다. 자연개념 내부의 존재론적인 균열은 이러한 상이성을 통일성 내부에서 파악할 수 없으며, 따라서 결코 통일적 존재론이 구축될 수 없다는 사실의 현상적 형식일 뿐이다. 확실한 것은 당시 지배적인 기계적 유물론이 가지고 있었던 엄격한 교조주의적 통일성이 이러한 차이를 전혀 인지하지 못했다는 사실이다. 사회적 존재의 내부에서 실제적인 변증법을 전개한 디드로의 중요한 시도들은, 어느 정도는 불공정하지만, 의식적으로 공언된 그의 유물론의 관점에서 발생한다. 그리고 루소는 사회적 변증법의 본질적 계기들을, 특히 자연으로부터의 이탈의 근거와 그 역동적 필연성을 발견한다. 이때 그는 사회-인문적 당위의 중심범주로서의 자연을 유물론적 자연존재론에서 철저히 분리하여 내적으로 가장 모순적인, 하지만 그 때문에 더 효과적인 방식으로 이 자연을 관념론적인 역사철학의 중심점으로 삼는다. 이렇게 함으로써 그는 의식적으로 당시의 유물론적 존재론을 파괴한다.

이 자리는 위대한 혁명의 순간에 마라-로베스피에르[7]적인 유형의 이론이 자코뱅당에 미친 영향사를 추적하는 자리도 아니고, 독일 계몽의 진행 과정에 헤르더나 칸트가 미친 영향사를 추적하는 자리도 아니다. 여기서는 자연과 역사에 대한 헤겔의 사유가 혁명 이후의 세계를 반(反)낭만주의의 방식으로 조망하고자 했기 때문에 헤겔의 이러한 사유가 이 문제와 연결될 수밖에 없었던 정도만을 언급하였다.

나는 여기서 헤겔의 루소와의 내적인 대결이 어느 정도까지 칸트와 헤르더에 의해 매개되고 있는지를 탐구하려는 것은 아니다. 나는 혁명 이전의 정신적인 상황을 드러내주고 있는 디드로의 『라모의 조카』[8]가 『정신현

---

[7] 장 폴 마라(Jean Paul Marat)는 프랑스 혁명기의 혁명가 · 의사 · 언론인(1743~1793)으로서 혁명 당시 신문 《인민의 벗》을 창간하였고, 민중의 혁명적 민주주의를 옹호하였다. 국민공회의 지롱드파 공격에 대항하여 국민공회 의원으로 뽑혀 산악당의 중심인물이 되었으나, 산악당의 독재정부가 성립한 후 독재를 증오하는 반혁명파 여성에게 암살되었다. 로베스피에르는 프랑스 혁명기에 자코뱅당을 이끌었던 혁명의 지도자이다. (역주)

[8] 『라모의 조카』: 프랑스 계몽주의자인 디드로의 대표적인 소설(1791). 음악가 라모의 조카인 엉터리 악사와 작가가 카페에서 대화하는 형식으로 쓰인 이 작품은 천재론, 이탈리아 음악과 프랑스 음악의 우열 등 여러 문제를 다룬다. 주요 내용은 권력자들에게 아첨하며 기생충처럼 살아가면서 소위 계몽주의자들을 비판해대는 어용문인들의 생활태도나 심리분석을 담고 있다. 이 작품을 독일어로 번역한 괴테는 "프랑스 문학 한가운데에서 폭탄처럼 빛나고 있

상학』에서 갖는 결정적인 의미만을 언급할 것이다. 헤겔은 젊은 시절에 프랑스의 유물론(특히 돌바하의 유물론)을 독일 관념론자들이 한 것과는 전혀 다르게 훨씬 더 역사적인 관점에서 평가했다. 이러한 사실은 『피히테와 셸링의 체계 차이』에서 행한 라인홀트에 대한 그의 논박에 잘 드러나고 있다. 라인홀트는 프랑스의 유물론에서 "독일에서는 기질적으로 어울리지 않은 정신적 공황상태"를 본다. 이에 반해 헤겔은 프랑스의 계몽과 독일의 관념론이 기껏해야 "문화의 국지성" 때문에 다를 뿐 본질에서는 동일한 특성을 갖는 것으로 고찰한다. 그 문화형태가 프랑스에서는 "객체라는 국지적 원리에 따라" 현상하는 반면, 독일에서는 "주체의 형식으로 … 종종 비사변적으로 구축되어 있다."[9] 이 마지막 진술은 헤겔이 독일관념론을 프랑스의 유물론보다 변증법에 있어서 더 우월하다고 생각하지 않았다는 사실을 보여준다. 그는 자기 자신의 철학에서, 그리고—당시에는—셸링의 철학에서만 이러한 우월성을 발견한다. 그는 이 대립에서 두 민족의 발전의 상이함을 보았고, 이 두 민족에 공히 존재하는 시대의 흐름의 한계를 간파한다. 따라서 헤겔의 문제 상황과 전체 계몽의 연관성을 분명하게 하기 위해서는 이 모든 상황들을 반드시 언급해야 한다. 헤겔이 제기한 전혀 새로운 문제설정과 이에 대한 그의 대답은 혁명 이전의 상황과 혁명 이후의 상황의 대립에서 생겨난다.

헤겔의 자연존재론에 대해서는 보다 넓은 연관성 속에서 나중에야 말할 수 있을 것이다. 여기에서는 단지 헤겔의 자연존재론이 본질적으로 관념론적으로 기획되었지만, 동시에 물자체와 현상의 대립에 기초해 있는 칸트

다."고 평가하였다. (역주)

9) G. W. F. Hegel, *Differenz des Fichteschen und Schellingschen Systems* I, 276 f.; 2., S. 119.

의 자연철학이 벨라르미노(Roberto Francesco Romolo Bellarmino)[10] 추기경의 요청에 대한 근대적 성취와 관련이 있는 반면, 그것과는 아무런 관련이 없다는 사실을 언급하는 것으로 그치겠다. 일반적으로 말해서 헤겔에게서 자연은 17세기의 위대한 철학에서처럼 비의인적 객체성으로 특징지어진다. 하지만 순수한 즉자존재 상태의 자연은 동시에 인간과 사회와 역사의 발전을 존재론적으로 준비하고 기초 지어야 한다. 우리가 앞으로 보게 되겠지만, 헤겔은 이때 궁극적으로는 자연과 역사에 대한 통일적인 존재론을 자신의 방식으로 기획하고자 한다. 따라서 이 존재론에서 자연은 아무런 의도나 말이 없이 사회를 위한 토대이자 전(前) 역사로 주어진다. 이 점에서 그는 자기 이전에 계몽에 의해 언급되었던 근대의 위대한 진보사상을 간직하고 있다. 하지만 자연은 단순히 토대이자 전 역사로만 주어질 수 있다고 한 점에서 그는 이미 계몽을 넘어서 있다. 역사의 변증법은 자연으로부터 직접 전개된다. 하지만 역사의 변증법은 질적으로 아주 많은 새로운 범주들, 연관성들 그리고 합법칙성들을 드러낸다. 그래서 역사는 자연으로부터 변증법적-발생적으로만 도출될 수 있으며, 그러므로 그 내용에 따라서는 그 본질적인 형식에 있어서는 결정적으로 자연을 넘어섬으로써 자연과 질적으로 구별되게 된다. 따라서 자연은 그 양면성으로 인해 헤겔의 세계상에서 더 이상 모범이 될 수 없다. 이와 더불어 존재론적으로 계몽을 넘어서는 중요한 진전이 이루어진다. (자연존재론에서도 역시 헤겔의 관점이

---

10) 로베르토 벨라르미노(1542~1621)는 이탈리아 투스카니 지방의 몽테풀키아노의 지역 사제이자 교황 마르셀리우스2세의 조카로 태어났다. 나중에 예수회에 입교해서 1570년 사제로 임명된다. 그는 종교개혁에서 야기된 갈등에 대해 로마 대학에서 강의했으며, 주저로서 여러 권으로 이루어진 『기독교 신앙의 대결에 대한 논고(Disputations on the Controversies of the Christian Faith)』(1568~1593)가 있다. (역주)

갖는 불가피한 이율배반으로 인해—물론 다른 양식이긴 하지만—그의 관점은 퇴행적인 비일관성이 현존하는데, 이 비일관성이 어느 정도 되는지에 대해 우리는 나중에 살펴볼 것이다.) 그럼에도 불구하고 그는 결정적인 진보를 이뤄내는데, 왜냐하면 헤겔의 전체 철학이 계몽의 철학보다 훨씬 더 정열적이고 통일적으로 역사와 사회에 방향을 맞추고 있기 때문이다. 따라서 존재론적인 존재와 사회적-도덕적 당위의 모호함을 제거하는 것 역시 중심문제를 해명함에 있어서 아주 중요하지 않을 수 없다.

우리는 헤겔 철학이 자기 시대의 역사적 현재를 사상적으로 적절히 파악하고자 했음을 보았다. 이로부터 자연에 붙박인 모호한 당위가 사라질 뿐 아니라 모든 당위에 대한 매우 비판적인 태도가 나타난다. 헤겔은 당위가 존재에 우선한다는 모든 종류의 생각을 거부한다. 이러한 사실로 인해 사회와 역사에 대한 그의 통찰만이 의지와 소원을 넘어서는 엄청난 객관성을 가지게 되는 것은 아니다. 이러한 생각에는 이미 그의 전체 사유를 통해 적합하게 해명하고자 했던 새로운 존재론이 표현되어 있다. 즉 전체 범주의 체계에서 현실(Wirklichkeit)이 최고의 중심적인 위치를 차지한다는 것, 그리고 현실의 현상태(Geradesosein)가 다른 모든 주관적 혹은 객관적 범주들에 비해 우월하다는 것이 그의 새로운 존재론의 핵심 내용이다. 헤겔 사상의 위대함은 그가 이러한 존재론적 문제를 이따금씩 아주 명료하게 통찰했으며, 사상적으로 아주 일관성 있게 파악하고자 했다는 사실에 있다. 하지만 헤겔이 종종 극단적으로 비일관적인, 그리고 해소할 수 없는 이율배반으로 귀결하는 모순투성이의 해결책들을 제시했다고 하는 사실은 그의 역사철학이 과거와 미래에 엄격하게 대립되는 현재에 초점을 맞추고 있다는 사실과 연관이 되어 있다. 당위에 대한 변증법적 비판은 어느 정도는 시대에 적합한 존재론을 얻기 위한 결정적 전투의 전초전 성격을 갖는다. 당위의 의미를 놓고 벌이는 이러한 싸움은 헤겔이 일생 동안 행한 칸트에 대한 논박에서 드러난다. 칸트에게서 인간이 참된 (초월적인) 현실과 맺는 존재론적 관계는 오로지 도덕적 당위로부터만 나온다. 무제약적이고 추상적인 당위를 의미하는 정언명령을 수행함으로써만 인간은 이론적으로는 지양될 수 없는 주어진 현상세계를 넘어설 수 있고, 또한 본체계의 인간(homo noumenos)으로서 (초월적) 현실과 관계를 맺을 수 있게 된다. 하지만 헤겔에게 전체 도덕성은 참다운 인륜성으로 인도하는 인간실천의 한 부분일 뿐이며, 당위가 인간의 의지와 "즉자적으로 존재하는 것" 사이의 간격을 표현하는 한에서만 이 당위는 실제적인 의미를 가진다. 헤겔에게서 도덕성은 인륜성에서 완성되며, 따라서 당위는 실천의 세계에서 그 중심적 지위를 상실한다.[11] 헤겔의 이러한 입장이 갖는 심오한 정당성과 또 문제점은 윤리학에서야 적절하게 다뤄질 수 있을 것이다.

하지만 그 정당성과 문제점은 헤겔 철학에서 현재가 존재론적으로 중심적인 지위를 갖는다는 사실과 관련이 있다는 것을 이미 여기에서 충분히 볼 수 있다. 만약에 현재 안의 즉자존재가 인륜성에 적합한 것으로 현존한다면 실천의 주체와 실천의 본질 사이에 있는 존재론적 거리는 지양되고, 따라서 당위 역시 지양된다. 이를 통해 이 당위는 객관적으로도, 주체와 관련해서도 극복되어야 한다. 하지만 헤겔이 현재에 부여한 중심적인 지위가 유지될 수 있을까? 우리가 이미 잘 알고 있듯이 헤겔주의의 해체를 헤겔 철학의 결과와 방법들에 대한 체계적 비판과 관련하여 집중적으로 다룬 이후 위의 저 질문은 주로 '역사의 종말'이라는 형식으로 제기되었다. 하지만 이러한 질문 형식으로 제기된 (우리가 앞으로 보게 될) 아주 정당한

---

11) *Rechtsphilosophie*, § 108, Zusatz; 7., S. 207.

비판에서도 헤겔이 당연히 현재뿐 아니라 이 현재의 궁극적인 성격도 문자 그대로 이해하지 않았다는 사실이 종종 오인된다. [즉 헤겔이 역사의 종말을 말하고 있다 하더라도 그 의미를 단어 그대로 사용하지 않았다는 사실을 비판가들은 이해하지 못했다―역자] 예를 들어 그가 (1821년) 윅스퀼(Uexküll)에게 보낸 한 편지에서 러시아의 아주 독특한 미래의 가능성들을 아주 상세하게 다루고 있다는 사실, 따라서 그가 완고한 역사의 종말을 기획하지 않았다는 사실을 지적하는 것으로 충분하다.[12] 그럼에도 불구하고 자기 시대의 현재에 대한 그의 관점에 따르면 현재가 이미 이념에 적합하게 도달했으며, 이를 통해 자기 시대를 원리적으로 넘어간다는 것이 논리적으로 불가능하다고 설명했다는 것은 명확하다.

이러한 입장은 존재론적으로 중요한 두 가지 전제를 내포한다. 첫째, 역사는 단순히 인간과 인간집단의 직접적인 목적론적 행위들로 이루어지지 않는다는 전제이다. 이것은 아주 옳은 전제라고 생각한다. 목적론적 정립을 하는 경우에도 개인적 행위와 집합적 행위들 속에는 의도했던 것과는 완전히 다른 것이 생겨난다. 이러한 사실은 어떤 관점에서 보면 헤겔이 발견한 중요한 인식이다. 하지만 헤겔 철학에서 더욱 중요한 것은 '역사의 전체 과정은 그 자체로 목적론적 목표를 현실화하려는 소명을 받았다.'는 것이며, 또한 '그의 시대의 현재가 본질적으로 이러한 목표에 이미 도달했다.'는 것이다. 이러한 목적론과 더불어 이제 헤겔의 역사이론은 과거의 신정론과 비슷한 존재론적 관점에 이르게 된다. 우리가 앞으로 자주 보게 될 것처럼, 헤겔에게서 전체는 지나온 과거의 토대를 종종 떠나지 못한 반면, 개별적인 것에서는 혁명적으로 새로운 것들이 출현한다. 두 번째 전제는

---

12) *Briefe von und an Hegel* II, Hamburg 1953, S. 297 f.

첫 번째 전제와 아주 밀접히 연관되어 있다. 즉 완성된 이념과 역사적 현재의 이러한 융합은 방법론적으로 하나의 논리학 위에 근거 지어져 있다는 전제이다. 현실에서의 이념의 완성의 기준은 [과거처럼—역자] 특정한 종류의 계시가 아니라 헤겔 논리학의 특수한 성격에 의지한다. 이 논리학은 근원적으로 존재론적인 형태를 취한다. 즉 개별적인 논리적 범주들이 현실적인 즉자와 궁극적으로 일치해야 한다는 요청을 제기할 뿐 아니라, 그 범주들의 구축과 배열, 그리고 범주들 간의 위계질서 등은 현실의 존재론적 구축과 정확하게 일치해야 한다. 헤겔 철학에서 체계와 방법의 관계는 근본적인 문제에 해당한다. 그런데 이 문제는 논리학과 존재론의 관계문제로 환원된다. 이 관계문제에 대해 우리는 다시 상세하게 다룰 것이다. 헤겔 논리학은 '이념'에서 그 정점에 도달한다. 그런데 논리학의 이 정점은 정확한 한 지점이 아니라 그 단계와 영역을 떠나지 않고서도 어느 정도는 크게 움직일 공간이 있는 평지와 같다는 사실을 지적하는 것으로 여기서는 만족하고자 한다. 소위 『소논리학』에서 헤겔은 이념의 도정의 상이한 단계들(존재, 본질, 개념)을 검토한다. 그런데 이 논리학은 그 구조상 서로 구분되며, 개념이 갖는 논리적-존재론적 세계에 대한 다음과 같은 규정에 도달한다. "개념의 운동은 동시에 유희로서만 고찰될 수 있다. 이 운동에 의해 정립된 타자는 사실 타자가 아니다."[13] 여기서 논리적 존재론과 역사적 존재론 사이의 평행이 분명하게 드러난다. 따라서 이념과 현실의 융합은 헤겔에게서 운동성에 대한 단적인 부정이 아니라 더 이상 본질에 따라 결정되지 않는 변화 가능한 체계 내부에서의 이행의 운동으로의 환원이다.

따라서 당연히 역사의 종말관에 나타나는 이율배반은 해소되지 않는다.

---

13) *Enzyklopädie*, § 161, Zusatz; 8., S. 309.

헤겔이 여기서 현재의 사회적-존재론적 규정을 추구하고 또한 유명한 역사적 인물의 실천에 의지하여 이 현재를 철학적으로 정식화하고자 한다는 사실을 생각해본다면 첨예하고 해소될 수 없는 이율배반은 조금도 누그러지지 않는다. 여기서 중요한 사실은 존재론적으로, 그리고 자연존재론에서 현재는 미래와 과거 사이에서 곧 사라지게 될 이행지점으로서만, 따라서 정립되면서 지양되는 이행지점으로서만 존재할 수 있다는 사실이다. 이러한 시대관의 기본적 정당성은 현상을 파악하기 위해서는 시대에 대해 점점 더 정확한 측정이 반드시 필요하다는 사실에서 과학적으로 드러난다. 하지만 이러한 생각은 시대의 존재론적인 본질을 '소박한 실재론적' 방식에서 파악할 때에나 올바른 것이다. 여기서 ('측정될 수 있는 것'이 아니라) '측정행위' 그 자체는 시대의 본질과는 전혀 상관없이 있어야 하는 그런 인식범주로 머문다. 우리는 앞에서 시대의 측정과 시대 그 자체를 오인하는 존재론적 오류에 대해 지적했었다. 측정행위는 모든 인식이 그러하듯 당연히 기존의 사회적 존재의 토대 위에서 생겨나며, 이 영역에 속하는 특별한 현상들의 영역에 아주 중요한 의미를 갖는다. 그럼에도 불구하고 현재가 가지는 사회적-역사적 현상방식 전체를 이러한 종류의 측정에 의해 파악하는 것은 불가능할 것이다. 헤겔 스스로 자연철학에서 공간-시간-물질-운동 복합체를 '실제로 우선적인 것'이라고 표현하였다. 이에 더해 그는 "물질은 공간과 시간 속의 실재"이지만, 공간과 시간은 "그 추상성 때문에 우리에게 여기서 일차적인 것으로 나타나지 않으면 안 된다."고 강조한다. 그런데 이 속에는 이미 복합체와 그 요소들 사이의 올바른 연관에 대한 예감이 포함되어 있다.[14]

14) Ebd., § 261, Zusatz; 9., S. 60.

사회적-역사적 조직체의 아주 복잡한 연관들 안에서 이러한 추상은 이 조직체의 운동과 연관하여, 그리고 이 운동의 결과 나타난 변화와 대립적으로, 그리고 밀접히 관계 맺으면서 보다 높은 단계에서 나타나지 않으면 안 된다. 실천적으로 연관된 현상방식은 직접적으로뿐 아니라 또한 매개의 형식에서도 운동과 운동된 것의 구조에 의존한다. 그래서 사회적 존재의 존재론의 관점에서 볼 때 현재는 상대적 지속을 유지할 수 있다. 이때 상대적 지속이란 이러한 구조가 본질적이고 지각될 수 있는 변화들에 결코 복종하지 않거나 복종하지 않은 것처럼 보이는 그런 상태이다. 현재는 따라서 역사적으로 하나의 전체 기간(einer ganzen Periode)으로, 하나의 시대(Epoche)로 확장될 수 있다. 그리고 헤겔이 비록 이 사실을 직접 언표하고 있지는 않지만, 현재를 이러한 의미로 이해한다는 사실은 분명해 보인다. 이러한 의미의 변화로 인해 미래와 과거 역시 사회적 존재에서 파악된다. 우리는 미래의 맹아와 과거의 잔여물을 그러한 현재 안에서 의미 있게 말할 수 있으며, 이것들에 현실적이고 실제적인 의미를 부여할 수 있다. 단지 여기서는 사회적 존재의 특수한 대상형식들이 중요한 문제로 된다는 사실을 잊어서는 안 된다. 이때 이 대상형식들은 상당한 정도로 매개되어 있기는 하지만, 존재론적으로는 궁극적으로 해소될 수 없을 만큼 시대의 현실적인 진행과정에 기초해 있다. 그런데 이와 관련한 특정한 유비가 자연에 현존한다. 예를 들어 우리가 지질학과 천문학의 작업에서 보듯이, [지질학적-천문학적—역자] 조직체들은 시대와 기간을 가진 역사를 가질 수 있다. 여기서 시대와 기간들은 물질과 운동의 구조변화 내지 구조안정성과 관련되어 있다. 하지만 이것들에서는 현재성을 특수하게 강조하는 일이 발생하지 않는다. 존재론적으로 볼 때 사회적 존재의 현재성은 '인간은 구조의 상태와 구조의 변화에 따라서 상이하게 행동하며, 그리하여 실제로 그들의 실천의 토대에 역으로 영향을 미친' 결과이다. 그러한 구조의 매개적 구성요소인 시대와의 이러한 연관을 사유 속에서 자의적으로 찢어서 분리하고 나면, 그리고 그렇게 생성된 사회적 조직의 구조와 조직의 과정이 완전히 독립적인 것으로 생각하게 되면 베르그송에서 하이데거에 이르기까지 반짝거리며 드러났던 저 해괴망측한 현대적 시간 개념이 생겨난다. 이미 주관적 요소들을 자연스럽게 포함하고 있는 객관적인 시대(시간)의 사회-역사적 변형이 아니라 이 객관적 시대를 개별자들의 개인적 삶에 아주 폭넓게 (그리고 아주 주관주의적으로) 적용하는 것이 이들의 출발점을 이룬다. 이러한 종류의 시대가 존재론적으로 고유하고 참된 시대로 서술될 경우 시대에 대한 모든 객관적 규정들은 필연적으로 '머리로 서 있는' 꼴을 하게 된다.

무엇보다도 도달된 이념과 현실의 헤겔적 융합이 갖는 몇몇 철학적 측면이 간단하게나마 언급되어야 할 것이다. 관점 그 자체는 사회-역사적으로 제약된 관점이며, 이러한 토대의 모순성은 (헤겔이 이러한 토대에 대해 취하는 내적으로 아주 모순적인 태도와 병행하여) 여기에서 드러나는 이율배반의 현실적 근거를 형성한다. 이것이 바로 나폴레옹 시대와 나폴레옹 이후의 시대에서의 독일의 상황이다. 『정신현상학』에 나타나는 역사철학은 태초부터 계몽과 프랑스 혁명을 거쳐 독일의 고전문학과 철학으로, 즉 괴테와 헤겔에까지 이어진다. 진정한 의미의 본래적인 역사의 과정이 끝나는 장에서는 프랑스 혁명과 나폴레옹에 의한 이 혁명의 극복이 독일에서 어떻게 정신으로 바뀌게 되는지가 서술된다.[15] (그리고 이 장을 이어서 전체가 기억 속에

---

15) 헤겔은 『정신현상학』에서 역사를 세 번 반복한다. 「자기의식」 장에서 「이성」에 이르는 과정에서 한 번, 정신의 관점에서 다시 한 번, 그리고 종교의 관점에서 반복하여 역사 전체를 설명

서 정신적으로 반복되는 과정이 서술된다.) 이 질문으로부터 역사적-이념적 일치와 통합, 즉 이념의 자기실현의 문제가 나온다. 우리는 여기서 이 최초의 위대한 작품『정신현상학』—역자]의 언어적 광휘를 볼 수 있을 뿐 아니라 동시에—외관상—이미 시작된 위대한 부흥의 시기의 자취도 볼 수 있다. 헤겔의 이러한 생각은 그가 예나에서 전체 독일의 비참함을 근본적으로 없애버리도록 부름을 받은 것처럼 보인 말 위의 '세계영혼'[16]에 의해 이끌렸다.『논리학』에서 헤겔은 찬란한 이러한 사상을 이미 상당 부분 상실하게 되며, 점점 더 산문적으로 되어간다. 이러한 경향은 헤겔이 이념과 현재를 등치하는 가운데 나폴레옹을 프리드리히 빌헬름3세로 대체해야 했던 것과 평행을 이룬다.[17] 헤겔은 개인적으로 점점 더 보수적으로 되어갔다. 하지만 그의 보수화는 이후의 자유주의자들이 비난하듯이 그의 철학이 프로이센의 국가철학이 되었음을 결코 의미하지 않는다. 하지만 이런 그의 보수화로 인해 그의 역사이론은 현실의 역사와 고통스럽게 대립하게 되었다. 7월 혁명 이후의 시기에 그는 다음과 같이 썼다. "이전에 타당했었던 모든 것을 문제가 있는 것으로 만드는 것처럼 보이는 위기 …"[18] 그의 가장 가까운 제자 중 간스(Eduard Gans)가 7월 혁명에 열광함과 더불어 헤겔주의

한다. 루카치는「정신」장의 특정한 일부분을 '본래적인' 역사의 과정이라고 말한다. (역주)

16) 『정신현상학』을 거의 탈고할 시기에 헤겔은 예나 전투에 참여하여 말을 타고 예나 시가지를 걷고 있는 나폴레옹을 창문 너머로 보았다. 말 위에 앉아 있는 나폴레옹을 그는 새시대의 정신을 담지하고 있는 '세계영혼'이라고 불렀다. (역주)

17) 루카치에 따르면 청년 헤겔의 혁명적-공화주의적 사유는 점차 보수주의적으로 변한다. 프랑스 혁명의 자유주의에 의해 독일의 후진성을 극복하고자 하는 희망에 부풀었던 헤겔이 나폴레옹을 칭송했던 이유이다. 하지만 점차 프로이센 공화국의 역사성과 현실성을 인식한 그는 프로이센을 최고의 국가형태로 간주하게 된다. 헤겔이 말년에 프리드리히 빌헬름3세에 긍정적 의미를 부여하는 이유를 루카치는 이런 역사관의 변화에서 찾는다. (역주)

18) Rosenkranz: *Hegels Leben*, Berlin 1844, S. 416.

의 해체가 시작된다.

그런데 헤겔 철학의 운명에 대단히 중요하게 된 이러한 몇몇 질문은 이 철학의 내적인 모순의 특징을 암시한다. 헤겔의 어떤 특별한 주장이나 방법적 사유는 옳은 반면, 다른 생각들은 그르다고 생각할 수 있는데, 이러한 생각은 정당하지 않다. '살아 있는 것'과 '죽은 것'이 그의 체계에서 분명하게 분리될 수 없다. 오히려 올바른 것과 잘못된 것이 그의 체계에 분리되지 않은 채 서로 섞여 있으며, 통일되어 있다. 양자를 분리하는 것, 그리고 그의 사유가 어떤 점에서 미래의 철학의 길을 제시하고, 어떤 막다른 골목에서 사멸되어가는지를 보이는 것 등, 이러한 문제들은 소위 개별적으로 중요한 각각의 문제 상황에서 그때그때 분리된 채 수행되어야 한다. 우리가 처음에 다루며 시작했었던 이념과 현재의 융합이라는 문제에서도 역시 그랬다. 체계와 방법의 분리에 대한 엥겔스의 비판에 의해 우리는 여기서 체계와 방법의 분리를 위한 중요한 암시를 제공받는다. 사회와 국가의 이념적-논리적 조화는 현재 안에서 체계적으로 나타나며, 이 조화의 결과로서 도덕적 실천의 영역에서 추상적 당위가 진실성의 모든 의미를 상실하게 된다. 왜냐하면 현재의 현실은 이념과 화해된 것으로 나타나기 때문이다. 방법론적으로, 즉 이러한 조화의 본질적 구성요소들이 갖는 내적인 변증법의 관점에서 볼 때 우리는 화해될 수 없는 모순들의 해결 불가능한 착종을 보게 된다. 이러한 모순들은 헤겔 철학의 가장 진보적인 계기들 중 하나에서 직접 유래한다. 헤겔은 18세기에서 19세기로의 전환기에 스튜어트와 스미스로부터 리카도에 이르는 영국 고전경제학의 결과를 자신의 역사철학에 이끌어 들였을 뿐 아니라, 여기서 인식된 대상들과 연관들을 유기적인 구성요소들로 자기 변증법에 수용한 최초의 중요한 사상가였다.[19] 이를 통해 헤겔은 근대 부르주아 사회의 구조와 역동성의 중요성에 대한 다소 명확한 관점을 획득했다. 그의 이러한 관점은 현재를 역사적인 의미에서 해명할 수 있는 토대로 작용한다. 현상들을 구체적으로 파악하는 데 있어서 헤겔은 자신의 선구자들보다 훨씬 뒤지며, 대부분의 공상주의자들 바로 뒤에 머문다. 하지만 그렇다고 하더라도 그가 이러한 정황들 속에서 철학적 추론을 이끌어낸 유일한 사람이었다는 사실은 결코 변하지 않는다. (푸리에 역시 그곳에서 철학적 추론을 한다. 하지만 그의 일반화는 너무 자의적이며, 일반적으로 유럽에서 전개되었던 범주이론과 아주 동떨어져 있어서 오늘날까지도 거의 영향력 없이 남아 있다. 푸리에의 경제적-사회적 현재관에 나타난 범주를 철학적으로 분석하고 비판하는 작업은 19세기 철학사를 연구하는 데 가장 중요하고 현실적인 과제들 중 하나가 될 수 있을 것이다.)

이렇듯 현재에 대한 헤겔의 관점에는 시민사회와 국가 사이의 모순이 놓여 있으며, 또한 그 모순의 지양이 놓여 있다. 하지만 우리는 여기에서 우리가 방금 다뤘던 것과 (형식에서는 다소 다르다고 하더라도) 동일한 모순 앞에 선다. 헤겔은 부르주아 사회에 대해 실재론적으로 서술한다. 그리고 그는 개별자들의 우연적이고 개인적인 행위에서 직접 발생하는 그런 합법칙성의 개념 안에서 이 사회의 역동성을 보며, 정당하게도 이 영역 전체를 상대적 보편성을 지닌 특수성의 하나로 개별자들에 마주 세워 고찰한다.[20] 이제 이 영역의 내적인 모순으로부터 부르주아 국가의 보편성이 전개되어야 할 것이다. 헤겔이 "그러나 특수성의 원리는 스스로 총체성으로 전개되어감으로써 **보편성**으로 이행하며."라고 진술할 때까지는 그가 여전히 옳

---

19) 이 문제를 나는 나의 책 『청년 헤겔』(전집, 제8권, 제3판, Neuwied 1967)에서 자세히 다루었다. 여기서는 이 문제를 자세히 다루지 않고 간단히 언급하고 말 것이다.

20) *Rechtsphilosophie*, § 181, Zusatz; 7., S. 338 f., und § 184, Zusatz; 7., S. 340 f.

다. 하지만 곧이어 "정립된 현실은 이 보편성 속에서 자신의 진리와 권리를 갖는다."라는 진술을 덧붙이는데,[21] 이를 통해 이미 부르주아 사회와 부르주아 국가는 일방적으로, 그리고 기계적으로 절대적-이상적 국가의 최고 형태로 파악된다. 이러한 생각은 일견 그의 관점이 갖는 역사적 한계로 보일지 모른다. 왜냐하면 이러한 현실의 관계들을 훨씬 더 적합하게 파악한 고전경제학자들도 그들의 범주와 이 범주들의 관계가 갖는 역사적 성격을 의식하지 못한 채 오히려 이 범주들을 유일하게 이성에 상응하는 형식들로 간주하기 때문이다.[22] 이러한 관점에서 경제적으로 낙후한 국가 출신의 철학자인 헤겔은 자신의 경제 선생들을 능가하고 있다. 헤겔은 자신이 부르주아 사회의 범주적 특징으로 삼은 저 특수성이 현재의 특수한 문제임을 명확하게 보고 있었다. 즉 그는 이 특수성을 현재의 사회형태의 토대이자 담지자로 보았는데, 부르주아 사회의 이러한 성격은 고대의 폴리스와 대립되는 것이다. 헤겔에 따르면 [보편성만을 인정한—역자] 고대의 폴리스는 특수성을 "윤리적 타락의 습격으로, 폴리스의 몰락의 최종적인 근거"[23]로 보았다. 오히려 헤겔의 관점의 특수한 한계는 시민사회에서 국가로의 이행에서, 시민사회가 국가와 맺는 관계에서 드러난다. 철학적 유물론자로 되기 훨씬 이전에 청년 마르크스는 헤겔 체계의 이러한 모순을 명확하게 보

---

21) Ebd., § 186; 7., S. 343.
22) 고전경제학자들뿐 아니라 부르주아 이론가들에 대한 헤겔의 비판의 핵심은 그들 사상의 역사성의 결여에 있다. 예컨대 자연법이론가들의 자연상태 이론에서 자연상태는 부르주아 사회의 특징을 일반화한 것에 불과하다고 한다. 그리고 고전경제학의 교설은 역사적으로 형성된 특정한 사회구성체에서만 그 유효성을 인정받을 수 있는 제한된 이론일 뿐 그것이 보편적 현상일 수 없다고 한다. 루카치는 헤겔의 바로 이런 역사의식을 여타의 다른 사상가들과 구별되는 탁월한 점으로 부각한다. (역주)
23) Ebd., § 185; 7., S. 341.

고서 다음과 같은 진술을 했다. 그는 "시민사회와 정치적 국가 사이의 분리(근대적 상태)를 전제했으며, 이러한 분리를 이념의 필연적 계기로, 절대적 이성의 진리로 전개시켰다. … 그는 국가라고 하는 즉자대자적으로 존재하는 보편자를 시민사회의 특수한 관심과 욕구에 대립시켰다. 한마디로 말하면 그는 시민사회와 국가의 **갈등**을 도처에서 서술하고 있다." 이율배반적으로 보이는 다른 부분도 있다. "그는 시민적 삶과 정치적 삶을 분리하고자 하지 않는다. … 그는 신분적 토대를 분리의 표식으로 삼지만, 동시에 이 신분적 토대는 현존하지 않는 동일성의 대리자여야 한다."[24]

이 안에서 헤겔이 당시의 프러시아 국가에 단순히 순응하였다고 보는 것은 피상적인 관찰이며, 마르크스의 비판의 근본적인 생각과도 모순된다. 부르주아 사회의 토대로서의 경제적 삶을 헤겔은 리카도를 생각하게 하는 '냉소주의'의 관점에서 취급한다. 내가 이 문제를 헤겔에 관한 나의 책에서 다룬 것처럼[『청년 헤겔』을 지칭함—역자] 여기서는 『법철학』에서 단한 문장을 인용하는 것만으로도 충분할 것이다. "따라서 충분한 부유함에도 불구하고 시민사회가 충분히 부유하지 않다는 것은 분명하다. 즉 시민사회가 엄청난 가난과 천민의 산출을 제거하기에는 불충분하다는 말이다."[25] 청년 마르크스는 헤겔의 방법론의 중심에서 출발함으로써 이 문제를 너무 순수하게 객관적인 방식으로 다루었다. 이러한 이유 때문에 마르크스 사상의 가장 중요한 측면들을 다소 길지만 인용할 필요가 있다. "가족과 시민사회는 스스로 국가로 된다. 가족과 시민사회는 추동하는 힘이다. 하지만 헤겔에 따르면 가족과 시민사회는 참된 이념에 의해 산출된다.

---

24) MEGA I/1, 1., S. 489; MEW 1., S. 277.
25) *Rechtsphilosophie*, § 245; 7., S. 390.

이것들이 서로 국가가 되도록 연결시키는 것은 이것들 자체의 삶의 과정이 아니라 이것들과 구별되는 이념의 삶이다. 더욱이 가족과 시민사회는 이념의 유한한 국면에 지나지 않으며, 자신의 실존을 위해 자기 자신보다는 정신에 빚지고 있다. 또한 가족과 시민사회는 자기 결정적이지 못하고 대신 타자에 의해 결정된다. 이러한 이유 때문에 가족과 시민사회는 '유한한' 것으로, '참된 이념의' 유한한 국면으로 정의된다. 가족과 시민사회의 실존의 목표는 실존 그 자체에 있지 않다. 대신 이념이 '스스로의 이념성을 이탈하여 무한한 현실적 정신으로 드러나고자' 스스로의 이 같은 전제들을 벗어 내던진다." 다시 말해서, 정치적 국가는 가족이라는 자연적 기초와 시민사회라는 인공적 토대 없이는 존재할 수가 없다. 가족과 시민사회는 정치적 국가의 불가피한 조건이다. 하지만 그 조건은 제약된 것으로 정립된 것이며, 생산물로서의 생산자이다. … 현실적인 것은 단순한 현상이 되었지만, 이러한 현상 너머에서 이념은 아무런 내용도 갖지 못한다. 게다가 이념은 논리적인 것을 넘어 "무한히 현실적인 정신으로 명시화"하려는 목적이 없다. 이 구절에서 우리는 『법철학』과 헤겔 철학 일반의 신비를 명백히 본다. 이것은 헤겔의 체계를 구성하는데 다음과 같은 결과를 갖는다. "따라서 [가족에서 시민사회로, 시민사회에서 국가로의—역자] 이행은 가족 등의 **특수한** 본성과 국가의 **특수한** 본성으로부터가 아니라, **자유와 필연성**이라는 보편적 관계로부터 비롯된 것이다. 우리는 이와 동일한 과정을 『논리학』의 '본질론에서 개념론으로의 이행과정'에서 발견한다. 『자연철학』에서는 이와 동일한 과정이 '비유기적 본성에서 생명으로의 이행과정'에서 관찰된다. 때로는 이 영역에서, 또 때로는 저 영역에서 생명을 제공하는 것은 언제나 동일한 범주들이다. 문제는 개별적인 구체적 규정들을 위해 그에 일치하는 적절한 추상적 규정들을 발견하는 것이다." 마르크스는 문제 전체를 다음과 같이 요약한다. "철학의 관심은 주체의 논리가 아니라 논리의 주체이다. 논리가 국가의 증거를 제공하는 것이 아니라 국가가 논리의 증거를 제공한다."[26]

오늘날의 독자들에게, 혹은 신칸트학파의 전통에서 성장한 독자들에게 마르크스의 언어는 매우 단순하게 보일지도 모른다. 헤겔이 발전시킨 논리학은 사실과 부합하기보다는 그것을 위배하는 논리학이다. 변증법에 대한 오랜 편견은 종종 이러한 유의 미숙하고 피상적인 논거들 때문에 유지된다. 비록 그것이 단순명료하다 할지라도, 실제적인 상황은 전혀 다르다. 다시 말해서, 헤겔의 논리는 탁상공론적 의미나 형식논리적 의미에서의 논리학이 아니다. (마르크스가 자신은 논리학에 관해 말을 아끼고 있다는, 앞서 인용된 비판적인 논평을 썼을 때 자명한 것으로 받아들였던 것이 바로 이것이다.) 헤겔의 논리는 오히려 논리학과 존재론의 불가분적인 정신적 통일이다. 한편으로 헤겔에게서 참다운 존재론적 연관들은 그 적합한 사상적 표현을 논리적 범주들의 형식에서 비로소 보유하게 된다. 다른 한편으로 논리적 범주들은 단순한 사유의 규정들로 파악되는 것이 아니라 현실의 본래적인 운동이 갖는 역동적인 구성요소로, 정신의 자기실현의 도정 위에서 나타나는 단계로, 계단으로 이해되어야 한다. 따라서 지금까지 우리에게 드러났던, 그리고 다음에 드러나게 될 원리적 이율배반들은 두 존재론의 충돌에서 생겨나는데, 이 두 존재론은 의식적으로 수행된 헤겔의 체계에 인식되지 않은 채 현존하면서 서로에게 다양하게 영향을 미친다. 모든 대립성을 자기 안에 삼키고 있는 이율배반적인 상황은, 따라서 양자가 역사철학적으로 동일한 현실에서 생겨난다는 것을 보여준다. 헤겔을 철학적으로 성

---

26) MEGA I/1, 1., S. 407 f., 409, 428; MEW 1., S. 207 f., 208 f., 216.

숙하게 한 중심체험은 혁명 이후의 현실의 위대함이다. 계몽주의자들이 봉건적-전체주의적인 세계를 전복함으로써 이성의 왕국을 창조해야 한다고 깊게 신봉했던 것과 마찬가지로 헤겔 역시 최고의 정신의 소유자들이 오랫동안 꿈꾸어온 이상이 자기 시대에 현실화되기 시작했다고 깊이 확신했다. 헤겔은 『정신현상학』 서설에서 다음과 같이 쓴다. "어쨌든 우리의 시대가 탄생의 시대이며 새로운 시기를 향한 여명기임을 알아차리기란 어렵지 않다. 정신은 지금까지의 일상세계나 관념의 세계에 결별을 고하고 이를 과거의 품속에 묻어버린 채 바야흐로 변혁을 이룩할 찰나에 이르렀다."[27]

하지만 헤겔은 동시대의 많은 유명한 사상가들과는 달리, 결코 몽상가나 환상가 혹은 기획가가 아니었다. 그는 엄격하고 포괄적인 현실의 의미를 알고 있는 철학자였으며, 아마도 아리스토텔레스 이후로 그런 종류의 사상가를 만나기 힘들 만큼이나 참된 현실에 대한 강한 욕구를 가진 철학자였다. 그에게 정열적인 철학적 관심을 불러일으키지 않은 현실의 영역이나 현실에 대한 지식의 영역은 거의 없다. 이때 그는—사실들 자체를 자기 것으로 만드는 것과 동시에—이 사실들의 범주적 속성에 주목하였다. 이러한 방식으로 그의 포괄적인 지식이 생겨났을 뿐만 아니라, 모든 대상들, 관계들, 그리고 과정들에 내재한 모순적인 구조와 역동성을 그는 점점 더 강하게 의식하였다. 현재 자체가 일차적인 모순성을 드러내준다. 프랑스혁명과 영국에서의 산업혁명, 여기에다 이 두 혁명이 당시에 후진적이고 분열된, 그 시기에 막 정신적인 부흥을 시작한 독일로 이행되면서 생겨난 모순 등, 바로 이런 것들이 현재의 일차적 모순성이다. 자기모순적인 수많은 사실들과 경향들을 그 시대의 그 상태 안에서 통일적으로 파악하려 한

---

27) *Phänomenologie* II, S. 10; 3., S. 18. 참조: 임석진 역(한길사 2005) 제1권 46쪽.

시도로 인해 그는 모순의 논리학에 도달하게 되었다. 사유의 역사에서 헤겔에게서 처음으로 나타난 이 모순의 논리학은 그 자체 역동적이고 과정적인 방법으로 표현되며, 또한 모순 속에서 움직이는 보편적인 역사성을 인식하는 가운데 표현된다. 이렇게 하여 그렇게도 자주 회자되는, 그 배후에서는 언제나 심오한 합리성이 작용하고 있는 저 "바쿠스적인 도취"[28]가 발생한다. 사유에서의 운동, 즉 개념과 판단과 추론에서의 운동은 모든 대상과 관계와 과정이 갖는 강력한 무한성에 대한 사상적인 측면일 뿐이다. 사유의 과정적 특성은 모든 현실이 갖는 과정적 특성의 결과일 뿐이다. 과학적-철학적 인식은 "대상의 삶에 스스로를 넘기는 것"[29]에 다름 아니다. 왜냐하면 "결론이 아니라 이 결론과 그 생성과정을 합쳐놓은 것이 현실 전체를 이루기 때문이다. … 벌거벗은 결과[즉 결과 그 자체—역자]는 거기서 아무런 경향성도 보여주지 못하는 시체에 다름 아니다."[30] 이로써 전혀 새로운 존재론을 향한 커다란 발걸음을 내디딘 것이다. 즉 참다운 현실은 여기서 구체적으로 생성하는 자로 현상하며, 발생은 모든 대상성에 대한 존재론적 연역이다. 이때 이 대상성은 이러한 생동적인 전제가 없을 경우 왜곡된 채 이해되지 않은 상태로 머물러 있지 않으면 안 될 것이다. 청년기 헤겔의 발전과정의 위대한 완결 작품인 『정신현상학』은 모든 쪽에서 이러한 사상을 보여준다. 엥겔스는 헤겔이 여기서 개체발생적-개별적 발달과 계통발생적-유적 발달의 역동적인 통일성을 철학적으로 개념으로 고양한 최초의 사람이라고 정당하게 평가했다.[31] 우리는 이 장의 제2절에서 헤겔의 새

---

28) Vgl. ebd., II., S. 37; 3., S. 46.
29) Ebd., II., S. 42; 3., S. 52.
30) Ebd., II., S. 5; 3., S. 13. 참조: 임석진 역(한길사 2005), 제1권 37쪽.
31) Engels: *Ludwig Feuerbach*, Wien/Berlin 1927, S. 20; MEW 21., S. 269.

로운 존재론의 중심문제에 대해 상세하게 다룰 것이다. 따라서 여기서 헤겔 철학의 그런 내적인 경향에 대한 이 정도의 해명도 하나의 예시로서는 충분할 것이라 생각한다.

헤겔의 두 번째 존재론은 이전에 말했던 첫 번째 존재론과는 전혀 상관 없이 발생했으며, 내적으로도 독립적으로 머물러 있다고 주장하는 자들이 있다. 하지만 이것은 잘못된 과장이다. 반대로 그 두 존재론은 실제적으로 뿐 아니라 발생적으로도 동일한 근원을 가지며, 사회적으로도 개념적으로 도 동일한 근원에서 발생했다. 모든 대상형식들이 역사의 역동적-변증법적 발전과정에 의해 발생적으로 수행되는 방식을 보임으로써 이러한 현실을 사상적으로 정복하고 또 단일화하는 것과 마찬가지로 저 두 존재론은 서로 밀접하게 연결되어 있다. 여기서 출발점이 되는 것은 다시금 헤겔의 근본문제이다. 그의 근본문제는 '혁명 이후의 세계의 현재가 실제적인 모순을 간직한 채 어떻게 이성의 왕국의 실현으로 될 수 있는지, 그리고 되어야 하는지'로 정식화된다. 여기에서도 역시 계몽이 추구하고 사상적으로 구축했던 최상의 것을 시대에 어울리고 의미 있게 계속 수행하고자 하는 위대한 생각이 지배하고 있다. 우리는 이미 다음의 사실을 알고 있다. 즉 헤겔은 '이성의 왕국은 인간의 본래적 산물이며, 이성은 현실적인 것'이라는 계몽의 가장 중요한 측면을 포기하지 않고서 이성과 자연의 통일에 대한 계몽의 분열적인 근본표상을 버렸다는 사실. 합리적 이기주의라는 개념은 특히 인간의 경제적 행위를 해명하는 구체적 모델로 작용한다. 그런데 합리적 이기주의 대신 인간의 열정(Leidenschaft)이 들어선다는 것(물론 이것 역시 계몽과 연관이 없는 것은 아니다.)은 이러한 인간적 차안성을 결코 포기하는 것이 아니며, 오히려 이런 차안성이 더 넓어지고 깊어지며 더 구체화된다. 헤겔은 다음과 같이 상술한다. "우리는 자신의 활동으로 함께 영향을 미치는 자들의 관심 없이는 어떤 것도 현실화되지 않는다고 말한다. …
세계 안의 어떤 위대한 것도 열정 없이는 수행되지 않았다."[32] 계몽은 비록
여기에서 말하는 인간성의 폭과 넓이와 깊이에 대해 도처에서 성공을 거둔
것이 아니며 아주 표피적으로 정당화 작업을 수행하긴 하지만 그러한 것
을 이미 추구했다. 헤겔에게서도 역시 이러한 추구는 단순히 흉내 수준에
머물고 있으며 결코 전방위적으로 성공을 거두고 있지는 않다. 특히 그 치
밀함과 내적인 측면에서 성공을 거두고 있지 못하다. 그럼에도 불구하고
인간의 세계를 자기창조적인 차안적 세계로 파악하고 서술하려는 헤겔의
시도는 그가 출현할 때까지 이러한 방향에서 시도되었던 것들 중에서 가
장 주목되는 것이다.

　우리가 헤겔의 두 번째 존재론이라 불렀던 것은 이러한 세계관에 그 뿌
리를 두고 있다. 계몽이 자체 분열적 자연이라 불렀던 것은 헤겔에게서는
내적인 모순을 간직한 정신(이념, 이성)이다. 이런 모순성은 무엇보다 자신
의 세계를 창조하면서 파악하는 인간의 발생사가 갖는, 헤겔에 의해 움직
이면서 움직여지는 것으로 인식된 그런 모순이다. 따라서 그런 모순성은
과정 그 자체의 모순성이라는 관점을 반영하지 이러한 관점 속에 들어 있
는 모순을 말하는 것이 아니다. (이 후자의 측면에 대해서는 곧 설명할 것이
다.) 헤겔은 『정신현상학』에서 인간의 의식이 어떻게 인간의 내적인 기질과
(부분적으로는 인간의 자기창조에서 생겨나고 부분적으로는 자연스럽게 주어진)
환경과의 상호작용에 의해 생겨나는지, 의식이 어떻게 보다 높은 차원의
유사한 상호관계를 따라 자기의식으로 전개되는지, 그리고 이러한 인간의
발전으로부터 정신이 어떻게 인간의 본질적 유적 특성이라는 규정적 원리

---

32) *Die Vernunft in der Geschichte*, Leipzig 1927, S. 63; 12., S. 37 f.

로 솟구치는지를 서술한다. 정신과 더불어, 동시에 자연스럽게 바로 이 정신으로 이끄는 도정과 더불어, 그리고 그 도정을 구성하는 변증법적 원리들과 더불어 헤겔의 이러한 존재론적 노선이 갖는 의도치 않는 다른 모순성들이 드러난다. 즉 정신이라는 관점 그 자체에서 나오는 모순성들.

이러한 모순성은 인간이 사회와 맺는 관계에 놓여 있다. 헤겔은 사회에 정신이라는 존재론적으로 자립적인 형태를 부여하고자 한다. 이로써 그는 우선 객관적 진리라는 것을 회피하지 않는다. 왜냐하면 사회적 존재는—일상적으로 그렇게 생각하듯이—실제로 개체적 인간의 개별적 의식과는 독립해 있는 실존을 가지며, 자립적으로 규정하며 규정되는, 개별자에 비해 보다 높은 정도의 역학을 갖기 때문이다. 그런데 여기에서도 사회의 운동성이 개별적 행위와 노고 등의 독특한 종합이라는 사실이 바뀌지는 않는다. 왜냐하면 개별자의 행위와 노고 등은 직접적이기는 하지만 단순히 직접적으로만 개인의 의식에서 출발하며, 사회적 실존의 원인과 결과는 개인이 생각하고 느끼고 의도하는 것과는 명확히 구분되기 때문이다. 이러한 구조는 사회적 맥락에서만 현실화될 수 있는 개별적 행위를 위해 존립한다. 그렇다면 사회의 운동은 상이한 개별적 행위들이 풀릴 수 없을 정도로 서로 얽혀 있는 곳에서 이 행위들이 개별적으로 서로서로 지지하고자 하는지 혹은 서로 대치되는지를 질적으로 보다 상승한 방식으로 드러낸다. 따라서 사회적 존재의 존재론의 관점에서 볼 때 개별적 행위들의 이러한 총체성, 그러한 행위들의 역동적이고 모순 충만한 이러한 연관에 하나의 존재를 부여하는 것은 아주 정당하다고 할 수 있다.

특히 헤겔은 『정신현상학』에서 개인과 사회의 이런 불가분의 상호작용에 대해 아주 명확하게 서술해준다. "이 실체는 만인과 각자의 **행위**를 통해 그들의 통일과 등가성으로 산출된 보편적 **작품**(작업, Werk)이다. 왜냐하면

이 실체는 **대자존재**, 자기, 행위이기 때문이다. 정신은 **실체**로서 흔들리지 않는 적합한 자기등가성이다. 하지만 실체는 **대자존재**로서 해체된, 스스로를 희생하는 온화한 존재, 각자에게 자신의 고유한 작업(작품, Werk)을 수행하도록 하며, 각자에게 보편적 존재를 찢고, 그 보편적 존재로부터 자신의 부분을 취하도록 하는 그런 존재이다. 존재의 이러한 해체와 파편화는 만인의 행위와 만인 자기의 **계기**이다. 그것은 실체의 운동이자 영혼이며, 작용을 받은 보편적 존재이다. 실체가 자기 속에 해체된 존재라고 하는 바로 이러한 사실 속에는 이 실체가 죽은 존재가 아니라 **현실적**이고 **생동적**이라는 사실이 놓여 있다. 여기서 정신은 스스로를 짊어지고 가는 절대적 실제 존재이다.”[33] 정신의 자기정립태라는 것이 이미 과도한 주장을 내포하고 있다고는 하지만, 이러한 주장이 정신이라 불리는 사회조직에 대한 올바른 위치를 완전히 파괴하는 것은 아니다. 헤겔은 『역사철학』에서 동물적 삶을 특징짓는 자연관계의 직접성으로부터의 회귀를 사회적 존재의 본질적 계기로, 개별인간이 정신에 참여하는 본질적 계기로 끌어 올리는데, 그런 한에서 그는 여전히 현실의 토대 위에서 움직이고 있다. “정신으로서의 인간은 직접적인 것이 아니라 본질적으로 자기로 회귀된 것이다. 이러한 매개 운동은 정신의 본질적 계기이다. 정신의 활동성은 직접성을 넘어감이며, 직접성을 부정함으로써 자기 자신에로 되돌아옴이다. 따라서 정신은 자신의 활동을 통해 자신을 만들어가는 바로 그것이다. 자기 자신에로 회귀된 것은 비로소 주체가 되며, 실제적 현실이 된다. 정신은 자신의 결과로서만 존재한다.”[34] 그런데 『역사철학』의 나중 부분에서, 특히 『법철학』에

---

33) *Phänomenologie* II., S. 328 f.; 3., S. 325.
34) *Die Vernunft in der Geschichte*, S. 35; 12., S. 104.

서 정신은 때때로, 심지어 자주 물신화된-응고된 형태를 띠게 된다. 즉 정신은 개인들의 활동성이 맺는 발생적으로 그때그때 결정적으로 중요한 저런 역동적인 연관에서 풀려나 순수하게 대자적으로 존재하는 방식의 자기의식에 도달한다. 바로 그런 자기의식에서는 구성물의 고유한 요소들(특히 시민사회)이 정신의 보편성 속에서 완전히 지양된 것으로 현상하며, 순수하게 자기정립적인 정신의 형태들인 개념변증법은 사회-역사적인 것의 실제 변증법으로 대체된다.

헤겔의 역사변증법이 어떻게 그렇게 응고되고 파열되었는지 질문한다면 우리는 앞에서 제2의 변증법이라고 불렀던 복합적 문제로 되돌아가게 된다. 계몽에서는 연관과 체계를 근거 짓는 자연의 원리가 그 자체 내적 모순으로 충만할 수 있으며, 체계를 형성하는 대상성을 무조건 극복해야 하는 것도 아니다. 사회적 현상들을 그렇게 파악된 자연으로부터 현실적으로 연역할 수 없다는 그런 연역 불가능성으로 인해 기껏해야 자연통찰의 (기계적) 유물론은 사회 영역에서 무의식적인, 따라서 철학적으로 극복되지 않는 관념론으로 포장되지 않으면 안 된다. 헤겔의 정신은 이러한 어려움을 제거하지만, 그것은 전혀 새로운 어려움과 모순을 수반한다. 우리는 존재론적 전환이 갖는 문제점에 대해 아직 말하고 있지 않다. 즉 계몽이 (기계적) 유물론에서 관념론으로 이행하는 반면, 독일 고전철학은 자연과 사회의 통일적 상이 갖는 동질성을 산출할 수 있기 위해 이미 자연인식을 관념론이라는 철학언어로 전환시켜야 했다. 피히테와 셸링은 이러한 철학적 체계화를 위한 최초의 의미 있는 시도를 했다. 헤겔의 체계기획의 아주 새로운 점은 그가 새로운 존재론을 논리적으로 근거 짓고자 한 데 있다. 이것은, 다른 곳에서 이미 상세히 설명했듯이,[35] 독일 고전철학의 전혀 새로운 계기가 된다. 칸트와 피히테와 셸링은 비록 서로 전혀 다른 가치관에서

이긴 하지만 전통적인 형식논리를 수용했다. 하지만 그들 스스로가 존재론적이라고 해야 했던 것을 그들은 그런 형식논리와는 전혀 별개의 방식으로 철학적으로 표현했다. 헤겔에 이르러서야 비로소―그에 의해 변증법적으로 새로 창조된―논리가 새로운 존재론의 담지자가 된다.

헤겔에게서 이러한 경향은 처음부터 결정적으로 중요하게 등장했다. 헤겔은 피히테의 철학에 대항해서 셸링의 철학을 변호하던 시기, 즉 칸트-피히테의 주관적 관념론에 대항해서 객관적 관념론을 이론적으로 최초로 선언한 때부터 이미 기획적 의도를 가지고 스피노자의 관점으로 되돌아갔다.[36] 헤겔은 여기서 그 이름을 구체적으로 거론하는 대신 "옛 철학자"라고 부르고 있다. 하지만 이 문제에서 이러한 실행은 결정적인 역할을 한다. "(주관적인 것들, 즉) '이념들의 질서와 연관'은 (객관적인 것들, 즉) '사물들의 연관과 질서'와 동일한 것이다. 모든 것은 **하나**의 총체성 속에서만 존재한다. 객관적 총체성과 주관적 총체성, 혹은 자연의 체계와 지성의 체계는 동일한 것이다. 바로 그런 객관적 규정성은 주관적 규정성에 상응한다."[37] 스피노자로의 이러한 회귀는 칸트의 인식이론을 사유의 역사에서 단순한 에피소드로 격하하는 것이다. 그런데 스피노자의 근원적 입장에는 이후에 등장한 바로 이런 문제가 생생하게 들어 있었다. 즉 스피노자 철학에서도 세계는 고양된 채 교조적-정적으로 통일되어 있는데, 이 통일성은 이 세계와 적합한 모든 사유와의 동일성을 강제적으로 규정했다. 계몽의 미메시스 이론에서야 비로소 주관적 계기와 객관적 계기는 보다 단호하게

---

35) Lukacs, *Der junge Hegel*, S. 541 ff.
36) Spinoza: *Ethik* II, Propos. VII.
37) *Differenz des Fichteschen und Schellingschen Systems* I, S. 263; 2., S. 106.

서로 구별되었으며, 그 결과 반영된 것[사유된 것—역자]은 인식이론적으로 그 실제 대상과 내용적-형식적으로 일치된 것으로 통일될 수 있게 되었다. 헤겔은 여기서 칸트의 인식이론을 비판적으로 대하고 있다. 그가 칸트와 피히테의 인식이론적-존재론적 주관주의에 대항할 때 앞서 말한 미메시스 이론을 가지고 그렇게 하는 것은 아니다. 그는 보다 근대적인 관념론자로서 (고대의 관념론[이상주의]은 여전히 미메시스와 동일했다.) 셸링의 도정을 더 발전시키는 가운데 오히려 동일적 주체-객체를 활용해야 한다. "만약 자연이 주체-객체가 아니라 단지 물질이라면 인식하는 것과 인식되는 것을 하나로 여겨야 하는 그런 학문적 구성은 가능할 수 없다."[38]

우리는 동일적 주체-객체와 더불어 헤겔의 두 번째 존재론의 문제점이 출발하는 지점에 도달했다. 왜냐하면 계몽의 미메시스 이론은 그 기계적 특성으로 인해 주체와 독립해 있는 현실이 주체 속에 올바로 반영되는 방식을 설명할 수 없으며, 그런 한에서 동일적 주체-객체의 이론은 주체와 객체의 사념적 통일을 통해 존재론적인 근본 사태를 극복해야 하는 철학적 신화에 떨어지고 말기 때문이다. 그러나 대체적으로 완고한 이러한 평가에도 불구하고 이 이론이 지니는 진보적인, 새로운 인식의 도정을 열어젖힌 계기들은 주목할 필요가 있다. 이런 점에서 그가 스피노자에게 되돌아간 것은 결코 우연이 아니다. 주체의 궁극적 차안성, 실제 객체세계와 이 주체가 갖는 분리 불가능한 연관성, 세계에 대한 적합한 파악이 차안적인 이 두 실재의 상호작용에서 생겨난다는 것 등, 이런 것이 여기서 비록 철학적 신화의 형식으로 표현되어 있기는 하지만, 이 신화는 칸트의 (실천적-경험적으로 조작행위를 허용한다 하더라도 여전히) 주관주의적인 선험적 인

---

38) Ebd., I., S. 261; 2., S. 105.

식론보다 훨씬 더 강하게 객관적 세계를 지향하고 있다. 독일 고전철학의 비극, 특히 헤겔 철학의 역사철학적 비극은 그의 철학이 유물론의 기계적 특성과 칸트 관념론의 초월적인 주관적 특성을 극복하고자 하는 시도에서 동일적 주체-객체를 강제적으로 정립하는 데 있다. 이러한 입장은 실재론적 존재론의 관점에서 볼 때 유지될 수 없다. 동시에 이 입장은 어떤 관점에서 보면 과거의 시기, 다시 불려온 시기에 속한다. 그 시기에는 계몽의 시기 이후와는 달리 유물론과 관념론 사이의 차이가 그들 사이의 대립으로 아직 명시적으로, 분명하게 전개되지 않았었다.

이것은 헤겔의 스피노자에게로의 회귀가 왜 자기 자신의 시대를 파악하고자 하는 그의 근원적 테제보다 훨씬 더 문제가 있는지를 보여주는 주된 근거이다. 그런데 이러한 문제는 헤겔에게서 상이한, 하지만 서로 연관된 동기들로 이끌 수 있는 더 나아간 경향성을 포함한다. 첫 번째 동기는 다음과 같다. 스피노자의 철학은 사물들과 이념들의 질서와 연관의 동일성이 정적으로, '좀 더 기하학적으로' 기획되어 있는데, 헤겔에게서 그 동일성은 역사적-동적인 성격을 보유한 불일치에 의해 훨씬 더 보강되어 있다. 기하학적 서술은—스피노자의 시기에나 가능했던—현실과 반영 사이에 존재론적으로 희미한 연관성을 만들어냈다. 그 이유는 무엇보다 이 시대의 자연인식은 물리적 대상성과 대상성 연관을 그 이후의 시대보다 훨씬 더 '기하학적'으로 통찰할 수 있었다는 데 있다. 그런데 헤겔 시대의 물리학에서는 이러한 질문을 변형시켜야 할 결정적인 변화가 아직 일어나지 않았다. 물론 이 시대에 과학적 화학의 생성, 생물학 영역의 발견 등을 통해 스피노자의 시기를 훨씬 능가하는 자연에 대한 상이 제시되긴 했다. 그런데 이러한 대립은 사회적 현상을 설명할 때 훨씬 더 두드러지게 나타난다. 정의로운 것과 부정의한 것, 진리와 거짓, 선과 악 등은 과거에는 논리적-윤리적으로 단적으로 분리된 것으로 정초되었으며, 그런 분리는 명백한 것이었었다. 그러나 이런 분리는 프랑스 혁명 이후 점차 동적-역사적 성격을 보유하게 되었다. 그 시대의 동료들에 비해 헤겔이 갖는 특이함은 헤겔이 이런 종합적 문제 상황들을 아주 결정적으로, 그리고 가장 포괄적이고 심층적으로 문제 삼았다는 것이다. 따라서 헤겔이 셸링과의 연대를 과시하는 위에 인용한 초기의 글들에서 스피노자에 의지하고 있으며, 스피노자에 의해 선언된 주체성과 객체성의 통일을 자신의 일반적인 방법론적 출발점으로 삼았다고 말할 수도 있겠지만, 그는 이미 초기의 저술들에서도 주체와 객체의 동일성에 대해 훨씬 더 진보한 형태를 취했으며, 새로운 영역으로 들어갈 수 있었다. 이 새로운 영역에서 대상과 미메시스 사이의 이질성, 질적으로 존재론적인 이질성을 지각할 수 없게 하는 과거의 희미한 연관은 새로운 역동적 인식을 밝게 비추는 빛 앞에서 사라지고 만다.

여기는 동일적 주체-객체의 발생사와 그 내적 발전의 필연성을 간단하게나마 서술할 자리는 아니다. 여기서 중요한 것은 이런 생각이 헤겔의 존재론에 어떤 결과를 가져왔는지를 보이는 것이다. 동시에 다음 사실도 지적되어야 한다. 헤겔은 여기서 셸링보다 훨씬 더 사려가 깊고 실재론적이라는 사실이다. 셸링에게 자연과 인간세계 사이의 차이는 동일적 주체-객체가 자연에서는 대상성, 그것들의 관계, 그것들의 운동의 무의식적 담지자인 반면 인간세계에서는 그것들의 의식적 담지자로 나타난다. 이에 반해 헤겔에게서는 자연에는 작용하는 주체적 원리가 전혀 없다는 것이다. 이것은 한편으로 셸링을 넘어서는 아주 중요한 진전이다. 왜냐하면 그렇게 됨으로써—우리가 앞으로 보게 되듯 비록 존재론적으로 환상적인 토대에 기초하기는 하지만—자연은 주체성을 전혀 갖지 않는, 모든 주체성에서 완전히 벗어나 있는 실존방식을 갖는 것으로 고찰될 수 있게 되기 때문이다.

자연인식에 있어서 "우리는 자연적 사물에서 벗어나 그것들을 있는 그대로 놔두고 우리를 그것들에 방향을 맞추는"[39] 결과가 발생한다. 이로부터 낭만적 철학과는 반대로 자연 전체성에 대한 파악, 자연인식의 가능성과 본질양식에 대한 파악이 발생한다. 그런 자연인식은 개별적 탐구에서 탈인간적-객관적 방법에 원리적으로 반하지 않는 것으로 간주된다. (헤겔이 당시에 가능한 수준에서 이것을 수행했는지, 어느 정도나 수행했는지의 판단은 이러한 탐구의 영역 외부에, 이 저자의 능력 외부에 놓여 있다.) 여기서 보다 확실한 것은 그 근본 구상이, 칸트에게서처럼, 근대의 자연과학적 취급방법을 거의 제외하지 않는다는 것이다. 물론 칸트 철학과의 존재론적인 중요한 차이가 있기는 하다. 즉 칸트에게서 인식의 대상은 단지 현상세계인 데 반해, 헤겔에게서는 즉자적으로 존재하는 것 그 자체이다.

동일적 주체-객체가 전개되고 자기에 도달해가는 존재론적 위계의 입장에서 볼 때 자연은 당연히 가장 낮은 위치에 놓인다. "자연은 **타자존재**의 형식 속에서 이념으로 드러난다. **이념**은 이처럼 자연의 부정태로서, 혹은 **자기에 외적인 것**으로 존재한다. 그래서 자연은 상대적으로만 이 이념(그리고 이념의 주관적 실존인 정신)에 외적으로 드러나는 것이 아니라 **외면성**은 그 이념을 자연으로 갖는 그런 규정으로 나타난다."[41] 그리고 헤겔은 『논리학』에서 다음과 같이 말한다. "이것은 바로 개념의 엄격함을 유지하고 서술할 수 없는 자연의 무능, 그리고 이 무개념적인 맹목적 다양성 속으로 자신을 처박는 자연의 무능이다." 이것은 헤겔의 전체 자연관에서 아주 중요한 결과를 갖는다. 그는 위에서 인용한 문장에 바로 이어서 이러한

---

39) *Enzyklopädie*, § 246, Zusatz; 9., S. 16.
40) Ebd., § 247; 9., S. 24.

사실을 아주 냉혹하고 분명하게 서술한다. "자연의 다양한 종이나 유는 심지어 정신이 표상의 형식으로 자의적으로 착상한 것보다 더 고귀한 것으로 존중되어서는 안 된다. 양자[자연의 종과 유와 정신의 자의적인 착상물― 역자]는 비록 도처에 개념의 흔적과 예감을 보유하기 하지만, 개념을 신실하게 모방하지는 않는다. 왜냐하면 그 양자는 개념의 자유로운 탈자존재의 측면이기 때문이다. 개념은 자신의 차이를 자립적 상이함의 형태로, 외적 필연성, 우연성, 자의, 사념 등의 형태로, 하지만 더 이상 **무실한** 추상적 측면으로 취해질 수 없는 형태로 자유롭게 벗어던질 수 있다."[41] 우리가 여기서 헤겔 자연철학의 이러한 출발점의 결과를 더 자세히 고찰하는 것은 불가능하다. 여기서 중요한 것은 다만 체계상 필연적인 자연에 대한 이런 존재론적 규정의 특수한 본질양식으로부터 자연에서 역사성을 지각하고 인정하는 것이 헤겔에게서는 불가능하다는 결론이 나온다는 것을 확고히 하는 것이다. 그가 사회영역에서 역사성에 관한 세기적 이론가였음에도 불구하고, 그리고 당시에 진화론이 유행했고, 독일에서 괴테와 오켄(Lorenz Oken)[42] 같은, 그리고 프랑스에서 라마르크(Lamarck)[43]와 생틸레르(Geoffroy de St. Hilaire)[44] 같은 동시대인들이 진화론을 위한 귀중한 기여를 했음에도 불구하고 헤겔은 이 문제에서 문외한으로 남아 있었을 뿐 아니

---

41) *Logik*, V., S. 44 f.; 6., S. 282 f.

42) 칸트가 철학의 원리를 윤리와 도덕에 적용시켰다면 오켄(1779~1851)은 그 원리를 물리세계에 적용한다. 이러한 그의 작용은 셸링의 자연철학의 영향으로 진행된 것이다. (역주)

43) 라마르크(1744~1829)는 초기 진화이론가로, 특히 획득형질의 유지이론으로 잘 알려져 있다. (역주)

44) 조프루아 생틸레르(1772~1844)는 라마르크의 동료로 진화론에서 '구성의 통일성' 원리를 제시하였다. 라마르크가 유물론적 견해를 가진 데 반해 그의 과학적 견해는 소위 선험적 취향론으로 간주될 수 있다. 그는 유기적 디자인의 통일성과 종의 변형의 가능성을 믿었다. (역주)

라 그러한 문제 자체를 원리적으로 거부했다. 그는 이 문제에 대해 「자연철학」에서 다음과 같이 말한다. "불완전한 것, 무형태로부터 시작하는 진화의 과정은 처음에는 촉촉한 것, 습한 조직체가 있었고, 이 물에서 식물, 해파리류, 연체동물 등이 나오며, 그 다음 물고기가 생겨나고, 그 다음 지상의 동물이 나온다고 한다. 그리고 이 동물들로부터 마침내 인간이 나온다고 한다. 이런 점진적 변화를 사람들은 설명, 개념적 파악이라고 말하며, 자연철학에 의해 자극받은 이런 생각은 아주 만연해 있다. 하지만 이런 양적인 차이는 비록 쉽게 이해될 수 있다 하더라도 아무것도 설명하지 않는다."[45]

이와 더불어 우리는 헤겔의 존재론의 가장 중요한 모순과 관련한 문제에 도달한다. 헤겔의 존재론은 자연을 그렇게 발생한, 극도로 문제가 있는 위계질서 속에서 유지하고 있다는 데서 그 정확한 모습을 보여주는데, 그 특징을 우리는 간단하게나마 살펴볼 것이다. 우선 헤겔에게서 자주 그렇듯이 여기서도 그의 일반적인 자연관이 갖는 존재론적으로 건전하고 올바른 이면이 있음을 말할 필요가 있다. 물론 다른 한편 그것을 도출하고 수행하는 가운데 해소될 수 없는 존재론적 안티노미라는 미로에 빠진다는 것도 말할 필요가 있다. 우리는 그러한 자연관으로부터 인간과 인간의 활동성을 위해 이끌려 나오는 결과에 대해 말하고 있다. 헤겔이 여러 번 부당하게, 그리고 잘못된 방식으로 평가하는 에피쿠로스는 자연과 맺는 이런 관계를 우선 윤리학으로 정식화했다. 그럼에도 불구하고 유명한 헤겔의 지인들은 그의 자연존재론의 이러한 측면을 아주 올바로 이해했으며 그에 동의했다. 하인리히 하이네(Heinrich Heine)는 『고백』에서 헤겔과의 대

---

45) *Enzyklopädie*, § 249, Zusatz; 9., S. 32 f.

화에 대해 다음과 같이 말한다. "별이 반짝이는 어느 아름다운 밤, 우리 둘은 창가에 나란히 서 있었다. 그리고 스물두 살의 청년이었던 나, 나는 방금 잘 먹고 커피도 마셨다. 그리고 나는 열광적으로 별들을 이야기했고, 그 별들을 지복의 거처라고 했다. 그러나 선생은 혼잣말로 중얼거렸다. '별들, 음! 음! 별들은 하늘에서 빛나는 나병일 뿐이지.' 나는 소리쳤다. '맙소사, 저 위에는 죽음 이후 덕을 보상해줄 행복한 장소가 없단 말인가?' 그러나 선생은 창백한 눈으로 뚫어지게 나를 응시하면서 단호하게 말했다. '자네는 병든 어머니를 돌보았고, 자네 형제가 독에 중독되지 않았다는 사실에 대해 팁을 받기를 원하고 있네.'"[46] 그리고 라파르그(Paul Lafargue)는 마르크스에 대한 기억을 보고한다. "나는 종종 그가 그의 젊은 시절의 철학 선생인 헤겔의 표현을 반복해서 말하는 것을 들었다. '악한의 범죄적 사유조차 하늘의 기적보다 더 위대하고 숭고하다.'"[47] 이것은 하이네와 마르크스의 사변적 경구가 아니라 당시의 일반적인 시대적 분위기였다. 이미 청년 괴테는 자신의 프로메테우스에게 다음과 같이 말하게 했다. "멍하니 나를 쳐다보는/저 위의 별들은/나에게 어떤 종류의 권리를 가진단 말인가?" 혹은 「겨울의 하르츠 여행」에서 다음과 같이 말한다. "그 뒤에서/잡목들이 서로 밀착되고/풀이 다시 솟아나네 …."

　　헤겔에게서 에피쿠로스 자연관은 역사적으로 무의식적인, 그럼에도 불구하고 이론적으로 확고하게 유지되는 원하지 않은 경향이었다. 범신론

---

46) Heine: *Werke und Briefe*, Ausg. Elster, Leipzig-Wien o.J., VI., S. 47; Ausg. H. Kaufmann, Berlin 1961 ff., 7., S. 126.

47) Paul Lafargue: *Karl Marx*, in: *Karl Marx—Sammlung von Erinnerungen und Aufsätze*, Moskau-Leningrad 1934, S. 129f.; *Das Recht auf Faulheit & Persönliche Erinnerungen* an Karl Marx, Frankfurt-Wien 1966, S. 62.

이라는 중간기는 위대한 철학에서 윤리적으로 새롭게 갱신한 에피쿠로스의 이러한 사유를 종식시킨다. 르네상스의 위대한 존재론적 혁명은 세계에 대한 철학적 사유를 위해 그 본질상 인간존재와 행위가 종교적 초월로부터 유래한다는 사실을 부정했다. 그런데 이런 경향은—예외적인 상황들은 제외하고—교조적으로 고착된 종교적 세계관을 자유롭게 부유하는, 세계 개방적인, 하지만 여전히 반쯤은 종교적인 세계관에 의해 대체한다는 것을 의미했다. 이로부터 자연스럽게 초월적 신은 비록 존재론에서 사라졌지만, 혹은 적어도 철저한 비대상성을 갖는 것으로 격하되었지만—다시금 예외들을 제외하고—"신은 곧 자연이다.(Deus sive natura)"에 의해 해체되고 말았다. 쇼펜하우어가 교활하지만 천재적으로 범신론을 친절한 무신론이라 불렀을 때 그는 그 속에서 선도적인 위대한 방향을 표피적으로나마 인식하고 있다. 브루노(Giordano Bruno)에서 스피노자를 거쳐 괴테로까지 이어지며 나타나는 자연의 신격화 현상은 세계사적으로 고찰해볼 때 비록 종교적 세계관을 퇴출하기 위한 격전이라고 할 수 있지만, 동시에 인간의 자연과의 새로운 관계를 규정하기 위한 전위적 투쟁이라 할 수도 있다. 따라서 그 과정은 비록 이행의 특성을 가짐에도 불구하고 참된, 역사적으로 정초된 세계관으로부터 발생했다. 이러한 사실을 간단하고 단순하게 다음과 같이 말할 수 있을 것이다. 서로 아주 다른 범신론을 하나로 묶어주는 것은 코페르니쿠스와 갈릴레이 이후 발생한 자연에 대한 새로운 관계를 조건 없이, 즐거운 마음으로 인정한 것이다. 이 새로운 자연관은 인간을 낯선-무한한 우주에서 고립시키는 파스칼 유의 결론을 세계관적으로 거부한다. 더 나아가 그것은 새로운 자연 상에서 발생한 세계관적 경악을 그저 거부하고 있을 뿐이다. 그것은 인간에 낯선 우주에서 인간의 고향을 발견하고 인간에 낯선 자연세계의 특성을 휴머니즘과 화해시키는 위대한 시도이다. (여기서도 역시 괴테의 프로메테우스는 중요한 표식이다.) 이 연관에서 이러한 발전 경향을 간단히 요약해주는 것도 불가능하다. 하지만 이에 대해 명료하게 언급되었어야 한다. 왜냐하면 비록 헤겔이 자신을 범신론과 구별시켰지만 그럼에도 불구하고 헤겔이 범신론자라고 자주 비난되었기 때문이다. 우리는 헤겔의 이러한 주장을 당연히 믿는다. 괴테와 청년 셸링의 의미에서 헤겔은 결코 범신론자가 아니다. 자연을 타자존재 속에 있는 이념으로 보는 그의 자연관, 혹은 주체에 존재론적으로 낯선 자연이라는 그의 자연관은 모든 종류의 범신론을 배제하며, 이러한 관점에서 헤겔의 자연철학을 범신론과는 아주 대립해 있는 에피쿠로스적 유물론의 측면에 위치시킨다. 우리는 방금 그의 자연관의 직접적 결과를 대충 살펴보았으며, 이것이 종교에 대한 그의 입장에 어떤 종류의 해소될 수 없는 안티노미를 만들어내는지 나중에 살펴볼 것이다.

우리는 방금 헤겔의 자연관을 '소외된' 자연이라는 표현으로 표시했으며, 이러한 표현과 더불어 그의 자연관이 인간적 관점에 낯선 자연 상, 새로운 과학과 철학적 유물론이 갖는, 인간의 관점과 아무런 관계가 없는 자연 상과 차이가 있음을 드러냈다. (위대한 범신론자들이 그런 통찰을 하는 경향이 있다고 하는 것은 우리의 앞선 숙고에 어떤 영향도 미치지 않으며, 헤겔의 관점은 많은 점에서 유사한 결과에 이른다는 사실에도 영향을 미치지 않는다.) 낯선 존재와 소외된 존재의 차이는 순수하게 존재론적인 의미를 갖는다. 그 차이는 동일적 주체-객체가 실체의 주체로의 변형과정 속에서 역동적-변증법적으로 구체화하는 데서 생겨났다. 헤겔은 "참된 것은 **실체**로서가 아니라 오히려 **주체**로 파악되고 표현"될 수 있다는 사실을 자기 체계의 본질로 통찰한다. 생동적 실체는 "진실로 주체인" 그런 존재이지만, "그 실체가 자기정립하는 운동인 한에서, 혹은 그 실체가 스스로 타자가 됨을 자기 자신과 매개하는 것인 한에서만 그렇다. … 그것은 자기 자신의 생성이며, 끝을 자신의 목적으로 전제하면서 시작으로 갖는, 그리고 실행과 자신의 끝을 통해서만 현실화되는 원환이다."[48] 만약 헤겔이 실체의 주체로의 이런 되돌림을 현실적이고 논리정연하게 존재론적으로 수행했다고 한다면, 그런 되돌림은 신비적인 기적일 것이다. 하지만 이 문제에 있어서 헤겔은 언제나 너무나 말짱한 정신의 소유자였으며 실재론적이었다. 헤겔은『정신현상학』에서 실체의 주체로의 되돌림을 이야기하는데, 이것은 의심의 여지없이 그가 주체를 통한 실체의 완벽한 (절대적인) 인식을 의미했다고 할 수 있다. 이런 인식은—순수하게 존재론적으로 말해서—추상적으로 선언된 이론으로 다 커버할 수 없다. 헤겔은 다음과 같이 말한다. "우선 따라서 실체에 대해 말하자면 **추상적 계기들**만이 자기의식에 속한다. 하지만 이 계기들이 순수한 운동으로 스스로 계속 전진해감으로써 자기의식은 전체 실체를 의식과 찢어놓고, 실체의 본질적인 전체 건축물을 자기 안에 흡수하고, … 실체를 자기로부터 산출하여 이 실체를 의식을 위해 재산출하는 데까지 풍부해진다."[49] 그리고 여기서 재산출된 외화 자체는, 좀 더 자세히, 그리고 구체적으로 살펴보면, 단순히 신비적인 존재론적 작용이 아니라 인식 내부의 문제이다. 헤겔은 다음과 같이 말한다. "물성을 정립하는 것은 … 자기의식의 외화이다."[50] 그러나 구체적인 중요한 개별 경우들에서의 이런 인식이론적 유보에도 불구하고 헤겔의 존재론적 사상이 단순히 이런 합리화하는 제약에 갇혀 있다고 생각한다면 그것은 잘못일 것이다. 아니, 그

48) *Phänomenologie*, II., S. 14 f.; 3., S. 23.
49) Ebd., II., S. 604; 3., S. 584.
50) Ebd., II., S. 594; 3., S. 575.

의 전체 대상이론은 결코 이런 존재론적 토대를 잃지 않는다. 그래서『경제학-철학 수고』에서 행해진 청년 마르크스의 비판은 논리화하는 이런 존재론의 중심을 겨냥한다. "따라서 중요한 것은 **의식의 대상**을 극복하는 것이다. **대상성** 그 자체는 인간 본질과 자기의식에 상응하지 않는 소외된 인간 관계에 해당한다. 따라서 소외라는 규정 아래서 낯설게 산출된 인간의 대상적 본질을 **재전유**는 의미, **소외**뿐 아니라 **대상성**을 지양해야 한다. 즉 인간은 **비대상적인, 정신적인 존재**로서 타당하다."[51] 그러나 헤겔이 소외의 극복을 위해 제시한 가능성들 내부에서조차 자연은 지양될 수 없을 정도로 소외되어 있으며, 따라서 자연은 극단적으로 확장된 정신주의라는 치명적인 인상을 갖는 이전의 존재론적 규정에 완전히 종속되어 있다.

여기서 이미 이러한 분석은 헤겔의 존재론이 동일적 주체-객체와 관련하여, 즉 실체의 주체로의 변이와 연관하여 하나의 논리적 토대를 갖는다는 것을 보여준다. 우리는 이미 헤겔이 논리학에 기초한 존재론, 즉 자신의 적합한 표현들을 논리적 범주에서만, 논리적 관계에서만 발견할 수 있는 그런 존재론의 경향을 갖는 독일 고전철학의 발전 내부에 서 있다는 것에 대해 말했다. 그것은 한편으로 헤겔이 새로운 세계 인식과의 연관 속에서 새로운 변증법적 논리의 토대를 침잠시킨 유일한 사람이라는 결론을 이끌어낸다. 다른 한편 그것은 다음의 결과도 가져온다. 즉 헤겔은 새로운 존재론을 이런 새로운 논리학 속에서 표현함으로써 논리적 범주들을 존재론적 내용으로 과하게 짐을 지우고, 또한 존재론적인 연관을 이상한 방식으로 그런 논리적 관계로 구축할 뿐 아니라 동시에 가장 중요한 새로

51) Marx, *Ökonomisch-philosophische Manuskripte*, MEGA 1, 3., S. 157; MEW Ergänzungsband I, S. 575.

운 존재론적 인식을 논리적 형식들로 다양하게 강제로 구겨 넣는다는 것이다. 여기에서 우리는 무엇보다도 존재론의 영역에서 그렇게 발생한 안티노미들과 대결해야만 한다. 우리는 가장 본질적인, 미래를 잉태하고 있는 헤겔의 존재론적 발견과 인식에 적합한 그 결과들에 대해 이 장의 제2절에서 다룰 것이다. 이런 안티노미들은 우선 헤겔 논리학의 특수성에서 나온다. 헤겔의 논리학은 한편으로—고치적인 변증법적 논리로서—모든 논리학의 특성들을 그 안에 간직하고 있다. 즉 그것은 극단적으로 일반화된 현실성 연관을 순수사유라는 매체 속에서 표현하고 있다. 다른 한편 그것은 전통적인 논리학과 구별된다. 전통적인 논리학은 현실의 대상형식, 그것의 연관들 등을 단적으로 소여된 것으로 받아들여서 그것들로부터 논리적인 형식을 인출해낸다. 하지만 헤겔의 논리학은 그것 자체가 동시에 존재론(과 인식이론)이기 때문에 대상들 등을 단순하게 수용하여 단순히 논리적으로 가공하는 것이 아니라, 적어도 그것들과 공존하고 있다는 외관을 가져야 한다. 대상들은 논리학에서 논리학에 합당한 질서를 얻는 것이 아니다. 오히려 대상들의 현실적 본질은 이런 완벽한 배치를 통해서야 비로소 실제적으로 발생한다고 한다. 이것은 다음의 결론으로 이끈다. 즉 헤겔의 논리학은, 범주의 그 참된 풍부함은 제외하고, 현실과 연관 대상들을 논리적 대상성들과 연관들로 다룬다. 여기서 논리적인 것은 기껏해야 그 대상들이 갖는 본질적이고 내용적인 특성들의 계기일 뿐이다. 여기서 우리는 대자존재의 계기들로서의 인력과 척력에 대해 생각해볼 수 있다. 여기서는 무엇보다 참된 논리적 연관들이 표현되어 있다. 아마도 이것은 대립적 측면들에 대해 가장 잘 보여주는 예가 될 것이다. 헤겔은 현존재의 범주를 다루는 가운데 다음과 같이 말한다. 현존재(Dasein)는 "어원학적으로 보면 특정한 장소에 있는 존재이다.[52] 그러나 여기에 공간 표상은 해당하지 않는다."[53] 논리학을 모든 심리적 구성요소로부터 순화시키고자 하는 모든 칸트주의자나 현상학자들도 이와 유사하게 말할 것이다. 그러나 여기서 중요한 것은 공간표상이 아니라 '지금, 그리고 여기(hic et nunc)'가 현존재의 본질적 대상형식에 속하는지 하는 질문이다. 형식논리학이 이를 부인할 수는 있지만 실제적인 논리적 대상을 향한 지향을 부인할 수는 없다. 왜냐하면 여기, 그리고 지금 없이는 현존재가 존재론적으로 존재할 수 없기 때문이다. 당연히 헤겔은 이것을 정확히 알고 있다. 하지만 공간과 시간을 논리학의 완성 이후에야 비로소 자연철학에서 출현시키는 그의 동일적 주체-객체의 존재론으로 인해 그는 이것을 할 수 없었다. 이렇듯 수많은 질문에서, 그리고 존재론적으로 매우 중요한 질문에서 헤겔의 두 존재론은 서로를 방해하고 손상시킨다.

　방법에 있어서의 이런 분열은 헤겔의 논리학이 동시에 인식론이라는 사실에 의해 더 첨예하게 된다. 물론 이때 그것은 칸트나 칸트의 후계자들의 의미에서의 인식론이 아니다. 동일적 주체-객체의 논리적-존재론적 토대는 그러한 인식이론의 '비판적' 이원론을 배제한다. 여기서 문제가 되는 것은—적어도 비의도적인 방식으로—반영된 것과 즉자적으로 존재하는 현실과의 일치를 확증하는 과제를 가지는 미메시스의 인식론이 아니다. 헤겔

---

52) 현존재로 번역되는 독일어 Dasein은 장소를 나타내는 부사 Da(거기, 여기)와 존재를 나타내는 명사 Sein(존재, 있음)의 결합어이다. 특정한 공간에 있는 존재는 추상적 존재가 아니라 구체적 존재이며, 그런 점에서 규정된 존재이다. 헤겔은 논리학에서 존재에서 현존재로 넘어가는데, 그 이유는 모든 존재는 언제나 구체적 존재이며, 그런 한에서 현존재 속에서만 존재는 드러난다는 인식을 가지고 있다. 그는 순수한 존재는 무와 다를 바 없다고 한다. 그런 점에서 그의 현존재 분석은 하이데거의 현존재 분석을 선취한다고 할 수 있다. (역주)
53) *Logik*, III., S. 107; 5., S. 116.

주의의 해체를 조장했던 반응은 여기서 종종 헤겔이 교조주의라고 말하곤 했다. 우리는 이것이 올바르지 않다고 생각한다. 즉자존재의 인식 가능성이라는 가설은 결코 무비판적 교조주의를 의미하지 않는다. 헤겔은 언제나 집요하게 모든 즉자존재의 무한성을 승인했으며, 모든 인식작용이 점진적 성격을 갖는다는 사실을 알고 있었다. 특히 인식작용의 이러한 점진적 성격을 변증법적 인식론의 중심으로 이끌어들인 것은 그의 공로이다. 이를 통해 이미 진실로 새롭고 참으로 풍요로운 커다란 모티브가 인식론에 들어오게 된다. 물론 이 모티브는 변증법적 유물론이라는 의식적인 미메시스적 인식론에서야 비로소 완벽하게 해명될 수 있다. 레닌은 언젠가 변증법을 헤겔의 인식론으로 특징지었다.[54] 그런데 바로 이 변증법은 인식론이 현실에 충실한 존재론에 올바르게 의존해 있을 때에야 비로소 매우 다양한 지점에서 진실로 중요하고 올바른 연관들을 드러낸다는 것을 보여준다. 이와 관련하여 나는 나중에 상세한 것을 설명할 것이므로, 여기서는 오성과 이성의 변증법적 관계에 대해 간략하게 언급할 것이다. 헤겔은 이 양자의 변증법적 관계를 해명함으로써 위세를 떨치던 합리주의와 이에 대한 반작용으로 나온 비합리주의 사이의 잘못된 안티노미를 일거에 해소해 버렸다.

인식이론적인 관점을 헤겔의 존재론적 논리학에 끼워 넣는 것은 이렇게 중요하다. 그럼에도 불구하고 존재론적인 사태가 논리적 형식 요소들로 강제 편입됨으로 인해 본질적으로 왜곡이 발생한다는 사실로부터 아주 중요한 안티노미가 생겨난다. 나는 여기서 단 두 가지의, 하지만 정말로 중요한 두 경우만을 다루겠다. 여기서 발생한 문제에 대한 포괄적인 폭로는

---

54) Lenin: *Aus dem philosophischen Nachlaß*, Wien-Berlin 1932, S. 288.

헤겔의 전체 논리학에 대한 포괄적인 비판적 서술을 요구할 것이다. 이 질문들 중 첫 번째 질문은 변증법의 역동적 수행에 있어서 부정의 역할과 관련이 있다. 보다 최근의 새로운 논리학[즉 마르크스의 논리학—역자]에서처럼 헤겔의 논리학에서도 스피노자의 "모든 규정은 부정이다."는 원리는 아주 중요한 의미를 갖는다. 헤겔에게서 부정과 부정의 부정은 개념들의 변증법적 운동의 근본적 모터이다. 그것은 논리적으로뿐 아니라 인식론적으로 아주 정당하다. 문제는 다만 이런 보편성이 존재론에도 타당한가이다. 헤겔조차 여기서 발생한 어려움을 아주 명료하게 의식했다. 그는 존재와 무의 변증법으로부터 생성을 이끌어내는 그 유명한 단락에서 여기서 나타나는 무는 결코 "그 어떤 것의 무, 즉 규정된 무"가 아니라 "무규정적 단순성으로 머물러 있는 무"라는 사실을 강조한다. 그런데 그는 또한 무는 단순한 무로 머물며, 생성이 여기서 (논리적으로) 결코 이끌려 나올 수 없다고 말한다. 무는 오히려 "자기 타자로, 즉 존재로" 이행해야 한다.[55]

하지만 이와 더불어 매혹적인 역설로 시작되는 시초는 포기된다. 뿐만 아니라 헤겔은—자기도 모르는 사이에—무는 존재론적으로 결코 말 그대로의 고유한 의미로 받아들여질 수 없고, 구체적인 매 경우마다 존재는 단지 "타자존재가 아님(혹은 '다름이 아님', Nichtsein des Anderssein)"으로 이해되는 것으로 약화되어야 한다는 것을 폭로하고 만다.[56] 그러나 이와 더불어 존재와 비존재(혹은 임과 아님, Sein und Nichtsein)의 본래적 변증법, 즉 존재론에서 부정의 역동적 역할의 변증법은 그 최고도의 위상을 상실하고 만다. 헤겔은 타자존재(Anderssein)와 타자를 위한 존재(Sein für Anderes)라

---

55) *Logik*, III., S. 74 f.; 5., S. 84 f.
56) Ebd., III., S. 119; 5., S. 128.

는—참으로 존재론적인—범주들을 논리적 언어로 표현하는데, 즉 그는 후자(타자를 위한 존재)를 즉자존재의 부정으로 규정한다. 하지만 현실적으로 타자존재도, 타자를 위한 존재도 존재론적으로 즉자존재의 부정이지 않다. 그것은 단지—매우 추상화된—존재 개념들 사이의 질적 관계일 뿐이다. 그런데 이때 이 관계에서는 존재론적으로 부정의 어떤 요소도 포함되어 있지 않다. 물론 현실의 사태를 논리의 언어로 혹은 인식론의 언어로 번역할 경우 여기서 명료하게 된—존재론적으로 철저히 긍정적인—차이들을 부정의 형식으로 표현할 수는 있다. 그럼에도 여기서는 부정이 구별을 극단적으로 불완전하고 무규정적인 방식으로 표현할 수 있으며, 따라서 구체적인 변증법적 추론의 경우 부정의 계기가 언제나 긍정적인 측면에 의해—부정적으로—보충되어야 한다는 사실이 간과되어서는 안 된다. 헤겔은 존재의 부정으로부터 무를 통해 생성을 이끌어내는 자신만의 그 유명한 추론에 대해 이렇게 말하고 있다. "그것은 여전히 무이다. 그리고 그것은 무언가로 되어야 한다. 시초는 순수한 무가 아니라 그로부터 무언가가 나와야 하는 그런 무이다. 따라서 존재 역시 시초에 이미 포함되어 있다."[57]

엥겔스는 이러한 사태를 좀 더 분명하고 더 잘 알려진 방식으로 예시한다. 그는 뒤링에게 헤겔의 부정 개념을 설명할 때 보리 낟알을 예로 들어 명확히 하고자 한다. 그에 의하면 보리의 낟알에서 성장한 식물이 낟알로서의 자신의 이전의 현존재를 '부정할' 경우 현재의 식물이 된다. "보리 낟알을 예로 들어보자. 수십억의 보리 낟알들은 빻아지고, 요리되고, 발효되고 가루로 된다. 그런데 어떤 하나의 낟알이 알맞은 조건에서 땅에 떨어질 경우 온도와 습도의 영향 아래 스스로 변화한다. 즉 그것은 싹을 틔운다.

57) Ebd., Ⅲ., S. 63; 5., S. 73.

낱알은 그 자체 사라지고 부정된다. 그리고 그 자리에 그로부터 생겨난 식물이 낱알의 부정으로 들어선다."[58] 따라서 현실에서 낱알은 무수한 경우들에서 무화된다. 이것은 논리적으로 규정된, 하지만 존재론적으로는 그렇게 의미가 없는 '부정하다'라는 술어에 대한 적절한 존재론적 표현이다. 특정한 아주 구체적인 경우에만 낱알로부터 생물학적으로 정상적인 자신의 타자존재인 식물이 생겨난다. 하지만 한편으로 이 타자존재가 낱알의 '부정'으로 고찰될 경우 이 타자존재의 아주 구체적인 특성들은 아주 추상적으로 무시되고 말 것이며, 다른 한편 '부정'이라는 술어가 유물론적인 의미에서의 실제적-변증법적인 과정과 아무런 관련이 없는 경우들과 형식적으로 조우하게 되는 한 그런 과정은 아주 모호하게 머물고 말 것이다. 따라서 엥겔스에게는 존재론적-변증법적 부정을 무수히 많은 단순히 논리적-형식적 부정으로부터 분리해야 하는 과제가 생겨난다. 이때 분명한 것은 이런 분리를 위한 어떤 형식적-논리적 혹은 인식론적 기준이 있을 수 없다는 것이며, 우리는 반드시 구체적인 실제 과정 그 자체에, 구체적 현실에 호소해야 한다는 사실이다. 따라서 구별하는 계기는 순수하게 존재론적으로, 긍정적으로 규정된다. 그런 이질적 현상들을 논리적 술어인 '부정' 아래 포섭하는 것은 그 연관들을 밝혀 드러내는 것이 아니라 오히려 혼란스럽게 한다. 이것은 우연히 일어나지 않는다. 왜냐하면 가장 보편적이고 가장 추상적인 존재론적 범주들이 궁극적으로 모든 존재의 받침이 된다고 하더라도 비유기적 자연(혹은 하르트만의 용어로는 '형성된 것이 아닌 것')이라는 사태들은 그 자체로 가장 수수하고 위조될 수 없는 범주들의 현상

---

58) Engels, *Anti-Dühring*, MEGA Sonderausgabe, Moskau-Leningrad 1935, S. 139; MEW 20., S. 126.

방식이기 때문이다. 여기서 등장한 존재론적 문제들을 선입견 없이 고찰하는 사람은 누구나 궁극적으로 다음의 결론에 이를 것이다. 즉 여기서는 도대체가 어떤 부정이 있는 것이 아니라 실상(Sosein)으로부터 타자존재로의 변화의 연쇄만이 있을 뿐이라는 것, 그 안에서 모든 요소들이 타자존재와 타자를 위한 존재를 동시에 갖는 그런 관계들의 연쇄만이 있을 뿐이다. 부정의 도움으로 이루어지는 스피노자의 규정 방법이 갖는 논리적-인식론적 올바름과 의미는 이런 존재론적 문제를 결코 건드리지 못한다. 왜냐하면 타자존재의 구체적 본질(위에 인용한 엥겔스의 예에서는 식물) 역시 부정의 도움으로 논리적-인식론적으로 규정된다고 하더라도 이런 타자존재가 그 앞선 상태의 부정이라는 사실이 그 안에는 포함되어 있지 않기 때문이다. 또한 스피노자에게서도 부정은 규정의 방법론적 계기이며, 그 규정들의 필연적인 논리적 현상방식이라는 것을 잊어서는 안 된다. 우리는 직관에 대한 하르트만의 이러한 분석에서 이러한 명제의 전도는 논리적-인식론적 결정의 완벽한 해체로 나아간다는 것을 보았다. 왜냐하면 부정은 질적으로 특정한 현재의 대상들과 과정들에 적용될 때 현실적으로 명확한 의미를 부여받지 못할 수 있기 때문이다. 그 안에서는 타자로 됨이 존재방식의 근본적 변혁을 의미하지 않는 바로 그런 대상과 과정들이 문제가 된다. 그런 한에서 부정의 범주로 작업을 하는 것이 우리에게 허락된 것 같지는 않다. 부정의 범주는 이러한 존재영역의 사변적 반영으로서 주체에 낯선 그러한 존재론적 객체의 존재양식에 어울리지 않는다. 타자로 됨(Anderswerden)이 대상성 형식이나 과정 형식에 있어서 근본적인 변혁의 이행을 의미하는 곳에서야 비로소 타자로 됨은 객관적으로, 존재론적으로 부정으로 파악될 수 있다. 생명체의 생물학적 재생산과정은 물리적-화학적 법칙성을 지양하여 그런 법칙성을 생물학적 재생산 법칙에 종속시킨다. 그런데 생명체의 죽음과 더불어 앞에서 말했듯이 생명체의 생물학적 재생산과정은 중지한다. 그리고 그런 죽음과 더불어 유기체로 존재했던 현재의 물질은 자신의 물질성을 지배하는 물리적-화학적 법칙에 다시금 순응하게 된다. 이 경우 여기서 부정이 어떤 주체도 가지지 않음에도 불구하고 객관적-존재론적으로 하나의 부정이, 즉 유기체를 구성하는 자기 재생산과정의 부정이 수행된다. 그리고 그 부정으로부터 단순히 자기와 다른 어떤 다른 것(타자)이 생겨나는 것이 아니라 존재론적으로 새로운 것이 생겨난다. 이러한 사실은 사회적 존재라는 보다 높은 단계에서 반복된다. 그런데 여기에서 부정은 주체를 갖는다. 그리고 이 주체는 자연과의 관계에서처럼 단순히 미메시스적 특성을 가진 자가 아니다. 이 주체의 활동성과 그 속에 포함된 부정은 여기서 이미 사회적 존재의 존재론의 객관적 계기이기 때문이다. 주관적인 의식적 부정이 객관적인 사회적-존재론적 부정과 어느 정도나 맞아 떨어지는가는 아주 미묘한 문제이다. 이 문제는 사회적 실천의 구체적 문제들을 다루는 제2부에 가야 비로소 다뤄질 수 있을 것이다. 설명했듯이 헤겔의 논리학은 부정을 추상화하여 보편적-논리적으로 일반화하며, 이 부정을 모든 변증법적 과정의 근본 계기들로 삼는다. 이렇듯 헤겔의 논리학은 자신이 힘들여 규명하고자 했던 사회적 존재의 특수성을 희석시키고 만다. 무엇보다 부정이 사회적-실천적 활동성과 관계할 때 그렇다. "일곱 개의 머리를 가진 용은 없다."와 같이 논리적으로 정초된 순수 이론적 판단에서 부정 형식은 현실적인 사태에 상응한다. (왜냐하면 나는 그런 용의 실존을 실제로 부정하고 있으며, 그 이상은 아니기 때문이다.) 그러나 만약 내가 "나는 공화주의자로서 군주제를 부정한다."라고 말할 때 전혀 다른 종류의 현실이 이 진술에 상응한다. 여기서 군주제는 존재하고 있지만, 존재해서는 안 되는 그런 것이다. 즉 여기서 군주제를 실존하지 않는 것으로 만들기 위해서는 사회적 활동이 필요하다. 따라서 논리적으로 동등한 것처럼 보이는 표현도 매우 상이한 현실들과 관계하며, 따라서 그런 표현은 특정한 존재론적 사태들을 왜곡할 수 있게 된다. 왜냐하면 현실에서 중요한 것은 단순히 이론적 부정과는 아주 다른 것이기 때문이다. 이러한 차이는 일상적 실천에서 종종 결정적인 역할을 수행하지 못한다. 하지만—부정의 타당성을 헤겔식으로 확장하는 데서도 드러나듯이—차이들이 표현되어야 할 때 이런 부정확성은 사실을 왜곡한다. 예를 들어 부정의 부정을 인출하는 가운데 논리적으로 유사한 형식들을 (부정으로서의 타자존재) 적용하는 엥겔스는 자신이 이러한 방식으로 조정할 때 철학적으로 이상한 상황에 빠진다는 것을 감지한다. 왜냐하면 그가 소위 이런 보편적 법칙을 상이한 영역에 적용한 이후에 다음과 같이 말하기 때문이다. "만약 내가 이 모든 과정들에 대해 '그 과정들은 부정의 부정이다.'라고 말할 때 나는 그 과정들을 모두 이 하나의 운동법칙으로 설명하고 있으며, 바로 이 때문에 모든 개별적인 특수한 과정의 특수성들을 고찰하지 않은 채 놔두고 있다."[59] 하지만 현실적인 보편적 법칙을 발견하는 것은 어려울 것이다. 왜냐하면 이 법칙의 특수한 실현 형식들은 서로 비교해보면 모호한 점들이 드러나기 때문이다. 암으로 죽는 것과 어떤 커다란 다른 이유로 영웅이 죽는 것은 구별된다. 그럼에도 불구하고 내가 이 둘을 (생명과정의 끝으로서의) 죽음으로 표시한다고 해서 잘못되거나 모호한 점은 발생하지 않는다. 왜냐하면 현실적인 존재 연관에서 이 연관의 보편성과 특수성을 마주 세운다고 해서 모호함이 발생하지는 않기 때문이다. (가장 큰 차이는 당연히 아직 모호하지 않다.) 그것은 형식논리적 유사성이 존재형식으로 확장될 때에만 가능하다

59) Ebd., S. 144; S. 131.

(혹은 필요하다). 따라서 엥겔스는 부정의 부정을 논리주의적으로 인출하는 것의 문제점을 암시하고 있다.

　유기체의 발생과 죽음에서 드러나는 부정은 우리에게 알려진, 주체 없는 부정의 유일한 경우이다. 이 부정은 존재론적으로 상이한 존재의 두 층 사이의 역동적 한계를 표시하는 것처럼 보인다. 우리가 사회적 존재의 영역에서 마주치는 부정들은 존재론적으로 주체들에 묶여 있다. 그뿐 아니라 이 부정의 존재양식은 다음의 사실에서 발생한다. 즉 모든 사회적-인간적 활동성은 필연적으로 다양한 선택지들로부터 형성되며, 그런 선택지들로부터의 결정과 선택을 전제한다는 사실. 제2부의 「노동」 장에서 우리는 노동이 이런 존재론적 관점에서도 역시 아주 복잡하고 다층적으로 매개되어 있는 사회적 활동의 모델을 이룬다는 것을 보일 것이다. 주체들은 대상의 속성에 대해 알려진 것을 기초로 하여 세계와의 활동적 상호관계를 전개함으로써 대상세계를 마주하는데, 바로 이런 상호관계에 의해 나타나는 대안들로부터 대상세계의 분열이 발생한다. 이용할 수 있는 것과 그럴 수 없는 것, 유용한 것과 해로운 것 등의 대립으로부터 시작하여 수많은 사회적 매개물을 거쳐 선과 악과 같은 최고의 가치들에 이르기까지 이런 과정은 계속된다. 부정을 통해 연결되고 분리된 대립 쌍들을 정립하기 위해 인간의 실천과 이 실천을 수행하는 사유는 주변 세계를 동질화해야 한다. [즉 세계를 인간에 적합한 것으로 배치해야 한다—역자] 원시인이 주변에 있는 돌들 중 적합하다고 생각해서 어떤 것을 선택했다고 가정해보자. 그 돌들은 이 경우 자연적으로 주어진 그 형식에 있어서 인간에게 적합한 것일 수도 있고 그렇지 않을 수도 있다. 하지만 이러한 그것의 고유한 속성은 인간의 노동 속에서만, 노동을 통해서만 현실화될 수 있으며, 돌의 현존 속에서 그 속성은 결코 실현되지 않은 가능성으로서만 머물러 있다.

돌들을 적합한 것 혹은 적합하지 않은 것으로 정립하는 이런 행위와 더불어 현실의 전체 단면은 이런 관점으로부터 실천을 통해 동질화된다. 적합한 돌 혹은 적합하지 않은 돌로 확고히 하는 것은 미메시스 속에서의 사변적 동질화를 전제한다. 여기서 미메시스란 그 자체로는 자신의 타자존재만을 근거 지을 뿐인 대상들의 객관적 속성들을 자신의 동질화의 기능으로 모으고 환원하는 활동이다. 그리고 그렇게 발생한 동질적 매체 속에서 이제 긍정과 부정을 통해 실천적 대안들이 답을 얻는다. (사회적 존재에서의 이질성은 무엇보다 행위를 근거 짓는 동질화하는 존재영역들이 서로 철저히 이질적인 것으로 태도를 취할 수 있다는 사실에 기인한다.) 우리는 「노동」 장에서 노동을 다룰 때 복잡한 대안들도 그러한 종류의 사회적 준비과정을 전제한다는 사실을 살펴볼 것이다. 이것은 첫째, 인간의 실천의 중요한 사변적 도구로서의 부정이 객체 세계와의 상호관계로부터 발생한다는 것을 의미하며, 둘째 부정이 현실의 반영이라는 것을 의미한다. 여기서 현실의 반영은 실천과 연관되어 있고, 또 이 실천의 자연스런 객관적 전제들과 떼려야 뗄 수 없이 연결되어 있다. 하지만 이런 부정은 불가피하게 현실의 변화를 꾀할 때 그 자체 존재론적으로 존재하는, 비사회적 현실의 범주들일 수 없다. 긍정과 부정을 발생시키는 동질적 매체는 즉자적으로 존재하는 현실을 성공적으로 올바르게 반영할 수 있게 하는 아주 중요한 방법론적 조건이다. 바로 이 조건은 특수한 대상형식의 관점에서 보면 현실과 아주 동떨어져 있을 수 있다. (예를 들어 수학이나 지리학을 언급하는 것으로 충분할 것이다.) 하지만 만약 현실의 본질적인 것을 재현할 때 혹은 목표를 설정할 때 이 조건이 인간적-사회적으로 올바른 것으로 드러나면 그것은 사회적 존재를 위해 존재론적으로 아주 중요한 행위를 유발할 수 있다.

헤겔의 전체 철학은 본질적으로 사회와 역사의 인식에 경도되어 있다.

그래서 그 범주들은 이러한 존재영역에 알맞은 본질들로 갖춰져 있다. 그의 철학은 논리학 아래로 사변적으로 종속되어버리며, 이로써 이러한 존재영역을 훨씬 뛰어넘어 일반화되고, 이를 통해 즉자존재의 존재론의 관점으로부터 많이 벗어나게 되었다. 비록 그의 철학이 이러한 방식으로 현상하지만, 그 드러난 모습 그대로 평가해서는 안 된다. 비판적 존재론은 사변적으로 왜곡된 것을 벗겨내는 것이 어렵다 하더라도 그 철학의 근본에 놓인 중요한 의도를 놓쳐서는 안 된다. 따라서 고전기 마르크스주의자들은 정당하게도 헤겔의 변증법을 버리는 것이 아니라 '개조'하고자 했으며, '다리로 서게' 하고자 했다. 그런데 이런 비판적 과정은 저런 전조들을 단순히 개조함으로써 감춰진 진리를 드러내고자 한 당대의 저 아류 사상가들이 생각했던 것보다 훨씬 더 복잡하고 급진적이다. 여기서 중요한 것은 즉자적으로 존재하는 현실을 파악하는 것, 그리고 그곳으로부터 헤겔에게서 매우 조밀하게 얽혀 있는 진리와 오류의 망을 풀어내는 것이다. 예를 들어 레닌은 "실천은 논리적 추론이다."라는 헤겔의 아주 극단적인 공식을 받아들인다. 그러나 이런 수용은 즉흥적-존재론적 전도를 전제한다. 추론형식이 실천 속에서 '실현'되는 것이 아니라 모든 실천적 행위에 포함되어 있는 가장 일반적인 형식 요소들이 '수백만의 반복으로' 하나의 공리로 고정될 때까지 인간 사유의 실천 속에서 추상적 형식으로 응집된다.[60]

논리는 인간의 실천과 사유 작용이 산출한 가장 중요한 동질적 매체에 속한다. 논리에는—궁극적으로—현실의 토대와 현실관계로 환원될 수 없는 그런 토대나 관계가 없다. 하지만 인류의 발전과정에서 논리의 영향사는 논리의 출발점의 이런 현실연관성을 논리라는 동질적 매체로 소진하는

---

60) Lenin, *Aus dem philosophischen Nachlaß*, S. 139.

과정을 보여준다. 이런 동질적 매체가 내적으로 완결된 체계를 갖는 것으로, 그 동질화된 특성으로 인해 보편성을 갖게 되는 그런 체계를 갖는 것으로 드러난다. 아주 복잡하지만 현실과의 일치 문제와 현실로부터의 일탈의 문제를 아주 면밀하게 추구하지 않을 경우 논리라고 하는 그렇게 발생한 동질적 체계의 특성은 사상가들을 언제나 하나의 환상으로 이끌 수 있다. 즉 논리적으로 동질화된 사유 세계의 완성된 체계를 통해 인간의 현실연관에서 발생한 모든 문제가 바로 여기에서부터 해답될 수 있다는 환상으로. 이러한 경향은 이미 룰루스(Raimundus Lullus)[61]의 경우에, 그리고 라이프니츠의 보편학(mathesis universalis)에서 드러난다. 그런데 그런 경향은 오늘날 보편적 조작이론으로서, 우리가 본 것처럼, 모든 존재론적 연관을 부인하는 신실증주의에 의해 확산되고 있다. 헤겔은 자신의 전임자들과도 구별되며, 오늘날의 보편적-논리적 체계의 주창자들과도 구별된다. 그 이유는 다음과 같다. 그에게서 논리란 모든 체계 규정적 우선성에도 불구하고 원본적 출발점을 이루지 않는다. 그리고 그는 현존하는 논리나 수학을 단순히 계속 수행하거나 완수함으로써 자신의 보편적 체계에 이르렀다고 생각하지 않았다. 또한 그는―존재론적 숙고와 통찰을 함으로써―근본적으로 새로운 논리, 즉 변증법적 논리를 산출하고자 했으며, 이를 통해 즉자존재의 전체 영역에서 존재와 생성의 논리체계에 이르고자 했다. 동일적 주체-객체, 실체의 주체로의 변환은 존재론적인 것 전체를 그런 방식으로 논리의 체계로 변형시키고자 한 수단이다.

---

61) 라이문두스 룰루스(1232~1315)는 스페인 출신의 연금술사이자 철학자이다. 철학자로서 그는 보편적 언어, 계산기 등에 관심을 보였다고 한다. 라이프니츠에 많은 영향을 준 것으로 알려져 있다. (역주)

우리는 이미 다음의 사실을 알고 있다. 논리는 그 구조가 이질적인 현실과 질적으로 다른 그런 동질적 사유매체를 산출한다. 왜냐하면 동질적 매체 속에서의 관계들은 이질적 대상들이나 힘 등이 서로 영향을 미치는 곳에서와는 다른 성질을 가져야 하기 때문이다. 이를 통해 반드시 형성되는 사유 작용에 대해 우리는 이미 말한 바 있다. 수학적인 기호로 표시되는 실제 현실에 물리적 해석이 그러한 경우이다. 여기서 중요한 것은 수학적으로 동질화된 것이 자신의 구성인자들의 이질적 존재양식을 사변적으로 들춰내고 명료화함으로써 객관적 현실에 접근되게 하는 것이다. (여기서 수학적 동질화는 그렇지 않으면 지각될 수 없는 현실의 층을 드러날 수 있게 한다는 것을 지적할 필요는 없다.) 논리는 인식연관의 토대로 봉사하는 동질적 매체라는 특성을 갖는다. 그렇다면 동질적 인식매체가 이질적 현실과 맺는 대립은 서로 이질적인 현상들, 그래서 그 자체로 곧바로 체계화하고 위계화할 수 없는 현상들의―무한한―복합체를 폐쇄적이고 위계적인 동질적 체계로 사변적으로 재생산하게 되는 특징을 보유하게 된다.

이때 결정적으로 중요한 것은 위계를 통해 생겨나는 문제와 연관이 있다. 왜냐하면 이질적인 것을 동질적인 것으로 변형시키는 정립행위는 모든 인식에 항상 존재하며, 그리고 인식수단을 아주 만족할 만한 비판의식으로 다룰 때 실제 대상들에의 올바른 접근이 이뤄질 수 있기 때문이다. 위계의 문제는 다르다. 위계적-체계적 질서지움은 동질적 매체에서만 가능하기 때문에―이런 동질화는 대상들을 특정한 관점에 따라 보다 높거나 낮게 배열하여 서로 위계를 이루는 가운데 하나로 통일되게 하는 토대로 작용한다.―아주 특이한 관점에서 구성된 연관들이 이질적 현실을 규정하게 된다. 과학은, 우리가 이미 보았듯이, 아주 많은 개별적인 문제들에 있어서 (비록 이 문제들이 아주 추상적이고 보편적이라 하더라도) 이런 불일치를 교정할 수 있다. 하지만 그런 교정이 전체 현실에 대해서는 불가능하다. (예술에서는 현실의 포괄적이고 이질적인 총체성이 아주 질적이고 감성적인 동질적 총체성으로서 미메시스적으로 재생산된다. 이러한 예술이라는 특수한 존재양식에 대해서 나는 『심미적인 것의 고유양식』에서 이미 다뤘다.[62] 이때 필연적으로 등장하는 변형의 범주들, 예컨대 예술작품의 개별성, 특수성을 통한, 혹은 전형적인 것을 통한 일반화 등은 과학과 철학의 경우에 문제시되지 않는다.)

이러한 문제는 철학적으로 좀 단순한 문제들에서 쉽게 제시될 수 있다. 조직체, 유기체, 사회적 형태 등의 형성은 존재론적으로 참된 창조의 문제이다. 이때 형성(과 소멸)의 법칙에 따라 그때그때의 특수한 존재는 현실적 특성을 갖는다. 이에 반해 하나의 개념은 논리적으로 다른 개념에서 추론된다. 이때 이런 추론이 위에서 아래로 수행되건 아래에서 위로 수행되건 상관없다. 논리가 현실을 규정하는 것이 아니라 현실로부터 추상하여 방법론적으로 얻어진 것인 한에서 이러한 차이로부터 현실인식을 왜곡하게 하는 것이 발생할 필요는 없다. (그런데 우리는 이런 일이 철저히 발생할 수 있음을 보았다.) 그런데 논리가 헤겔에게서처럼 존재론의 이론적 토대로 파악될 경우 논리적 추론은 불가피하게 존재론적 창조의 고유한 형식으로 파악될 것이다. 이렇듯 체계화된 논리적 위계는 주-객 동일성의 실현을 위한, 실체를 주체로 변형시키기 위한―존재론적―도정을 가능하게 하는 방법의 토대를 만들어낸다. 그런 다음―그것이 논리적인 개념이건 존재론적 대상성이건 간에―모든 범주들은 자신의 특징적 규정과 의미를 이러한 도정에서 설정해준 자리로부터 부여받는다. 헤겔은 이렇게 발생한 위계적

---

62) Lukács, *Ästhetik* I, Die Eigenart des Ästhetischen, Werke Band 11 und 12, Neuwied-Berlin 1963.

질서를 다음과 같은 방식으로 표현한다. 즉 나중의, 보다 높은 단계의 범주가 앞선, 보다 저급한 단계의 범주의 '진리'이며, 따라서 두 범주들 사이의 논리적 연관은 실제 대상 복합체의 관계의 본질을 이룬다는 것이다. 이러한 위계는 실재들 사이의 실제 연관을 창조하는 논리적 관계들과는 그 자체로 아무런 관계도 없다. 존재론적 관계와 논리적 위계의 일치는 기껏해야 행운이 깃들인 우연에 의해서나 가능하다. 이 경우 일반적으로 아주 자의적인 동일화가 이뤄질 뿐이다. 헤겔은 『엔치클로페디』의 자연철학 부분의 서론에서 다음과 같이 말한다. "동물적 자연은 식물적 자연의 진리이며, 식물적 자연은 광물적 자연의 진리이다. 지구는 태양계의 진리이다. 한 체계에서 가장 추상적인 것이 첫 번째 것이며, 모든 영역의 참된 것은 마지막 것이다. 그런데 이 마지막 것은 보다 높은 단계에 있는 첫 번째 것일 뿐이다. 다른 단계로부터의 한 단계의 보충은 이념의 필연성이며, 형식들의 상이성은 필연적이고 규정된 형식으로 파악되어야 한다."[63]

구체적인 예에서 보여주는 것처럼 우리는 헤겔이 자연존재론으로부터 사회의 근본적 토대를 이끌어내고자 노력하고 있음을 다시 보게 된다. 그러나 그는 이로써 한편으로 이러한 질서로 재편되어 있는 실제 존재론적인 것을 왜곡한다. 왜냐하면 이 땅에서 생명과 사회가 발생하는 가운데 나타나는 우연적인 것이 논리적 필연성으로 변질되며, 이를 통해 인과율적인 연관으로 해석되어야 하는 것이 그렇게 해석되어서는 안 되는 목적론적 특징을 보유하는 것으로 나타나게 된다. 하지만 추리의 논리적 형식과 의도적 연관의 존재론적 내용 사이의 그런 불일치로 인해 결국 논리적 추론에는 다소간 자의성들이 도입되지 않을 수 없게 된다. 엥겔스는 이미 "하나

---

63) *Enzyklopädie*, § 249, Zusatz; 9., S. 32.

의 범주로부터 다른 범주로, 하나의 대립에서 다른 대립으로의 이행이 거의 언제나 자의적"이라는 것을 눈치챘다.[64] 다른 한편, 이것 역시 앞의 것과 깊이 연관이 있는데, 이러한 헤겔의 작업은 청년 마르크스의 다음의 비판을 지시해준다. 즉 헤겔은 사회철학에서 실제 연관들의 서술을 논리적 연관의 형식적 적용으로 대체하며, 이러는 가운데 존재론을 논리학을 통해 사변적으로 강제하게 된다는 것이다.

엥겔스가 행한 올바르고 날카로운 이런 비판은 유감스럽게도 범주들의 형식적인 상호 연결이라는 측면에서만 진행되지 존재론적으로 보다 중요한 질문으로 나아가지 못한다. 즉 체계의 논리적-위계적 구조 속에 놓인 범주들의 지위를 다루지는 못한다. 그것은 우리가 태양계에서의 지구의 지위에서 본 것처럼 단순히 형식적 질서문제가 아니라 모든 대상들의 본질적 규정에 속하며, 따라서 여기서 논리학과 존재론의 심각한 불일치가 아주 터무니없이 드러나게 된다. 우리는 아주 중요한 경우를 살펴보자. 헤겔은 기계론(Mechanismus)과 화학(Chemismus)의 변증법으로부터 그것들의 보다 높은 원리로서의 목적론을 유도하여 이념으로 이행하는 길을 열고자 한다. 이념에서는 여전히 자연에 붙잡혀 있지만 유기적 자연을 넘어서는 새로운 주체-실체 관계가 생명 속에서 표현된다. 체계의 구축 양식에 따르면 이때 목적론은 기계론과 화학의 '진리'로 현상한다.[65] 물론 이때 이 단계[목적론의 단계—역자]는 자연의 영역의 경계부분에 위치하기는 하지만 그 자체로 자연의 영역에 속한다. 따라서 여기서부터 자연이 자신을 내재적으

---

64) Engels: Breif an Schmidt vom 1. 11. 1891, Marx-Engels, *Ausgewählte Briefe*, Moskau-Leningrad 1934, S. 392; MEW, S. 38, S. 204.
65) *Logik*, V., S., 220; 6., S. 453.

로 넘어서는 행위(Ueber-sich-Hinausgehen der Natur)가 논리적으로 연역되어 나온다. 그런데 변증법적 발전은 칸트 이래로 아주 많이 진전을 이룸으로써 18세기의 신정론자들이 풍부하게 제공했던 자연 내에서의 합목적성을 보여주는 저런 '예들'을 더 이상 진지하게 다룰 수 없게 되었다. 헤겔의 눈에 그 모든 신정론적 설명은 '하찮고' '장난 같은' 것이었다.[66] 그는 목적과 수단의 범주적 연관, 이것들과 기계론의 원리들의 범주적 연관을 아주 정당한 방식으로 분석한다. 그런데 그가 그것을 할 수 있는 이유는 자신의 사유의 모델을 노동에서 보고 있기 때문이다. 분석의 매 단계마다 이 모델이 등장하지만, 그의 분석이 논리적으로 너무 추상적이어서 이 모델이 종종 잘 드러나지 않는다. 하지만 헤겔은 결정적인 위치에서 직접 노동, 그리고 노동 안에 깃든 목적과 수단에 대해 언급하면서 이러한 탐구를 수행하고 있다.[67] 따라서 우리는 여기서 헤겔 철학의 이중성에 마주하게 된다. 한편으로 그는 노동을 목적론의 참된 형식, 의식적 주체를 통한 목적의 정립과 참된 실현을 표현하는 저 원리로 표현한다. 다른 한편 존재론적으로 참된 이런 범주는 논리적 원리들이 압도적 위세를 띠고 있는 그런 체계의 동질적 매체로 편입된다. 이 체계에 따르면 이 단계는 생명, 인간, 사회 등을 아직 산출하지 못한 단계이다. 왜냐하면 생명은 동일적 주체-객체의 논리적 전개의 원리들에 맞게 이념의 단계에서야 비로소 나타나며, 목적론은 개념의 단계로부터 이념의 단계로 이끄는 논리적-체계적 기능을 가지기 때문이다.[68] 이렇듯 논리적 위계는 생명이 논리적-존재론적 전개과정에서 생

66) Ebd., V., S. 206; 6., S. 439 f.
67) Ebd., V., S. 220; 6., S. 452 f.
68) Ebd., V., S. 228; 6., S. 461 f.

겨나기 전에 노동의 범주를 전개시키는 모호함을 산출한다.

　그런데 이러한 모호함의 배후에 보다 심오한 균열이 놓여 있다. 한편 헤겔은 목적론의 존재론적 실제 형식을 노동에서 발견하며, 이를 통해 고래의 철학적 안티노미를 올바로 해소한다. 여기서 안티노미란 목적론이 초월적으로 조정한다는 이론과 존재론에서 인과율의 배타적 지배권을 행사한다는 이론의 대립을 말한다. 현실적인 사회적 존재의 존재론은 자연 인과성과 노동 목적론의 올바른 대비 없이는, 이것들 사이의 구체적인 변증법적 상호연관의 해명 없이는 불가능하다. 헤겔은 사회적 존재의 이런 근본적 사실을 올바로 인식했을 뿐만 아니라 보다 진전되고 높은 그것들의 변증법적-내재적 역동성도 올바로 인식했다. 영국의 고전경제학과 헤겔의 변증법 사이의 심오한 연관 점은 무엇보다 전자가 이러한 현상에 대한 최초의 사회-경제적 분석을 제공한 반면, 헤겔은 그것들의 존재론적 의미를 발견했다는 데 있다. 헤겔은 점점 더 복잡하고 불규칙하게 보다 차원 높은 단계로 발전해간다는 이런 원리, 즉 소위 이성의 간지로 표현되는 이런 원리의 존재론적 근거와 규정을 노동을 탐구하는 가운데 얻게 되는데, 이러한 사실이 충분히 강조되지 않았다. 물론 그 원리는 다소 신비적인 방식으로 형식화되어 나타나고 있기는 하다. 헤겔의 이러한 생각은 아주 일찍이, 이미 『정신현상학』 이전에 등장한다. 예를 들어 그는 도구의 의미에 대해 다음과 같이 말한다. 인간은 "자연으로 하여금 스스로 일하게 하고, 조용히 관찰하다가 조그만 수고로 전체를 제어한다. 이것이 곧 간지이다."[69] 그리고 우리가 이미 한 번 살펴본 『논리학』의 한 부분에서 그는 보다 고차원으로 이끌어가는 노동의 계기들을 아주 구체적으로 보여준다. "쟁기는 이

---

69) *Jenenser Realphilosophie*, Leipzig 1931, II., S. 199.

쟁기를 통해 준비되고 쟁기의 목적이 되는 향유보다 더 명예롭다. 직접적 향유가 사라지고 망각되는 반면 도구는 보존된다. 인간은 비록 자신의 목적에 따라 자신을 도구에 종속시키기는 하지만 도구를 가진 인간은 외부 자연에 대한 힘을 소유한다."[70] 다른 한편 노동을 정립된 목적론으로 파악하는 이런 세기적 이해방식은 목적론이 범논리주의적으로 파악된 자연의 내부에서 기계론과 화학의 '진리'이며, 따라서 자연 자체의 범주로 현상한다는 것을 보여주는 논리적 연관의—허락되지 않은 방식으로 인출된—한 예증이다. 여기에 함축되어 있는 것은 개념에서 이념으로의 논리적 이행이다. 그런데 이때 이러한 논리적 이행이라는 것이, 우리가 이미 본 것처럼, 논리 내적인 추론의 본질 이외에 아무것도 아니며, 따라서 자연 속에 내재한 목적론의 논리적 근원성을 말하는 것 이외에 아무것도 아니다. 그리고 이와 더불어 여기서 표현을 얻은 새로운 위대한 사상이 다시 돌아온다.

그러나 이것은 두 입장 사이의 하나의, 물론 아주 중요한 균열의 현상 형식일 뿐이다. 두 입장이란 목적론을 동일적 주-객을 향한 논리적으로 규정된 도정으로 보는 입장과 자연과 사회의 차이와 대립을 표현하는 범주로서 이해하는 입장을 말한다. 이러한 안티노미는 헤겔 철학 전체의 근본적 문제, 즉 고전 마르크스주의자들이 정당하게도 체계와 방법의 모순이라고 불렀던 문제를 뒤덮고 있다. 체계의 관점(논리[학]로 덧입혀진 존재론)에서 볼 때 논리는 협소한, 고유한 의미에서의 체계의 시작을 이룬다. 논리가 존재론의 토대를 형성하지 않는 체계들에서 논리는 존재론을 형성하는 데 있어서 본질적인 어떠한 것도 규정하지 않는다. 하지만 헤겔의 철학에서는 그렇지 않다. 논리학이 자연철학과 정신철학 앞에 서 있다고 하는 것

---

70) *Logik*, V., S. 220; S. 453.

은 다음과 같은 존재론적 의미를 갖는다. 즉 논리적 범주들은 우선 무엇보다도 사유의 범주들로 파악된다. 그런데 헤겔은 그의 전 체계를 통해 이러한 사유물에도 존재론적인 본질을 각인시켜야 한다는 강박을 갖는다. 그는 이것을 그의 『논리학』 처음에 아주 분명하게, 그리고 아주 결정적으로 언급한다. "논리학은 순수한 이성의 체계로서, 순수한 사유의 왕국으로서 파악되어야 한다. **이 왕국은 말 그대로 즉자대자적으로 존재하는 그런 진리이다.** 따라서 우리는 **그 내용이 신이 자연과 유한한 정신을 창조하기에 앞서 자신의 영원한 본질 속에 머물러 있을 때의 신에 대한 서술**이라고 표현할 수 있다."[71] 이를 통해 논리적 범주들이 사유의 산물이라는 사실이 없어지지 않는다. 비록 이 범주들이 사유물이기는 하지만 아주 특징적인 사유의 기능을 갖는다. 즉 사유물로서의 그런 범주들은 세계를 목적론적으로 정립하는 가운데 현실화의 모델 역할을 한다. 우리는 사회적 존재를 위한 이런 역동적 구조로부터 드러나는 참된 존재론적 결과들에 대해서는 제2부 「노동」 장 두 번째 절에서 자세히 분석할 것이다. 따라서 헤겔이 『논리학』의 마지막 부분, 즉 "자기 자신에 도달한 이념"에서 한 진술, 즉 이념은 "자기 자신을 자유롭게 해방하며", 자연은 이념의 이런 작용을 통해 이념의 자기 정립태로 현상한다고 말하는 것은 이러한 생각의 논리적 귀결이라 할 수 있다.[72]

　이때 우리의 관심을 끄는 것은 그런 정립작용의 결과로 전체 자연, 전체 사회적 존재가 단일한 목적론적 과정으로 되어버린다는 것이다. 이 과정에서 이념의 논리적 전개과정이 범주적으로 가공해낸 모든 것은 현실로 되

71) Ebd., III., S. 33; 5., S. 44.
72) Ebd., V., S. 342 f.; 6., S. 573, und *Enzyklopädie*, § 244; 8., S. 393.

며, 논리 속에 미리 예시된 도정을 이념의 고유한 현실을 통해 현실로 다시금 풍부하게 하고 되찾는다. 왜냐하면 다시 한 번 발생한 이념의 자기에의 도달(Sichselbsterreichen der Idee)은 (물론 이번에는 이념으로서뿐 아니라 동시에 이념의 고유한 현실로 도달한다.) 체계의 결론을 형성하기 때문이다. 우리는 여기서 다음의 사실을 본다. 즉 이러한 체계구축의 근본구조는 신이 자신의 사상 속에 미리 가지고 있던 이념을 창조를 통해 현실화한다고 하는 저 신학적 체계를 강하게 상기시킨다. 이런 논리적 체계사상으로 인해 헤겔은—물론 상세한 설명에서가 아니라 단지 근본적인 구조에서만이긴 하지만—과거에 있었던, 당대에는 이미 오래전에 극복되었던 그런 세계상으로 나아갔다. 우리가 방금 살펴본 노동에 나타난 목적론의 분석은 그렇게 발생한 모순을 훨씬 더 눈에 띄게 한다. 왜냐하면 이전의 목적론적-신학적 체계의 '모델'도 비록 노동이긴 하지만(즉 신은 여기서 데미우르고스[조물주]로 간주된다.), 이때에는 단지 즉흥적이고 무의식적인 방식에서 그렇게 하기 때문이다. 헤겔은 이에 반해 노동의 본질을 실재론적 차안성에서 올바로 인식했으며, 의식적으로 다뤘다. 따라서 그는 근본적으로 오류인 관점을 현실화시키기 위해 자신의 고유한 인식을 버리지 않으면 안 되었다. 정신의 전개의 역사와 마찬가지로 논리학도 구체적인 것에 대한 개별적 석명으로, 그리고 심오하고 새로운 존재론적 통찰을 포함하고 있는 중요한 연관에 대한 논의들로 가득 차 있다는 사실을 우리는 이미 보았으며, 앞으로도 그런 사실들을 계속 확증해갈 수 있을 것이다. 그러나 그것들은 개별적으로도 전체적으로도 논리학에 기초한 존재론으로부터 발생한 체계의 이런 근본적 약점을 지양할 수 없다. 헤겔이 당대와 오늘날의 사유에까지 미친 영향은 지대하게 크고 생산적이다. 하지만 이런 체계가 작용한 곳에서는 언제나 사유의 발전을 저해하는 요소가 작용하기도 했다.

우리는 다음의 사실을 보았다. 즉 체계 내부에서 논리학의 위치는 이 체계를 종교적으로 채색하도록 현혹한다. 헤겔 철학에서 종교적 계기들의 역할에 대해서는 논쟁이 많다. 반동적-정통적 신학의 많은 부분이 헤겔에 의존하기도 했지만, 다른 한편 그의 추종자들 중 급진적인 파당은 헤겔에게서 위장된 무신론을 보기도 했다.[73] 이렇듯 헤겔에 대해 서로 대립적으로 해석하는 배후에는 종교에 대한 헤겔의 이해에 깊은 균열이 있기 때문이다. 우리는 앞서 설명했던 것을 반복하고자 한다. 종교에 대한 헤겔의 입장은 세속적으로 지배적이었던 벨라르미누스의 딜레마[74]와는 아무런 상관도 없었다. 여기서 가장 눈에 띄는 것은 그가 종교적 욕구 그 자체에 대해 아무런 관심도 가지고 있지 않다는 것이다. 그는 슐라이어마허의 『종교론』을 빈정대며 다룬다. 그는 종교적 직접 지(知)를 추구하는 야코비의 노력을 언제나 거부한다. 예나 시기의 그의 글들은 일상에서 종교의 역할에 대해 빈정거리는 투로 주석을 달면서 철저히 종교와 거리를 둔다. 나중에도 역시 그는 예컨대 직접 지와 이와 연관된 신앙, 엄격한 교리에 닻을 내리지 않은 신앙에 대해 논박하는데, 이것은 그가 종교적 욕구를 경멸했다는 것을 분명히 하는 것이며, 그리고 교회에 의해 공식적으로 고착된 내용이 기독교 신앙에서 주로 사회적 관련성을 갖는 것으로 드러나는데, 이것

73) Vgl. 브루노 바우어의 책자 *Die Posaune des jüngsten Gerichts über Hegel dem Atheisten und Antichristen*(헤겔을 무신론자와 반그리스도인으로 선언하는 최후 심판의 나팔, Leipzig 1841)을 살펴보라. 이 책자는 마르크스도 함께 작업한 것이다. (역주)

74) 벨라르미누스 딜레마: 종교개혁과 더불어 세속권력과 교황권의 다툼이 치열해졌다. 이탈리아의 추기경이었던 벨라르미누스(Robertus Bellarminus, 1542~1621)는 교황의 절대권을 방어했다. 그 논지는 교황은 최고의 권위로서 왕이나 황제를 폐위할 수도 있다는 것이었다. 하지만 성경에는 왕은 하나님이 세운 자이기에 지상의 누구도 폐위할 수 없다고 되어 있다. 교황이 왕을 폐위한다면 그는 하나님과 같은 자가 될 것이다. 벨라르미누스의 논지 자체는 이런 딜레마에 놓여 있다. (역주)

만을 종교로 인정한다는 것을 분명히 한다.[75] 무엇보다도 여기에는 종교에 대한 그의 모호한 태도가 놓여 있다. 한편으로 그는 변화된 환경에 상응하여 변화된 방식으로 이성종교라는 계몽의 전통을 계속 수행한다. 그러나 유명한 독일의 계몽주의자들이 종교의 욕구와 이성의 요청이 조화를 이룰수 있다는 점에서 현실적인 종교적 욕구의 진보적 경향성을 강조하며, 이를 통해 결국 정통 교회와 이 교회에 기초한 반(半)봉건적 국가와 불화에 빠지게 되는 데 반해, 헤겔에게서는 종교의 내용과의 대결을 발견할 수 없다. 그에게서 종교의 내용은 역사적 현실일 뿐이며, 따라서 정신이 자기 자신에게 다가가는 도정의 단계일 뿐이다. 헤겔에게서 종교의 이성 연관성은 '종교란 철학만이 적절하게 개념화시킬 수 있는 바로 그런 내용을 표상의 단계에서 표현하는 것'이라는 데 있다. 따라서 종교의 내용도 형식도 무조건적 비판의 대상이 되는 것은 아니다. 헤겔에 따르면 종교의 내용과 형식은 철학이 개념의 수준에서 표현하는 동일한 변증법적 범주와 연관을 그저 표상의 수준에서 표현하고 있을 뿐이다. 이러한 사실은 『정신현상학』에 아주 명쾌하게 서술되어 있다. "**표상의 이런 형식**은 정신이 자신의 공동체에서 자신을 의식하게 하는 규정성을 이룬다. 이 형식은 아직 개념으로서의 개념으로 확장된 정신의 자기의식이 아니다. 매개는 아직 끝나지 않았다. 따라서 존재와 사유의 이러한 결합 속에는 여전히 결핍이, 즉 정신적 존재가 화해되지 않은 채 여전히 차안과 피안으로 분열되어 있다는 그런 결핍이 현존한다. 그 **내용**은 참된 것이지만, 표상의 요소들로 정립되어 있는 그 모든 자신의 계기들은 개념으로 존재하지 않고 **외적**으로 서로 관련을 맺는 완전히 자립적인 측면들로 현상한다. 참다운 내용이 참다운 형

---

75) *Enzyklopädie*, §§ 68 und 73; 8., S. 158 f. und S. 163.

식을 지니고서 의식 안에 받아들여지기 위해서는 의식이 더욱 고차적으로 도야하여, 절대적 실체의 직관을 개념으로 고양함으로써 우리에게, 그리고 그 자체로 드러나듯이, 의식 스스로 의식과 자기의식의 화해에 도달해야 할 필요가 있다."[76] 전체『정신현상학』이 나폴레옹적인 정신으로 빛나고 있 듯이 이러한 종교관 역시 종교에 대한 나폴레옹의 입장에 의해 깊이 각인 되어 있다. 즉 종교의 내적인 본질에 대해 아주 무관심한 경우에도 종교의 역사적 실존과 힘을 인정함으로써 종교는 나폴레옹의 프랑스의 경우 새로 운 시민국가로 통합되어야 하고, 헤겔의 독일의 경우 이 국가의 정신적 상 응물인 철학으로 통합되어야 한다.

우리가 알고 있듯이, 헤겔에게서 현재와 현재의 국가는 나폴레옹의 몰 락 이후에도, 왕정복고 시기에도 정신의 중심범주로 남는다. 강조점이 변 화하기는 하지만 종교의 철학적 위상은 결코 변하지 않는다.『엔치클로페 디』에는 이에 상응하는 구절이 있다. "형태와 지를 지양된 직접성과 감성 으로 가지고 있는 절대정신은 그 내용에 따르면 자연과 정신이 즉자대자 적으로 존재하는 정신이며, 그 형식에 따르면 **표상**이라는 주관적 지로 존 립한다. 이 표상은 한편으로 정신의 내용의 계기들에 자립성을 부여하며, 이 계기들을 상호 간의 전제들로, 연이어 등장하는 현상들로 만들며, 유한 한 반성규정들에 따라 발생하는 연관으로 만든다."[77] 당연히 후기 헤겔에 게서 이러한 해석은 위대한 나폴레옹의 영감을 받은 시기의 해석과 차이가 나며, 심지어 종교에 대한 외적인 접근은 신 존재 증명에 대한 후기 강의에 서 정점에 이른다. 그럼에도 불구하고 최초의 모호함은 결코 없어지지 않

---

76) *Phänomenolgie*, II., S. 573 f.; 3., S. 556 f.
77) *Enzyklopädie*, § 565; 10., S. 374.

는다. 종교를 정신적 영향을 발휘하는 실재(實在)로 보는 종교에 대한 그의 역사적 인식은 계속 이어진다. 그러나 이때도 종교의 내용과의 좀 더 심오한 내적 관계로 나아가지는 않는다. 바우어의 책 『나팔』과 같은 책자나 하이네가 헤겔에 대해 기억하고 있는 것[78] 등은 이러한 연관의 총체성을 포괄하지 못한 것 같으며, 기껏해야 그 중요한 계기들 중 몇 개를 표현하고 있을 뿐이다. 헤겔은 종교와 철학의 차이를 동일한 내용에 대한 표상적 이해와 개념적 이해의 차이로 규정하는데, 이것은 피안성과 차안성의 대비를 보여주는 것이다. 이러한 사실은—부분적으로는 아주 그럴 듯한—반종교적 해석의 정당성을 보여준다.

그런데 나중에 차안성이 보편적 규정들 속에서 더 이상 전면에 들어서지 않기는 하지만, 헤겔의 중요한 몇몇 통찰은 언제나 유사한 경향을 보여준다. 나는 『철학사』에서 낙원에 대해 설명한 부분을 예로 인용하고자 한다. "무죄의 상태, 즉 낙원의 상태는 동물적 상태이다. 낙원은 인간이 아니라 동물만이 거닐 수 있는 공원이다. 왜냐하면 동물은 신과 하나이기 때문이다. 물론 이때 그 통일성은 즉자적이다. 인간만이 정신이다. 즉 대자적으로 존립한다. 그러나 대자존재, 즉 이러한 의식은 동시에 보편적인 신적 정신으로부터의 분리이다."[79] 그런데 여기서 중요한 것은 종교적-초월적으로 내려오는 이런 세속적 죄와 대립되는 세계 내에서의 인간의 전개 과정이다. 헤겔의 종교관은 내적으로 낭만주의적-복고주의적 종교관과 아무런 관련이 없었다. 누구도 급진좌파로 부르지 않는 트라이치케(Heinrich

---

78) 바우어 책의 원제는 『헤겔을 무신론자와 반그리스도인으로 선언하는 최후 심판의 나팔(*Die Posaune des juengsten Gerichts ueber Hegel dem Atheisten und Antichristen*)』이다. 바우어와 하이네에 따르면 헤겔은 철저히 무신론자였다. (역주)

79) *Philosophie der Geschichte*, IX., S. 391; 12., S. 389.

von Treitschke)[80]는 언젠가 헤겔과 그의 학도들에 대한 주 변호자였던 알텐슈타인 교육장관과 관련하여 다음과 같이 말한다. "가끔 그의 탁자에서는 기독교가 20년이나 50년은 지속될 것인지의 물음이 차갑게 논의되곤 했다."[81] 『정신현상학』의 시기와 달리 후기 헤겔의 경우 프로테스탄트에 더 접근해 있다는 것이 눈에 확연히 드러난다. 그러나 이러한 통찰은 종교에 대한 그의 전체 직관에 예외적인 것이 아니다. 왜냐하면 알텐슈타인의 탁자에서 이뤄진 대화의 전망이 여전히 유지되고 있으며, 정신은 훨씬 더 완벽하게 개념의 수준에 도달할 것이기 때문이다. 따라서 표상으로서의 종교는 『정신현상학』의 의미에서 상기(내면을 일으킴, Er-Innerung)가 순수하게 역사적으로 다뤄질 때에야 모순 없이 체계로 들어올 수 있을 것이다.

철학사의 과업은 이러한 문제 연관의 모든 측면을 낱낱이 탐구하는 것이다. 우리에게는 논리적 체계에서의 목적론적 피안성과 존재론적으로 파악된 변증법적 방법에서의 차안성의 이런 대비를 확고히 하는 것으로 충분하다. 이러한 대비는 헤겔 철학이 종교적 욕구 일반을 철학적으로 근거 짓기 위한 근대의 모든 정신적 투쟁에서 어떤 역할도 하지 못했고 하지 않는다는 것을—심지어 이 양 측면으로부터—설명해주고 있다. 이러한 경향의 토대와 논거는 19세기에 낭만주의와 그 추종자들, 누구보다 슐라이어마허와 키르케고르에게서만 발견된다. 헤겔의 철학이 차안의 세계에 방향을 맞춘 반종교적 흐름, 예컨대 슈트라우스와 포이어바흐로부터 마르크스와 마르크스주의에 이르는 흐름에는 중요했던 반면 이들에게 헤겔은 적

---

80) 하인리히 트라이치케(1834~1896)는 랑케의 계승자로서 19세기 독일의 대표적인 민족주의 역사학자이다. (역주)

81) Treitschke: *Deutsche Geschichte im neunzehnten Jahrhundert*, Leipzig 1927, III., S. 401.

대적으로 마주해 있다. 이러한 운동의 역사적 필연성, 그리고 사회성의 올바른 파악을 위한 그것의 의미 등은 헤겔과의 중단 없는 비판적 대결을 마르크스주의의 평생의 문제로 만들었으며, 그것도 이중적이면서도 통일적인 의미에서 그렇다. 왜냐하면 퇴행적 요소에 대한 날카로운 비판은 진보적 요소에 대한 비판적 계승과 분리될 수 없기 때문이다. 그래서 청년 마르크스는 자신의 고유한 철학을 정립하기 전에 헤겔을 자신의 박사학위 논문에서 비판했다. 레닌도 특히『논리학』에 대한 비판적 주석에서 그렇게 했다. 이러한 비판은 긍정적인 것과 부정적인 것을 통일할 뿐 아니라 당대의 요구들과 불가분 연결되어 있으며, 따라서 특정한 시기에 마르크스주의의 계속적 발전을 위해 반드시 필요한 것들을 제공해왔다. 예를 들어 레닌의 헤겔 비판은 인식론적 관점이 주를 이룬다. 레닌 이후 이 위대한 전통은 망각되었다. 부분적으로 마르크스주의는 자신의 고유한 고향인 노동운동에서 쇠퇴를 겪고 있다. (물론 이것은 자본주의 국가에서 그렇다.) 또 부분적으로 마르크스주의는 스탈린과 그 후계자들에게서 형식적으로는 스콜라적-교조적으로 응고되었고, 내용적으로는 실천주의적 구조로 응고되었다.

이 연구는 마르크스주의의 위대한 전통의 복원을 이루고자 함에서 나온 것이다. 여기서 사회적 존재의 존재론을 주제로 삼은 것도 이런 복원을 위해서이다. 왜냐하면 엄청나게 왜곡되어 있고 피상적 환원주의에 빠져 있으며, 사이비 '심오한' 이론들이 판치는 현재의 혼란에서 마르크스주의가 갱신을 이루기 위해서는 근거 지어지면서 근거 짓는 하나의 존재론이 필요하기 때문이다. 이때 이 존재론은 자연의 객관적 현실에서 사회적 존재를 위한 참된 토대를 발견할 뿐 아니라, 사회적 존재를 자연과의 동일성과 동시에 차이성 속에서 서술할 수 있는 존재론이어야 한다. 헤겔 체계에 깊이 뿌리박은 안티노미에 대한 분석은 그런 문제를 드러내기 위한 준비과정일 뿐이다. 우리의 임무는 논리적 체계의 잘못된 구조들에 모순되는 특수한 경우들에 대한 헤겔의 위대한 변증법적 발견들을 보여주는 것에 있는 것만이 아니다. 오히려 중요한 것은 그의 변증법의 존재론적 토대와 원리들을 그 본질적 연관에서 서술하는 것이다.

2. 헤겔의 변증법적 존재론과 반성규정들

우리는 헤겔의 존재론이 논리적 원리들을 방법론적으로 우선하고 있으며, 이로 인해 저러한 왜곡이 일어났다고 상당히 자세히 연구했다. 이제 문제가 되는 것은 "모순의 똥구덩이"로부터 헤겔의 참다운 존재론적 문제설정들을 이끌어내고 그것을 가능하면 순수하게 산출할 수 있기 위해 이러한 비판을 통해 습득된 명확한 통찰을 이용하는 것이다. 존재론, 특히나 사회적 존재의 존재론은 오늘날 해결해야 할 문제들을 갖는다. 그런데 이 문제의 해결을 위해 헤겔의 존재론은 획기적인 독창성과 고도의 현실성을 갖는데, 그런 원본성과 현실성은 바로 그런 방식으로만 현실적으로 밝혀질 수 있다. 물론 이때 그의 체계에서 논리학의 방법론적 우선성이 낳은 왜곡된 결과들에 대해 말할 수 있다. 하지만 그러한 상황에서도 그의 분석의 아주 긍정적인 특성은 그대로 남아 있다. 헤겔은 실제로는 새로운 세계의 발견자이며, 아주 중요한 분야의 개척자임에도 불구하고, 그가 철학의 발전을 끝내고 철학을 막다른 길로 가져왔다는 인상에 잡혀 있다. 철학사에서 그의 이러한 운명은 비록 자기 생각과도 모순적이고 또 당대의 최초의 추종자들의 생각과도 모순이 되지만, 철학사에서 그만이 그런 운명을 가진 것은 아니다. 아리스토텔레스는 아주 오랜 세기 동안 그런 단호한 판단을 언도받았고 아주 자주 점진적 발전의 장애자로서 열정적인 투쟁의 대상이 되었었다. 하지만 오늘날 그는 수많은 영역에서 최초의 사람으로서—비록 자주 잘못되고 문제 있는 방식으로 드러나긴 하지만—새로운 통찰로 가는 길을 연 뛰어난 선구자로 우뚝 서 있다. 헤겔은 우리 시대의 사유문제에서 그와 유사한 지위를 갖는다. 오해를 불러일으키지 않기 위해 이러한 입장을 분명히 할 필요가 있다. 즉 혁명 이후 커다란 반헤겔주의적 파고가 끝난 이후, 그리고 소위 정통이라고 말하는 신칸트주의의 아주 문제 있는 사유가 커다란 위기에 봉착한 이후, 역사주의자 그룹에서 처음으로 현실성에 대한 아주 풍부하고 구체적인 헤겔의 파악에 주의를 기울이기 시작했다. 그리고 이러한 점진적인 관심은 점차 헤겔을 새롭게 하고자 하는 철학적 운동으로 발전했다. 이 운동에 대한 상세한 분석을 하지는 않을 것이다.[82] 다만 여기서 다루는 우리의 논의는 이러한 경향과 아무런 관련이 없다는 것만 말하고자 한다. 새로운 헤겔 운동에서 중요한 점은 헤겔을 당대의 지배적인 부르주아 철학에 역사적으로 위치시키는 것이었다. 그들은 때로는 칸트와의 관계, 또 때로는 낭만주의와의 관계를 과도하게 부각시켜 의미를 부여하고, 다른 한편 그와 더불어서 헤겔을 보수주의 철학자로 만들어버렸다. 이에 반해서 우리는 헤겔 철학이 마르크스주의의 형성과 확장에 미쳤던 영향에 그 본질이 있다고 주장했다. 물론 여기에서도 중요한 것은 매우 불균등한 전개방식이 있었다는 것이다. 엥겔스는 살아 있을 때 헤겔의 변증법적 유산을 잊지 않도록 헛되게 경고했다. 그러나 칸트주의와 실증주의자들은 당대의 사회주의자의 의식에서 변증법을 몰아냈다. 레닌을 통해 헤겔을 새롭게 하고자 하는 두 번째 시도도 즉각 헛

---

82) 나는 이 문제를 『이성의 파괴』(Werke Band 9, Neuwied-Berlin 1962, S. 474 ff.)에서 자세히 다루었다.

되게 끝나고 말았다. 왜냐하면 스탈린 시기에 나타난 마르크스주의의 교조화와 왜곡은 헤겔의 상을 아주 우스꽝스럽게 만들어버렸기 때문이다. (이 시기에 이에 대한 몇몇 대립적인 노력들이 있기는 했지만, 이것들은 하나의 에피소드에 머물고 말았다.) 몇 년 전에야 비로소 헤겔 철학을 마르크스의 위대한 철학적 전통에 연결시키는 시대가 온 것처럼 보인다. 따라서 그 이후에 나타나는 헤겔에 대한 통찰들은 마르크스라는 기호와 연결되어 있다. 왜냐하면 그의 존재론에 대한 상세한 연구, 특히나 그의 사회적 존재의 존재론에 대한 연구는, 비록 밀접한 연관이 있고 질적으로 다양하며, 서로 대립하기도 하지만, 두 위대한 사상가들의 입장을 더 잘 이해할 수 있도록 기여하기 때문이다. 이때 존재론적 문제가 전면에 서 있다는 것은 저자의 주제상의 편애 때문이 아니다. 오히려 그것은 무엇보다도 이 영역의 질문에 우선성을 부여하는 우리 시대의 철학적 입장과 관련이 있다.

우리는 과정성(Prozesshaftigkeit)을 새로운 존재론의 중심범주로 여기는 일반적으로 잘 알려진 사실로부터 출발한다. 자연과학의 위대한 발견과 수 세기에 걸친 혁명에 대한 역사적 경험들로 인해서 인간이 가지고 있던 구체적이고 일상적인 세계상은 큰 변화를 이루었다. 즉 고요하고 움직이지 않는 영원한 실체의 태곳적 지배, 그리고 이차적으로 표상된 운동에 대한 딱딱한 객체성의 절대적 우세 등은 흔들리기 시작했다. 물론 부분적으로 철학에서 삶과의 화해를 발견하고자 하는 시도들이 있다. —나는 여기서 누구보다 라이프니츠를 생각하고 있다.— 그럼에도 불구하고 철학적인 근본범주들은 즉자대자적으로 불변하는 물성의 수준에 머물러 있다. 칸트가 즉자적으로 존재하는 현실의 인식 불가능성을 말하고자 할 때, 그는 특징적으로 물자체의 인식 불가능성을 이야기한다. 그리고 피히테가 철학의 체계에 체계적 운동성을 도입하고자 할 때, 그는 이것을 단지 주체의 측면에서 진행하는 것으로만 탐구한다. 헤겔은 헤라클레이토스 이후 생성이 존재보다 객관존재론적으로 더 우월하다고 생각한 최초의 위대한 사상가이다. 그는 존재가 생성보다 앞선다는 전통적인 사실로부터 이렇듯 벗어나는데, 그의 철학의 위대함은 이런 벗어남이 단순하고 직접적인 표피적 특성에 머무는 것이 아니라 모든 측면을 포괄하는 방법으로 그의 체계에 생명을 부여한다는 것에 있다. 확실히 헤겔은 헤라클레이토스의 모든 테제들에 동의한다. "내가 내 논리학에 받아들이지 않는 헤라클레이토스의 명제는 없다."[83] 후기에 저술된『철학사』의 주된 방법론적 가치는 헤겔이 도처에서 이러한 새로운 존재론적 경향의 출현을 이미 최초의 철학전통에서 추구한다는 것과, 그 최초의 맹아적 단계로부터의 전개 속에서 인간 사유의 특이한 비밀의 역사를 객관적 세계의 극복의 역사로서 고찰한다는 데 있다. '동일적 주체-객체', '실체의 주체로의 변환' 등과 같은 형이상학적 근본사상은 이러한 연관에서야 비로소 자신의 이중의 얼굴을 드러낸다. 한편으로 우리가 본 것처럼 논리주의적-위계적 경직성으로 인해 새로운 존재론의 헤라클레이토스적 경향을 왜곡시키는 논리중심의 존재론이 그 한 얼굴이다. 그러나 다른 한편, 광범위한 영역에서 사유가 낯선 것을 주체와 연관시켜 이해하는 것을 배움으로써, 그리고 개념적 파악의 과정이 갖는 내재적 자기 정향성, 무관심성과 무반응 등을 주체와 연관시켜 이해하는 방법을 배움으로써 적절한 파악이 일어나긴 하지만, 인간은 가능한 한 적절하게 파악된 세계에 살아야 한다는 요청이 크게 제기된다. 따라서 헤겔은 변증법적 운동의 형성을 헤라클레이토스뿐만 아니라, 그 정반대자인 엘레아학파 사람들에게서도, 그리고 또한 최초의 원자론자들인 레우키포

---

83) *Geschichte der Philosophie*, XIII., S. 301; 18., S. 329.

스와 데모크리토스에게서도 발견할 수 있었다.

그런데 단순한 과정성은, 헤라클레이토스에게서 명백하게 드러나듯이, 이러한 새로운 세계이해를 위한 필연적으로 추상적일 수밖에 없는 최초의 형식일 뿐이다. (존재론적-인식이론적 범주인 추상성에 대한 새로운 역사-변증법적 해석에 대해서 우리는 곧 상세하게 말하게 될 것이다.) 그 단순한 과정성은 필연적으로 생산적인, 하지만 직접적으로는 해결될 수 없는 역설로 이끌린다. 왜냐하면 현실의 과정성 역시 모순투성이의 변증법적 특성들로 인해 결국 불균등성을 객관적으로 조건 지어진 현상방식으로 가지기 때문이다. 인간이 동일한 강물에 두 번 들어갈 수 없다는 것은 옳지만, 그러나 그 강이 중단 없이 변화하는 가운데, 그리고 자신의 동일성을 중단 없이 지향해가는 가운데 이러한 자신의 고유한 동일성을 중단 없이 재생산한다는 것도 사실이다. 제논은 날아가는 화살은 멈춰 있다고 말한다. 이것은 공간-시간-운동의 연관 속에서 아주 생산적이고 역설적인 매우 특별한 변증법적 모순들에 대한 아무런 해결책도 제시하지 않은 채 진술된 표현이다. 개별적인 변증법적 연관의 천재적 발견들 역시, 그것들이 일반적 타당성을 가진다 하더라도 궁극적으로 개별적 연관으로 머물러 있고—사상적으로뿐 아니라 실제로—존재의 총체성을 전체적으로 포괄하지 않는 한에서, 인간의 세계상을 근본적으로 변경시킬 수 없었다.

그러한 아주 휘황찬란한 발견들에도 불구하고, 이러한 제안들은 자신의 총체성 속에서 정적으로 머물러 있으면서, 실체성과 물성에 방향을 맞출 뿐 보편적 과정양식에 방향을 맞추지는 않는다. 변증법적 사유의 천재적 출발점이 되는 고대의 이러한 사유만이 구체적이고 포괄적인 보편성을 결여하고 있는 것은 아니다. 현실의 개별적 모순들을 해명하거나 현실의 과정양식을 근본적인 모순의 빛에서 서술하는 데 만족하지 못하고, 움직이고 움직여지는 모순성의 보편적 체계를 구축하고자 하는 모든 시도들도 역시 구체적이고 포괄적인 보편성의 결여를 보여준다. 쿠자누스에서 셸링에 이르기까지 모순의 체계적 현재성을 세계와 세계에 대한 지식이라는 그러한 보편적 과정의 의미에서 범주적으로 서술해주는 포괄적 체계가 생겨난다. 그런데 여기서 과정적 모순은 외관상으로만 존재론적 지배를 갖는 것으로 고양된다. 왜냐하면 모순의 지양이 모순을 완전히 사라지게 하는 것으로 드러나는 한, '대립자의 일치(coincidentia oppositorum)'라고 하는 원리에 근거하여 절대자에게서 나타나는 궁극적인 지양의 상태에서, 그리고 절대자의 인식의 상태에서 세계는 다시 정적인 것으로 후퇴하기 때문이다. 그들에게서 과정과 모순은 원하든 원하지 않든 간에 단순한 차안의, 단순한 유한성의 범주적 표식으로 강등되고, 이에 반해 피안의 절대자는 차안의 이런 과정성에 비해 숭고한 상태에 머무르면서 모든 모순성을 철폐한다. 헤겔은 자신의 학문적 삶의 시초에 이미 이러한 견해를 부숴버렸다.

　그가 셸링의 편에 서서 쓴 한 논쟁적인 글에서 그는 이미 셸링의 아주 확고한 근본신념에 대해 암묵적으로 대립하면서 다음과 같이 말한다. "그러나 절대자 자체는 … 동일성과 비동일성의 동일성(Identität der Identität und der Nichtidentität)이다. 대립됨과 하나임은 절대자 안에서 동시에 존재한다."[84] 이와 더불어, 우리가 앞으로 볼 것처럼, 그때까지 의식되지 않았

---

84) *Differenz des Fichteschen und Schellingschen Systems*, I., S. 252; 2., S. 96. 변증법에 대한 이런 급진적으로 새로운 공식화의 최초의 형태는 이미 이 책 이전 프랑크푸르트 시기의 체계단편에 나타난다. 여기서 헤겔은 다음과 같이 표현한다. "삶은 결합과 비결합의 결합이다." H. Nohl: *Hegels theologische Jugendschriften*, Tübingen 1907, S. 348. (정대성 역, 『청년헤겔의 신학론집』[인간사랑, 2005], 667쪽) 당연히 예나 시기의 파악이 이 시기보다 더 의식적이고 보편적이다. 하지만 이미 청년 헤겔의 사유도 셸링과 그의 선임자들의 변증법과는 근본적으로 다른 유형을 보여준다.

던 변증법적 운동성의 단계가 인식될 뿐만 아니라 전체 세계상 역시 존재론적 혁명을 경험하게 된다. 유한한 세계 전체에 적용되는 변증법적 과정성의 법칙이 절대자에게도 적용된다. 이를 통해서 차안과 피안의 차이, 그들 사이의 대립은 일관성 있게 수행된 변증법적 존재론으로 인해 사라지고 만다. 이런 존재론을 통해 차안의, 유한성의, 그리고 이 세계의 모든 대상들(과정들)은 궁극적으로 절대자와 동일한 존재론적 구조를 갖게 된다. 이런 궁극적이고 보편적인 변증법적 동등성 내에서의 단계들은 그 근본구조에 있어서 본질적인 어떤 것도 변화시킬 수 없다. 모순 충만한 보편적 과정성이 이렇듯 존재론적으로 승리함으로써 그 이전의 모든 시도들과는 질적으로 다른 전체 현실에 대한 수준 높은 통일적 이해가 가능해졌다.

이와 더불어 총체성의 범주는 이전에 결코 가질 수 없었던 의미를 존재론적으로 획득한다. 헤겔은 『정신현상학』에서 기획적인 의도하에 "진리는 전체다."[85]라고 말한다. 그런데 추상적이고 벌거벗겨진 이런 보편성 속에서는 총체성의 범주가 새로운 존재론의 토대를 형성하는 데 결코 적합하지 못할 것이다. 이런 보편적 진술에서는 총체성의 범주가, 우리가 본 것처럼, 변증법적 과정의 최고의 단계에서 이 과정을 무너뜨리는 그런 변증법적 체계에 위치하게 된다. 그런데 헤겔에게서 총체성은 확장된 보편성의 단순한 통합적 총괄 그 이상의 것이다. 그것은 전체 현실을 구축하는 근본구조이다. 또한 전체 현실은 그 자체로 통일적 속성을 가질 뿐 아니라 총체성들로 구조 지어진 부분들 혹은 요소들로 구성되어 있다. 그가 의도적으로 주장하는 전체는 상대적이고 부분적이며 특수한 총체성들의 역동적인 상호관계로부터 형성되는 그런 총체성이다. 헤겔의 세계상의 구체적 연

---

85) *Phänomenolgie*, II., S. 16; 3., S. 24.

관이 갖는 현실적-존재론적 본질은 이러한 원리에서 발견될 수 있다고 말할 수 있다. 다만 이때 그 본질은 비교(秘敎)의 형식으로서만 나타난다. 왜냐하면 우리는 이러한 원리가 구체적으로 수행될 때 매우 자주 논리주의적-위계적 사유과정에 의해 은폐되는 것을 보았기 때문이다. 그러나 『논리학』의 마지막 통찰에서 그의 고유한 사유과정들은 우리가 그의 사유에서 다양하게 은폐된 현실적 본질을 들춰내야지, 낯선 것을 비교(秘敎)적 내용으로 해석해서는 안 된다는 사실을 다음과 같은 방식으로 드러내준다. 그는 다음과 같이 말한다. "이미 제시된 방법의 본성 때문에 학은 끝이 매개를 통해 자신의 근거인 시초로 되돌아오는 그런 원환으로 서술된다. 이 원환은 더 나아가 원환들의 원환이다. 왜냐하면 방법의 세례를 받은 모든 개별적 요소들은 시초로 되돌아옴으로써 동시에 새로운 요소의 시초가 되는 자기 내 반성이기 때문이다."[86]

하지만 총체성 사상을 이런 방식으로 단순히 드러낸다고 해서 이러한 새로운 논리학이 충분히 이해될 수 있는 것은 아니다. 왜냐하면—순수하게 논리적으로 고찰해서—이런 부분적 총체성들과 이것들로부터 발생한 전체 총체성은 언제나 정적인, '물성의' 특징을 가질 수 있기 때문이다. 그런데 헤겔은 방금 인용한 그의 기획적인 설명에서 총체성이 그런 정적-물적 특성을 갖는다는 데 반대하며, 이런 총체성 개념이 갖는 변증법적 역동성의 중요한 특징을 이끌어낸다. "하지만 전체는 자신의 전개를 통해서만 완성되는 존재이다. 절대자에 대해 말하자면, 이는 본질적으로 **끝**에서야 진실로 그것으로 드러나는 **결과**이다. 절대자의 본성은 현실적인 것, 주체, 자기 자신으로 됨이라는 사실에 놓여 있다. 절대자가 본질적으로 결과

---

86) *Logik*, V., S. 341; 6., S. 571 f.

로서 파악되어야 한다는 것이 아주 모순적으로 보일지 몰라도, 약간만 생각해봐도 이런 모순의 가상은 곧 해소될 것이다."[87] 물론 이때 헤겔은 당연히 절대자를 존재론적으로 동일적 주체-객체로 보는 자신의 입장에 충실히 머물러 있다. 하지만 그의 상론은 이런 사실을 넘어서는 보편적 의미를 갖는다. 즉 절대자가 자신의 발생과정을 통해 참된 내용을 얻을 수 있는 결과로 파악됨으로써 이런 발생과정, 이런 전개과정은 존재론적으로 우선적인 것으로 설명되며, 자신의 성과를 결과로 드러내는 존재는 자신의 산물로 현상한다. 여기서 특징적인 사실은 절대자가 처음에 다음과 같은 보편자로 특징지어진다는 것이다. 이 보편자는 헤겔에게서는 존재론적으로 결코 완전성으로, 즉 구체적인 것과 특수한 것을 유출을 통해 만들어내는 그런 완전성으로 표시되지 않는 그런 보편자이다. 여기서 보편자는 명백히 단순한 보편자의 의미, 즉 아직 구체적이지 않은 것이라는 의미에서 사용되고 있다. 이러한 사실은 앞의 인용에 곧이어 등장하는 진술에서 드러난다. "내가 '**모든 동물**'이라고 말할 때 이 말이 곧 동물학에 통용될 수 있는 것은 아니다." 그런데 여기서 보편자에서 참된 결과로의 도정은 인식과정으로서만 드러난다. 그런데 헤겔은 이런 과정성을 인식의 표지로서만이 아니라 동시에 현실의 특징적 표지로 고찰한다. 약간 뒤에 그는 이와 동일한 연관에서 다음과 같이 말한다. "배아가 비록 **즉자적으로는** 인간이라 할지라도, **대자적으로는** 아직 아니다. 여기에서 즉자존재로부터 대자존재에 이르는 현실적 도정은 존재론적으로 아주 근원적인 이런 과정성의 범주적으로 정교한 본질과 방향을 규정한다." 그리고 이와 더불어 이러한 테제가 가지는 존재론적으로 아주 결정적인 더 나아간 결과들이 산출된다. 즉 만

---

87) *Phänomenolgie*, II., S. 16; 3., S. 24.

약 현실이 존재론적인 의미에서 언제나 어떤 과정의 결과물일 수밖에 없다면 이로부터 불가피하게 이러한 '결과'는 단지 이러한 과정을 통해서만, 따라서 자신의 시초를 통해서만 적절하게 파악될 수 있다는 사실이 따라 나온다. 그런 결과를 존재자로, 따라서 정적으로 고찰하는 모든 탐구는 자신의 직접적 소여성에 머물러 있을 수밖에 없고, 따라서 자신의 결정적인 규정들을 부주의하게 지나치게 된다. 이때 이 규정들 중 가장 중요한 것은, 말한 것처럼, 현실이라는 복합체의 과정적 특성이다. 우리는 헤겔이 이런 실제 기원을 얼마나 자주 논리적 술어로 대체하는가를 보아왔다. 그것은 비판받아야 했다. 하지만 이러한 비판의 궁극적 척도는 헤겔의 논리학 그 자체가 제공한다. 왜냐하면 헤겔의 논리학은 실제 기원을 모든 대상(모든 결과)의 역동적 토대로 파악하기 때문이다. 이를 통해야 비로소 사물의 질서와 결합은 이념과 동일하다는 스피노자적 동일성이 아주 역동적이고 변증법적으로, 그리고 과정적으로 된다. 여기서 "요소들을 인식함에 있어서 모든 결과는 동시에 새로운 요소의 시작이다."라는 『논리학』에서의 헤겔의 서술을 상기해보자. 그러면 우리는 실제적-존재론적 기원이 모든 '결과들'을 인식하기 위한 열쇠를 형성한다는 것을 보여주는 그런 보편적 과정성의 상을 보게 될 것이다.

『정신현상학』 서설에는 헤겔 존재론의 이러한 중심문제에 대한 더 나아간 중요한 규정들이 나타난다. 여기서 중요한 것은 사회적 존재에 대한 존재론적 질문이다. 즉 이러한 사실이 사회적 존재에 어떻게 적용될 수 있는지의 문제가 제기될 수 있다. 헤겔은 이 영역을 명확히 구분하지 않지만, 그가 예시한 것들에는 이 영역을 암시하는 것들이 있다. 헤겔은 이 작품(『정신현상학』)이 쓰이던 시기의 새로운 세계 상태로부터 출발한다. 1806년 가을, 마지막 수업시간에 행한 연설은 이런 생각을 저 작품에서 보다 훨씬 더 구체적으로 보여준다. "우리는 아주 중요한 시대, 발효의 시대에 서 있다. 우리의 시대에서 정신은 과감한 추동력을 발휘하여, 자신의 옛 형태를 벗어버리고, 새로운 형태를 습득한다. 지금까지의 표상들, 개념들, 세계의 관계들 등, 이것들 전체는 해체되고 꿈처럼 몰락하고 있다. 정신의 새로운 출현이 준비되어 있다."[88] 『정신현상학』에서 이 새로움은 "새로운 세계의 최초의 현상은 우선 자신의 **단순성** 속에 은폐된 전체 혹은 그 전체의 보편적 근거이다." 따라서 그 새로운 세계에 대해 소수의 사람들의 비교(秘敎)적 인식만이 가능할 뿐이다. "완벽하게 규정된 것만이 비로소 명료하면서 동시에 개념적으로 파악될 수 있으며, 학습되고 만인의 소유로 될 수 있다."[89] 역사적으로 새로운 것이 갖는 이런 단순한 추상적 특성을 명료화하기 위해 헤겔은 아이를 어른과, 도토리를 떡갈나무와 대비시켜 설명한다.

"새로운 것은 추상적 성격을 갖는다."는 이러한 생각을 자연 일반으로 확장할 수 있을지, 그리고 어느 정도나 확장할 수 있는지 하는 문제는 오늘날 결정하기 쉽지 않다. 비유기적 자연에서 구성물의 기원이 오늘날보다 더 잘 알려질 경우에만 비로소, 따라서 그 비유기적 자연의 역사에 대해 구체적으로 말할 수 있게 될 경우에만 비로소 새로 발생한 것이 그러한 단순성과 추상성을 드러내는지, 그리고 어느 정도까지 드러내는지 밝힐 수 있을 것이다. 유기적 자연의 역사가 인간의 역사와 현실적으로 동일하지는 않지만, 위의 사실[즉 새로운 것은 추상적 성격을 갖는다는 사실—역자]을 비유기적 자연에 적용할 경우 좀 더 합당하다. (어린아이는 생명체일 뿐만 아니라 동시에 사회적-역사적 존재이다.) 어쨌거나 새로운 것에 대한 의식은 새로

---

88) Rosenkranz: *Hegels Leben*, S. 214.
89) *Phänomenolgie*, II., S. 11; 3., S. 19 f.

운 것의 현상방식에 대한 분석으로부터 쉽게 제거될 수 없다. 하지만 나중에, 특히 제2부에서 우리가 보게 될 것처럼, 다음의 사실은 사회적 존재의 특수한 징표이다. 즉 의식은 존재론적으로 인식된 것과 무관하게 서 있는 어떤 것에 대한 의식이 아니다. 어떤 것에 대한 의식의 경우 의식의 현존이나 결여 혹은 옳음이나 그름 그 자체가 존재의 구성요소를 이룬다. 따라서 비록 어떤 주어진 상황에서 의식의 구체적 역할이 중요할 수도 있고 그렇지 않을 수도 있지만, 의식 그 자체는 존재론적인 의미에서 단순한 부수현상이 아니다. 이러한 질문이 일반적으로 존재론적으로 결정적인 문제이긴 하지만, 과정성을 강조하는 헤겔의 이런 확립은 과정성을 사회적 존재의 존재론을 위해 진실로 중요하고 풍요롭게 구체화하고 있다. 우리는 [제2부에서—역자] 노동을 다룰 때 새로운 범주가 사회적 존재의 내용, 구조, 방향 등에 얼마나 중요한지에 대하여 상세하게 말할 것이다. 물론 그 범주의 내용적 측면은 종종 다루어졌었다. 그러나 헤겔은—구조변동으로서, 따라서 다시 과정성의 문제로서의—구조의 문제를 언급하기 시작한 최초의 철학자이다. 헤겔의 전체 구상에서 헤겔의 이러한 통찰이 얼마나 중요한 위치를 차지하는지는 셸링의 변증법에 대항한 그의 원리적 논박에 직접적으로 잘 드러난다. 셸링의 변증법은 절대자에서 그 과정성을 철폐한다. 헤겔은 이러한 생각에 대해 날카롭게 반박한다. "이것은 절대자에게서는 모든 것이 동일하다고 하는 하나의 지식이다. 이 지식은 구별하면서 충족되는, 완성을 추구하고 요구하는 그런 인식과는 대립하며, 혹은 그 절대자가 밤으로 간주되는 그런 인식이다. '밤에는 모든 소가 검다.'라고들 하듯이, 이 인식에서는 공허한 순진함이 나타난다."[90]

90) Ebd., Ⅱ., S. 14; 3., S. 22.

이제 우리는 지금까지 도달한 것으로부터 헤겔 존재론의 가장 본질적인 부분을 다음과 같이 말할 수 있을 것이다. 즉 헤겔은 현실을 상대적 총체성을 가진 복합체들의 총체성으로 파악하며, 객관적 변증법의 본질은 그러한 복합체들의 실제적 발생과 자기전개, 그리고 그것들의 상호작용과 종합이며, 따라서 절대자 역시 구체적인 운동을 벗어나 있는 피안의 무차별의 정지 상태로 결코 고양될 수 없다고. 절대자는 오히려 실제적 운동들의 구체적 종합으로서—자신의 절대성에 상처를 입히지 않고서—그 자체로 운동이며 과정이다. 그리고 동일성과 비동일성의 동일성이라고 하는 헤겔의 모순의 원형은 절대자 안에서도 역시 지양될 수 없이 효력을 발휘한다. 헤겔 철학의 이런 변증법적-존재론적 핵심은 그의 체계의 논리적-위계적 구축과 명백히 대립된다. 헤겔도 이런 대립을 때때로 느끼고 있었다. 하지만 이러한 대립은 의식적으로 매번 중요하지 않게 취급되며, 체계구축의 논리적 통일성 속에 붙들리고 만다. 따라서 헤겔은 개념논리의 서두에서 본질은 존재로부터, 개념은 본질로부터, 따라서 궁극적으로 개념은 존재로부터 발생한다는 사실을 반복한다. 그는 재미있게도, 그리고 특이하게도 다음과 같은 사실을 덧붙인다. "하지만 이러한 생성은 자기 자신에 대한 **반발**의 의미를 갖는다. 따라서 생성된 것은 오히려 **무제약적인 것, 근원적인 것**이다."[91] 결국에 전체 논리적 체계를 전복시킬 수밖에 없는, 혹은 적어도 근본적으로 변화시킬 수밖에 없는 이러한 고백 속에서 헤겔의 존재론적 구상의 최종적 실재가 승리를 거둔다. 즉 현실(개념의 세계)이 존재론적으로 우선적인 것이며, 존재론적으로 본질은 현실로부터, 그리고 존재는 본질로부터 추상적으로 습득되며, 따라서 논리학은 참된 존재론적 관계

---

91) *Logik*, V., S. 35; 6., S. 274.

를 뒤바뀐 순서로, 하지만 논리적-방법론적으로 필연적인 바로 그런 뒤바뀐 순서로 반복한다. 이런 통찰은 소위 『소논리학』의 유사한 고찰에서 훨씬 더 분명하게 나타난다. 여기서 헤겔은 왜 그가 개념의 우선성을 말하면서 이 개념을 체계의 시초에 다루지 않는지에 대해 직접 질문한다. 여기서 그에게는 실제적으로(존재론적으로) 개념이 참된 시초를 형성하며, 존재와 본질은 실제적으로(존재론적으로) 개념의 파생물로 나타나는데, 이런 사실은 그에게 자명한 것이다. 그는 이제 자신의 고유한 서술방식의 절차를 방어하지 않는다. "만약 개념이 논리학의 정점에 위치하고, (내용상 이것은 완전히 올바른데) 존재와 본질의 통일로 정의된다면, 존재란 무엇이고 본질이란 무엇인지에 대한 질문, 그리고 존재와 본질이 어떻게 개념으로 통일되는지의 질문이 제기될 것이다. 하지만 이와 더불어 사실에 따라서가 아니라 이름에 따라 말하자면 개념과 더불어 출발해야만 할 것이다."[92] 그런데 방법론적인 이러한 회피의 배후에는 헤겔이 의식했던 것보다 훨씬 더 많은 것들이 놓여 있다. 마르크스는 이러한 질문을 유물변증법적으로 다뤄주는데, 그의 이러한 취급방식은 아직 분석되지 않은, 존재론적으로 우선적인, 상대적으로 총체적인 복합체로부터의 이러한 출발이 추상적인 요소들로의 사상적 환원을 배제하는 것이 아니라 곧바로 요청한다는 것을 보여준다. 다만 이때 참된 출발은 현실 그 자체였으며, 현실에 대한 추상적 해체는 반영의 범주들로 나아간다는 사실이 명확히 되어야 할 것이다. 이때 반영의 범주의 전체 구조는 현실의 과정 그 자체를 서술하는 것이 아니라 현실의 인식에 대한 하나의 도정을 서술한다. 비록 자명하게도 그렇게 발생된 범주들과 연관들이 현실에 대한 사상적 재생산물로서 논리적 성격을

---

92) *Enzyklopädie*, § 159, Zusatz; 8., S. 306.

갖는 것이 아니라 존재론적 성격을 갖는다고 할지라도 말이다. 헤겔의 논리학의 이런 부조화는 여기에서도 역시 객관-관념론적 토대로부터, 즉 동일적 주-객의 관점으로부터 생겨난다. 이런 관점은 존재론적 범주들과 방법들을 논리적-인식이론적 범주들과 방법들과 분명하게 분리하지 않을 뿐아니라, 또한 양자를 부단히 혼합시키고, 더 나아가 확실히 존재론적인 것들을 언제나 논리적-위계적 관점 아래 위치시키며, 이를 통해 확실히 존재론적인 것들을 통제하고 왜곡한다. 여기에서 근본적인, 하지만 체계 속에서 흔들거리는 헤겔의 존재론적 견해를 가능한 한 정당하게 되살려야 한다. 우리는 이미 그의 근본사상을 규정하고자 했었다. 그의 근본사상은 상대적 총체성을 가진, 내-외적으로 움직이는 복합체들이 존재론적으로 우선한다는 것이다. 소위 토대들, 여기서는 예를 들면 존재와 같은 단순하고 추상적인 범주들이 예를 들어 본질과 같은 보다 높은 범주로 이행할 경우에야 비로소 (헤겔의 표현에 따르면 논리적 위계에 상응하여) 자신의 진리를 보유한다. 따라서 궁극적으로 구체성이 대상의, 보다 정확히 말하자면 구체적인 총체적 복합체의 존재론적 지위와 속성의 단적인 기준이 된다. 이러한 사실은 헤겔 논리학의 모든 단계들 속에 반영되어 있다. 헤겔 논리학은 일반적인 논리학의 서술과 견주어볼 때 역설적인 특성을 보유한다. 왜냐하면 순수한 논리적 구분의 배후에─논리적 구성들을 종종 혼란스럽게 하고, 심지어 폭파시켜버리는─새로운 존재론과의 이러한 연관성이 녹아있기 때문이다. 이러한 관점에서 볼 때에야 비로소 구체적 개념론은 역설적이지가 않다. 왜냐하면 개념론은 이러한 구체적이고 총체적인 객관적 복합체들이 사유하는 주체와 관계하는 측면이고, 이 복합체들의 인식이론적 측면이기 때문이다. 따라서 개념론은 저런 객관적 복합체들을 학문적-철학적으로 파악될 수 있게 하는 사유의 도구이다. (이러한 사실이 동일적 주-

객 이론을 통해 대개 은폐되는데, 이러한 사실은 중요하지 않다. 왜냐하면 이러한 관점에서 볼 때 헤겔에게서 중요한 것은 객관적 현실이 이 현실을 파악하는 사유보다 우선하며, 사유가 자신의 과정적 구조 속에서 현실에 적응하기 때문이다.) 이런 연관으로부터서만 개념이 "단적으로 구체적인 것이어야 한다."[93]는 사실이 분명하게 드러난다. 개념에 대한 이러한 규정이 얼마나 (논리적 속성이 아니라) 존재론적 현실에 정향되어 있는지를 헤겔은 다른 곳에서 잘 보여준다. 거기서 그는 대상을 추상적 존재자로 혹은 실존하는 사물로 바라보는 일상적 생각을 거부하고, 그런 대상을 "구체적인, 그 자체로 **완전히** 자립적인 것"으로 규정하며, 그런 다음 "**개념의 총체성**이 이런 완전성이다."[94]고 덧붙인다.

우리의 관심은 논리적-인식이론적 관심이 아니라 존재론적 관심이다. 따라서 우리는 개별적인 문제들을 위해서가 아니라, 헤겔의 입장을 다양한 관점에서 특징지을 수 있기 위해 이러한 입장이 갖는 몇몇 결과를 간략하게나마 제시하고자 한다. 여기서 문제는 정의(Definition)의 문제이다. 오늘날의 논리학이 정의의 도움으로 대상들에 대한 조작체계로 안착하는 데 반해, 헤겔의 관심은 무엇보다 정의의 문제 그 자체에 정향되어 있다. 그는 여기에서도 역시 인식 대상들인 다양한 복합체들로부터 출발한다. 정의는 '바로 그 다음의 유'와의 '특수한 차이'를 정확히 표식하는 것이다.[95] 그

---

93) *Enzyklopädie*, § 160, Zusatz; 8., S. 307.
94) *Enzyklopädie*, § 193, Zusatz; 8., S. 346.
95) 정의는 종차를 이용하여 이뤄신다. 예를 들어 "인간은 사유하는 동물이다."라는 정의는 인간이라는 종과 동물이라는 유 사이의 관계에서 이뤄진다. 여기서 '인간'을 포섭하는 바로 그 상위의 유는 '동물'이다. 본문에 나오는 '바로 그 다음의 유'란 예를 들어 '인간'이라는 종을 포섭하는 바로 그 상위 개념으로서 '동물'을 의미하며, '특수한 차이'라는 말은 동물들 중에서 인간을 가장 부각시키는 '사유하는'이라는 형용사이다. (역주)

러나 이에 대해 구체적 사물의 경우에는 **현존재** 이외에 어떤 다른 기준도 발견될 수 없다. 하지만 이로부터는 참된 보편성에 도달할 수 없다. 보다 이후의 상론의 과정에서 헤겔은 정의에 수용된 특징들의 역할에 대해 말한다. "그런 개별적인 외적 규정성은 구체적 총체성과 더불어, 그리고 그 개념의 본성과 더불어 너무나 부적합하기 때문에, 그런 규정성은 독자적으로 선택될 수 없으며, 또한 구체적 전체가 자신의 참된 표현과 규정을 그 속에서 갖게 될 수 없다. … 정의 안으로 수용된 특징들이 그런 순수한 임시방편에 불과하거나, 아니면 하나의 원리의 본성에 훨씬 더 접근한다면, 철저하게 우연적인 것은 존재한다. 개념인식에서 그 특징들로부터 출발하지 않는다는 사실 역시 이 특징들의 외면성 때문에 이 특징들에서 관찰될 수 있다. 오히려 어두운 감정, 무규정적이지만 심오한 감각, 본질적인 것에 대한 예감, 자연과 정신 속에서 유의 발견의 예감 등이 먼저 나타나고, 그 다음에야 비로소 오성에게 특정한 외면성이 추구된다."[96]

헤겔이 정의들을 거의 사용하지 않는다는 사실 역시 눈에 띈다. 다른 논리학에서 정의들이 차지하는 위치를 헤겔에게서는 규정함 혹은 규정이 차지하고 있다. 그러나 이런 규정 역시 헤겔에 의해서 결코 어떤 방식으로도 정의되지 않는다. 이것들은 오히려 구체적인 해명의 과정 속에서 자신의 내적 의미를 전개시킨다. 이때 해명은 현실의 과정에서, 그리고 동시에 그 현실인식의 과정에서 그것들의 본질과 기능의 역동적 전개를 표현한다. 헤겔에게서 참으로 변증법적인 모든 개념들과 마찬가지로, 이 개념 역시 경향적으로 엄밀한 규정을 획득해가며, 이 개념은 종종 다른 개념들, 예를 들어 특수성의 범주와 아주 밀착되어 있어서 정확한 구획 구분

---

96) V., S. 283, S. 285; 6., S. 515, S. 516 f.

이 거의 불가능한데, 이런 사실은 결코 우연이 아니다. 헤겔은 규정성이 갖는 이런 경향성을 도처에서 아주 명확하게 말한다. 이런 경향성은 『논리학』의 가장 추상적인 첫 부분에 나타나는 현존재의 범주를 다루면서 다음과 같이 기술할 때 잘 드러난다. 즉 "규정성을 … 인지하게 하는 것은 발전 과정 속에서 서술되는 과정을 해명하거나 사전에 암시하는 데에만 기여할 수 있다."[97] 곧이어 등장하는 "모든 규정은 부정이다."라는 스피노자의 명제가 괜히 도입된 것은 아니다. 사실 부정은 규정의 방식으로 진행되는 헤겔의 방법론에서 아주 중요한 역할을 수행한다. 헤겔에게서 도처에 등장하는 것처럼 우리는 여기에서 중요한 불일치에 마주한다. 우리는 다른 곳에서 그가 부정을 순수하게 존재론적인 사태에 적용했으며, 이를 통해 그 부정에 아주 일반적인 존재론적 유효성을 부여했다는 사실에 대해 반론을 폈었다. 이러한 불일치는 바로 여기에 존립한다. 규정이나 규정성이 존재론적 특성을 갖는 곳 어디에나 바로 이런 불일치가 있다. 이러한 범주의 인식적 기능을 말할 때 상황은 완전히 달라진다. 부정은 긍정적 진술보다 더 명료하거나 더 많은 규정적 영향을 미치지 않는데, 이러한 사실로부터 변증법적으로 움직이는 복합적 대상을 향해 움직이는, 유연하고 과정적인 변증법적 접근을 위한 적합한 도구가 형성될 수 있다. 따라서 헤겔에게서도 역시 대상에 대한 규정은 언제나 단순하고 추상적인 직접적 앎으로부터 완벽한 인식에 이르기까지 움직여가는 하나의 과정이다. 근대의 논리학은 대상과 대상들의 관계를 의미론적으로 차이를 만들어내면서 조작하는데, 헤겔은 근대의 이런 논리학과 아주 분명하게 대립한다. 하지만 모든 인식이론의 방법론과 범주체계가 어떻게 객관적-실제적으로 체계와 방

97) III., S. 107; 5., S. 117.

법의 존재론적 입장에 의존하는지를 분명하게 하기 위해 그 대립이 암시라도 됐어야 했다. 칸트 이래로, 아니 버클리 이래로 존재론적 인식의 가능성이 인지론적으로 규정되고 한계 지어진다는 선입견이 넓게 퍼졌다. 근대의 전승과 상관없이 참으로 칸트의 철학을 분석해보면, 그에게서도 객관적인 사태는 정확히 그 반대[주관적 사태—역자]임이 드러날 것이다. 그래서 우리는 헤겔이 어디에서 인식이론적으로 생산적인 새로운 것을 발견했는지를 보이기 위해 그에게 나타나는 바로 이런 개별문제들을 부각시켰다. 그는 이 일을—의식적이든 무의식적이든—자신의 참된 존재론에 대한 직접적 의존성 아래서 수행한다.

이런 상황은 우리가 가장 중요한 헤겔의 방법론적 발견, 즉 반성규정들에 대해 말할 때 아주 분명하게 드러난다. 우리는 그의 변증법의 중심문제, 즉 의식과 독립적인 현실 그 자체의 역동성과 구조의 문제만이 아니라 의식 속에 다양하게 반영된 현실의 문제 등이 바로 여기에 놓여 있다고 생각한다. —우리는 이어지는 서술에서 이 문제가 증명될 수 있기를 바란다.— 다만 여기서 이해하고 넘어가야 하는 것은 헤겔도 이 문제를 인식이론적으로 제시하고 있기는 하지만, 그의 이전의 철학자들이나 그의 이후의 철학자들과는 전혀 다른, 전혀 새롭고 위대한 의미에서 자신만의 인식론을 통해, 즉 그의 『정신현상학』의 인식론을 통해 그렇게 한다는 사실이다. 이 작품에서 방법론적으로 근본적인 것은 다음과 같은 질문이다. 인간 사유의 다양한 단계들과 범주들이 어떻게 동시에 현실의 사상적-실천적 극복의 산물이자 도구로서 현실 자체의 발전과 평행하게 인간의 의식 속에서 발생하는가? 그리고 이런 단계와 범주들의 전체적 혹은 부분적인 단계적 좌초가 어떻게 현실의 참된 본질에 더 적합하게 적용된 인식 방식을 전개하는 데로 이끄는가? 그리고 더 나아가 그런 단계적 좌초가 주체 안에서의 현실의 참된 수용이 발생할 때까지 계속 나아가는가? 우리는 이어지는 서술에서—이 장 제1절에서 행해진 우리의 비판을 전제로 하면서—헤겔의 독특한 해결책, 즉 실체의 주체로의 전환에 대해서는 말하지 않고, 다만 이 과정의 실제 결과들을 분석하고자 한다. 헤겔은 재미있게도 그의 체계에서 반성규정들의 형성을 현상학이라는 제목을 달고 나타나는 절로 다룬다. 그는 이때 지각의 단계에서 나타나는 세계상으로부터 출발하며, 현실과 인간의 극복 추구 사이의 상호연관으로부터 주관성이 어떻게 오성의 수준으로 고양되는지를 추구한다. 이때 인간의 '자연적' 태도에 따르면 인간은 현실에서 개별대상들을 발견하며, 이 대상들을 직접적 소여의 형식으로, 고립적으로 현상하는 것으로 파악하고자 한다. 그런데 이러한 시도는 즉흥적으로 그 반대를, 즉 직접적으로 홀로 서 있는 대상들 사이의 상호관계를 산출한다. 현실에 대한 이런 즉흥적(자발적) 태도에 나타나는 이런 모순으로부터 반성규정들이 생겨난다. "감각적 의식의 내용은 즉자적으로 **변증법적**이다. 이 의식은 **바로 그** 개체여야 한다. … 하지만 그 개별 내용은 타자를 자신으로부터 **배제함으로**써 이 내용은 타자와 관계를 맺으며, 스스로를 **자신을 넘어서는 것**으로, 타자에 의존하고 있는 것으로, 이 타자를 통해 매개된 것으로, 자기 안에 타자를 가지고 있는 것으로 드러낸다. **직접적** 개체의 **바로 그 다음** 진리는 따라서 타자와 **연관되어 있음**이다. 이런 관계규정들이 곧 사람들이 **반성규정**이라고 부른 것이다."[98] 현실을 사상적으로 장악하고자 하는 이러한 유의 주체성의 운동으로부터 반성규정들의 최초의 직접적 고향인 오성이 생겨난다.

여기에서 무엇보다 인식이론적 문제가 제시되는 것 같다. 그런데 이 문

---

98) Ebd., § 419, Zusatz; 10., S. 208.

제는 헤겔 철학을 형성했던 앞의 저 이행의 문제에서 아주 중요한 의미를 지닌다. 그것도 단순히 역사적인 의미에서 그 시대에 국한되는 것이 아니라, 현실에 대한 진지한 모든 사유에 중요하고 중심적인 문제이다. 따라서 칸트에게서 이미 반성규정들이 등장하는데, 무엇보다 그의 변증법적인 작품인 『판단력 비판』에 잘 나타난다. 그런데 이 작품에서 반성규정들은 순수한 인식이론적 특성을 갖는다. 반성규정들은 보편사에서 특수사에 이르는 사유의 도정을 갖는지, 아니면 그 반대의 도정을 갖는지에 따라서 구별된다. 반성규정들은 오성에서 이성으로의 이행이라는 헤겔의 중요한 문제와 아무런 직접적 연관이 없다. 칸트에게서 오성과 이성은 형이상학적으로 서로 배타적으로 마주해 있다. 순수한 이성은 모든 현상들에 마주하여 초월적이며, 따라서 경험적 사용에 결코 적합하지 않다. 그런데 칸트의 이성 개념이 선험적 변증법으로, 그리고 물자체의 인식 가능성에 대한 부정으로 나아가는 데 반해, 낭만주의 철학에서, 무엇보다 셸링에게서는 비합리주의적인 초월이 생겨난다. 셸링에게서 반성은 "그 규정과 더불어서 절대적 통찰방식의 적대자로 간주된다."[99] 이렇듯 단순한 오성인식의 비변증법적 특성에 대한 일반적 비판으로부터 초월적 비합리성으로의 도약이 추론된다. 이것은 오성의 고유한 모순성으로부터 발생하는 이성이 오성 자체에 마주해 있다고 하는 헤겔의 생각과 구별되며, 지적 직관에 의한 도약이 감행된다. 이것은, 우리가 다른 곳에서 이미 주목했던 것처럼, 모순의 지양을 절대자 속에서의 해체의 형식으로 간직하고 있다. 헤겔은 셸링과 공동 작업을 하던 시기에 이미 오성에 대한 그런 멸시를 비난했다. 그의 예나 시기의 글에는 다음과 같이 기록되어 있다. "오성이 없는 이성은 아무것도 아

---

99) *Logik*, VI., S. 21 f.; 6., S. 31.

니지만, 이성이 없는 오성은 약간의 의미를 갖는다. 오성은 버려질 수 없다."[100]

헤겔에 따르면 이성은 외관상 완전히 자립적이고 서로 독립적으로 실재하는 대상들 사이의 참된—모순으로 가득한 변증법적—연관을 삶 속에서 인식하고, 객관적 현실과 참된 사유 속에 내재한 상응하는 범주들과 범주적 관계들 속에서 인식한다. 그리고 이러한 방식을 통해 이성은 오성 위로 고양된다. 따라서 이성의 모든 작용은 오성의 현실인식을 확증하면서 지양한다. 헤겔은 이런 대립을 몇몇 범주들과 연관해서 서술한다. "**후자**(이성)에게서 대상은 **즉자대자적으로 규정된 것**, 즉 **내용과 형식의 동일성**이며, **보편자와 특수자의 동일성**인 데 반해, **전자**(오성)에게서 대상은 형식과 내용으로, 보편자와 특수자로 분열되고, 공허한 **즉자태**로, 그리고 외부에서 이 즉자태에 접근해오는 **규정성**으로 찢겨진다. 따라서 **오성적** 사유에서 **내용**은 **형식에 무관심하고,** 이에 반해 **이성적** 인식 혹은 **개념적** 인식에서 내용은 **자기 자신으로부터** 자신의 형식을 **산출해낸다.**"[101] 오성과 이성은 따라서 동일한 객체 세계에 마주해 있다. (이것은 단순한 현상세계와 인식 불가능한 사물의 세계를 분리시킨 칸트와 다른 점이다.) 오성과 이성은 세계에 본질적으로 다르게 관계를 맺는다. 그런데 이런 차이는 내적인 변증법적 필연성을 가진 오성 그 자체의 필연적 모순으로부터 출발하여 그 모순의 완성으로, 그리고 충족으로 성장한다. (물론 이것은 단순한 경험적-오성적 특성과 초월적-비합리적인 지적 직관 사이의 지향할 수 없는 대립의 의미를 갖는 것이 아니다.) 당연히 유기적이고 변증법적인 이러한 연관이 오성과 이성에 내재한

---

100) Rosenkranz: *Hegels Leben*, S. 546; *Aphorismen aus Hegels Wastebook*, 2., S. 551.
101) *Enzyklopädie*, § 467, Zusatz; 10., S. 286.

그런 대립성을 없애버려서는 안 된다. 이성의 태도에는 현실의 본질에 상응하는 현실과의 관계가 표현된다. 즉 이성은 현실이 우선 다양한 층의 역동적 복합체로, 그리고 다양한 역동적 관계들로 이루어져 있다는 인식을 수행한다. 이에 반해 오성은 직접적으로 현상하는 것과 이것의 추상적 모사들만을 파악할 수 있을 뿐이다. 그런데 이러한 대립은 아주 결정적인 것일 수는 있다. 이성은 언제나 오성으로부터 선개되어나올 뿐 아니라, 이성과 오성은—동일한 현실에 마주해 있는 자로서—동일한, 하지만 상이하게 파악된 현실의 질서의 원리와 동일한 범주들, 즉 반성규정들을 사용한다. 다만 오성은 이러한 범주들을—직접적 분리 속에서—잘못 사용하며, 이에 반해 이성은 변증법적이고 모순적인 참된 조합 속에서 이 범주를 사용한다.

　헤겔이 행한 오성에서 이성으로의 인식이론적인 이러한 도정을 고찰해 볼 경우, 그의 이러한 도정의 획기적 의미가 아주 명료하게 드러난다. 헤겔은 그 이전의, 그리고 당대의 사상가들과 달리 총체성 안에 놓여 있는 역동적 모순투성이의 복합적 현실을 인식하기 위한 토대를 만들어내는 데 성공한다. 이에 반해 18~19세기의 인식이론은 이 문제에 있어서 좌초하고 말았다. 헤겔은 실현할 수 있는 보다 고귀한 합리성을 인식의 전체 영역에 관철시킨다. 그는 계몽과는 달리 오성에 머물러 있지 않는다. 그리고 그는 칸트와 달리 이성 인식을 사물 자체의 인식 불가능한 영역으로 잘못 놓지 않으며, 셸링과 낭만주의와 달리 오성을 비판한 결과 비합리성이라는 흐릿한 영역으로 떨어지지도 않는다. 따라서 레닌이 "변증법은 헤겔의 인식이론이다."[102]라고 말한 것은 옳다. 하지만 우리가 다음 장에서 살펴볼 것

---

102) *Aus dem philosophischen Nachlaß*, S. 288.

처럼 마르크스주의의 인식이론은 주관적 변증법의 교설로서 동시에 언제나 존재론, 즉 현실의 객관적 변증법의 교설을 전제하기 때문에, 따라서 인식론은 미메시스를 현실의 사변적 재생의 자립적 형식으로 파악하기 때문에, 이러한 주장은 보충적 설명을 필요로 한다. 근대의 인식이론에서 미메시스가 완벽하게 사라졌다는 것은 잘 알려져 있다. 디드로의 천재적 예감을 제외할 경우 근대의 인식이론은 기계적-사진술적인 제한된 형식을 보유하는데, 철학적 유물론은 여기서 하나의 예외이다. 헤겔의 동일적 주-객 이론에는 진보적인 측면이 있다. 즉 그 이론에는 변증법적 미메시스의 맹아가 은닉된 형태로 간직되어 있다. 왜냐하면 헤겔의『정신현상학』의 방법이 보여주는 것처럼, 인식이론적 도정, 세계에 대한 사변적 지배의 도정, 따라서 또한 오성에서 이성으로의 도정이 현실의 직접적 현상방식의 도정과 본질적으로 평행하게 진행되기 때문이다. 이때 동일적 주-객 이론은 즉 자존재가 인식 속에서 우리에게 현상하는 것보다 절대적으로 우월하다는 것을 인정하게 할 뿐만 아니라, 또한 사물 자체의 논리는 주관적 원리와 객관적 원리를 올바르게 종합하는 경우에도 객관적인 원리가, 비록 의식적으로 관철되지는 않지만, 어떤 압도적 중요성을 드러낸다. 주관성과 객관성의 이러한 결합, 그리고 양자의 이러한 평행한 진행으로 인해 한편으로 미메시스에 접근해가고, 다른 한편, 그리고 동시에 비록 이러한 관점에서 명확하지는 않지만, 아리스토텔레스의 미메시스 이론을 근대적-기계적으로 적용하는 것을 극복하여, 변증법적인 적용에 나아간다. 그런데 이때 칸트 이래 이 시기의 독일철학이 인식과정에서 주체의 활동적 역할을 강조하기 시작했다는 점이 간과되어서는 안 된다. 하지만 이 경우에도 역시 헤겔이 칸트적-피히테적 의미에서의 주체의 창조적 활동성을 엄격하게 거부했다는 사실도 간과되어서는 안 된다. 헤겔에게서 이러한 활동성은 주체성과 객체성의 분리 불가능한 상호관계의 한 계기일 뿐이다. 또한 그에게서 이러한 활동성의 본질은 세계와의 특정한 관계에 도달하는 것이다. 즉 세계의 객관적 본질의 현현을 방해하는 것이 아니라 오히려 장려하는 그런 관계에 도달하는 것이다. 이때 그 방식은 직접적 현상형식을 단절하고 지양함으로써 이루어진다. 헤겔은 다음과 같이 말한다. "세계를 이성적으로 보는 사람, 그 사람을 세계는 또한 이성적으로 본다. 양자는 상호규정 속에 놓여 있다."[103] 이러한 사실은 그가 칸트와 피히테의 일방적 사유의 활동성보다는 하이네가 "세계의 거울"이라고 불렀던 괴테의 사유에 훨씬 더 가깝게 서 있음을 보여준다.

따라서 헤겔의 변증법적 인식이론을 존재론과의 의존성 속에서 고찰하는 것은 정당하다. 미메시스에 대한 비의적 맹아들은 객관적 현실에 대한 이러한 궁극적 태도에 부수적 산물일 뿐이다. 이러한 확증과 더불어 우리는 보다 높은 수준의 반성규정들에 도달할 수 있다. 그의 논리학의 본질론에서 반성규정들이 보다 중요한 범주를 형성한다는 것은 누구나 알고 있다. 하지만—헤겔의 잘못된 논리주의적 존재론에 따르면—본질은 사유의 산물이 아니라 존재의 산물이다.[104] 헤겔에 따르면 현실은 객관적으로, 사유와는 상관없이 존재에서 본질에 이르는 도정으로 나아가는데, 바로 이 때문에 오성에서 이성으로 상승하는 사유는—본질-현상-가상이라는 반성규정들을 가진—본질을 파악할 수 있다. 이러한 규정들의 참된 존재론적 속성들이 동일적 주-객이라는 논리주의적 강제로부터 분명하게 해방될수록 이 규정들의 진리, 심연, 그리고 보편성은 훨씬 더 분명하게 타

---

103) *Die Vernunft in der Geschichte*, S. 7; 12., S. 23.
104) *Logik*, IV., S. 4; 6., S. 13 f.

당성을 갖게 된다. 그 이유는 다음과 같다. 즉 헤겔의 이러한 관점에는 완전히 추상적인 존재로부터 훨씬 더 구체적이고 규정적인 본질로의 존재론적 이행이라는 수수께끼와 같은, 두말할 필요도 없는 그런 관념론적 선언이 남아 있는 데 반해, 정반대의 가설의 경우 이런 전체적인 논리주의적 안개가 걷히게 된다. 여기서 정반대의 가설이란 비록 인식의 도정은—추상화의 도정 가운데—추상적 존재로부터 구체적 본질로 나아가지만, 현실에서는 훨씬 더 구체적이고 복합적인 본질이—여전히 아주 일차적인 존재론적인—존재개념을 추상적으로나마 획득할 수 있게 하는 존재론적 출발점을 형성한다는 것이다. (본질의 이러한 복합적 총체적 특성이 존재론적인 의미에서 똑같이 상대적으로만, 그리고 구체적 현실에 의해서만 규정된다는 사실을 우리는 다음에서 볼 것이다). 따라서—상대적으로—총체적 복합체로 접근해가는 본질에 대한 범주적 구축이 외관상 자립적인, 하지만 현실적으로 서로를 불가피하게 제약하는 범주들의 상호관계적 질서 위에 구축되어 있다는 사실을 우리는 어렵지 않게 이해할 수 있다. 이와 더불어 우리는 이성의 수준에, 반성규정들에 도달한다.

헤겔이 본질의 실존적 성격을 언제나 연역했다 할지라도, 본질은—이 점에서도 그는 아주 중요한 출발자이다.—현실의 부분으로서, 그리고 현실의 단계로서 파악될 뿐만 아니라, 동시에 고립된 범주가 아니라 복합체로서 파악되었다. 바로 여기에서 반성규정의 존재론적 규정이 드러난다. 본질, 현상, 그리고 가상은 자립적으로 존재하는 근원적 범주들이다. 그것들의 상호적인 대조 또한 새로운 발견은 아니다. 불가지론과 회의주의는 처음부터 칸트 이론에 여전히 결정적으로 작용하고 있는 대립들에서 출발한다. 헤겔 스스로도 가상, 현상, 그리고 본질을 파악하는 가운데 이러한 인식이론적 전통을 강조한다. 그리고 그는 한편으로 존재하는 세계의 전체 내용이 그 전통 안에 어떻게 보존되어 있는지, 다른 한편, 하지만 그 내용이 본질과의 내적인 귀속성을 어떻게 부인하고 대립성을 일방적으로 강조하게 되는지를 보여준다.[105] 그 자체로 매우 다양한 이러한 이해들의 배후에는 매우 은폐된 채 나타나는 그 시대의 신학적 유산이 지배하고 있다. 즉 본질의 파악 가능성은 신적 사유의 속성인 데 반해, 인간의 사유에는 가상과 현상의 세계만이 귀속된다는 유산. 근대 시민사회와 근대과학의 발전과 더불어 이러한 대립은 분명 점점 더 강하게 세속화된다. 그런데 우리의 이전의 분석들은 이와 더불어 근원적으로 신학적으로 정초된 철학의 원리들이 이러한 문제에서 결코 어떤 근본적 변혁도 이루지 못했다는 것을 보여준다. 우리가 자주 언급하는 벨라르미누스는 '과학은 본질의 규명을 종교에 일임하고, 현상세계에 대한 실천적 탐구에만 만족해야 한다.'는 요청에 의지해 과학을 대한다. 당연히 방법들은 시대가 지나면서 점점 더 정교해진다. 인식이론적 문제설정의 지배는 심지어—외관상—인간적-과학적인 통찰에 개방되어 있는 본질의 파악으로 이끈다. 즉 본질은 주체에 의해 산출된 추상일 뿐이다. 그런데 이때 추상은 감각적 경험을 추상함으로써 얻어지지만, 본질의 토대로서, 직관과 지각으로 나타나는 감각적 경험으로서 더 이상 즉자적으로 존재하는 현실과는 아무런 상관이 없다. 그리고 이런 추상과정이 경험과 분리되어 자립적인—칸트에게서는 선험적인—형태를 보유할 때에도 (존재론적 범주로서의) 현상과 본질의 연결 불가능한 분리는 여전히 존립한다. 여러 변이들이 있기는 하지만 이러한 발전노선은 오늘날의 신실증주의에까지 다다른다.

반성규정들을 발견하고 그 중요성을 강조한 헤겔 철학의 혁명적 행위는

---

105) Ebd., IV., S. 10 f.; 6., S. 19 ff.

무엇보다도 현상과 본질 사이의 절대적 심연을 존재론적으로 철폐하는 데에 있다. 그는 본질을 초월적으로 존재하는 것으로서도, 사변적인 추상과정의 산물로서도 파악하지 않고, 본질, 현상 그리고 가상을 중단 없이 서로 포괄하는 역동적 복합체의 계기로 파악한다. 이로써 반성규정들은 이 새로운 이해방식 속에서 우선적으로 존재론적 특성을 갖게 된다. 그런데 헤겔은 이러한 존재론적 관계를 주로 논리주의적 복합체 속에서 다룬다. 따라서 외관상 순수하게 논리적인 해명의 배후에 은폐된 존재론적 연관을 지각하는 데 어려움을 갖는데, 이러한 사실은 이미 잘 알려져 있다. 헤겔은 서술할 때 그런 복합체의 최초의 직접적 소여로부터, 따라서 추상적이고 전개되지 않은 그런 소여로부터 출발한다. 하지만 본질적 관계들은 이미 인식의 이 단계에서 명료하게 지각될 수 있다. 그는 다음과 같이 말한다. "그것(본질)에 마주해 있는 것은 **가상**일 뿐이다. 그런데 가상은 본질의 자기정립이다. … 이러한 가상은 외적인 것이 아니고, 본질에 낯선 것도 아니다. 그것은 오히려 본질의 자기 가상이다. 본질이 자기 안에서 스스로를 비추는 것, 이것이 곧 **반성**이다."[106][107] 따라서 본질과 가상이 그 날카로운 대비를 손상시키지 않은 채 서로 분리 불가능하게 귀속된다는 사실, 즉 하

---

106) Ebd., IV., S. 7 f.; 6., S. 17.

107) '가상'은 독일어로 Schein을 번역한 것이다. 이것의 동사는 Scheinen인데, 그 뜻은 '비추다'이다. 비춰진 것은 진짜가 아니라 진짜의 모사물이다. 바로 이 점에서 비춰진 것은 진짜가 아니라 가짜라는 의미를 갖게 되었다. 헤겔은 여기서 가상이 단순한 허상이 아니라 본질이 자신을 비춘 것이라고 말하며, 이것은 가상이 본질 없이 독자적으로 있을 수 없음을, 동시에 본질은 그 자체로 나타나는 것이 아니라 스스로를 비춤으로써 현상하게(Erscheinen) 된다는 뜻을 갖는다. (독일어에서 '현상[Erscheinung]' 역시 그 안에 '가상[Schein]'이 들어있음에 주목하라.) 즉 본질과 가상은 전혀 별개의 것이 아니라 서로를 전제하는 것으로 이해될 수 있다. 이러한 이해방식은 본질계와 가상계를 구별한 플라톤의 철학이나 칸트의 철학과 극명하게 대비된다. (역주)

나는 다른 하나 없이 결코 존재하지 못한다는 사실은 오성에서 이성에 이르는 인식이론적 도정을 위한 존재론적 토대를 제공한다. 오성은 여전히 복합체의 존재론적 특성인 대립성의 직접적 소여성에 붙들려 있는 반면, 이성은 점차, 그리고 여기서 완벽하게 분석할 수 없는 많은 이행과정들과 더불어 복합체를 변증법적 총체성으로 이해하는 데로 고양된다.

이성에 의해 인식된 현실의 변증법은, 따라서 현실의 계기들이 분리 불가능하게 자립적이면서 동시에 공속적이라는 사실에 있다. 그리고 또한 이러한 변증법은 이러한 관계들 중 하나가 자신의 상대자를 배제하는 절대적 의미를 획득하자마자, 그러나 또한 양자의 통일성 속에서 차이와 대립이 해소되는 것으로 현상하자마자 그것들의 진리는 즉시 왜곡되고 만다는 데 있다. 본질, 현상 그리고 가상은 따라서 이들 모두가 이런 관계를 표현하는 한에서만 반성규정들이다. 모든 현상은 현상하는 본질이며, 모든 본질은 어떤 방식으로든지 현상한다. 어떤 것도 모순 충만한 이런 역동적 관계없이는 현존할 수 없다. 이들 각자는 중단 없이 자신의 고유한 실존을 보존하면서 포기함으로써, 그리고 이런 대립적 관계 속으로 들어감으로써 존재하게 된다. 이와 더불어 올바로 파악된 반성규정들은 신학에 의해 전승된, 하지만 오늘날에도 여전히 효력을 발휘하는, 외관상 자립적인 실재들의 완고한 이중성을 파괴할 뿐만 아니라 동시에 오래된 선입견도 파괴한다. 그 오래된 선입견에 따르면 물성의 유비에 따라 형성된 고착 가능한 대상형식들은 이 형식들을 분리하고 연결하는, 그리고 이러한 대상형식들의 참된 상호작용을 표현하는 그런 단순한 관계와 연관들보다 어떤 식으로든 존재론적으로 우월하다. 하지만 이러한 관계와 연관들은 좁은 의미의 대상과 동일한 수준의 현실로서 존재론적으로 서 있다. 양자는 동일한 방식으로 이성에 의해서 인식되며, 이 두 경우에 참다운 사유의 유일한 기준은 현실과의 일치이다. 따라서 헤겔의 의미에서 대상들은 이러저러한 방식으로 실존하지만, 그들의 관계와 연관들은 추상과정의 혹은 여타의 경험의 사상적 결과물이라고 더 이상 말할 수는 없다.

여기서 이런 변증법을 상세히 분석하는 것은 당연히 불가능하다. 헤겔이 본질, 현상 그리고 가상의 관계를 이렇게 이해함으로써 반성규정들의 일반적 토대를 제시했다고 확언하는 것으로 여기서는 충분하다. 그의 『논리학』의 중간 부분[본질론—역자]에 대한 더 나아간 해명은 '현실'과 '이성을 통한 현실의 적절한 인식'이라는 가장 중요한 범주들에까지 뻗어 있다. 여기서도 역시 이 문제에 대한 포괄적이고 전면적인 해명은 불가능하다. 우리는 몇몇 중심적인 문제에 국한해야 한다. 우리는 현실의 구조와 역동성의 규정들로서의 반성규정들의 인식이 신학적-유사신학적으로 왜곡된 태고의 질문에 대해 어떻게 변증법적으로 답변하는지를 보았다. 이 새로운 방법의 더 나아간 구체적 응용은 직접 변증법의 핵심으로 이끈다. 즉 헤겔은 모든 대상들(과정 등을 모두 포함하여)의 가장 원시적인 본질양식을 그 대상들의 자기관계로, 그리고 또한 모든 타자와의 관계로 만드는 그런 관계를 탐구한다. 이때 그런 관계들은 동일성에서 모순성에 이르는 대립들로 그때그때 포섭해가는 일련의 범주들로 표현된다. 여기서도 역시 전승되어오던 통찰방식과의 단절이 수행된다. 즉 헤겔은 동일성에서 상이성을, 단순한 차이에서 모순의 즉자태를 증명한다. 헤겔은 한편으로 외관상 논리적-동어반복적인 동일성 범주에서 반성의 성격을, 다른 한편, 그리고 앞의 것과 깊은 연관에서 타자와의 관계맺음이라는 지양할 수 없는 실재를 발견한다. 헤겔은 바로 이 절을 압도적으로 논리적 방식으로 다룬다. 이런 논리적 취급방식은 논리적으로 다뤄지는 질료로부터 출발하여 언제나 자연발생적으로 전개되지만, 생산적이고 새로운 것을 산출하기보다는 그런 것을 더 자주 감추는 경향이 있다. 왜냐하면 여기서는 보다 자유로운, 경우에 따라 텍스트를 넘어서는 해석이 불가피하게 수행되기 때문이다. 하지만 우리는 그러한 해명이 철저히 헤겔의 궁극적 의도의 테두리 내에 머무를 수 있으며, 어떤 낯선 것도 그의 사상세계로 이끌어들여서는 안 되며, 적어도 그의 사유 속에서 언제나 영향을 미치는 경향과 관련해서는 그런 낯선 것을 이끌어들여서는 안 된다고 생각한다. 그는 예나 시기의 한 단편에서 참된 연구가 일반적 원리들과 맺는 관계와 관련하여 아주 재미있는 고백을 한다. 그 글에는 논리적 원리들과 존재론적으로 이해된 대상 사이에서 그가 내적 투쟁 상태에 있음이 분명히 드러난다. 이 부분은 헤겔 자신이 사상적 투쟁을 하고 있다는 우리의 해석을 위한 토대를 제공한다. 그는 다음과 같이 말한다. "학을 연구하기 위해서는 원리들에 의해 왜곡되지 않도록 하는 것이 필수적이다. 원리들은 일반적이며, 많은 것을 의미하지 않는다. 잘 드러나듯이 특수자를 갖는 자가 비로소 그것(원리)의 의미를 갖는다. 종종 그것들(원리들)은 또한 좋지 않다. 그것들은 사태에 대한 의식이며, 사태는 종종 의식보다 더 낫다."[108]

A=A라는 동어반복에 대한 헤겔의 논박은 고립된 요소들보다는 복합체가 존재론적으로 우선한다는 사실로부터 출발한다. (여기서 우리는 논리적 동어반복이 신실증주의의 인식이론에서 얼마나 결정적으로 긍정적인 역할을 하는지를 잊어서는 안 된다.) 여기에서 헤겔의 노력은 동일성에서, 구체적으로 말하면 동일성이 자기 자신과 맺는 관계뿐 아니라 동일성이 타자와 맺는 관계에서 차이가 제거될 수 없다는 사실을 증명하는 데 정향되어 있다. 헤겔은 이러한 사실을 다음과 같이 논리적 형식으로 표현한다. "동일률과 모순

---

108) Rosenkranz: *Hegels Leben*, S. 545; *Aphorismen aus Hegels Wastebook*, 2., S. 549.

율은 단순히 분석적 본성을 갖는 것이 아니라 종합적 본성을 갖는다."[109] 이러한 사실은 동일성이 존재하는 대상성의 범주이지, 단순히 형식논리학에 속하지 않는다는 것을 보여준다. 그런데 이것은 이러한 문제 영역에 대한 존재론적 이해를 위해 아주 중요한 두 가지 결과를 갖는다. 물론 이 결과는 헤겔이 명시적으로 표현하고 있지는 않지만, 그의 서술 도처에 은연중에 내포되어 있다.

첫 번째 질문은 대략 다음과 같이 말할 수 있다. 동일성의 보존과 상실은 실제 과정이며, 이 과정 속에서 헤겔은—새로운 측면에서—생성의 보편성과 전능성에 대한 헤라클레이토스의 교설을 자신의 방식으로 더 발전시킨다. 즉 동일성은 대상적 속성(어떤 것의 자기 자신과의 동일성)이며, 이 대상은 자기 자신의 환경과의 중단 없는 과정적 상호작용에 놓여 있다. 그리고 이 대상의 실존은 자기의 구성요소들과의 상호작용을 통해 산출되는 내적 과정의 그때그때의 결과이다. 그렇다면 필연적으로 중단 없는 변화들이 발생하는데, 이 경우에 언제나 다음과 같은 질문이 새롭게 제기된다. 즉 변화 속에 놓여 있는 대상은 언제나 "동일한 것"인가? 이 질문은 존재론적으로 매우 중요한데, 왜냐하면 이 질문은 상이한 존재의 단계들에서는 상이하게 대답되어야 하고, 매우 상이한 구조와 역동성에 따라 내적-외적 상호관계 속에서 다른 방식으로 대답되어야 하기 때문이다. 이로부터 비유기적 자연의 단계에서, 특히 하르트만이 조직체(Gebilde)라고 명명한 영역에서 중요하고 흥미로운 질문이 생겨날 수 있다. 이러한 상황은 유기적 자연에서는 더 복잡하고 존재론적으로 훨씬 더 중요하다. 모든 유기적 존재는 자신의 실존을 내적 재생산과정에서 (개체발생적 과정과 계통발생

---

109) *Logik*, IV., S. 36; 6., S. 45.

적 과정이라는 이중의 의미에서) 유지하며, 이때 자신의 환경과의 중단 없는 상호작용 속에 놓여 있기 때문에, 동일성의 보존 혹은 상실은 다음과 같은 형식의 구체적인 문제가 된다. 즉 진지한 모든 개별과학들은 언제나 이러한 상호작용을 다뤄야 한다.

사회적 존재의 토대에서는 훨씬 더 복잡한 상호관계가 발생한다. 여기에서 그 역동적 구성요소들을 상세하게 설명할 수는 없지만, 국가나 계급 등으로부터 아래로는 개인에 이르기까지 이것들 각자가 자신의 고유한 동일성을 유지하거나 상실하는지의 문제가 학문의 첫 번째 질문이라는 사실은 명백하다. 이에 대해서는 헤겔이 『법철학』에서 '특수성의 자립적 발전'이라는 원리를 어떻게 다루는지에 대해 보여주는 것만으로도 충분하다. 이 원리는 고대에는 사회와 국가의 해체의 결정적 계기였으며, 근대에는 사회와 국가의 존립의 토대가 된다. 헤겔이 여기서 이데올로기적 형식으로 다루고 있는 것을 마르크스는 이 시기 동안에 나타난 상업자본과 금융자본이라는 경제적-사회적 기능의 변화로서 학문적으로 정확하게 다룬다. 이러한 사실은 이러한 문제제기가 사회적 존재의 존재론에 커다란 의미를 갖는다는 사실을 더욱 분명히 보여준다.[110] 헤겔 자신은 이러한 문제를 압도적으로 논리주의적인 방식으로 다뤘다. 이로써 그는 이 문제에 대한 성과를 별로 많이 얻지 못했으며, 이 문제를 단지 논리적인 것으로 간주하거나 방어하는 결과를 가져왔다. 우리의 탐구는 당연히 여기에 은폐된 존재론적 측면들을 명료하게 제기해야 했다거나 더 나아가 대답해야 했다고 요청할 수는 없다. 우리에게 중요한 문제는 그 문제 자체와 그것으로부터 나온 결과들을 제시하는 것이었고, 동시에 동일성과 비동일성의 동일성으로

---

110) *Rechtsphilosophie*, § 124 und § 185; 7., S. 232, S. 341.

표현한 그의 공식이 존재론적인 의미에서 헤겔의 변증법에 얼마나 결정적이었는지를 드러내는 것이었다.

이를 통해 우리는 두 번째 문제복합체, 즉 동일성에서 출발하여 차이와 상이성을 넘어 대립과 모순에 이르는 변증법적 연쇄에 도달한다. 헤겔의 이러한 분석은 근본적으로 중요한데, 이 중요한 분석이 이후에 상대적으로 적은 영향을 미친다. 왜냐하면 그의 논리주의적 서술형식이 이 서술의 은폐된 존재론적 내용을 덮고 있기 때문이며, 이를 통해 양극단, 즉 동일성과 모순에 대해서는 상대적으로 많이 다루지만, 이 양자를 연결하는 이행에 대해서는 거의 주의 없이 지나가버리는 결과를 가지기 때문이다. 이러한 사실은 양에서 질로의 이행이라는 방법론적으로 유사한 헤겔의 문제설정이 마르크스주의자들과 마르크스주의의 적대자들 사이의 커다란 유행이 되었을 때 훨씬 더 눈에 띈다. (이러한 구조유사성의 인식이론적-존재론적 토대에 대해서는 다음에 다룰 것이다.) 간단하게 말하자면, 여기서 문제가 되는 것은 다음의 사실이다. 즉 하나의 계기는 하나의 복합체를 형성하는 변증법적 연관 속에서 성장하거나 감소하는데, 반성규정들의 영역에서는 이러한 성장과 감소가 지속적인 과정 속에서 나타나는 것이 아니라는 것, 이와 반대로 이러한 상호관계에서는 각각의 상이한 구체적 맥락에 상이한 방식으로 존재하는 특정한 지점들에서 복합체의 구조와 역동성에서의 갑작스러운 변화, 즉 도약이 등장한다는 것이다. 여기에서 다루어질 헤겔의 서술에는 이러한 문제들이 명료하게 놓여 있다. 그런데 그것은 최고의 보편성의 단계로 제기되고 있으며, 유감스럽게도 압도적으로 논리적 형식을 보유하고 있다. 하지만 그가 확립한 순수하게 존재론적인 중요한 주장들이 때때로 어떻게 단절되는지, 그리고 논리적 해명의 은폐된 존재론적 토대들이 어떻게 명료화되는지를 관찰하는 것은 흥미롭다. 헤겔은 차이에 대해 다음과 같이 말한다. "차이 일반은 이미 **그 자체** 모순이다. 왜냐하면 차이는 **하나로 있지 않는** 한에서만 존재하는 것들의 **통일**이며, **동일한 관계 속에서** 분리된 것으로서만 존재하는 것들의 **분리**이기 때문이다."[111] 헤겔은 여기서 차이를 모순의 즉자형식이라고 규정하는데, 이런 역동적-변증법적 관계는 그가 전개에 대해 파악할 때 언제나 등장한다. 앞에 인용한 『정신현상학』의 구절을 생각해보자. 거기에서 모든 새로운 것은 처음에 추상적으로(단순히 즉자적으로) 등장하며, 점차 보다 구체적인 형식들로 발전해간다고 한다. 아주 높은 보편성의 이러한 단계에서 그러한 발전 방향들은 상승된 의미를 획득한다. 그러한 발전 방향은 단순한 성장을 통해 규정된 대상 복합체와 그들 간의 관계가 어떻게 급진적-질적 전복을 수행할 수 있게 하는지, 하지만 이러한 전복들이 단순히 '갑자기', 즉 궁극적으로 우연히 등장하는 것이 아니라 결정적으로 타자화되는 가운데 미세한 점차적 변화들의 산물이라는 것을 드러낸다. 이러한 인식은 전체 존재론을 위해 매우 중요하다. 보다 높은, 보다 복잡한 존재의 방식에도 이러한 관계들이 복잡화의 과정을 통해 보다 높은 형식규정성들을 보유하게 된다고 여기서는 간단히 말하고자 한다. 여기에서도 다시금 비유기적 자연의 단순한 형식들로부터 조직체, 유기적 자연(변이의 현상을 생각해보라.)을 넘어, 사회적 존재에 이르기까지 점점 더 크고, 따라서 질적으로 다른 복합성의 계열이 드러난다. 이러한 복합체에게서—존재론적으로 이행된 변증법의 이해에 따라—보다 높은 형식들은 추론될 수 없는 새로움을 자신 안에 내포하고 있지만, 그것들은 보다 단순한 형식들의 토대 위에서만 발생할 수 있다. 즉자존재 없이 대자존재는 있을 수 없다.

---

111) *Logik*, IV., S. 56; 6., S. 65.

이제 반성규정의 세 번째 그룹, 즉 '직접성'과 '매개'로 넘어가보자. 여기서 우리는 서술하기 어려운 점에 봉착한다. 왜냐하면 헤겔이 비록 이 규정 쌍(직접성과 매개)을 그의 전체철학에서 지속적이고 중점적으로 사용하기는 하지만, 어디에서도 심지어 반성규정에서도 특화하여 다루지 않기 때문이다. 물론 이 규정 쌍에서 이들의 특성의 본질을 지각하는 것만으로, 말하자면 객관적으로는 자립적이고 독립적인 그런 현상방식에서도 부인할 수 없는 분리 불가능성을, 주관적으로는 오성에서 이성으로의 고양을 지각하는 것만으로도 일견 충분하다. 헤겔 역시 이러한 현상방식을 당연히 부각시킨다. 즉 그는 "두 계기가 구별된 것으로 현상한다 하더라도, **둘 중 어떤 것도 결여될 수 없으며**, 이 두 계기는 **분리 불가능하게** 연결되어 있다."[112]는 사실에 주의한다. 앞선 언급에서 그는 또한 이 두 계기가 '의식에서' 발견되어야 한다는 사실도 지시한다. 그런데 그는 이와 더불어, 우리가 곧 볼 것처럼, 일방적으로 이러한 반성규정들의 중요한 특성, 즉 인식주체에의 구속성을 언급한다. 그런데 우리는 헤겔의 이러한 주장이 직접성에만 해당하지 매개에는 해당하지 않는다고 생각한다. 매개는 하나의 복합체의 현상태와 기능, 그리고 그것의 현실을 객관적으로 규정하는 총체적 힘들과 과정 등에 대한 지고로 객관적인, 매우 보편적인 범주적 요약이다. 따라서 자연에서도 사회에서도 이러한 의미에서—그리고 헤겔이 생각했던 의미에서—매개되지 않은, 매개의 결과물이 아닌 그런 대상은 출현할 수 없다. 이러한 의미에서 매개는 모든 현실 속에 주체와 독립적으로 현존하는 객관적-존재론적 범주이다.

이에 반해 헤겔은 직접성을 의식의 범주로 규정했는데, 이는 아주 올바

---

112) *Enzyklopädie*, § 12; 8., S. 55.

르다. 그런데 의식이 직접성으로 파악하는 것은 특정한 객관적 사실에 얽매여 있으며, 또한 그런 객관적 사실에 의해서야 비로소 풀려난다. 왜냐하면 한편으로 모든 매개과정들은 관련 복합체들의 상태를 관통해가며, 이러한 상태는 비록 이러한 복합체의 직접성으로서 의식에 의해 파악되지 않는다 하더라도 객관적으로 실존하기 때문이다. 이러한 사실은 압도적으로 비유기적 자연과 연관되어 있다. 비유기적 자연에서 직접적-즉자적으로 존재하는 그런 직접성은 인간의 의식에서만 우리에게 존재하는 것으로 되며, 매개과정 그 자체에는 어떤 존재론적 의미도 허용되지 않는다. 그러나 다른 한편 직접태의 실제적 활동도 있는데, 이런 활동은 의식을 관통해갈 필요가 없으며, 어떠한 경우에도 매개와 더불어 실제적 반성관계로 돌입한다. 우리는 지금 유기적 자연에 대해 말하고 있다. 이때 유기적 자연은 식물이건 동물이건 간에 그때그때의 생명체가 자신의 환경과의 상호작용 속에서 스스로 재생산하게 하는 그런 전체를 의미한다. 여기에서는—아주 직접적으로—복합체들이 다른 복합체들과의 상호작용 속에 놓여 있다. 이때 그때그때 완성된, 그때그때 기능하는, 분리되지 않는 전체만이 그와 동일한 다른 전체와 아주 직접적이고 필연적인 관계에 돌입한다. (과학은 직접성들의 이런 상호관계가 매개되어 있다는 사실을 점차 더 발견해가는데, 이런 사실은 우리의 문제와 아무런 관련이 없다.) 인간에게만 특수한 사회적 존재에서야 비로소, 심지어 그 가장 원시적 단계인 노동과 언어에서도 직접성과 매개는 분리되어 있으면서 연합되어 있고, 존재론적 반성규정들로 현상한다. 여기서 우리는 또한 사회적 존재에, 그리고 사회적 존재에만 특징적인 그러한 범주적 연관을 가지게 된다. 물론 비록 우리가 본 것처럼 그러한 유의 사회적 규정들은 자연 속의 '선행자들'[비유기적 존재의 단계, 유기적 존재의 단계—역자]이 없었다면 현존할 수 없었다. 헤겔은 또한 이러한 반성규정의 사회적 의미를 조망한다. 그가 『엔치클로페디』에서 습관을 "제2의 본성"이라고 분석한 것을 생각해보면 된다.[113]

전체 논리학의 『본질론』을 이런 관점에서 아주 세세한 부분까지 해석하기 위해서는 이러한 단순한 스케치를 넘어 하나의 책으로 확장하지 않으면 안 될 것이다. 여기서는 단지 동일적 주-객이라는 관념론적 존재론으로부터, 그리고 그것의 논리주의적 서술로부터 결정적으로 중요한 왜곡의 계기들이 발생한다는 사실을 주목할 필요는 있다. 여기서 왜곡이란 하나의 반성규정을 다른 반성규정으로부터 논리적으로 '추론'하는 것이며, 그 결과 그 반성규정들을 위계적으로 질서 짓는다는 것(즉 보다 나중의 보다 높은 범주가 보다 이전의 낮은 범주의 진리로서 질서 지어진다는 것)이다. 이때 이미 이전에 말했던 논리적 위계의 비정상성 외에 아주 중요한 새로운 존재론적 문제, 즉 범주 차원의 문제가 나타난다. 이러한 서술 이후 과정에서야 비로소 즉자적으로 이질적인 현실의 규정들로서의 참된 존재론적 범주들이 어느 정도나 현실의 다차원성의 표현방식인지가 드러날 수 있을 것이다. 내용과 형식 혹은 본질과 현상과 같은 반성규정들을 살펴볼 경우 명료하게 드러나는 사실은, 이 규정들은 서로 이질적이라는 것, 그리고 이 규정들은 과정적 현실들의 상이한 차원들을 드러내준다는 것, 따라서 그것들은 종종 서로 중첩된다는 것, 그리고 그들의 상호관계는, 원리적으로 구체적인 개별 사건의 경우, 이 사건의 특수성을 분석함으로써 사변적으로 적합하게 파악될 수 있다는 것 등이다. 즉자적으로 존재하는 현실이 이질적일 수밖에 없듯이, 사유는 동일하게 그리한 현실을 동질화한다. 이러한 사실은 존재론의 매우 중요한 방법론적 문제들을—일반적인 차원에서 제

---

113) Ebd., § 410; 10., S. 184.

시만 될 뿐 해결될 수 없는 문제들―제시한다. 이때 동질화하는 사유의 부단한―존재론적―자기교정이 필요하다는 사실이 부각될 수 있다. 또한 가장 강력한 동질화의 경향은 논리적-수학적 개념을 형성할 때 효력을 발휘하게 된다는 사실도 명확하다. 헤겔은 존재론을 논리학에 맞춰 서술하는데, 바로 이러한 서술방식에서 우리가 재차 반복적으로 부각시킨 내적 불일치가 존재한다. 그리고 또한 이러한 서술방식은 신실증주의의 현실왜곡과는 대립된 방향을 취하고 있다. 존재론적 탐구방식의 불가피성은 이러한 상호작용에서 철학에만 제한되는 방법이 아니라, 모든 과학적 통찰에 등장해야만 하는 그런 방식으로 드러난다. 따라서 물리학, 생물학, 경제학 등에서의 수학적인 형식화가, 구체적인 문제의 혼란을 바로잡고자할 때, 언제나 다시 물리학적, 생물학적, 경제학적 방식으로 해석되어야만 한다는 요구가 있을 수 있는데, 이런 요구는 한편으로 존재론적 토대를 갖지만, 동시에 그러한 요구는 참된 과학적 구체성과 정확성을 위한 불가피한 요청이기도 하다. '소박한 실재론'의 태도에 대해 아무런 의심도 하지 않는 유명한 연구자들도, 비록 그들이 철학적으로 적절한 표현방식을 찾을 수는 없다고 하더라도, 이러한 사실을 언제나 명료하게 느끼고 있다.

반성규정은 형식인데, 이런 형식에 대한 헤겔의 고찰에는 이러한 다차원적 문제가 은폐된 채 내포되어 있다. 헤겔은 여기에서 이 문제의 존재론적 복합성을 많이 본다. 즉 그는 형식을 세 번 다루는데, 즉 본질의 반성 쌍으로, 질료의 반성 쌍으로, 그리고 내용의 반성 쌍으로 다룬다. 하나의 규정을 다른 규정으로부터 추론하는 것, 그리고 그 일련의 과정은 그의 가장 비생산적 서술 부분이다. 세 반성관계가 서로를 제약하고, 서로 이행해간다는 것은 확실히 옳다. 하지만 본질-형식의 관계로부터 질료-형식의 관계가 도출되지 않으며, 질료-형식의 관계로부터 내용-형식의 관계가 도출되지도 않는다. 이런 일련의 과정과 추론은 정반대일 수도 있다. 왜냐하면 문제가 되는 것이 비록 형식규정의 보편성이기는 하지만, 이러한 형식규정은 서로 종종 얽혀 있고, 서로를 감싸는, 다양한 차원으로 이루어진 현실에서 타당할 뿐, 그러한 유의 추론과는 아무런 관련이 없기 때문이다. 형식의 보편성을 변증법적으로 근거 지으려는 헤겔의 노력은 아주 중요하고 풍부한 결과를 갖는다. 이러한 사실은 그에게 이중의 논박을 의미한다. 첫째는 내용을 단지 대상성으로서만 고찰하고, 형식에 단순히 부수적 의미만을 부여하는 사람들에 대한 논박이며, 다른 한편 형식에서만 활동적-능동적 원리를 보는 사람들, 즉 질료를 무의미하게 규정된 것으로, 수동적인 것으로서 형식에 마주해 있는 것으로 보는 사람들에 대한 논박이다. 고립된 이 양극단이 인간의 사유에서 중요한 역할을 수행했으며, 지금도 역시 때때로 수행하고 있다는 사실을 통찰하기 위해 철학사를 열거할 필요는 없다. 헤겔의 반박은 대체로 압도적으로 인식론적 성격을 갖는다. 그는 이 도정에서 이성의 단계를, 이러한 반성규정들의 변증법적 연관성과 대립성을 파악하기 위해 직접적으로 소여된 표상들로부터 출발하며, 분리하고-고립시키는 절차의 모순을 오성 속에서 분석한다. 이러한 방식으로 그는 이러한 반성관계들의 참된 변증법적 공식화에 이르게 된다. **"형식의 활동성**으로서 드러나는 것은 더 나아가 **질료 자신의 고유한 운동**이다."[114] 내용에 대해서는 다음과 같이 말한다. "형식과 내용의 대립에 있어서 본질적으로 다음과 같은 사실이 확인된다. 즉 내용은 형식 없음이 아니라, **형식을 자기 안에 간직**하고 있으며, 동시에 형식으로서 이 내용에 **외적인 것**이다. … 여기서 **즉자적으로** 내용과 형식의 절대적 관계, 즉 그들의 상호 간의 감쌈이

114) *Logik*, IV., S. 81 und 83; 6., S. 92.

현존한다. 따라서 **내용**은 **형식을** 내용 속에서 **감싸는 것** 외에 아무것도 아니며, **형식은 내용을** 형식 속에서 **감싸는 것** 외에 아무것도 아니다."[115]

헤겔은 형식을 반성규정으로 이해하는데, 이것은 커다란 진보를 의미한다. 왜냐하면 노동을 통해 목적론적으로 정초된 형식에 대한 이러한 이해는 더 이상 자연에 투사될 수 없으며(예를 들어 아리스토텔레스의 존재론에서는 자연에의 투사가 눈에 두드러진다.), 이와 더불어 형식의 일방적인 잘못된 우선성 역시 더 이상 유일한 활동적 원리가 되지 못하며, 따라서 형식의 활동성과 상대적으로 규정짓는 그 기능들이 포기될 필요가 없기 때문이다. 형식은 오히려—거의—올바른 정도로 변증법적 상호작용의 계기로 현상한다. 이때 우리가 '거의'라는 유보 조항을 삽입했는데, 왜냐하면 상호작용에 대한 아주 중요하고 심오한 이해에도 불구하고 중요한 지점에서 체계의 왜곡된 경향에 의해 잘못 이해되기 때문이다. 헤겔에게서 체계는 결정적인, 방향부여적인 존재론적 역할을 이념에만 부여한다. 그래서 상호작용은 원리적으로 서로 경쟁하는 힘들 사이의 균형으로 나타나며, 따라서 역동적 힘들에 대한 일종의 정적 종합으로 나타난다. 의심의 여지없이 이러한 사실이 사태에 상응하는 경우들도 있다. 그러나 존재론적으로 중요한 실제적 발전과정에서 무엇보다 마르크스가 나중에 '포괄적 계기'라고 말한 그런 상호작용이 훨씬 더 중요하다. 그런데 그러한 역할을 헤겔은 이념에만 부여하며, 따라서 그는 아주 중요하게 인식된 상호작용을 존재론적으로 평가절하한다. 그는 자신의 생각을 다음과 같이 표현한다. "상호작용은 비록 원인과 결과 관계의 바로 그 다음 진리이며, 소위 개념의 문턱에 서 있다. 하지만 바로 그 때문에 개념적 인식을 목표로 하는 한 이러한

---

115) *Enzyklopädie*, § 133; 8., S. 264 f.

관계의 적용에 만족해서는 안 된다. 주어진 내용을 단순히 상호작용의 관점에서 고찰하는 데 머무른다면, 이는 철저히 무개념적 태도이다."[116]

이로부터 반성규정들을 통한 중요한 존재론적 인식에는 이중적 단점이 생겨난다.

한편으로 자연은, 전체적으로 고찰했을 때, 정적인 어떤 것으로 현상한다. 그런데 그것은, 우리가 이미 본 것처럼, 헤겔의—잘못된—전체 구상에 상응한다. 다른 한편 상호작용의 중요한 의미와 존재의 상이한 단계들의 상호관계라는 포괄적 계기의 중요한 의미를 올바르게 파악하는 것이 많은 경우에 불가능해진다. 개별적인 경우에 이러한 문제는 헤겔에게도 역시 문제로서 등장한다. 그는 『엔치클로페디』에서 우리가 방금 인용한 바로 그 다음 부분에 일반화된 무형식성 개념을 거부하며, 사람들이 말하곤 하는 그런 무형식성을 '**올바른 형식**의 비현존'이라고 부른다.[117] 이러한 사실은 사회적 존재의 존재론을 위해 아주 올바르다. —그리고 헤겔은 이 영역으로부터 사례를 끄집어낸다.— 왜냐하면 여기에서 형식은 옳음과 그름을 선택하기 위한 필연적 토대가 되는 목적론적 정립으로부터 출발하기 때문이다. 이렇듯 왜곡된 식물들이 비록 어울리지 않는 관계의 결과로 왜곡된 형식을 가지긴 하지만, 그렇다고 철저히 무형식적인 것은 아닌 반면, 헤겔적 의미에서는 '무형식'이라는 의도된 인공적 산물이 있을 수 있다. 부분과 전체 혹은 외적인 것과 내적인 것이라는 반성규정들에 대한 헤겔의 아주 중요한 해명에도 불구하고 이와 유사한 결함이 확인될 수 있다. 그 직접적 근거는 그가 비록 노동에서는 목적론이 가장 일차적인 것이라고 올바르게

---

116) Ebd., § 156, Zusatz; 8., S. 302.
117) Ebd., § 133, Zusatz; 8., S. 265.

인식했지만, 동시에 이 목적론으로부터 보편적 원리(자연철학에서 역학과 화학의 '진리'로서의 목적론)를 만들어낸다는 데 있다. 이를 통해 사회적 존재의 존재론에서 목적론의 본질과 목적론의 고유한 의미, 즉 반성규정들로서의 '정립된' 목적론과 자발적으로 작용하는 인과성의 문제가 희미하게 되고 만다.

살펴본 것처럼 헤겔은 반성규정들을 논리학의 본질론에서 다루었다. 이 분석의 종결로 짧게나마 양상범주에 대한 그의 취급방식을 살펴볼 필요가 있다. 양상범주를 분석하는 곳에서는 몇몇 중요한 지점에서 나타나는 그의 참된 존재론적 경향들이 다른 곳에서보다 훨씬 더 강하게 파괴된다. 그는 무엇보다 양상범주의 본질을 단순한 인식의 범주로 파악하는 칸트의 이해를 거부하며, 결정적으로 그 범주들에 대한 존재론적 해석을 추구한다. 이러한 사실은 그가 현실성을 이 영역[양상범주―역자]의 중심으로 이해하고 있다는 사실에서 잘 드러난다. 왜냐하면 모든 참된 존재론에서 현실성은 필연성을 포함한 모든 양상 규정들을 포괄하는 총체성인 데 반해, [칸트의 양상논리에서는―역자] 필연성이 인식이론적으로뿐만 아니라 논리적으로도 양상적 통찰방식의 정점을 이루어야 한다는 사실이 분명하기 때문이다.

우리가 여기에서 의미하는 바는 당연히 현세적 혹은 세계 내적 존재론이지, 신학적 혹은 밀교적 존재론이 아니다. 왜냐하면 이런 밀교적 존재론에서는 무엇보다도 우주가 절대적 필연성에 의해 지배되는 것으로 다루어지기 때문이다. 거역할 수 없는 현실의 현상태(Geradesosein), 즉 현실에 대한 아마도 내적으로 가장 중요한 존재론적 규정은 이를 통해 단순한 현상방식으로 된다. 하지만 자연과학적인 세계관에 기초해 있는 저 이론들, 즉 우주를 절대적이고 완고한 필연성에 의해 지배되는 것으로 이해하는 그러한 이론들은 의도하지 않게 현실을 자연을 이해하는 방식으로 이해하는 그러한 유의 숙명적 이해에 도달하게 된다. 그런데 이때 이러한 이해는 자신의 현실의 내재적 특성을 상실하며, (신 없이) 인식된 혹은 인식되지 않은 예정에 종속되는 것으로 드러난다. 이 마지막 말은 오늘날 특히나 역사적 성격을 갖는다. 왜냐하면 발전된 자연과학적 직관에서는 이런 사실이 오래전에 극복되었기 때문이다. 저러한 이해는 때때로 피상적인 사유유희로, 예를 들면 니체의 '동일자의 회귀'로 나타난다. 그러한 이해방식은 헤겔 시대에 오늘날보다 더 많이 퍼져 있었으며, 더 영향력이 있었다.

헤겔의 양상논리에는 그러한 부류의 생각을 극복하고 현실성에 중심적 지위를 부여하고자 하는 강력한 경향이 있다. 그가 필연성에 대한 복잡한 통찰을 "그것은 있기 때문에, 그렇게 있다.(es ist so, weil es ist.)"[118]라는 명제로 끝마칠 때, 이 명제는 필연성이 현실성에 기초해 있는 것이지, 그 반대가 아니라는 것을 함축한다. 다른 한편, 맹목성의 지양은 목적의 현시와 연결되는데, 이를 통해 우리가 이미 다른 연관에서 목적론을 다루는 데 나타나는 비일관성과 관련하여 수행했던 근거들로부터 이후에 유명하게 된 생산적인 문제, 즉 '맹목적' 필연성의 문제가 목적론적인 것으로, 물론 신학적인 것으로 바뀐다. 여기에서 헤겔은 정당하게도 노동에 대한 자신의 탁월한 해석에 의존하지만, 이러한 연관을 무비판적으로 일반화함으로써 섭리를 정립하는 데까지 나아간다. 필연성의 통찰을 통해 '맹목성'을 지양함으로써, 맹목성의 합리적인 구체적 의미는 상실되며, 과거의 목적론으로 떨어지고 만다. 왜냐하면 이러한 일반화는 사회적 존재를 넘어가고, 인식된 필연성의 사회존재론적 의미를 넘어가기 때문이다. 필연성을 현실성에

---

118) Ebd., § 149, Zusatz; 8., S. 294.

종속시키는 참된 존재론적 과정은 일관성 있게 진행되지 않는다.

　무엇보다 여기에는 심오한 불안정성이 반영되어 있다. 이 불안정성의 근원은 헤겔의 이중적 존재론에 있다. 헤겔은 한편으로 현실을 모순 충만한 복합체 속에서—역동적 복합체들의 복합적이고 역동적인 관계로서—파악하고자 하는 선구자들 중 한 사람이다. 다른 한편 이전의 많은 철학자들에게 다양한 형식으로 나타났던 합리(Ratio)의 과부하가 그의 사유에서도 강력하게 나타나고 있다. 가장 기초적인 삶의 경험을 통해 사람들은 인간 현존의 과정이 객관적 현실에서 합리적으로 파악될 수 있다는 것을 배웠다. 즉 사람들은 오성과 이성의 도야가 현실을 지배하는 데 중요할 수 있다는 것을 배웠다. 왜냐하면 오성과 이성이라는 이 도구들은 사실과 그 사실의 과정에 내재한 본질적이고 보편적인 것을 사상적으로 충실하게 재생산할 수 있기 때문이다. 본질적인 것, 보편적인 것, 그리고 법칙적인 것들은 직접 소여되어 있어서 단순히 재생산될 수 있는 것이 아니라, 고된 자립적 노동을 통해 쟁취되어야 한다는 바로 그 이유 때문에 오성과 이성의 자기활동성은 당연히 환상이 아니다. 현실의 합리성이 사상적으로 더욱더 가공될수록 현실의 총체성을 통일적-합리적 체계로 파악하고자 하는 환상이 더 강력하게 나타난다. 그러한 생각은 많은 신학적-목적론적 체계를 떠받치고 있으며, 세속화된 형식에서도 나타난다. 자연, 사회, 그리고 인간과 관련 있는 사실들에 대한 구체적인 성숙한 인식은 이러한 견해를 점점 더 왕성하게 반박하고 있다. 그리고 그런 인식은, 우리가 헤겔에게서 본 것처럼, 모든 것을 지배하고 통일적 합리성을 드러내는 보편적 필연성에 대해 긍정하면서 동시에 부정하는 그런 분열된 형식 내에서, 그리고 지양할 수 없는 궁극적 현실의 현상태(Geradesosein)를 인정하는 데서 나타난다. 이러한 경향, 특히 필연성과 우연성을 상호 귀속적 반성규정들로 파악하는 것은 아주 생산적이다. 비록 헤겔이 이 문제에 있어서 자신만의 중요한 통찰을 일관성 있게 끌고 가지는 못했다 하더라도 말이다. 당연히 우리는 그가 필연성을 '가능성과 현실성의 통일'로 규정할 때, 이 복합체에서도 논리주의적 동어반복을 발견한다. 올바른 비판적 의미를 통해 그러한 문제에서 산출되는 그의 불안정성에 있어서 그가 이 규정을 올바른 것으로 간주하지만, 동시에 이 규정이 "피상적이고, 따라서 이해되지 않는다."[119]고 덧붙인다는 것은 특징적이다.

필연성과 우연성의 반성연관에 더 접근하고자 하는 그의 시도들은 더 중요하다. 즉 헤겔은 더 나아가 우연적인 것을 "있을 수도 있고, 또한 있지 않을 수도 있는 그런 것, 그렇게 있을 수도 있고 다르게 있을 수도 있는 그런 것, 그리고 그것의 존재 혹은 비존재, 그리고 그것의 그렇게 있음 혹은 다르게 있음 등이 자신 안에 근거 지어져 있는 것이 아니라 타자 속에 근거 지어지는 그런 것"[120]으로 고찰한다. 이와 더불어 의문의 여지없이 우연성의 측면이 올바르게 파악되지만, 여기에서도 역시 올바른 의도가 완전하게 전개되지는 않는다. 왜냐하면 최종 근거 지음은 확실히 타자와의 이런 관계 속에 놓여 있기 때문이다. 즉 개별적인 인과적 과정이 비록, 그 자체만을 고립해서 고찰해볼 때, 엄격하게 인과적으로 규정되지만, 최종 근거 지음은 현실적으로 복합체 속에서만 드러난다. 바로 이 복합체에서만 관련 사건의 연관이 우연으로 규정된다. 어떤 사람에게 벽돌이 지붕에서 우연히 머리 위로 떨어진 사건을 예로 들어보자. 돌의 운동은 확실히 엄격하게 인과적으로 규정된다. 그 관련된 사람이 바로 이 시간에 바로 이 장소

---

119) Ebd., § 147; 8., S. 288.
120) Ebd., § 145, Zusatz; 8., S. 285.

에 지나쳐 간다는 사실도, 그것이 일상적인 출근길이었기 때문에, 역시 인과적으로 규정될 수 있다. 우연성은, 따라서 구체적 복합체의 테두리 내에서만, 즉 복잡한 과정을 가진 이질적 계기들의 상호연관성 속에서만 발생한다. 다른 한편 우연적인 것은 바로 그 내적 규정과정으로부터 발생한다고 말할 수 있다. 왜냐하면 모든 종은 유에 대해, 모든 개별자는 종에 대해 우연의 요소들을 간직하고 있기 때문이다. 헤겔은 자연이 이렇듯 이질적인 것으로 풍부하다는 것을 분명히 보고 있다. 그럼에도 불구하고 그는 자연에서 수행되는 발전을 부정하기 때문에, 나중에 다윈주의의 범주적 토대가 되는 우연과 필연의 변증법으로 나아가지는 않는다. 사회적 존재와 연관해서 그의 통찰은 훨씬 더 분명하다. 그는 우연성이 언어, 법, 그리고 예술 등에서 수행하는 '결정적 역할'을 인식하고 있다. 그런데 그는 앞서 말했듯이, 합리(ratio)를 과도하게 강조함으로써 우연의 지양을 순수하게 인식이론적으로 인간적 실천의 관점에서만 일방적으로 고찰하며, 따라서 우연을 야기하는 연관들의 통찰에서, 실천적 삶의 과정(운명성)에서 그것의 결과를 극복하고 그것의 지양을 바라본다. 이에 반해 존재론적으로는 우연에 대한 인식 내지는 우연의 실질적 지배가 문제가 된다. 물론 헤겔의 바로 그 올바른 규정들은 현실을 자연으로, 그리고 동시에 사회로 구성하고 있는 그런 복합체에서 우연이 필연성과 지양될 수 없는 반성관계에 놓여 있다는 사실, 그리고 우연이 필연성과 지양할 수 없이 서로 얽혀 있는데, 그러한 사실이 모든 현실의 현상태(Geradesosein) 안에서 관철된다는 사실을 보여준다. 따라서 여기에서도 역시 헤겔에게서 두 개의 존재론이 해소할 수 없는 얽힘 속에 놓여 있다. 즉 한편으로 필연성의 과도한 강조와, 다른 한편 현실에 대한 올바른 통찰이 서로 얽혀 있다. 그리고 이 두 존재론은 이질적인, 하지만 반성규정들을 통해 해체할 수 없이 연결되어 있는 범주들을 자신만의 방식으로 종합하고 있다.

그런 한에서 반성규정의 방법을 양상범주에 적용시키고자 한 헤겔의 시도들은 생산적이었다. 이때 헤겔은 언제나 양상의 쌍들을 고찰했으며, 그와 더불어 논리주의로 인해 방해받지 않는 곳에서 참다운 문제제기와 해결책에 근접해갔다. 무엇보다 가능성의 문제를 현실과의 반성적 통일체 속에서 고찰하고자 한 그의 시도는 아주 생산적이다. 우리는 한 장소에서 가능성과 현실성의 관계에 대한 '웅장한' 해결책을 제시한 하르트만의 불행한 실험을 비판했다. 그 이유는 무엇보다 실제로 있지도 않고 없지도 않은 그림자와 같은 현존을 버리기 위해 가능성은 남김없이 현실로 되어야만 한다고 했기 때문이다. 헤겔에게서 반성규정들의 변증법은 이러한 관계를 완전히 다르게, 현실에 아주 가깝게 파악할 수 있다. 즉 헤겔에게서 가능성은 언제나 실제로 존재하는 어떤 것이다. 가능성은 타자와의 관계로서만, 스스로를 변화시키는 현실과의 관계로서만 가능성으로 남는다. "하나의 사태에 가능성을 형성하는 이러한 현실은 따라서 **자기 자신의 고유한 가능성**이 아니라, **다른** 현실의 즉자존재이다. 이 현실은 지양되어야만 하는 현실이며, 가능성은 가능성**만**으로 존재한다."[121] 아름답고 심오한 이러한 사유과정은 존재론에 아주 풍부한 결론을 가져올 수 있다. 헤겔은 이것을 여러 번 예감했으며, 때때로 아주 명확하게 말하기도 했다. 이렇듯 그는 완전히 다른 연관들 속에서, 물론 반성규정들의 맥락에서 속성(Eigenschaft)을 다음과 같이 특징짓는다. "하나의 사물은 이것 혹은 저것이 타자 속에서 작용하도록 하는, 고유한 방식으로 타자와의 관계 속에서 자신을 드러내는 그런 속성을 갖는다. 그 사물은 이러한 속성을 다른 사물의

---

121) Ebd., § 146, Zusatz; 8., S. 287., und *Logik*, IV., S. 202; 6., S. 209.

상응하는 성질이라는 조건 아래에서만 드러낸다. 하지만 이러한 속성은 그 사물에 동시에 **고유하며** 자기 자신과 동등한 그 사물의 토대이다. 따라서 이러한 반성된 성질은 속성이라 불린다."[122] 따라서 여기서 속성은 가능성으로서 현상한다. 그러나 그 속성은 다른 존재자와 관련을 맺고 있음으로써 그 속성이 곧 가능성인 그러한 사물의 가능성으로서만이 아니라 다른 사물의 혹은 다른 과정의 가능성으로도 현상한다.

우리는 이와 더불어 가능성을 현실성 내부에서 이해하기 위한 도정이 활짝 열렸다고 생각한다. (가능성에 대한 이러한 존재론적 형식은 다음과 같은 견해들과 정확하게 구분될 수 있다. 즉 현실을 양[量]으로 동종화하여 반영하는 아주 특수한 형식들이, 서로 모순이 되지 않을 경우, 사유의 가능성으로서 현실을 밝게 드러내는 데 기여할 수 있다고 하는 견해들, 예컨대 수학과 기하학이 그렇다.) 속성의 이러한 가능성으로서의 특성과 더불어―이것은 실제 대상들의 존재형식과 과정형식 간의 유동적인 경계의 예이다.―상이한 존재수준은 범주적으로 구체화될 수도 있다. 물론 헤겔이 그러한 시도를 하지는 않았다. 삶의 과정에 대한 존재론적 분석은 (재미있게도 하르트만은 가능성에 대한 근본적으로 잘못된 이해에도 불구하고 이에 대해서는 대체로 올바르게 인식했는데) 생명체 내부의 내적 구조와 과정에서 특정한 불안정성이 없이는 새로운 적응이나 새로운 발전 등이 불가능하다는 것을 보여준다. 근본적으로 변화된 관계에 대한 적응, 그리고 이에 의존하는, 개별자와 종의 보존이나 보다 높은 전개 등은―과학이 그것을 어느 정도나 정확하게 밝혀냈는지 하는 것과는 상관없이―생명체 내에서 그러한 변화를 위한 가능성으로서, 다른 것으로 되기 위한 가능성으로서 형태화할 수 있는 속성을 전제한다.

122) Ebd., IV., S. 125; 6., S. 134.

삶의 조건의 근본적 변화에서 자기보존은 경우에 따라 이러한 의미에서 존재론적으로도 파악될 수 있다. 속성의 이러한 가능성으로서의 기능은 사회적 존재에서 전혀 새로운 질들이 출현하게 할 만큼 외적-내적으로 상승해간다는 사실은 상세한 증명을 필요로 하지 않는다.

이렇게 파악된 반성규정들이 헤겔 변증법의 중심에 서 있다는 것은 의심의 여지가 없어 보인다. 단지 문제가 되는 것은 이러한 중심이 어느 정도나 효력을 가지는가에 있다. 헤겔 자신은 그 타당성의 영역을 그의 『논리학』의 가운데 영역, 즉 본질논리학에 국한시켰다. 이 문제의 원리를 요약하고 있는 그의 『소논리학』의 한 문단에서 그는 논리학에서의 위계적 진전과 반성규정들의 타당성의 영역을 다음과 같이 스케치한다. "**존재**의 영역에서 변증법적 과정은 타자로의 이행함이고, **본질**의 영역에서의 변증법적 영역은 타자로의 비춤이다. 그에 반해, **개념**의 운동은 즉자적으로 현존하는 것만을 정립하는 **전개**이다."[123] 그의 위계적 논리학의 관점에서 나온 헤겔의 이러한 분류가 어느 정도나 유지될 수 있는지에 대해서는 논의하고자 하지 않는다. 다만 우리는 이러한 분류가 우리가 지금까지 이끌어내고자 했던 헤겔의 참된, 그리고 생산력 있는 존재론과는 결정적으로 모순된다는 것을 지적하고자 한다. 무슨 말인가 하면, 헤겔에 의해 결정적인 것으로 공식화된 존재논리와 본질논리의 차이, 즉 '타자로의 비춤'과는 다른 '타자로의 이행'이라고 하는 것이 존재론적으로 유지될 수 없다는 것이다.

이러한 유지 불가능성은 특히 헤겔이 존재논리의 개별범주들을 변증법적으로 탐구할 때, 무의식적으로 반성규정들의 방법과 구조를 예견하도록 강요한다는 사실에서 드러난다. 그는 '어떤 것(Etwas)'에 대해 다음과 같이

---

123) *Enzyklopädie*, §161, Zusatz; 8., S. 308 f.

말한다. "'어떤 것'은 … 자신의 타자존재와의 **관계 속에** 존립한다. '어떤 것'은 순수하게 자신의 타자존재가 아니다. 타자존재는 동시에 '어떤 것' 안에 함유되어 있으며, 동시에 그 '어떤 것'과 **분리되어** 있다. 그것은 **타자를 위한 존재**(Sein-für-Anderes)이다." 계속된 서술에서 헤겔은 '어떤 것'과 타자, 그리고 타자를 위한 존재와 즉자존재라는 두 대립 쌍을 고착시킨다. 그는 정당하게도 '어떤 것'과 타자가 서로 분리되어 있다고 말하지만, 그럼에도 불구하고 이 관계를 참된 변증법으로 다음과 같이 구체화한다. "그러나 그것들의 진리는 그것들의 관계이다. 따라서 타자를 위한 존재와 즉자존재는 동일한 하나의 **계기들**로서 다음과 같은 규정들로 정립된다. 즉 이 규정들은 관계들이며, 그 관계들의 통일 속에, 현존재의 통일 속에 머문다. 각자는 이와 더불어 자기와는 다른 자신의 계기를 포함한다." 이제 헤겔은 어떤 것에 대한 이러한 규정을, 모두가 볼 수 있듯이, 반성규정의 단계에서, 그리고 반성규정들의 범주적 형식 속에서 다음과 같이 이끌어간다. "**즉자존재**와 타자를 위한 존재는 우선적으로 서로 다르다. 하지만 '어떤 것'은 즉자적으로 존재하는 바와 동일한 것을 **타자를 위한 존재에서도** 가지며, 반대로 타자를 위한 존재로 있는 바와 동일한 것을 **즉자적으로도** 갖는다. 이것은 즉자존재와 타자를 위한 존재의 동일성이다. 이것은 '어떤 것'이 이 계기의 통일이며, 따라서 자신 안에서 분리되지 않는다는 규정에 따른 것이다."[124] 나는 의심의 여지없이 '어떤 '것에 대한 이런 올바른 변증법적 분석이, 텍스트에서 단 하나의 말도 변형시키지 않고서, 본질논리학에도 성립할 수 있다고 생각한다. 그리고 이러한 사유과정의 결론 부분에서 헤겔은 내면성과 외면성에 대한 자신의 서술을 유비로 이끌어 들이는데, 이것

---

124) *Logik*, III., S. 118 ff.; 5., S. 127 ff.

은 반성규정의 토대 위에서 하나의 관계를 설명하는 전형적인 경우에 해당한다. 여기서도 역시 우리는 반성의 성격이 구체적 탐구의 모든 결정적 단계에서 관철된다는 것을 보이기 위해 전체 존재논리를 섭렵할 수는 없다. 우리는 여기서 다만 대자존재를 다루는 절을 언급하고자 한다. 이 절에서 헤겔은 대자존재가 자기 자신과 맺는 관계와 그것이 자기 자신을 위해 존재하는 다른 대상들과 맺는 관계를 인력과 척력으로 분석한다. 그는 상호 간의 관계, 두 계기들의 연합을 다음과 같이 확고히 한다. 즉 그는 양자의 관계에서 인력은 척력 속에서 효력을 발휘하며, 이를 통해 대자존재는 배제하는 것이라고 하는 이원성이 지양된다. "척력은 다(多)를 정립하는 것으로서, 인력은 일자를 정립하는 것으로서 인력 역시 척력을 통해서만 **매개되는** 인력이고, 마찬가지로 척력 역시 인력에 의해서만 매개되는 척력이라는 것이 드러난다."[125] 우리는 존재론적으로 봐서 이러한 관계 역시 본질논리학에서 반성규정들로 서술된 경우와 본질적으로 구별되지 않는다고 생각한다.

반성관계는 존재론의 가장 유명하고 가장 영향력 있는 부분인 질(質)과 양(量)의 관계에서 훨씬 더 단순하고 분명하게 드러난다. 헤겔은 질을 논리적 위계에 먼저 도입하며, 양 역시 논리적으로 인출한 이후에야 비로소 한도(限度, Mass)와 한도관계에 대한 장에서 질과 양의 구체적 변증법을 말하는데, 이러한 사실은 우리가 첫 부분에서 상세하게 묘사한 헤겔 논리학의 구축원리들에 완전히 상응한다. 따라서 질과 양이 서로 다른 종류의 것이며, 특정한 단계에서 상호관계에로 서로 빠져들어 가는 그런 대상들의 서로 다른 독립적 존재형식들이거나 한 것 같은 가상이 생겨날 수 있다. 이

---

125) Ebd., III., S. 118 f.; 5., S. 196 f.

때 우리는 상호관계를 하나가 다른 것에 포섭되는 것으로 표현하는 경향이 있다. 그런데 이러한 가상은 우리가 제1절에서 비판했던 헤겔의 서술방식에서 발생한다. 즉 그런 가상은 상호관계의 존재론적 성격에 대한, 그런 서술방식과 연관되어 있는 표상들로부터 발생하며, 이런 표상은 또한 동일적 주-객이라는 관념론적 형이상학으로부터 발생한다. 사실 한도관계는 존재론적으로 볼 때 추상을 통해 획득된 양과 질의 분리된 존재양식보다 더 근원적이다. 헤겔 스스로 한도에 대해 다음과 같이 말한다. "하지만 모든 실존하는 것은 현재하는 그대로 존재하기 위해, 그리고 도대체가 현존을 가지기 위해 하나의 크기를 가져야 한다."[126] 여기서 임의의 모든 대상들의 양적 규정은 필연적으로 이 대상들의 질적 존재양식과의 동시적 관계에 있다고 단적으로 언표되어 있다. 헤겔은 양과 질의 이러한 존재양식을 모든 대상에서 단지 추상적으로만 분리할 수 있는 것으로, 하지만 실제로는 분리될 수 없는 것으로 아주 분명하게 말한다. 그는 다음과 같이 말한다. "이러한 질들은 한도규정에 따라 상호 간의 관계 속에 놓여 있으며, 이 한도규정이 그 질들의 대표자이다. 이러한 질들은, 하지만 즉자적으로 한도라는 대자존재 속에서 서로 관련을 맺고 있으며, 양은 자신의 이중존재 속에서 외적인 것으로, 그리고 특수한 것으로 존재한다. 따라서 모든 상이한 양들 각자는 이러한 이중적 규정을 자신 안에 가지며, 동시에 단적으로 다른 양과 교차되어 있다. 바로 여기에서만 질들은 규정된다. 따라서 질들은 서로를 위해 존재하는 현존재 일반일 뿐만 아니라, 분리될 수 없는 것으로 정립된다. 그리고 이 질들과 연결되어 있는 크기(Größe)규정은 양적인 통일, 즉 그 질들이 그 개념에 따라 즉자적으로 연관되어 있는 **하나의**

---

126) Ebd., III., S. 390; 5., S. 396.

한도규정이다. 이렇듯 한도는 **두** 질 사이의 **내재적인** 양적 관계이다. "[127]

질과 양의 실제적 관계에 대한 헤겔의 이러한, 그리고 이와 유사한 설명을 읽어볼 경우, 이러한 관계가 형식-내용, 내적인 것-외적인 것과 같은 전형적인 반성규정들과 어디에서 차이가 나는지 분간하기 쉽지 않다. 이전에는 질과 양을 서로 독립적으로 탐구하는 것이 가능했었는데, 이러한 사실이 우리의 이해에 반하는 어떠한 증거도 되지 못한다. 본질과 가상과 같은 전형적인 반성규정들은 철학에서조차 오랫동안 자립적인 대립태로 탐구되었다. 이 사실은 당연히 양과 질 같은 아주 기초적이고 눈에 띄는 대상들의 경우에도 해당한다. 유일한 차이점은 헤겔이 앞의 경우에서는 분리된 표상들을 오성의 인식수준에 할당한 데 반해, 여기서는 그가—체계의 논리적 위계에 근거하여—오성에서 이성으로의 이행의 문제를, 즉 외견상 자립적으로 보이는 계기들의 분리 불가능한 변증법적 공속성으로의 이행의 문제를 제기하지 않는다는 사실이다. 하지만 이러한 사실은 우리의 문제와 아무런 상관이 없다. 양과 질은 그 존재론적 본질에 따르면 전형적인 반성규정들이다. 바로 여기에서 원시적 발전단계들의 사태는 이런 존재론적 주장을 지지할 수 있다. 우리는 이미 인종학을 통해 대상들을 수로 세거나 양적으로 이해하는 일이 사회적으로 발생하기 훨씬 이전에 사람들은 질적 지각에 근거하여 우리가 오늘날 양적으로 파악하곤 하는 사태복합체들을 순수하게 질적으로 지배했음을 알고 있다. 예를 들어 목동은 가축들을 센 것이 아니라, 그의 모든 동물들을 개별적으로 알고 있었고, 하나를 잃어버릴 경우 셀 필요가 없이 즉각적으로 확인할 수 있었다. 파블로프의 실험은 개들이 30번, 60번, 120번 등의 메트로놈의 소리에 상이한 질들

---

127) Ebd., III., S. 397; 5., S. 402 f.

로 반응할 수 있으며, 수를 셀 필요가 전혀 없었다는 사실을 보여준다. 이러한 관점에서 반성규정들의 오성적 분리의 수준은 이성을 통한 이 규정들의 변증법적 통합 이전의 단계일 뿐 아니라 순수하게 통일된 근원적 지각에 비해 문명적 진보임이 드러난다.

　이제 『논리학』의 세 번째 부분, 즉 개념논리학으로 넘어가보자. 우리는 출발에 앞서 이 영역에 대한 헤겔의 일반적 규정들에 반하는 원리적 반론을 제기할 필요가 있다. 우리는 논리학의 세 단계에 대해 헤겔이 규정한 일반적 특징을 인용했었다. 그 인용문에 곧이어서 헤겔은 세 번째 단계에 대해 다음과 같이 말한다. "개념의 운동은 동시에 유희로서 고찰되어야 한다. 개념의 운동을 통해 정립된 타자는 사실상 타자가 아니다."[128] 이 문장 역시 동일적 주-객이라는 존재론적 이론의 논리적 결과이다. 논리학의 개념론은 실체의 주체로의 변형에 있어서 최고의 단계를 지시한다. 따라서 계기들이 전체와 맺는 관계가 점점 더 동일성에 근접하게 되고, 계기들이 자신의 독립성과 자신의 낯설음을 서로 탈각하지 않으면 안 되는데, 이러한 사실은 논리적으로 필연적인 것으로 보인다. 그런데 우리는 존재논리학과 관련해서 헤겔이 독립성의 요소들을 부당하게 과장했다는 것, 하지만 자신의 참된 존재론적 감각으로 인해 구체적 해명과정에서 논리적으로 고안된 이런 전제들을 은연중에 버리고 있으며, 이로써 현실에 보다 적합한 반성규정들을 선취할 수 있었다는 사실을 보여주었었다. 이와 마찬가지로 여기에서도 역시 계기들과 그 과정적 관계들의 동질적 연관도 비판적으로 약화되어야 한다. 이를 위해 동일한 문단에서 헤겔이 끌어들인 예

---

128) *Enzyklopädie*, § 161, Zusatz; 8., S. 309.

는 아주 좋은 증거로 작용한다. 그 예에서 헤겔은 발전을 규정들의 이러한 새로운 조화를 타당하게 만드는 관계로서 또는 그러한 과정으로서 부각한다. 비록 헤겔이 생명체와 관련하여 역학적 표상, 즉 식물의 배아는 이미 이후에 발전된 형태를 실제로 가지고 있다는 그런 역학적 표상을 거부하기는 하지만, 그는 거기에서 아주 중요한 핵심을 발견한다. "즉 개념은 자신의 과정 속에서 자기 자신에 머물러 있으며, 이러한 과정을 통해 내용에 어떤 새로운 것이 정립되는 것이 아니라, 단지 형식의 변화만이 발생한다는 사실."[129] 이러한 사실은 헤겔의 구체적 이해에서 보자면 현실에 상응하지 않는 것이 아니라 동일적 주-객의 존재론에 상응하지 않는다. 왜냐하면 발전은 부단히 질적으로 새로운 문제들을 제기하며, 낮은 단계에서는 알려지지 않았던 새로운 대립과 모순들을 현실 내로 도입하기 때문이다. 이때 이 현실은 단순한 형식변화로 이해될 수 없다. 헤겔은 비록 생명체에 있어서의 진화론을 거부하지만, 사회적 존재의 영역은 그의 구상에 따르면 삶의 범주가 그러하듯 논리학의 최고의 단계의 구성요소이며, 심지어 삶보다 더 높은 단계에 위치한다. 이 단계는 현실적으로 분명히 새로운 것이며, 삶이 비유기적 존재의 수준을 넘어선 것같이 이 단계는 삶의 수준을 넘어서게 하는 대립과 모순이 형성되었음을 보여준다. 이전의 논리학의 특성들은 논리학 개념론에서 가장 중요한 대상화의 경우에 더 이상 유지될 수 없다.

이러한 사실은, 우리가 앞으로 보게 되겠지만, 헤겔 자신의 서술에 드러난다. 헤겔은 이러한 새로움을 논리학 개념론의 구조에서 증명하고자 한다. 그런데 그는 같은 책에서 삶의 과정을 전체 자연의 맥락에서 서술한

---

129) Ebd.

다. 만약 우리가 전자의 고찰을 후자의 고찰과 대립해서 볼 경우 그가 이러한 복합체와 연관들을 변증법적으로 파악할 때 형이상학적으로 협소해진 자신의 프로그램을 훨씬 더 넘어서 가며, 따라서 이미 이 프로그램에 대한 반론과 참된 변증법적 과정들로의 회귀가 눈에 두드러지게 드러난다. 삶의 과정을 이러한 총체성 속에서 드러내고자 하는 이러한 범주적 서술은 다음과 같이 언표된다. "생명체는 비유기적 자연에 마주해 있다. 생명체는 그런 비유기적 자연에 힘으로서 관계하며, 비유기적 자연에 동화된다. 이러한 과정의 결과는 화학적 과정에서처럼 중립적 산물이 아니다. 그런 과정에서 서로 마주해 있는 두 자립성은 지양되는 것이 아니다. 반대로 생명체는 그 속에서 타자의 힘을 극복할 수 없는, 자신의 타자를 넘어서는 포괄적인 것으로 나타난다. 생명체에 의해 지배되는 비유기적 자연은 이런 사실을 겪는데, 그 이유는 **즉자적인** 비유기적 자연은 **대자적인** 삶이기 때문이다. 생명체는 이렇듯 타자 속에서 자기 자신과 동행한다. 만약에 영혼이 육체에서 벗어날 경우, 객관성의 근본적 힘이 작동하기 시작한다. 이 힘은 소위 지속적으로 자신의 과정을 유기적 자연 속에서 시작하게 하는 도약 위에 존재하며, 삶은 이런 힘에 대항한 꾸준한 투쟁이다."[130] 우리는 이로부터 세 가지 계기를 부각할 수 있다. 무엇보다도 첫째, 헤겔은 여기서 그 구성요소가 동일적이면서 동시에 모순적인 그런 상호과정을 서술하고 있다는 것이다. 자연의 즉자존재와 삶의 대자존재 사이의 동일성과 동시에 모순성과 더불어서 전체 관계는 전형적인 반성규정으로 현상한다. 둘째, 이러한 상호관계에서 모순적인 새로움은 유기체가 유기체로 구성되는 그 시초에서뿐만 아니라 유기체가 소멸하여 비유기적 자연의 일상적 운행

---

130) Ebd., § 219, Zusatz; 8., S. 375 f.

아래로 떨어져버리는 그런 결과에서도 삶에 필요한 것으로 등장한다. 이렇게 이중적으로 생겨난 새로움의 이런 심오한 모순은 앞에 인용했던 발전에 대한 조화로운 이해와 일치할 수 없다. 이런 모순이 본질논리학에 나타나는 전형적인 관계들과 구별되는 한, 이 모순은 논리학 본질론의 변증법적 계기들을 훨씬 더 첨예화시킨다. 셋째, 헤겔은 여기서 우리가 앞에서 도입했던 일반적 상호작용 이론과 달리 그 속에서 하나의 포괄적 계기를 발견하고 있으며, 따라서 자신의 서술을 올바르게 이해된 반성규정들에 훨씬 더 접근시키고 있다는 사실이 주목된다.

논리학 개념론에 나타나는 범주, 특히나 보편성(Allgemeinheit), 특수성(Besonderheit), 개체성(Einzelheit)은 아주 특수한 새로운 범주로 등장한다. 이 범주들의 철학적 내용은 헤겔의 전체상을 이해하는 데 아주 풍부한 결과들을 가지고 있다. 하지만 그 내용은 동시에 논리화를 통해 다양하게 은폐된 채 나타난다. 왜냐하면 이 범주들의 결정적 적용이 개념, 판단, 추리론에 각인되어 있기 때문이다. 그럼에도 불구하고 헤겔이 이 범주들을 본질적으로 반성규정들로 사용한다는 것은 쉽게 찾아볼 수 있다. 이러한 사실들은 이미 그가 이 범주들을 논리학 개념론에 속한 것으로 서술함에도 불구하고, 이 범주들의 최초의 변증법적 관계를 본질론 끝부분에서 다루고 있으며, 그것도 말 그대로 반성규정들로 다루고 있다는 데에서 드러난다. "하지만 직접적으로 **보편자**는 **규정성**을 **지양된 것**으로 자기 안에 함유하고 있으며, 따라서 부정태로서의 부정태라고 하는 사실을 통해서만 자기 자신과 동일하기 때문에, 보편자는 **개체성**인 바의 그런 부정성이다. 그리고 개체성은 특정한 규정태이고, 부정태로서의 부정태이기 때문에, **보편성**인 바의 바로 **그러한 동일성**이다. 그것들의 이러한 **단순한** 동일성은 개체로부터 규정성의 계기를, 보편자로부터 **자기반성**의 계기를 직접적 통일 속에서 보유하고 있는 그런 **특수성**이다. 이 세 가지 총체성들은 따라서 동일한 반성이다."[131] 바로 이 정신에서 이 범주들은 개념론에서 탐구되고 있다. 개체성은 "이미 특수성을 통해 정립된 것"으로 현상하며, 특수성은 "특정한 보편성"에 다름 아니다. **"보편성과 특수성**은 … 개체성의 생성의 계기로서 현상한다." **"특수자**는 특정한 보편자라는 바로 그 이유 때문에 역시 **개체**이며, 반대로 개체는 특정한 보편자이기 때문에 특수자이다."[132] 그러나 만약 이러한 관계에서 단순히 상호이행만이 고찰된다면, 그것은 헤겔의 의도에 대한 일방적 오인일 것이다. 이러한 범주를 사회적 존재에 적용하는 곳에서 헤겔은 반복적으로, 그리고 많은 중요한 자리에서, 이 모든 범주가 특수한 방식으로 사회에서의 특정한 구조와 구조변동을 존재론적으로 특징지을 수 있다는 사실을 지시해준다. 우리는 다른 연관에서 특수성의 그러한 역할을 고대와 근대 사이의 명료한 대립으로 지시했었다. 그러한 예들을 헤겔에게서 아주 많이 찾을 수 있다.

헤겔의 체계가 개념에서 이념으로 나아갈수록, 여기에서 현상한 복합체들과 그것들의 모순들의 구조적 토대가 언제나 반성규정들에 놓여 있다는 사실이 더 분명하게 된다. 우리는 이러한 사실을 생명체가 그 환경과 맺는 관계에서 볼 수 있었다. 그런데 그러한 관계들은 동일적 주-객의 존재론이 제거되고 헤겔의 천재적인 존재론적 직관이 그 참된 내적 역동성 속에서 작용하도록 할 때에만 발생하고 또한 합리적으로 파악될 수 있다. 이미 다른 인과성과 목적론의 관계도 그렇다. 헤겔의 언어로 말하자면, 목적론은 기계론과 화학의 '진리'인데, 그렇다면 우리는 옛 형이상학으로 떨어지고

---

131) *Logik*, IV., S. 234 f.; 6., S. 240.
132) Ebd., V., S. 58 ff.; 6., S. 296 ff.

말 것이다. 이에 반해 그의 노동 목적론이 사회적 존재의 테두리 안에서 관계로서 파악된다면, 마르크스가 사회가 자연과 맺는 신진대사라고 불렀던 것의 존재론적 토대를 형성하는 반성규정들의 그런 참된 관계가 발생한다. 인과성과 목적론이 오성에는 그렇게 자립적이고 상이하고 심지어 대립적인 것으로 드러날 수 있다. 그렇지만 그것들의 반성관계는 노동 속에서 매번 분리될 수 없는 과정을 만들어내는데, 이 과정 속에서 즉흥적(자발적) 인과성과 정립된 목적론이 이러한 방식으로 변증법적으로 통일되어 있다. 우리가 제2부에서 볼 것처럼, 노동은 사회적 실천의 원형으로 제시되기 때문에, 노동목적론에 대한 헤겔의 그러한 이해에서 사회적 존재론을 위한 근본적 규정이 발견된다. 여기에서 이 분석을 계속할 필요는 없다. 왜냐하면 상술된 헤겔의 사회철학은 그의 존재론의 원래 의도를 왜곡된 채 간직하고 있으며, 그 외에도 당시의 역사적 편견 때문에 참된 사실들이 매우 왜곡되어 있어서, 근본적으로 재해석할 때만 생산적인 것을 밝혀낼 수 있기 때문이다. 이러한 통찰들은 반성규정들이 변증법적 존재론에, 특히 사회적 존재의 존재론에 보편적 효용성과 방법론적 생산성을 가지고 있다고 제시했다는 것에 만족해야 한다.

반성규정들의 통일적 존재양식에 대한 우리의 이해는 헤겔이 행한 세밀한 구분(차이화)을 단순화하는 것 같다. 실제로 이러한 논리주의적 도식들을 떨쳐내야만 비로소 참된 차이화의 도정이 열린다. 헤겔에 의해 천재적으로 규정된, 동일성에서 출발하여 차이와 상이성을 거쳐 대립과 모순으로 이어지는 변증법적 계열은 이러한 사실을 구체화할 수도 있었을 것이다. 그런데 헤겔은 이 일을 하지 않았다. 고전 마르크스주의자들만이 이 일을 했지만, 이후에 다시 망각에 빠지고 말았다. 그러한 차이화의 의미가 과대평가될 수 없다. 왜냐하면 변증법의 적대자들이 행하는 변증법의 평가절하는 대개—이들의 주장이 때때로 상대적으로는 정당성을 가지고 있는 데—변증법의 추종자들은 가장 발전된, 가장 첨예화된 모순의 형식들만을 다루며, 이행의 형식들에 대해서는 태만하다는 사실에 기대고 있기 때문이다. 더 나아가 우리가 제안한 반성규정들의 통일화로부터서야 비로소 상이한 존재단계를 위해 파악된 변증법의 상이한 현상방식들을 그 단계의 존재론적 특성에 상응하여 구별할 수 있는 가능성이 드러난다. 여기서도 역시 변증법의 위신은 다음의 사실을 통해 강등된다. 즉 최고의 존재단계에서만 현상하는 변증법적 관계들은 낮은 단계의 존재형식에 무비판적으로 적용되고 동시에 보다 적합한 변증법적 복합체들을 보다 단순한 복합체들에 사변적으로 환원하고자 하는 시도들이 반복적으로 발생한다는 것이다. 마침내 이러한 통찰은 인식이론을 존재론과 올바르게 구별시키고, 전자가 후자에 의존해 있음을 올바르게 규정할 수 있도록 사변적 논거를 제공한다. 즉 오성에서 이성으로의 인식 적합한 이행은 본질과 현상의 객관적 변증법의 결과로 서술되며, 변증법적으로 구조 지어진 복합체의 구성요소 등의 존재론적 우선성은 현실에 대해 가능한 한 적합하게 인식하기 위해 인식에 적합하도록 이렇게 변형된다.

주체와 객체는 사회적 존재의 단계에서만 현실화되는 반성규정들이다. 이러한 사실은 헤겔이 스스로 천재적으로 예감했지만 일관성 있게 수행하지 못했던 것과 연관성이 있다. 이러한 예감은 헤겔이 직접 언표한 그의 발전 존재론 속에 은폐되어 있는 진리의 핵심이다. 즉 그것은 모든 반성규정들의 생성을 보편(우주)사적인 연역 속에서 파악하고자 하는 시도이다. 이러한 사실을 보기 위해 그의 『정신현상학』에서의 서술을 그 선임자들과 비교해보면 된다. 데카르트와 스피노자에게서 이러한 반성규정은 직접적으로 소여된 것의 단계에서 (사유와 연장으로) 분리되었으며, 칸트에게서는 존재론적 객관세계가 인식이론적으로 주체화되며, 그리고 셸링이 자연을 무의식적인 것으로서 의식적 역사에 마주 세울 때 그는 무의식의 형식 속에서 의식을 자연에 투사함으로써 의식을 자연으로부터 현란하게 이끌어낼 수 있었다. 우리는 인식에 있어서 헤겔의 예감의 변화가 사회적 존재의 존재론에 결정적으로 중요하게 된다는 것을 볼 것이다.

마지막으로 반성규정들의 성격과 작용범위들을 해명하는 것은 자주 이용되는, 잘 알려진, 하지만 좀처럼 분석되지 않는 개념인 모순의 지양을 밝히는 것임을 간단하게 언급하고자 한다. 우리가 생각하듯이, 현실의 영역에서의 지양과 현실에 대한 인식의 영역에서의 지양은—물론 이 두 경우에 말하고자 하는 것은 존재론적 존재관계이지만—서로 구별되어야 한다. 즉 반성규정들이 하나의 존재복합체 내부에서 구체적 차원을 규정할 경우—내용과 형식을 생각해보자—그 반성규정의 지양은, 인식적합하게 말하자면, 오성의 단계로부터 이성의 단계로의, 그리고 현실적인 변증법적 연관에 대한 통찰로의 의식의 자기고양일 수 있다. 그러한 반성규정들의 존재론적 지양은 불가능하다. 왜냐하면 현실적으로 주어진 대상의 실제적 지양에서 형식과 내용의 관계는 새로운 대상 속에서 (혹은 그렇게 발생한 새로운 대상들 속에서) 상응하는 변형과 더불어 단순히 새롭게 되며, 언제나 다시 형식-내용관계가 발생할 것이기 때문이다. (당연히 새로운 형식-내용관계에 대한 구체적 연구는 중요한 학문적 질문이 된다.)

그런데 실제 대상의 복합체들(여기에는 과정들도 포함된다.)은 서로 반성규정들의 관계에 서 있다. 즉 그 관계는 상호 간에 실제로 저항하면서 서로 질서를 갖는 자연력으로부터 사회에서의 적대적 계급들에까지 이른다. 여기에서는 모순의 운동을 통해 규정된 언제나 상대적인 균형과 이 균형의 지양뿐만 아니라 하나의 복합체의 다른 복합체를 통한 총체적 혹은 부분적 지양 역시 가능하며, 이러한 지양은 현실 속에서 이루어지고, 따라서 다소간 근본적인 방식으로 현실 자체를 변화시킨다. 그리고 지양작용(과정)에서 무화와 보존의 비율은 다시금 존재론적으로 이러한 사실에 의존하게 된다. 따라서 사상적 지양은 일반적으로 이론적 성격을 갖는다. 이는 마치 형식과 내용의 관계에 대한 통찰이 그러한 것과 같다. —이때 당연히 소여된 경우에 관련 반성규정들의 그때그때의 구체적 속성을 구체적으로 탐구하는 것을 피해서는 안 된다. 자연에서의 실제 지양은 비록 필연적이기는 하지만, '맹목적' 필연성일 수밖에 없는 복합체들의 합법칙적 상호작용에 의해 수행된다. 이에 반해 사회적 존재에서 사회적 의식은, 그것이 잘못된 의식이건 참된 의식이건 간에, 지양의 실제요소들의 계열로 진입한다. 따라서 지양을 강제하는, 혹은 지양에서 벗어나고자 강제하는 복합체들에 대한 참다운 인식은 특정한 경우에 지양과정에서 존재론적으로 참된 구성요소가 될 수 있다. 당연히 자연과정에 대한 인식은 동일하게 복합체들의 실제 지양으로 나아갈 수 있다. 원자의 구조에 관한 학문으로부터 생명체의 양육에 이르기까지 여기서는 일련의 실제적 지양이 수행되고 있다. 인식은 그것들의 변증법을 실제적으로 파악할 수 있도록 유도하며, 이로써 사회적 존재의 영역, 사회의 자연과의 신진대사의 영역에서 그런 과정이 수행된다. 그런데 이때 자연변증법에 대한 올바른 파악이 불가피한 전제를 형성한다. 그런데 헤겔 체계의 전체 구조에서 보면 존재론적으로 매우 중요한 이러한 차이는 명료하게 부각되지 않는다. 그리고 이런 차이는 체계의 논리주의적 서술방식에 의해서는 범주론보다 훨씬 더 인식되지 않는다.

제4장
마르크스의 존재론의 근본원리들

> '범주들'은 '현존의 형식들', '실존의 규정들'이다.
>
> 마르크스

1. 방법론적 선결문제

마르크스의 존재론을 이론적으로 총괄하려 할 경우, 우리는 모종의 이율배반적인 상황에 빠져들지 모른다. 한편으로 편견 없는 모든 마르크스 독자는 자신의 모든 구체적 진술들이 유행에 따르는 선입견을 올바로 이해하지 못할 경우, 결국은 존재에 대한 직접적인 진술로서, 그리하여 순전히 존재론적으로 생각된다는 것을 주목하지 않을 수 없다. 다른 한편으로 우리는 존재론적 문제에 대한 어떤 독립적인 논의도 마르크스에게서 찾아볼 수 없다. 즉 사유 속에서 존재론의 위상을 규정하고, 그것을 인식론이나 논리학 등과 차별화하려는 견해가 결코 체계적이었거나 체계적으로 이루어지지 않았다. 이처럼 내적으로 연관된 이중적 성격은 의심할 여지없이, 이미 처음부터 비판적이었지만, 그의 확고한 출발점이었던 헤겔 철학과 연관되어 있을 것이다. 앞서 우리가 보았듯이[1] 헤겔 철학 속에는 체계적 사유에 의해 규정된 존재론과 논리학, 그리고 인식론 간의 통일이 있다. 헤겔의 변증법 개념은 그 고유의 정립과 동시에 상호 융합의 경향에까지 이르는 통일을 포함하고 있다. 그리하여 청년 마르크스가 아직은 헤겔에 의해 규정된 그의 첫 번째 저술에서 직접적이고 의식적으로 존재론적 문제를 제기할 수 없었다는 것은 당연하다. 이러한 부정적 경향은 우리가 믿기에 훨씬 뒤 처음으로, 특히 엥겔스와 레닌에 의해 조명되었던 헤겔의 객관적 관념론의 저 모호성으로 인해 강화되었을 것이다. 말하자면 헤겔로부터 의식적으로 벗어나려는 과정에서 마르크스와 엥겔스는 그들에 의해 혁신된 유물론과 헤겔의 관념론 간의 첨예하고 배타적인 대립을 당연히 글로서나 논쟁의 차원에서 중심에 놓았던 반면, 나중에 그들은 객관적 관념론 속에 잠재해 있는 강력한 유물론적 경향들을 더욱 강하게 부각시켰다. 그래서 엥겔스는 『포이어바흐』[2]에서 헤겔의 '머리로 서 있는 유물론'에 관해 언급했고, 레닌은 헤겔의 『논리학』[3]에서 유물론으로 가는 과정에 대해 반복했다. 확실히 마르크스가 바우어(Bruno Bauer)와 슈티르너(Stirner)와 같은 좌파 헤겔주의자와 첨예하게 대립하면서 그들의 관념론을 헤겔의 관념론과 결코 동일시하지 않았다는 점은 분명히 해야 할 것이다.

포이어바흐가 헤겔 철학의 해체과정에서 수행했던 전환이 존재론적 성격을 지녔다는 것은 의심의 여지가 없다. 왜냐하면 그를 통해 처음으로 독일의 발전에서 관념론과 유물론이 광범위하고 심층적인 영향을 발휘하면

---

1) 『자본론』 III권을 보라.
2) Engels: *Feuerbach*, Wien-Berlin 1927, S. 31; MEW 21, S. 277.
3) Lenin: *Aus dem philosophischen Nachlaß*, Wien-Berlin 1932, S. 87, 110, 138.

서 공개적으로 대결했기 때문이다. 심지어 나중에 밝혀진 그의 입장의 약점, 이를테면 신과 인간의 추상적 관계에 제약된 것이 존재론적 문제설정을 첨예하고 분명하게 의식하게 하는 데 기여했다. 이러한 영향은 '청년독일운동'에서 철학적으로 다소 모호하게 시작했다가 좌파 헤겔주의자로 성장했던 청년 엥겔스에서 극명하게 드러난다. 여기서 우리는 포이어바흐에서 시작된, 존재론의 새로운 지향이 근본적으로 얼마나 철저하게 영향을 미쳤는가를 알고 있다. 우리가 켈러(Gottfried Kellr)[4]와 러시아의 혁명적 민주주의자들을 무시한다면, 결국 18세기 유물론의 혁신이 힘을 발휘하지 못하게 되었다는 사실이 [포이어바흐에서 시작한—역자] 기원의 강도를 전혀 변경시키지 못할 것이다. 그럼에도 모름지기 마르크스에게서는 그런 식의 동요가 거의 보이지 않고 있다. 여러 문서들은 납득할 만하고 유쾌하게 그러한 [포이어바흐에 대한 마르크스의—역자] 인정을 보여주고 있지만, 그럼에도 그것은 항상 비판으로 남아 있고 또 계속적으로 비판을 발전시킬 것을 요구하고 있다. 이 점은 초기의 편지들(이미 1841년)에서 분명하게 드러나 있으며, 그리하여 헤겔주의자의 관념론과 투쟁하던 『독일 이데올로기』 속에서 대단히 명료한 해석을 담고 있다: "포이어바흐가 유물론자인 한, 그에게서 역사는 등장하지 않으며, 또 그가 역사를 고려하는 한, 그는 결코 유물론자가 아니다."[5] 따라서 포이어바흐에 대한 마르크스의 판단은 언제나 이중적이다: 즉 포이어바흐의 존재론적 전향을 이 시대에 유일하게 진

---

4) 고트프리트 켈러(1811~1890)는 스위스 취리히에서 태어나 젊은 시절 화가로 활동하다가 뮌헨에서 소설가의 자질을 깨쳤다. 젊은 시절 포이어바흐의 영향을 받고 독일의 정치적 망명자들과 긴밀한 관계를 맺기도 하였다. 소설 *MARTIN SLANDER*(1886)는 근대의 문화생활에서 민주주의적 이상이 갖는 위험을 제기하기도 했다. (역주)

5) MEGA I/5, S. 34; MEW 3, S. 45.

지한 철학적 행위로 인정하는 동시에 그의 한계를, 말하자면 포이어바흐의 독일 유물론은 사회적 존재의 존재론을 문제 일반으로 주목하지 못했음을 분명히 하는 것이다. 여기서 마르크스의 철학적 통찰과 보편성만이 드러나는 것이 아니다. 이러한 입장은 마르크스 자신의 초기 발전에 대해, 그 속에서 사회적 존재의 존재론적 문제들이 차지하고 있는 핵심적 위상에 대해 하나의 빛을 던져주는 것이기도 하다.

때문에 그의 박사학위 논문을 일별하는 것도 유익하다. 그는 이 논문에서 신의 현존의 존재론적 증명에 대한 칸트의 논리적-인식론적 비판을 언급하면서 다음과 같이 이의를 제기한다: "신의 현존에 대한 증명은 **천박한 동어반복**에 지나지 않는다. ―예를 들어 '내가 현실적으로 (실제적으로) 표상한 것은 나에게 현실적인 표상이다.'는 것에 다름 아닌 존재론적 증명은 나에게 영향을 미친다. 이러한 의미에서 이교적일 뿐만 아니라 기독교적인 **모든 신들**은 실제적인 실존(Existenz)을 지니고 있다. 고대에 몰록(Moloch)[6] 신이 지배하지 않았던가? 델포이의 아폴로(Apollo) 신은 그리스인들의 삶 속에서 현실적인 위력이 아니었던가? 이에 관해 칸트의 비판은 아무것도 말해주지 못한다. 누군가 백 탈러(Talera)를 갖고 있다고 표상할 때, 이러한 표상이 결코 주관적인 것이 아닐 때, 그가 그 표상을 믿고 있을 때, 그에게는 상상된 백 탈러가 현실의 백 탈러와 동일한 가치가 될 것이다. 그는 예를 들어 자신의 상상력에 대해 빚을 지게 되었다. **전체 인류가 그들의 신들에 대해 빚을 지게 되었던 것처럼 그의 상상력이 영향을 미치게 되었다.**"[7] 여기서 이미 마르크스 사유의 가장 중요한 계기가 분명해졌다. 사회적 존

6) 페니키아 사람이 받들던 소의 모습을 한 화신(火神)의 이름. (역주)
7) MEGA I/1, 1, S. 80; MEW Ergänzungsband Ⅰ, S. 370.

재 혹은 현상의 비존재에 대한 궁극적인 기준으로서의 사회적 현실이 지배적으로 드러났으며, 이를 통해 청년 마르크스가 그 당시 방법론적으로 충분히 장악하지 못했던, 광범위하고 심층적인 문제의식이 드러났다. 왜냐하면 한편으로 학위 논문의 전체적인 정신에 비추어볼 때 그는 어떤 신에게도 실존을 인정하지 않았다는 것과 다른 한편으로는 특정한 신 표상들의 실제적이고 역사적인 영향으로부터 그들의 사회적 존재의 방식이 도출되어야만 하기 때문이다. 따라서 마르크스는 나중에 경제학자이자 유물론자가 된 그에게서 중요한 역할을 담당하게 되었던 하나의 문제를, 말하자면 특정한 의식의 형태들이 일반적이고 존재론적인 의미에서 옳거나 그르거나에 관계없이 담당하는 사회적이며 실천적인 기능들이 무엇인가라는 문제를 이미 여기서 제기했다. 마르크스 사유의 후기 발전에 중요한 이러한 사유 도정이 그의 칸트 비판을 통해 흥미롭게 보충되었던 것이다. 칸트는 표상과 현실 간의 모든 필연적 결합을 차단시켰다는 점에서, 내용 일반이 지닌 존재론적으로 연관된 모든 특성을 부정했다는 점에서, 이른바 존재론적 증명에 대해 논리적-인식론적으로 투쟁했던 것이다. 청년 마르크스는 이제—다시금 사회적 존재의 존재론적 특성이라는 이름으로—그것에 대해 이의를 제기했고, 또 특정 상황에서 상상된 백 탈러는 사회적인 존재적합성에 훨씬 잘 도달할 수 있다는 점을 명민하게 지적했다. (마르크스의 후기 경제학에서 이념적[명목—역자] 화폐와 실제적[실물—역자] 화폐 간의 이러한 변증법은 유통수단으로서의 화폐와 지불수단으로서의 화폐의 기능이 맺고 있는 관계의 중요한 계기로 등장한다.)

헤겔을 논구하는 과정에서 우리는 이미 마르크스가 사회적 구성물들의 구체적인 존재적 특성이라는 이름으로 그것들에 대한 구체적-존재적(존재론적) 탐구를 요구했다는 것과 이에 반해, 그러한 연관을 논리적 도식에 근거해서 기술하려는 헤겔의 방법은 거부했다는 것을 지적한 바 있다. 아울러 청년 마르크스의 발전의 도정에서 사회적으로 존재하는 구성물, 연관 등의 구체화가 점증하는 경향이 명백히 두드러졌는데, 이러한 것들은 모름지기 마르크스의 경제 연구들에서 철학적으로 그 전환점에 도달했다. 이러한 경향들을 나타내는 최초의 적합한 표현은 『경제학-철학 수고』에서 발견된다. 이 책의 선구자적인 독창성은 여기서 처음으로 철학의 역사에서 경제라는 범주가 인간적 삶의 생산과 재생산의 범주로서 등장하고, 이로써 사회적 존재에 대한 존재론적 기술이 유물론적 토대 위에서 가능해졌다는 사실에 적지 않게 기인하고 있다. 마르크스 존재론의 핵심으로서의 경제는 그럼에도 결코 세계상의 '경제주의'(이 말은 마르크스의 철학적 방법에 대해 아무런 지식도 없으면서 마르크스주의를 철학적으로 곤경에 빠뜨리고 타협적으로 만들던 그의 아류들에서 처음 등장했다.)를 의미하지 않는다. 유물론으로 가는 마르크스의 철학적 발전은 경제학으로의 이 같은 전환에서 정점을 이루었다. 이 과정에서 포이어바흐가 중요한 역할을 담당했는지, 또 어느 정도 그렇게 했는지는, 비록 마르크스가 확실히 자연철학적-존재론적이며 반종교적인 포이어바흐의 견해들에 대해 원리 면에서 즉각 동의했을지라도, 명백하게 확정되지 않는다. 하지만 마르크스 역시 이러한 영역 위에서 대단히 빠르게 포이어바흐를 넘어서려 했다는 것은 확실하다. 왜냐하면 자연철학적으로 볼 때, 그는 언제나 포이어바흐에서도 결코 극복되지 못했던 자연과 사회의 전통적인 분리에 대해 분명하게 반대 입장을 취하고, 또한 주로 자연과 사회의 상호관계의 관점에서 이 자연을 고찰했기 때문이다. 그래서 헤겔과의 대립은 포이어바흐 자신보다도 마르크스에게서 더 강하게 표출되었다. 마르크스는 오직 하나의 과학만을, 자연뿐만 아니라 인간의 세계에도 관계하는 역사의 과학만을 인정했다.[8] 종교문제에 있어서, 그는 인간-신의 추상적이고 관조적인 관계에만 만족하지 않았기 때문에, 또 의도상으로는 유물론적이라 할지라도, 포이어바흐의 단순한 존재론에 만족하지 않았기 때문에, 모든 인간적 삶의 관계에 대해, 무엇보다 사회-역사적인 삶의 관계에 대해 구체적이고 유물론적으로 포함시킬 것을 요구했다. 여기서 자연의 문제는 전혀 새로운 존재론적 의미를 간직하게 될 것이다.

마르크스가 인간적 삶의 생산과 재생산을 핵심문제로 만들었기 때문에, 인간 자신뿐 아니라 그의 모든 대상들, 관계들, 연관들 등에서도 지양 불가능한 자연의 토대와 파괴 불가능한 그 사회적 변형이 이중적인 규정으로서 나타난다. 대체로 마르크스에서와 마찬가지로 여기서도 노동은 그 속에 다른 모든 규정들이 이미(in nuce) 드러나 있는 핵심범주이다: "사용가치의 창조자로서, 유용한 노동으로서, 노동은 인간과 자연 간의 신진대사를, 그리하여 모든 사회형태들로부터 독립된 인간의 실존 조건, 인간적 삶을 매개하기 위한 영원한 자연 필연성이다."[9] 노동을 통해 이중적인 변형이 발생한다. 한편으로 노동하는 인간 자신이 그의 노동을 통해 변화된다. 그는 외적인 자연에 작용하는 동시에 자기 자신의 자연(본성)을 변화시키며, "자신 속에 잠자고 있는 능력들"을 발전시키고 또 자신의 힘을 자신의 지배에 복종시킨다. 다른 한편으로 자연 대상들, 노동수단에서의 자연력, 노동 대상들, 원자재들 등도 변화된다. 노동하는 인간은 "자신의 목적에 따라 다른 사물들에 영향을 미치기 위해서 사물의 기계적-물리적-화학적 속성들을 이용한다." 이때 자연 대상들은, 그것들의 속성, 관계, 상태

---

8) MEGA I/5, S. 567; MEW 5, S. 18.
9) Marx: *Das Kapital* I, 5. Auflage, Hamburg 1903, S. 9; MEW 23., S 57.

등으로서, 객관적으로 볼 때 인간적 의식과 독립해서 존재한다. 그것들은 올바로 인식됨으로써만, 노동을 통해 가동됨으로써만, 그 자체 자연적인 것들이었던 바대로 이용 가능한 것이 될 수 있을 것이다. 하지만 이처럼 이용 가능하게 만드는 것은 하나의 목적론적인 과정이다: "노동과정이 마무리되면 그 과정을 시작할 때 이미 노동자의 관념 속에, 그리하여 이미 관념적으로 존재했던 하나의 결과가 산출되는 것이다. 노동자는 자연물에 대해 형상의 변화를 야기하는 것만이 아니다. 노동자는 동시에 자연물 속에서 그가 알고 있는 자신의 목적을 실현하는데, 이러한 목적이 그의 행위의 방식과 양식을 법칙으로 규정하고, 또 그것을 자신의 의지에 종속시켜야 한다."[10] 노동의 목적론의 존재론적 의미에 대해 우리는 특별히 제2부의 한 장(章)을 통해 상세하게 이야기할 것이다. 여기서는 다만 사회적 존재에 관한 마르크스의 존재론의 출발점을 그 가장 보편적인 특성들 속에서 묘사하는 것이 관건이다.

이와 관련해 다음의 계기들이 특별히 강조되어야 한다. 무엇보다도 사회적 존재는 대체로 그 모든 개별과정 속에서 비유기적 자연과 유기적 자연의 존재를 전제한다는 것이다. 사회적 존재는, 대부분의 부르주아 철학이 이른바 '정신적 영역'과 관련해서 보여준 것처럼, 자연존재로부터 독립해서 이 자연적 존재의 배타적인 대립물로 파악될 수는 없다. 마찬가지로 마르크스의 사회적 존재의 존재론은, 예를 들어 '사회적 다윈주의'가 유행하던 시대에서 보듯, 속류 마르크스주의식으로 자연법칙을 사회에 대해 단순히 전이(轉移)하는 태도를 철저히 배제하고 있다. 사회적 존재의 대상성의 형식들은 사회적 실천이 발생하고 전개되는 과정에서 자연적 존재로

---

10) Ebd., S. 140, 141, 142; ebd., S. 192, 194, 193.

부터 성장하여 점점 더 분명하게 사회적 성격을 띠게 된다. 이러한 성장은 물론 하나의 변증법적 과정인데, 그것은 노동 속에서 비약과 더불어, 목적론적 정립과 더불어 시작된다. 자연에는 이에 버금가는 것이 결코 있을 수 없다. 현실에서 수많은 이행 형태를 지닌 대단히 오랜 과정이 문제시된다고 해서 존재론적 비약이 지양되는 것은 아니다. 노동 안에서 목적론적 정립행위가 이루어질 때 비로소 사회적 존재는 즉자적으로 존재한다. 물론 노동의 역사적 전개과정은 이처럼 즉자존재가 대자존재로 변형되는 지극히 중요한 과정을 포함하고 있으며, 아울러 단순한 자연존재의 형식과 내용이 보다 순수하고 고유한 사회성의 형식과 내용으로 극복되는 경향도 포함하고 있다.

　물질적 현실의 물질적 변형으로서의 목적론적 정립형식은 존재론적으로 볼 때는 근본적으로 어떤 새로운 것이다. 물론 존재적으로(seinsmäßig) 볼 때 그것은 그 이행형식들로부터 발생적으로 도출되어야 한다. 이러한 형식들은 그럼에도 존재론적으로 볼 때는 우리가 그 결과를, 본래의 상태로 되돌아간 노동을 존재론적으로 올바로 이해할 경우에, 또 그 자체는 목적론적 과정이 아닌 이러한 발생을 그 결과로부터 이해하고자 할 경우에만 올바로 해석될 수 있을 것이다. 이것은 이처럼 기초적인 관계에만 해당되는 것은 아니다. 마르크스는 사회에 대한 이러한 종류의 파악을 일관되게 일반적 방법으로 고찰했다: "부르주아 사회는 가장 발전되고 가장 다양한 역사적 생산조직이다. 그 사회의 관계들을 표현하는 범주들, 그 구성요소들에 대한 이해는, 그러므로 동시에 몰락해간 사회형태 전체의 구조와 생산관계에 대한 통찰이다. 부르주아 사회는 이러한 잔해들과 요소들로부터 세워졌으며, 부분적으로는 여전히 극복되지 않는 잔재들이 이 사회 속에 온존해 있으며, 단순한 암시들은 명료한 의미들로 발전하기도 한다. 인간의 해부학에는 원숭이의 해부학의 열쇠가 들어 있다. 보다 하위의 동물 종에 들어 있는 보다 상위의 동물 종에 대한 암시는, 상위의 종 자체가 이미 알려져 있을 경우에만 이해될 수 있을 것이다. 그러므로 부르주아 경제는 고대 사회의 경제 등에 대한 열쇠를 제공한다."[11] 마르크스는 앞서 인용된 자리에 이어지는 언급에서 모든 '현대화'에 대해, 즉 보다 발전된 단계의 범주들을 보다 원시적인 단계로 옮기려는 모든 시도에 대해 반대했다. 이러한 시도는 종종 나타나는 명백한 오해에 대한 방어일 뿐이다. 그럼에도 이러한 방법론적 통찰에서 본질적인 요소는 즉자적으로 존재하는 과정으로서의 현실을 그 현실에 대한 인식의 방법과 정확히 분리시키는 것이다. 우리가 마르크스의 비판에서 상세하게 보았던 것처럼, 헤겔의 관념론적 착각은, 존재와 발생 자체의 존재론적 과정을 인식론적으로 필연적인 개념화의 과정에 지나치게 접근시킴으로써 이러한 개념화 과정에서 어떤 대체물을, 심지어는 존재론적으로 보다 고차적인 존재와 발생의 형식을 보려는 데 있다.

이제 이처럼 불가피한 여담을 벗어나 자연과 사회의 존재론적 관계로 눈을 돌릴 경우, 우리는 유기적일 뿐만 아니라 비유기적인 자연의 범주들과 법칙들이 (그 본질의 근본적 변화라는 의미에서) 궁극적으로는 사회적 범주들의 불가결한 토대를 형성한다는 것을 알게 될 것이다. 사물과 과정의 실제적 속성들에 대해 적어도 직접적이고 올바로 인식할 경우에만 노동에서의 목적론적인 정립은 그 변형 기능을 충족시킬 수 있을 것이다. 여기서 전혀 새로운 대상성의 형식들이, 자연에서 결코 유사한 것을 찾아볼 수 없

11) Marx: *Grundrisse der Kritik der politischen Ökonomie, Moskaus 1939~1941*(bzw. Berlin 1953), S. 25 f.

는 형식들이 발생한다는 것이 이러한 사실을 변화시키지는 않을 것이다. 비록 자연 대상은 직접적으로 볼 때는 자연 그대로 남아 있는 것 같을지라도, 사용가치로서 그것이 갖는 기능은 이미 자연과 반대되는 질적으로 새로운 것이며, 사용가치가 사회적이고 객관적으로 정립되면서 사회발전의 진행 속에서 교환가치가 발생하는 것이다. 여기서 우리가 이 교환가치만을 따로 떼어내 고찰할 경우, 자연적 대상성은 모두 소멸될 것이며, 그리하여 마르크스가 말했던 것처럼, 교환가치는 '유령 같은 대상성'[12]을 지니게 될 것이다. 마르크스는 한때 어떤 경제학자에 대해 풍자적으로 이야기한 바 있다: "지금까지 어떤 화학자도 교환가치를 진주나 다이아몬드 속에서 발견한 적이 없다."[13] 그럼에도 다른 한편으로 그런 모든 순수한 사회적 대상성은, 매개의 정도가 크고 작은 것에 관계없이, 사회적으로 변형된 자연 대상성을 전제하고 있다. (사용가치가 없는 교환가치는 없다는 등.) 그리하여 심지어는 순수한 사회적 범주들이 존재하며, 그것들의 총합이 비로소 사회적 존재의 속성을 결정한다 할지라도, 이 사회적 존재는 자연존재로부터 그것들이 발생하는 구체적-물질적 과정 속에서 성장할 뿐만 아니라, 이 같은 자연존재의 범위 안에서 끊임없이 재생산되며—모름지기 존재론적으로는—이 자연적 토대를 결코 완전하게 벗어날 수 없다. 여기서는 '결코 완전하게 … 될 수 없다.'라는 표현이 특별히 강조되어야만 한다. 왜냐하면 사회적 존재가 스스로를 형성하는 과정에서 본질적인 방향은, 자연성과 사회성의 존재론적 혼합을 통해 순수한 자연적 규정들을 대체하고(가축을 생각해보라.), 이러한 기초 위에서 순수한 사회적 규정들을 확대 발전

---

12) *Kapital* I, 4; MEW 23, S. 52.
13) Ebd., S. 49.; ebd., S. 98.

시키는 데 있기 때문이다. 이렇게 발생한 발전과정의 주된 경향은 양적이거나 질적인 면에서 순수한 혹은 압도적 사회적 요소들의 끊임없는 증가, 마르크스가 종종 말했던 '자연적 한계의 축소'이다. 이제 이러한 복합적 문제들을 더는 분석하지 않고서도, 다음과 같이 요약해서 말할 수 있다: 사회적 존재 안에서 경제의 존재론적 우위를 발견함으로써 이루어진 이러한 유물론적 전환은 자연의 유물론적 존재론을 전제하는 것이다.

　마르크스의 존재론에서 보이는 유물론의 이러한 불가분적 통일은 자연 인식의 상이한 영역들에서 마르크스주의 학자들이 얼마만큼 이러한 연관을 구체적이고도 설득력 있게 설명하는지에 달려 있는 것이 아니다. 마르크스 자신은 역사 자체가 그러한 경향을 현실적으로 발전시키기 훨씬 전부터 통일적인 역사과학에 대해 언급한 바 있다. 마르크스와 엥겔스가 여러 가지 단서를 달고는 있지만 다윈(Charles Darwin)의 출현을 '우리 견해에 대한 기초[14]'로 환영해 마지않았다는 것, 엥겔스가 칸트-라플라스의 천체 이론들에 대해서도 열광했었다는 것은 물론 우연이 아니다. 이러한 방향에서 마르크스주의를 훨씬 시대에 적합하게 구축하는 일의 중요성이 과대평가되어서는 안 된다. 여기서는 다만 역사성, 과정성, 변증법적 모순 등을 자체 안에 포함하는 유물론적 자연존재론의 기초가 마르크스적 존재론의 방법론적 정초 속에 담겨 있다는 것만을 강조해야 한다. 이러한 문제 상황은 마르크스의 구상이 철학과 과학의 역사 속에서 표상한 새로운 유형의 대강을 최소한의 언어로 그리는 데 적합한 것으로 보인다. 마르크스는 독특한 철학적 방법이나 철학적 체계를 창출해야 한다는 식의 어떤 특별한 요구를 제기하지는 않았다. 1840년대에 그는 철학적으로 헤겔의 관

---

14) Marx an Engels, 19. Dez. 1860, MEGA III/2; S. 533; MEW 30, S. 131.

념론과, 특히 헤겔의 급진적인 제자들에게서 항시 보이는 주관주의적 경향의 관념론과 투쟁했다. 1848년의 혁명[15]이 붕괴된 이후 경제학을 정초 짓는 작업이 그의 노력의 중심에 들어섰다. 이로부터 마르크스의 초기 철학적 저술들을 찬미하는 많은 사람들은 그가 철학을 일탈해서 '단순한' 분과 경제학자가 되었다는 결론을 이끌어낸다. 이는 대단히 성급한 결론이자, 좀 더 자세히 고찰해볼 경우 전혀 지지될 수 없는 결론이다. 이러한 결론은 순전히 외적인 징표들을, 말하자면 19세기 후반부의 지배적인 방법론을 고집하는 것이다. 이러한 방법론은 철학과 실증주의 개별과학들 간의 대립을 기계적으로 고정시키고, 아울러 철학을 오로지 논리학과 인식론 위에 정초시킴으로써 철학 자체를 개별과학의 수준으로 떨어뜨렸다. 그러한 관점에서 볼 때 부르주아 과학과 그 고찰방식들의 영향권하에 있었던 마르크스주의의 지지자들에게는 성숙한 마르크스의 경제학이 청년 시대의 철학적 경향들과 대립된 것처럼 보일 것이다. 그리고 그 이후에는 무엇보다 실존주의적 주관주의의 영향하에서, 마르크스의 영향력이 미치던 두 시기 사이에 하나의 대립을 구성했던 사람들이 많이 있었다.

　뒤에 이어질 우리의 상세한 고찰은, 청년―철학적―마르크스와 후기의 순수한 경제학자 간의 이러한 대비가 부당하다는 것을 별다른 논쟁 없이도 분명하게 보여줄 것이다. 우리는 마르크스가 '잠시도 철학적이지' 않은 적이 없으며, 오히려 모든 부문에서 자신의 철학적 견해들을 의미 있게 심화시켰다는 것을 보게 될 것이다. 사람들은 단순히 헤겔 변증법에 대한―순수한 철학적―극복에 대해서만 생각한다. 이미 마르크스의 청년기에서 우리는 이를 위한 중요한 시도를, 특히 그가 논리주의적으로 절대화된 모순 이론을 극복하려 했던 곳에서 본다.[16] 철학자 마르크스에 대한 성급한 비판가들은 적어도 『자본론』의 저 지점을, 즉 마르크스가 어쨌든 여기서 경제학으로부터 시작해서 모순의 지양에 관해 전혀 새로운 해석을 정식화했던 지점을 간과하고 있다: "우리는 상품의 교환과정이 모순적이고 상호 배타적인 관계들을 포괄하고 있다는 것을 안다. 상품의 전개는 이러한 모순을 지양하기보다는 오히려 모순이 운동할 수 있는 형식을 만들어낸다. 대체로 이러한 것이 방법인데, 이를 통해 현실적인 모순들이 해소된다. 예를 들어 하나의 대상은 끊임없이 다른 대상 속으로 들어가고 또 마찬가지로 끊임없이 그것으로부터 떠난다는 것은 하나의 모순이다. 일식(日蝕)은 이러한 모순이 실현되는 동시에 해소되는 바의 운동형식 가운데 하나이다."[17] 순전히 존재론적인 모순에 대한 이러한 이해를 통해 모순은 복합체들 상호 간의 운동관계를, 그러한 관계들로부터 발생하는 과정들 상호 간의 운동관계를 추동하는 항구적 동력임이 입증된다. 따라서 모순은 헤겔에서처럼 하나의 단계로부터 다른 단계로의 변화형식일 뿐만 아니라, 정상적인 과정 자체를 추동하는 힘이기도 하다. 아울러 당연히 타자로의 변화, 특정 이행의 위기적 성격, 그것들의 비약적 성격은 결코 부정되지 않는다. 그럼에도 그것들을 인식하기 이해서는 그것들이 출현할 수밖에 없는 저 특수한 조건들에 대한 해명이 요구된다; 그것들은 더 이상 추상적인 모순 일반의 '논리적인' 결과가 아니다. 다시 말해 여기서 마르크스가 대단

---

16) 우리는 헤겔에 대한 마르크스의 최초의 비판 속에서 의미 있는 지점을 생각한다. MEGA I/1, 1., S. 506 f.; MEW 1. S. 292 f.

17) *Kapital* I. S. 69; MEW 23, S. 118 f.

히 명료하게 보여주듯, 이 모순은 정상적으로 진행되는 과정의 견인차가 될 수도 있다; 모순은 이러한 과정의 토대로서 현실 속에서 발견될 수 있기 때문에, 이 모순은 모름지기 존재의 원리임이 입증되는 것이다.

좀 더 진지하게 고찰해볼 경우 우리는 이런 식의 왜곡을 단호하게 밀어낼 수 있다. 성숙한 마르크스의 경제학적 저작들은 물론 일관되게 경제학의 학문성에 집중되어 있기는 하지만, 그러나 단순한 개별과학으로서의 경제학에 관한 부르주아적 개념화를 취급하는 것이 아니다: 부르주아 경제학은 이른바 순수한 경제현상들을 전체로서의 사회적 존재의 총체적인 상호관계로부터 분리시키고, 그것을 이러한 기술적 고립 속에서 분석해서, —마침내—이렇게 조탁된 영역을 똑같이 기교적인 다른 고립된 영역(법학, 사회학 등)과 추상적으로 연관시키고 있다. 이에 반해 마르크스의 경제학은 언제나 사회적 존재의 총체성으로부터 시작해서 다시금 이러한 총체성으로 되돌아온다. 이미 상세히 설명했던 것처럼, 경제현상들에 대한 중심적이고—부분적으로는—종종 내재적인 취급은, 결국 전체 사회발전의 결정적인 추동력이 모색되고 발견되어야 한다는 데에 그 기초를 두고 있다. 이러한 경제학이 동시대나 후대의 개별과학들과 갖는 공통점은, 그것들 모두가 이전 철학자들(여기에는 헤겔도 포함된다.)의 선험적 구성방법을 거부하고, 오로지 사실들 자체와 그것들의 연관 속에서만 과학의 실제적 토대를 발견할 수 있다는 부정적 특성뿐이다. 그럼에도 그들 양자가 똑같이 행동한다 해도 그것은 동일한 것이 아니다. 심지어 사실로부터의 모든 출발, 추상적-구체적인 연관들에 대한 모든 거부가—대단히 부정확하게—경험주의로 지칭되고 있다. 하지만 이러한 표현은 그 자체 통속적인 의미에서 사실들에 대한 지극히 이종적(異種的)인 태도를 포괄하고 있다. 낡은 경험주의는 종종 소박한 존재론적 성격을 띠고 있다: 그것은 주어진 사실들이라는 지양하기 어려운 존재의 성격을 출발점으로 받아들인다는 점에서 존재론적이다; 그것은 원칙적으로 그처럼 직접적으로 주어진 것(소여)에 머물러 있으면서, 계속적인 매개나 종종 결정적인 존재론적 연관은 고려하지 않는 점에서 소박하다. 실증주의적 토대나 심지어 신실증주의적 토대 위에서 성립된 경험주의에서 비로소 소박하고 무비판적인 이러한 존재론이 사라지고, 그 대신에 추상적으로 구성된 조작의 범주들이 들어서게 된다. 유명한 자연과학자들 사이에서는 여러 관념론적 철학들이 '소박한 실재론'이라고 불렀던 것에 대해 자연발생적-존재론적인 태도가 발전되었다; 그들은 볼츠만(Boltzmann)이나 플랑크(Planck)와 같은 과학자들에서 보듯 더 이상 소박하지가 않으며, 구체적인 연구 영역의 내부에서 특정 현상들과 현상집단들 등이 지닌 구체적인 실재성을 매우 정확하게 구별하고 있다; 하지만 소박성을 극복하기에는 '다만' 그들의 고유한 실천(Praxis) 속에서 사실적으로 실현된 것에 대한 철학적 의식이 결여되어 있으며, 그리하여 과학적으로 올바르게 인식된 복합체들이 종종 그것들과 전혀 이질적인 세계관과 기술적으로 연계되었다. 정신과학들에서는 '소박한 실재론'의 예를 거의 찾아볼 수 없다; 오직 사실만을 고집하는 설명은 대개는 경험주의의 저급한 재판(再版)으로 갈 뿐이다. 직접적으로 주어진 현사실성(Faktizität)에 대한 실용적인 집착이 실제로 존재하지만, 직접적으로는 거의 주어지지 않는 중요한 연관들을 총체적인 이해에서 빠뜨리고, 아울러 객관적으로 볼 때 종종 사물화되고 물신화된 사실들을 왜곡하게 되는 것이다.

이처럼 전방위적인 제한을 둘 때 비로소 마르크스의 경제적 저작들을 그 존재론적 성격에 비추어 적절히 기술할 수 있을 것이다. 그것들은 직접적으로는 과학의 저작이지 결코 철학의 저작은 아니다. 하지만 그 과학적 정신은 철학을 통해 나온 것이며, 철학은 결코 방기된 것이 아니다. 따라서 어떤 사실에 대한 확립과 연관에 대한 인식은 단순히 직접적인 사실적 정확성에 기초해서 비판적으로 이루어지는 것만이 아니다. 오히려 그것은 그것으로부터 시작하는 동시에 그것을 넘어서, 모든 현사실성을 끊임없이 그 참다운 존재 내용 위에서, 그 존재론적 속성에 기초해서 탐구하는 것이다. 과학은 삶으로부터 성장한다. 또 삶 자체 속에서—우리가 그것을 알고 있거나 원하는 것과 상관없이—우리는 무의식적으로 존재론적으로 행동하게 되는 것이다. 과학성으로의 이행은 삶의 이러한 불가피한 경향을 보다 의식적이고 보다 비판적으로 만들 수 있는 동시에 약화시키고 소멸시키기도 한다. 마르크스의 경제학은 존재론적 의미에서 그러한 의식화 및 비판의 작업을 무용하게 만들기보다는 오히려 그것을 모든 사실과 모든 연관을 확정하는 과정에서 끊임없이 작용하는 비판적 척도로 가동하는 과학적 정신으로 충만해 있다. 따라서 보다 일반적으로 말한다면 과학성이, 다시 말해 일상생활의 무의식적인 존재론적 태도와의 연관을 상실하기보다는, 오히려 그것을 끊임없이 비판적으로 순화시키고 고도로 발전시킴으로써 모든 과학에 필연적으로 놓여 있는 존재론적 규정들을 의식적으로 계발하는 과학성이 관건인 것이다. 모름지기 여기서 과학성은 명백히 모든—논리적 혹은 어떤 다른 식의—구성철학과 대립한다. 그러나 철학에서 발생하는 거짓 존재론을 비판적으로 거부하는 일은 결코 이러한 과학성이 지닌 원칙적이고 반철학적인 태도를 의미하지 않는다. 오히려 정반대이다. 중요한 것은 일상생활의 무의식적 존재론이 과학적이고 철학적으로 올바로 의식된 존재론과 의식적이고 비판적으로 공조하는 것이다. 현실을 억압하는 관념철학의 추상적인 구성들에 등을 돌린 마르크스의 태도는 역사적으로 특수한 경우이다. 동시대의 과학에 대한 비판적인 검토, 비판적인 거부가 경우에 따라서는 이러한 동맹의 주된 과제가 될 수 있다. 따라서 엥겔스는 17~18세기의 상황에 대해 다음과 같이 적법하게 썼다: "그 당시의 철학이 동시대의 자연인식의 제한된 입장에 현혹되지 않았다는 것, 그 철학이—스피노자에서 위대한 프랑스 유물론자들에 이르기까지—세계를 그 자신으로부터 설명하고자 하면서 세부적인 정당성은 미래의 과학에 넘겨주었다는 것은 당대의 철학에 최고의 영예가 된다."[18] 전혀 다른 내용이지만 이런 식의 비판은 오늘날에도 필요하고 또 유효하다: 다시 말해 협소한 의미의 철학의 영역에 한정될 뿐만 아니라 과학 자체를 본질적으로 왜곡하는 신실증주의적 편견으로부터 과학을 순화시키는 일.

지금 이러한 문제들을 상세하게 논구하기는 어렵다. 우리는 다소 핵심적이고 중요한 문제들에서 마르크스의 방법을 명백히 하고 싶을 뿐이다. 모름지기 사회적 존재의 문제들에서는 현상과 본질의 차이의 문제, 대립과 연관이라는 존재론적 문제가 결정적인 역할을 담당하고 있다. 이미 일상생활 속에서 현상은 그 자신의 존재의 본질을 밝히기보다는 대개는 숨기고 있다. 르네상스와 계몽주의에서 그랬듯, 역사적 조건들이 호의적일 경우 과학은 여기서도 거대한 순화 작업을 수행할 수 있다. 그럼에도 그 과정이 반대방향으로 진행된 역사적 정세도 있을 수 있을 것이다. 일상생활에 대한 올바른 평가나 그 자체 단순한 예감조차 과학에 의해서 모호해지고, 옳지 못한 것으로 왜곡될 수 있다. (N. 하르트만의 '직 지향[intentio recta]'에 관한 풍부한 직관은, 우리가 앞서 지적했던 것처럼, 무엇보다 그가 이처럼 지극히 중요한 총체적 과정을 인식하지 못했다는 데 있다.) 그러한 왜곡이 자연의 영역에서보다 훨씬 자주, 그리고 강력하게 사회적 존재의 영역에서 효력을 발휘

---

18) Engles: *Herrn Eugen Dührings Umwälzung der Wissenschaft — Dialektik der Natur*(MEGA Sonderausgabe), Moskau-Leningrad 1935, S. 486; MEW 20, S. 315.

하고 있다는 것은 이미 홉스가 분명하게 통찰한 바 있다; 동시에 그는 원인에 대해, 관심을 유발하는 행위의 역할에 대해 지적했다.[19] 물론 그러한 관심은 자연의 문제에도, 무엇보다 그것이 갖는 세계관적 의미 연관 속에도 있을 수가 있다; 코페르니쿠스나 다윈에 관한 논의를 기억하는 것으로 충분할 것이다. 그럼에도 관심을 유발하는 행위는 사회적 존재의 분리 불가능한 본질적이고 존재적인 요소를 구성하고 있기 때문에, 사실들 및 그 사실들의 존재론적 성격을 왜곡하는 이 행위의 효과가 질적으로 새롭게 강조되고 있다. 이러한 존재론적 왜곡이 대개는 자연 자체의 본래 모습에 영향을 주지 못한다는 사실과는 전혀 관계없이, 사회적 존재 속에서 이러한 왜곡은―왜곡으로서―즉자적으로 존재하는 총체성의 역동적으로 작용하는 계기들을 일깨울 수 있을 것이다.

때문에 "사물의 현상형식과 본질이 직접적으로 일치할 경우에 모든 과학은 불필요해질 것"[20]이라는 마르크스의 언급은 사회적 존재의 존재론에서 지극히 중요하다. 그 명제가 즉자대자적으로 보편적이며 존재론적이라는 것은 자연뿐만 아니라 사회에도 관련되어 있다는 것이다. 하지만 뒤에 가서 사회적 존재에서의 현상과 본질의 관계는 실천과 불가분적으로 결합되어 있기 때문에 새로운 특성과 새로운 규정을 보여주고 있다는 것이 드러나게 될 것이다. 나는 여기서 단지 하나의 예만을 끌어들이겠다. 즉 모든―상대적으로―완결된 과정에서 결과가 그것의 발생과정을 직접적으로 소멸시킨다는 것이 이러한 관계의 보다 중요한 부분이다. 그러므로 대단히 많은 경우들에서 과학적인 문제제기가 발생한다. 즉 직접적이고 완

---

19) Hobbes: *Leviathan* I, Zürich-Leipzig 1936, S. 143.
20) *Kapital* III /2, 2. Auflage, Hamburg 1904, S. 352; MEW 25, S. 825.

성된 것으로 보이는 생산물의 완결성이 사유 속에서 떠오르게 되는 것이다. 그리고 이제부터 이 생산물은 직접적인 현상으로는 거의 지각이 불가능한 그것의 과정적 성격 속에서 분명해질 수 있다. (전체 과학들, 예를 들어 지리학은 이러한 문제제기로부터 나온다.) 그럼에도 사회적 존재의 영역에서 발생과정은 보다 합목적적인 과정이다. 그 결과 사회적 존재의 생산물은, 그 결과가 목적 정립에 대응할 경우에만, 완성된 생산물로서 현상의 형태를 띠게 되고, 최초로 발생한 것은 곧바로 소멸되게 된다. 그렇지 않을 경우 그것의 불완전한 상태는 즉각 발생과정으로 되돌려지게 된다. 나는 의도적으로 지극히 초보적인 예를 선택했다. 사회적 존재에서 현상과 본질의 관계의 특성은 관심 유발 행위에까지 미치고 있다. 대부분의 경우가 그렇듯, 이러한 행위가 사회집단들의 관심에 기인할 경우, 과학은 자신의 감독 역할을 벗어나, 이미 홉스가 인식했던 바로 그 의미에서 본질을 은폐시키고 소멸시키는 수단이 될 수 있다. 때문에 과학과 현상-본질의 관계에 대한 마르크스의 태도가 속류 경제학자들을 비판하는 맥락에서, 즉 존재적으로 부당하게 이해되고 해석된 현상 형태들, 현실적 연관들을 완전히 배제한 현상 형태들에 대한 반대에서 기술되었다는 것은 결코 우연이 아니다. 그러므로 마르크스의 철학적 입장은 여기서 즉자적으로 존재하는 참다운 현실을 사유 속에서 복원하기 위하여 거짓 관념들에 대한 존재론적 비판의 기능과 학문적인 양심에 대한 각성의 기능을 갖는 것이다.

이러한 종류의 사유상의 서술은 성숙한 마르크스의 저작들의 내적인 구조에서 볼 때 전형적으로 드러나는 모습이다. 그것은 전혀 새로운 성격을 지닌 구성이다. 즉 과학성은 이러한 수준으로 일반화하는 과정에서 결코 방기할 수 없다. 그럼에도 그것은 모든 개별적인 사실 확정에서, 구체적인 연관에 대한 모든 사유 상의 해석에서 언제나 사회적 존재의 총체성을 인식하고, 이로부터 모든 개별 현상들의 실재성과 의미를 교량(較量)하는 구조이다. 다시 말해 즉자적으로 존재하는 현실에 대한 존재론적-철학적 고찰은 추상의 자립성을 통해 그 저작의 현상들 너머로 부유(浮遊)하기보다는 비판과 자기비판을 통해 최고의 의식단계를 획득함으로써 모든 존재자를 모름지기 그것에 특별한, 그것 고유의 존재형식 속에서 매우 구체적으로 파악할 수 있는 것이다. 우리가 믿기에, 마르크스는 여기서 새롭게 발견된 사실들의 풍부함에도 불구하고 근대 과학에 깊이 내재되어 있는 문제적 속성을 미래에 극복할 수 있는 보편과학뿐만 아니라 존재론에 관한 새로운 형식을 창출했던 것이다. 헤겔 비판에서 고전적 마르크스주의자들은 언제나 그의 체계의 사유에 대한 투쟁을 강조하고 있는데, 이는 당연하다. 왜냐하면 모름지기 그곳에 마르크스가 결정적으로 비난했던 철학의 모든 경향들이 집중되어 있기 때문이다. 따라서 철학적 종합의 이상으로서의 체계는 무엇보다 완성과 폐쇄성의 원리, 즉 존재의 존재론적 역사성과 애초부터 화해될 수 없는 사유의 원리를 담고 있으며, 이미 헤겔 자신에서 해결 불가능한 이율배반을 야기했다. 이러한 사유상의 정태적 통일은 범주들이 특정한 위계질서의 연관 속에 배열됨으로써 불가피하게 발생한다. 그러한 위계질서의 배열을 추구하는 노력은 마르크스의 존재론적 이해와도 모순된다. 그에게 상하 질서라는 생각이 낯설게 남아 있기 때문만은 아니다. 우리는 이미 헤겔의 서술에서 모름지기 마르크스가 상호작용에 관한 논의에서 포괄적 계기를 끌어들였음을 지적한 바 있다.

그럼에도 체계의 위계질서는 도처에 존재할뿐더러, 그것은 또한 범주들을 어떤 최종적인 연관 속에 꿰어 맞추기 위해, 이것들을—설령 내용상의 빈곤이나 폭력의 위험을 치른다 할지라도—동질(同質)적으로 만들고, 가능한 한 연관들을 하나의 차원으로 환원하지 않을 수 없다. 현실이 지닌 역동적 구조의 풍부함과 다양성에 대해 진정한 존재론적 감각을 지닌 사상가는 그의 관심을 어떤 체계로도 적합하게 들어오지 않는 그러한 관계 방식에 집중할 것이다. 하지만 체계화에 대한 이러한 반대는 앞서 제시한 반체계적 경험주의와는 정반대의 성격을 지니고 있다. 우리는 앞서 경험주의에서 종종 소박한 존재론을, 다시 말해 직접적으로 현상하는 것의 실재성에 대한, 개별 사물과 쉽게 감지되는 피상적 관계에 대한 본능적인 존경을 인식했다. 여기서 현실과의 이러한 관계는 참되기는 해도 부수적인 관계일 뿐이므로, 경험주의자는 그가 무의식적으로 신뢰하는 영역을 넘어서 사소한 것이라도 하고자 할 때는 환상적인 지적 모험에 빠질 수 있다.[21] 이에 반해 우리가 염두에 두고 있고 마르크스에게서 의식적으로 발전되었다고 보는 체계비판은 연관들 자체에 대한 모색과 함께 존재의 총체성으로부터 시작해서 이러한 총체성을 복잡하게 얽힌 다양한 관계들 속에서 가능한 한 근접하게 파악하고자 한다. 하지만 여기서의 총체성은 형식적인 사유 속의 총체성이 아니라, 현실적 존재자에 대한 사유의 재생산이다. 범주들은 위계적인 체계 건축의 초석이 아니라 진실로 '현존의 형식들, 실존 규정들'이며, 상대적으로 총체적인, 실재적이고 운동하는 복합체들의 구성요소들이고, 이러한 복합체들 간의 역동적인 상호관계들은 외연적 의미뿐 아니라 내포적 의미에서도 더욱 포괄적인 복합체들을 생산한다. 이러한 복합체에 대한 적합한 인식에 직면해서, 논리학은 철학적 의미에서 그 주도적인 역할을 상실한다; 논리학은 순수하고, 때문에 동질적인 사유의 건축물의 합법칙성을 파악하는 수단으로서 다른 모든 과학들과 마찬가지로 특수과학이 되었다. 하지만 이와 더불어 철학의 역할은 다만 헤겔적인 이중

---

21) Vgl. *Dialektik der Natur*, S. 707; MEW 20, S. 337.

적 의미에서만 지양되었다: 존재에 대한 존재론적인 비판으로서의 철학은 모든 종류의 현상들에 대해 현상들과 그 연관들을 지배하고 종속시키려는 요구가 없이도 이러한 과학의 주도 원리가 되었다. 때문에 성숙한 마르크스가 자신의 경제학적 저작에 경제학이 아니라 '정치경제학 비판'이라는 제목을 달았던 것은 결코 우연이 아니며, 단순히 과학사적 상황에서 비롯된 특이성도 아니다. 물론 그것은 곧바로—이러한 측면에서 대단히 중요한—부르주아 경제학적 견해들에 대한 비판과 관련되어 있다; 하지만 동시에 여기에는 앞서 강조했듯 모든 사실에 대한, 모든 관계에 대한, 모든 합법칙적 연관에 대한 내재적인 존재론적 비판이 끊임없이 이어지고 있다.

확실히 이 새로운 것은 아테네의 팔라(Palls) 여신처럼 제우스의 머리에서 갑자기 튀어나온 것이 아니다. 필시 그것은 균등하지 않을지라도 오랜 발전의 산물이다. 부정적인 의미에서 현실을 위계적으로 억압하는 철학적 원리들에 대한—종종 자연발생적인—비판은 이러한 시도로 발전한다. 마르크스 자신에게서 의식적이고도 분명하게 표현되었듯, 이러한 비판은 가장 잘 사유되고 형식적으로 가장 완성된 체계, 즉 새로운 사유양식을 완성한 헤겔의 체계로 향하고 있다. 하지만 보다 큰 존재 복합체의 일차적 실존에 대한 인식이 의식되기 시작하는 곳에서, 관념적인 체계 사상에 대한 비판과 결합해 이런 종류의 복합체를 적합하게 파악할 수 있는 새로운 방식이 희미하게 드러나기 시작하는 곳에서 긍정적인 의미의 시도가 존재했다. 우리는 아리스토텔레스의 개별적인 저작들이, 무엇보다『니코마코스 윤리학』이 이미 이러한 방향에서의 실험이라고 믿는데, 플라톤에 대한 비판이 여기서 논구된 부정적인 역할을 담당하고 있다. 르네상스 시대에 사회적 존재를 전반적으로 존재로 파악하고, 이러한 존재 인식을 방해하는 체계원리들을 배제하려는 최초의 위대한 과학적 시도가 곧 마키아벨리

(Machiavelli)[22]의 시도이다. 사회 세계의 역사성을 존재론적으로 파악한 비코(Vico)의 노력도 여기에 속한다. 하지만 마르크스의 존재론에 와서야 비로소 이러한 경향들은 철학적으로 성숙하고, 완전히 의식적인 형태를 갖게 되는 것이다.

이러한 총체적 이해는 헤겔 변증법에 대한 유물론적 비판과 극복으로부터 조직적으로 성립했을지라도, 그것이 빙법으로서 적에 의해서도 지지자에 의해서도 이해될 수 없었다는 점에서 시대의 지배적 경향들에는 낯선 것이었다. 헤겔 철학이 붕괴된 이래, 무엇보다 신칸트주의와 실증주의가 승승장구하기 시작한 1848년 이후, 존재론적 문제에 대한 모든 이해는 사라졌다. 신칸트주의자는 심지어 인식 불가능한 물자체(Ding an sich)를 철학으로부터 추방했으며, 실증주의에서는 세계에 대한 주관적 지각이 그 현실과 일치했다. 이런 식으로 영향을 받은 과학자들 간의 공식적 견해에서, 마르크스의 경제학이 순수한 개별과학으로 간주된다는 것, 그러나 '엄밀한' 노동분업 및 '가치중립적' 서술방식을 수행함에 있어 부르주아 과학보다 방법론적으로 열등한 것으로 보일 수밖에 없었다는 것은 결코 놀라운 일이 아니다. 마르크스 사후 얼마 지나지 않아서 마르크스의 지지자로 자처하던 대다수의 사람들도 철학적인 면에서는 그러한 흐름의 영향하에 있었다. 정통 마르크스주의가 성립하는 한, 그 내용은 본질적인 면에서 급진적인 슬로건으로 경직된, 개별적이고 종종 오해된 마르크스의 주장 및 결론으로부터 나왔다; 따라서 예를 들어 이것은 카우츠키(Kautsky)의 도움으로 이른바 절대빈곤의 법칙이 발전된 것에서 보인다. 엥겔스는 무엇보다

---

22) 나는 마키아벨리의 이론의 이러한 측면에 대한 시사를 받은 것에 대해 아그네스 헬러에게 고마움을 표한다.

그의 편지들을 통한 비판과 조언 속에서 이러한 경직성을 해체시켜 본래적인 변증법으로 되돌리려는 시도를 했지만 별 성과는 없었다. 이러한 편지들이 베른슈타인(Bernstein)에 의해 최초로 마르크스주의자들 내부에 수정주의적 경향들을 강화시키려는 의도로 공개되었다는 것은 대단히 의미심장하다. 엥겔스에 의해 요구된 변증법적 유연성, 경직된 속류화의 거부가 그렇게 이해될 수 있다는 것은 상호 경쟁적인 두 방향이 똑같이 몰이해의 상태에서 마르크스 이론의 방법론적 본질과 대립하고 있음을 보여준다. 룩셈부르크(Rosa Luxemburg)나 메링(Franz Mehring)과 같이, 많은 개별적인 문제들에 정통한 현실 마르크스주의 이론가들조차 마르크스의 필생의 역작 속에 담긴 본질적인 철학적 경향에 대해 거의 감지하지 못했던 것이다. 베른슈타인, M. 아들러(Adler), 그리고 다른 많은 사람들이 칸트 철학에서 마르크스주의에 대한 하나의 '보충'을 모색했던 반면, 또 비슷하게 프리드리히 아들러가 이러한 '보충'을 마하(Mach)에서 모색했던 반면, 정치적으로 급진적인 메링은 마르크스주의 일반이 철학과 모종의 관계를 갖는다는 것을 부정했다.

레닌에 와서야 비로소 현실적인 마르크스-르네상스가 시작되었다. 특별히 제1차 세계대전 중에 나온 그의 『철학 노트(*Philosophischen Hefte*)』에서 다시금 마르크스 사유의 진정한 핵심문제들이 다루어졌다. 헤겔 변증법에 대한 상세하면서도 심화·발전된 이해는 지금까지의 마르크스주의를 첨예하게 거부하는 데에서 정점을 이루었다. "만일 우리가 헤겔의 『논리학』 **전체**를 정독해서 파악하지 못했다면 우리는 마르크스의 『자본론』, 특히 제1장을 완벽하게 이해할 수 없다."[23] 레닌은 여기서 그 당시 마르크스주의자

---

23) *Aus dem Philosophischen Nachlaß*, S. 99.

들 가운데 헤겔을 가장 잘 알고 있었다고, 그가 이론적으로 인정했던 플레하노프(Plechanow)도 예외로 치지 않았다.[24] 여기서 그는 후기 엥겔스를 여러 가지 문제들에서 심화·확장시킴으로써 그의 노선을 성공적으로 발전시킨다. 그럼에도 우리가 하나의 중요한 개별문제에서 보았던 것처럼, 엥겔스는 그의 헤겔 비판에서 마르크스 자신보다 원칙적이지 못하고 깊이도 없다는 점은 지적해야 하겠다. 다시 말해 그는 마르크스 자신이 보다 심오한 존재론적 숙고를 통해 최종적으로 거부했거나 결정적으로 수정했던 많은 것을—물론 유물론적 전도라고 하더라도—헤겔로부터 아무런 가감 없이 넘겨받았던 것이다. 청년 마르크스가 헤겔 철학 전체의 토대를 철저히 독자적으로 극복한 일과 엥겔스가 포이어바흐의 영향 아래서 헤겔의 철학적 관념론을 극복한 일 사이의 차이는 뒤에 이어지는 설명들에서 분명한 의미가 드러난다. 레닌은 물론 단순하게 엥겔스 노선의 계승자로 특징지어질 수는 없지만, 그들 간에 모종의 관계를 암시하는 몇 가지 문제들이 있다. 그럼에도 어디까지가 단순한 용어상의 문제인지, 그리고 어디까지가 이러한 문제들의 이면에 실질적인 문제들이 감추어져 있는지를 결정하기가 어렵다는 점을 즉각 언급해야 할 것이다. 따라서 레닌은『자본론』이 일반적인 변증법적 철학과 맺고 있는 관계에 대해 다음과 같이 말했다: "마르크스가 어떤『논리학』도 … 남기지 않았다고 할지라도, 그는『자본론』의 논리학은 남겼다 …『자본론』에서는 한 분과에 논리학, 변증법, 그리고 유물론의 인식론(세 단어가 필요한 것이 아니다. 그것은 하나의 동일한 것이다.)이 적용되고 있는데, 여기에는 헤겔에게서 가치가 있는 모든 것이 포함되어 있으며, 이 가치 있는 것이 확장·발전된 것이다."[25]

24) Ebd., S. 213 f.

여기서뿐만 아니라 레닌의 위대한 공적은, 그의 시대의 유일한 마르크스주의자로서 그가 독립적인(필연적으로 관념론적인) 논리학과 인식론이 갖는 근대의 철학적 우위를 단호하게 거부하고, 그것에 반대해서—여기서처럼—논리학과 인식론, 그리고 변증법에 관한 헤겔의 원초적 이해에, 물론 유물론적으로 전도된 형태의 이해에 다시금 호소했다는 데에 있다. 이를 위해 모든 구체적인 경우들에 있어, 특히 『경험 비판론』에서 의식과 독립해 존재하는 물질적 현실의 반영이라는 의미의 그의 인식론을 실천적으로 유물론적 존재론에 종속시키고 있다는 점이 언급돼야 한다. 또 여기서는 이러한 통일 속에서 이해된 변증법을 객관적이고 존재론적으로 해석하는 것이 가능하다. 하지만 우리가 몇몇 마르크스주의자들의 논문에 대한 분석에서 방법론적이고 철학적인 일반적 특성을 볼 수 있었던 것처럼, 마르크스는 여기서 수립된 통일을 인정하지 않았다는 것, 그는 존재론과 인식론을 상호 분명하게 구분했을 뿐만 아니라 모름지기 이러한 구분이 실패한 곳에서 헤겔의 관념론적 착각의 한 원천을 간취했다는 것도 분명하다. 이제 레닌의 필생의 철학적 역작을 상세히 논구함에 있어 헤겔 변증법을 극복하고 마르크스주의의 지속적 발전을 위해 그것을 활용하는 문제와 관련해 이러저러한 반대가 제기된다 하더라도—나는 레닌을 철학자로서 비판적이고 총체적으로 서술하는 것이야말로 가장 중요하고 현실적이고 필수적인 연구들 가운데 하나로 간주한다. 왜냐하면 그의 견해들이 모든 면에 걸쳐 왜곡되었기 때문이다. —어떻든 엥겔스 사후로 레닌의 저작은 마르크스주의를 그 총체성 속에서 복원해서 현대의 문제에 적용함으로써 계속적으로 발전시킨, 유일하게 위대한 시도이다. 넓고 깊게 미칠 수 있는 레닌의

---

25) Ebd., S. 249.

이론적이며 방법론적인 영향이 차단되었던 것은 역사적 상황이 우호적이지 못한 탓이다.

제1차 세계대전과 소비에트 공화국의 탄생에서 비롯된 위대한 혁명적 위기는 여러 나라들에서 사회민주주의의 부르주아적 전통에 의해 왜곡되지 않은, 새롭고 신선한 마르크스주의 연구의 초석을 놓았다.[26] 스탈린 정치에 의한 마르크스와 레닌의 축출 역시 점진적인 과정으로 이루어졌는데, 오늘날 그것에 대한 비판적 서술은 여전히 부족하다. 의심의 여지없이 스탈린은 처음에는—무엇보다 트로츠키에 대한 반대로—레닌의 이론에 대한 수호자로서 등장했으며, 1930년대 초반에 이르기까지 이 시대의 많은 간행물들은 제2인터내셔날의 이데올로기에 반대하는 레닌의 마르크스주의의 혁신을 수용하게 되었다. 레닌에게서 새로움을 강조하는 것은 대단히 옳다. 그럼에도 스탈린 시대에 이러한 강조는 점점 더 레닌을 통한 마르크스의 연구가 배후로 밀려나는 결과가 되었다. 이러한 전개는, 특히 『당의 역사(Parteigeschichte)』가 (철학에 관한 장과 함께) 발간된 이래 스탈린에 의한 레닌의 축출과정으로 변질되었다. 그 이래로 공식적인 철학은 스탈린의 발간물들에 대한 주석 작업으로 축소되었다. 마르크스와 레닌은 오직 지지를 위한 각주의 형식으로만 끌어들여졌다. 지금은 이러한 황폐화를 야기한 원인을 이론으로 상세하게 서술하는 자리는 아니다. 그것은 여러 모로 실천적 차원에서 커다란 의미를 갖는, 지극히 중요한 현실적 과

---

26) 그람시(Gramsci)부터 카우드웰(Caudwell)에 이르기까지 일련의 이러한 커다란 시도가 있다. 내 책 『역사와 계급의식』도 이러한 흐름에서 탄생한 것이다. 그럼에도 스탈린적인 평균적이고 도식적인 억압이 이러한 경향들을 제3공산주의 인터내셔날 속에서—그리고 오직 이 속에서만 그러한 억압이 유지되었다. —침묵으로 몰고 갔다. 이러한 시도의 완성과 정확성은 각기 전혀 다르며, 과소 혹은 과대평가에 흐르지 않는 상태에서 사심 없이 탐구되어야 할 것이다. 하지만 이러한 탐구는 지금 오직 이탈리아에서 그람시에 대해서만 존재할 뿐이다.

제일 것이다. (우리는 다만 공식적인 계획 이론이 마르크스의 사회적 재생산 이론의 결정적 계기들을 완전히 무시했다는 점을 생각할 필요는 있다.) 마르크스주의의 용어에서 완전히 자의적인 주관주의가 탄생했는데, 확실히 이것은 (많은 사람들이 보기에 오늘날에도) 임의의 결정들을 마르크스-레닌주의의 필연적 결론으로 궤변적으로 정당화하는 데 적합했다. 여기서는 다만 이러한 상황을 강조할 뿐이다. 오늘날 마르크스주의가 다시금 철학 발전의 살아 있는 힘이 되고자 한다면, 모든 문제들에서 마르크스 자신에게로 되돌아가야만 한다. 물론 여기서 엥겔스와 레닌의 필생의 역작에서 나온 많은 것들이 이러한 노력을 강력하게 지지할 수 있을 것이다. 반면 이제 우리가 떠맡게 될 이러한 고찰들은 제2인터내셔널 시기뿐만 아니라 스탈린의 시기도 논구하지 않은 상태로 남겨둘 수 있지만, 그만큼 그것을 첨예하게 비판하는 일은—마르크스 이론의 명성을 복원한다는 관점에서 볼 때—중요한 과제가 될 것이다.

2. 정치경제학 비판

성숙한 마르크스는 철학과 과학의 일반적 문제들에 관해 상대적으로 거의 글을 쓰지 않았다. 종종 그에게 떠오른, 헤겔 변증법의 합리적 핵심을 간략하게 서술하는 계획은 결코 실현되지 못했다. 우리가 이 주제에 관해서 그가 소유했던 유일한 단편적 저술은 1850년대 말에 그의 경제 저작을 확고히 하려는 시도에서 작성했던 「서문(Einleitung)」이다. 카우츠키는 이 단편들을, 이 소재들을 바탕으로 나온 저작 『정치경제학 비판(Zur Kritik der politischen Ökonomie)』의 1907년 판에 넣어 발간했다. 그 이래로 50년

이상이 지나갔지만 이러한 저술이 마르크스 이론의 본질과 방법에 관한 이해에 현실적으로 영향을 미쳤다고 말하기는 어려울 것이다. 아울러 이러한 개요 속에는 사회적 존재의 존재론의 본질적 문제들과 이로부터 이어지는 경제학적 인식의 방법들이—소재가 지닌 이러한 존재 수준의 핵심 영역으로서—요약되어 있다. 이 저작에 대한 무시는 우리가 이미 언급했지만, 대개는 의식되지 못했던 데 기초해 있다. 즉 정치경제학 비판을 폐기하고 그것을 부르주아적 의미의 과학이라고 할 단순한 경제학으로 대체하려는 것이다.

방법론적으로 볼 때 마르크스가 일반적으로 두 개의 복합체를 첨예하게 구분했다는 사실이 처음부터 똑같이 강조돼야만 한다. 즉 다소간에 올바로 인식되는지와 무관하게 실존하는 사회적 존재와 가능한 한 적합하게 그것을 사유로 파악하는 방법이 그것이다. 그리하여 단순한 인식에 대해 존재론적인 것이 갖는 우위는 존재 일반에만 관계되는 것이 아니다. 객관적인 대상성 전체도 그 구체적인 구조와 역학에서, 그 현상태(Geradesosein)에서 볼 때 대단히 중요하다. 이는 이미 『경제학-철학 수고』이래로 마르크스의 철학적 입장인데, 이 연구에서 마르크스는 대상성 상호간의 관계들을 존재자들 간의 모든 존재론적 관계의 원형으로 간주했다: "자기 밖에 대상이 없는 존재는 대상적 존재가 아니다. 제3의 존재에 대해 그 자신이 대상이 못 되는 존재는 어떤 존재도 **대상**으로 갖지 못하는, 다시 말해 비대상적으로 행동하는 것이다. 그의 존재는 결코 대상적인 것이 아니다. 비대상적인 존재는 **비존재**[허깨비—역자]이다."[27] 마르크스는 이미 여기서, 존재의 어떤 '궁극적' 요소들이 보다 복잡하고 합성된 존재에 대

---

27) MEGA I/3, S. 161; MEW Ergänzungsband 1, S. 578.

해 존재론적으로 우위에 있다거나, 또는 이 합성된 존재와 관련하여 인식주체의 종합 기능이 그것들의 대상성의 본질(Was)과 구성(Wie)에서 모종의 역할을 담당한다고 하는 모든 관념들을 거부했다. 19세기에 칸트 철학은 의식의 피안에 있기 때문에 인식 불가능한 추상적 물자체에 반대하여 현실적인 구체적 대상성의 종합적 발생에 관한 이론을 그 전형적인 형태로 대변했다. 여기서 인식주체는 현재의 구체적인 종합을 수행하는데, 물론 그에게 합법칙적으로 지정된 방식으로 수행한다. 마르크스 존재론으로부터의 일탈은 처음에는 주로 칸트 철학의 영향하에서 오랜 시간에 걸쳐 이루어졌기 때문에, 이 같은 극단적 대립을 간략하게 제시하는 것이 자연스러운 일일 것이다. 부르주아적 세계관에서 여러 모로 변화가 이루어졌음에도 불구하고 칸트 철학의 권위는 여전히 힘을 발휘하고 있기 때문이다.

대상성이 모든 존재자의 첫 번째 존재론적 특이성이라고 한다면, 여기에는 존재자 자체는 언제나 역동적인 총체성, 복잡성과 과정성의 통일이라는 주장이 일관되게 놓여 있다. 마르크스는 사회적 존재를 탐구했기 때문에, 그에게 이러한 총체성 범주가 차지하는 존재론적 핵심 위상은 자연에 대한 철학적 탐구에서보다 훨씬 직접적으로 주어진다. 자연의 경우는 비록 엄밀한 방식일지라도 여러 가지 면에서 추론될 수 있는 반면, 사회의 총체성은 언제나 이미 직접적으로 주어져 있다. (이것은 마르크스가 세계경제와 아울러 세계사를 역사과정의 결과로 고찰했다는 것과 모순되지 않는다.) 각 사회가 하나의 총체성을 형성하고 있다는 것은 이미 청년 마르크스에게 분명하게 인식되고 언명되었다.[28] 하지만 여기서는 일반적 원리가 천명되었을 뿐, 그러한 총체성의 본질이나 속성이, 더욱이 그것들이 직접적으로 주

---

28) Ebd., 6., S. 180; vgl. MEW 4, S. 130.

어진 바와 그것들의 적확한 인식이 가능한가 하는 방식이 드러난 것은 아니다. 앞서 우리가 논의한 저작에서 마르크스는 이러한 문제들에 대해 명확한 답변을 제시했다. 이는 다음과 같이 시작된다. 즉 "현실적인 것과 구체적인 것"은 현재 "사회적 생산활동 전체의 기초이자 주체"로서의 민중이다. 그럼에도 좀 더 상세히 고찰할 경우, 이러한 올바른 주장이 있다 하더라도 현실적이고 구체적으로 인식하기에는 대단히 역부족이다. 우리가 직접적으로 주어진 총체성 자체를 받아들이든 혹은 그것들의 부분 복합체를 받아들이든 간에, 이처럼 직접적으로 주어진 현실을 직접적으로 지향한 인식은 언제나 단순한 관념들에 호소하고 있다. 때문에 이러한 인식은 고립화하는 추상들의 도움을 받아 보다 정확하게 규정되어야 할 것이다. 과학으로서의 경제학은 실제로 처음부터 이러한 길을 따랐다. 즉 경제학은 현실적인 경제과학이 성립될 때까지 언제나 추상화의 길 위에서 진행되었다. 이 과학은 서서히 획득된 추상적 요소들로부터 시작했다가, 이제 여행을 다시금 후진적으로 시작해서 인구에 도달한다. 이 인구는 "하지만 이제는 전체에 대한 혼란된 표상으로서가 아니라 많은 규정들과 관계들로 이루어진 보다 풍부한 총체성으로서"[29] 나타나는 것이다.

그리하여 경제적 총체성 자체의 본질이 그것을 인식하는 길을 규정한다. 그러나 이 올바른 길은 현실적인 존재 의존성을 끊임없이 현재화시키지 못할 경우 관념적인 착각에 빠질 수 있다. 인식과정 자체는—고립된 상태에서 독립적으로 고찰될 때—자신 속에 자기왜곡의 경향을 담지하기도 한다. 마르크스는 두 가지 길에서 도달된 종합에 대해 다음과 같이 말했다. 즉 "구체적인 것은 구체적이다. 왜냐하면 그것은 많은 규정들의 조

---

29) *Grundrisse*, S. 21.

합, 말하자면 다양성의 통일이기 때문이다. 그리하여 비록 그것[구체적인 것—역자]이 현실적인 출발점이고, 그래서 또한 직관과 표상의 출발점이라 할지라도, 사유 속에서 그것은 조합의 과정으로서, 출발점이 아니라 결과로서 나타난다." 이로부터 방법론적으로는 헤겔적 관념론이 도출될 수 있다. 첫 번째 길에서 "풍부한 표상"으로부터 "추상적 규정들"이 성립하고, 두 번째 길에서는 "사유의 길 속에서 추상적 규정들로부터 구체적인 것의 재생산으로 나아간다. 그러므로 헤겔은 현실을 자기 안으로 모으고, 자기 안에서 천착하고, 또 자기로부터 스스로 운동하는 사유의 결과로 파악하는 착각에 빠진 반면, 추상적인 것에서 구체적인 것에로 상승하는 방법은, 사유가 구체적인 것을 전유(專有)해서, 그것을 정신적인 구체로 재생산하는 유일한 방식이다. 하지만 이것이 구체적인 것 자체의 발생과정은 결코 아니다."[30] 관념론적 표상방식과의 단절은 이중적으로 이루어진다. 첫째로 추상을 통해 획득된 '요소들'로부터 구체적인 총체성에 대한 인식으로 가는 인식론적으로 필연적인 길은 인식의 길일 뿐이지 현실 자체의 길은 아니다. 후자는 능동적이거나 수동적으로 작용하는 여러 등급의 총체성의 틀 안에서 이루어지는 이러한 '요소들'의 구체적이고 실제적인 상호관계로부터 성립한다. 이로부터 결론은, 현실의 생성을 해명하는 길 위에서만 총체성에서의 (또한 그 총체성을 형성하는 부분적 총체성들 안에서) 변화가 가능하다는 것이다. 범주적인 사유의 결론들로부터 이끌어낸 추론은 헤겔의 예가 보여주듯 쉽사리 끊임없는 사변적 개념화로 갈 수밖에 없다.

물론 이것은 추상적으로 획득된 '요소들' 사이의 합리적인 본질 연관들이, 비록 그것들의 과정적인 연관들이 문제일지라도, 현실인식에 중요하지

---

30) Ebd., S. 21 f.

않다는 의미는 아니다. 오히려 정반대이다. 우리는 이러한 요소들이 추상적으로 획득되고 일반화된 그 형식들 속에서의 사유와 인식의 산물이라는 점을 결코 잊어서는 안 된다. 존재론적으로 볼 때 요소들 역시 과정상의 존재 복합체들이다. 이러한 '요소들'이 총체적인 복합체를 형성하고 있으므로, 이 총체적 복합체 자체보다 더 단순하고, 그렇기 때문에 개념적으로 더 쉽게 파악되는 속성을 지닌다. 따라서 한편으로는 경험적 관찰을 통해, 다른 편으로는 추상적인 사유실험을 통해 가능한 한 정확하게 그것들의 합법칙적 기능방식을 구명하는 것이, 다시 말해 그것들의 본래 모습이 어떻고, 그것들의 내적인 힘들이 어떻게 순수하게 효력을 발휘하고, 또 외부의 방해요인들이 제거될 때 그것들과 다른 '요소들' 사이에 어떤 상호관계가 성립하는지를 분명하게 인식하는 것이 대단히 중요하다. 따라서 마르크스에 의해 '후진적으로 진행된 여행'으로 특징지어진 정치경제학의 방법이 역사적인 (발생적인) 작업방식과 추상적·체계 지향적이며, 법칙들과 경향들을 드러내는 작업방식 간의 항구적 협력을 전제하고 있다는 것은 분명하다. 이 같은 두 가지 인식의 길 사이의 유기적이고 효과적인 상호관계는, 그러나 모든 단계에 대한 지속적인 존재론적 비판에 기초할 경우에만 가능하다. 왜냐하면 두 가지 방법은 이러한 현실 복합체를 서로 다른 관점에서 파악하려 하기 때문이다. 그렇기 때문에 순전히 사유에 의한 가공은 실질적으로 연관된 것들을 쉽게 해체시키고, 경험적-역사적이거나 혹은 추상적-이론적이냐에 상관없이 그 각각의 부분들에 거짓 자립성을 부여할 수 있다. 사태나 연관으로서, 과정이나 합법칙성으로서 인식된 것에 대한 끊임없이 자극된 존재론적 비판만이 현상들에 대한 참된 통찰을 사유 속에서 재구성할 수 있다. 부르주아 경제학은 여기서 제기된, 경직되게 분리된 관점들의 이원성으로 끊임없이 고통을 받고 있다. 한쪽 극단에서는 순전히 경험적인 과학사가 성립하는데, 여기서는 전체 과정에 대한 진정한 역사적 연관이 사라진다. 다른 쪽의 극단에는—한계효용 이론부터 현대의 조작적인 개별 연구들에 이르기까지—개별적인 경우들에서 우연적으로 실제적인 관계나 그것들의 흔적이 존재한다 할지라도, 사이비 이론의 방식에서 참으로 결정적인 연관들을 소멸시킬 수 있는 과학이 있다.

둘째로—지금까지 논의된 것과의 긴밀한 연관 속에서—'요소들'과 총체성들 간의 대립을 그 자체로 단순한 것과 그 자체로 복잡한 것 사이의 대립으로 환원시킬 필요는 없다. 전체와 그 부분들에 관한 보편적 범주들은 지양되지 않는 기본관계로서 좀 더 복잡한 구성을 담고 있다: 말하자면 모든 '요소', 모든 부분은 여기서 똑같이 하나의 전체이며, '요소'는 언제나 구체적이고 질적으로 특수한 속성들의 복합체, 상호작용하는 각기 다른 힘들과 관계들의 복합체이다. 하지만 이러한 복합성이 '요소'라는 그 성격을 지양하지는 못한다: 경제학의 참다운 범주들은—모름지기 복잡하고, 과정적인 그 범주들의 복합성 속에서—사실상 각각 그 자신의 종류나 위상 모두에서 어떤 '궁극적인 것'인데, 이것은 분석만 가능할 뿐 현실적으로 더 분해될 수 있는 것이 아니다. 경제학을 창시한 자의 위대함은 무엇보다 그가 참다운 범주들의 이 같은 근본적 성격을 인식하고, 그것들 사이에 올바른 관계를 수립했다는 데 있다.

하지만 이러한 관계는 수평적 질서뿐만 아니라 수직적 질서도 담고 있다. 이렇게 말을 한다는 것은 모름지기 우리가—물론 마르크스의 사회적 존재의 존재론이라는 이름으로—관념론적 체계의 위계원리와 싸웠던 바의 이전의 반대 입장과 모순되는 것처럼 보인다. 그럼에도 이러한 모순은 치명적인 가상일 뿐이다. 왜냐하면 마르크스주의에 대한 많은 오해는 이러한 가상에 그 뿌리를 두고 있기 때문이다. 다시 말해 우리는 존재론적 우위의 원리를 인식론적-도덕적 등등의 가치판단과 정확히 구분하지 않으면 안 되는데, 모든 관념론적 혹은 속류 유물론적 체계의 위계에는 이러한 판단이 붙박여 있다. 우리가 하나의 범주의 다른 범주에 대한 존재론적 우위를 부여한다면, 우리는 단순히 다음과 같이 생각하는 것이다: 어떤 하나가 다른 것 없이 존재할 수 있는 반면, 그 반대는 존재론적으로 불가능하다는 것이다. 모든 유물론의 핵심 테제에서도 마찬가지인데, 존재는 의식에 대해 존재론적 우위를 갖는다. 존재론적으로 볼 때 그것은 단순히 의식이 없이도 존재가 있을 수 있는 반면, 모든 의식은 어떤 존재자를 전제로, 토대로 가져야만 한다는 것을 의미한다. 그럼에도 이로부터 존재와 의식 사이에 어떠한 가치의 위계가 이어지는 것은 아니다. 그것들 간의 관계에 대한 모든 구체적이고 존재론적인 탐구는 오히려 의식이 물질 발전의 상대적으로 높은 단계에서만 가능하다는 것을 보여준다; 근대 생물학은 자신의 환경에 대한 유기체의 원초적인 물리-화학적 반응 방식이 사회적 존재의 단계에서야 비로소 완성될 수 있는 풍부한 의식의 형태를 어떻게 점진적으로 형성해나가는가를 개념적으로 보여주고 있다. 그것은 존재론적인 의미에서 다른 기능들에 대한 인간존재의 생산과 재생산의 우위성도 마찬가지이다. 엥겔스가 마르크스에 대한 조사(弔辭)에서 '단순한 사실'과 관련해 "인간은 정치, 과학, 예술, 종교 등을 추구할 수 있기 전에 다른 무엇보다도 먼저 먹고, 마시고, 거주하고 또 옷을 입어야만 한다.”[31]고 말했을 때, 마찬가지로 여기에는 오로지 이러한 존재론적 우위성에 대한 말이 담긴 것이다. 이 점을 마르크스 자신이 『정치경제학 비판』 서문에서 분명하게 언급

---

31) Karl Marx —Eine Sammlung von Erinnerungen und Aufsätzen, Moskau-Leningrad 1934, S. 21; MEW 19, S. 335.

했다. 이와 관련해 마르크스가 '생산관계의 전체'를 '현실적 토대'로 간주하고, 이로부터 다시금 의식의 형태들 전체가 전개되고, 이것에 의해 사회적-정치적 및 정신적 삶의 과정으로서의 의식의 형태들이 조건 지어지는 것으로 고찰했다는 점이 무엇보다 중요한 것이다. "인간의 존재를 규정하는 것은 인간의 의식이 아니다. 오히려 인간의 의식을 규정하는 것은 인간의 사회적 존재이다."[32]라는 그의 결론은, 따라서 의식의 형태 및 내용의 세계를 곧바로 직접적인 생산과정의 관계 속에 있는 경제구조와 결부 짓는 것이 아니라 사회적 존재의 총체성과 결부 짓는 것이다. 사회적 존재에 의한 의식의 규정은, 따라서 지극히 일반적인 의미에서 이루어진다. 속류 마르크스주의만이 (제2인터내셔날의 시기에서 스탈린 시기 및 그 이후에 이르기까지) 이로부터 경제나 혹은 경제의 개별적 계기들과 이데올로기 사이에 명백하고도 직접적인 인과적 관계를 추론했다. 마르크스 자신은 우리가 인용한 존재론적으로 결정적인 자리 바로 앞에서 상부구조에 "특정한 사회적 의식의 형태들이 대응한다는 것"과 나아가서 "물질적 삶의 생산양식"이 "사회정치적이며 정신적인 삶의 과정 일반"을 "조건 짓는다."[33]고 말했다. 우리는 제2부의 서술에서뿐만 아니라 이 장의 서술 뒷부분에서도 상호작용들 및 상호관계들의 풍부한 영역이 의도적으로 지극히 일반적이고 공식적으로 견지되는 존재론적 규정 속에, 심지어는 '지배적 계기'라는 마르크스주의의 결정적 범주 속에 포함되어 있는가를 살펴볼 것이다.

마르크스주의의 방법과 관련하여 오늘날 일반적으로 지배하고 있는 개념의 혼란은 불가피하게 이 짧막한 보론(補論)을 요구하지만, 덕분에 우리

---

32) Marx: *Zur Kritik der politischen Ökonomie*, Stuttgart 1919, LV; MEW 13, S. 9.
33) Ebd., S. 8 f.

는 현재 탐구하고 있는 핵심 주제로부터 다소 멀어지는 것처럼 보인다. 이제 우리가 경제학 자체의 방법으로 되돌아갈 경우, 우리는 그것을 마르크스가 상당히 늦게 『자본론』에서 제시했던, 한층 순화된 형태의 실현 속에서 받아들이게 될 것이다. (『자본론』에서 분석되지 않는 복합체들 및 연관들에 관한 정보를 풍부하게 담고 있는 이른바 '초안'은 그의 전체 구성에서 방법론적으로 분명하고 존재론적으로 근본적인 주저의 완벽한 새로운 서술방식을 갖추고 있지 못했다.) 우리가 이 저작의 구조의 결정적인 원리들을 지극히 일반적으로 규정하려 할 경우, 무엇보다 먼저 출발점으로서 대규모의 추상과정이 관건인데, 이러한 출발점으로부터 방법론적으로 불가피한 추상태들을 해체함으로써 명료하고 풍부하게 구분된 구체성 속에서 총체성을 사유 상으로 파악할 수 있는 길이 단계적으로 마련되는 것이다.

사회적 존재의 영역에서는 현실적인 실험을 통해 개별과정을 실제적으로 고립시키는 것이 존재론적으로 배제되어 있기 때문에, 추상적인 사유의 실험만이 가능할 수 있다. 이러한 실험 속에서 특정한 경제적 관계들, 연관들, 힘들 등이 어떤 결과를 야기하는가가—경제현실 속에서 그것들의 순수한 효력을 방해하고, 저지하고, 변경하는 등의 모든 사실들이 탐구를 위해 사유 속에서 배제될 때—이론적으로 탐구된다. 이러한 길은 이미 마르크스의 위대한 선구자인 리카도(Ricardo)가 걸었으며, 나중에 경제이론과 같은 것이 등장하는 모든 곳에서 그러한 사유실험이 결정적인 역할을 담당한다. 하지만 리카도와 같은 사상가는 이 경우에 언제나 생동하는 현실의 의미에, 존재론적인 것에 대한 건전한 본능에 이끌리고, 그리하여 언제나 현실적인 범주연관들을 도출했던 반면 (이 범주들이 종종 가치 규정과 이윤율 사이의 해결 불가능한 대립과 같은 거짓 이율배반에 빠졌을 때도 그랬다.), 부르주아 경제학에서는 대부분 사유실험이 주변적인 현실(한계효용론에서 인용되는 사하라 사막의 물)에 기초해서 이루어지며, 이러한 실험은 기계적인 일반화를 통해, 전체 과정의 인식보다는 세부 사항의 의도적 조작을 통해 그것이 의도했던 이상으로 나아간다. 마르크스는 무엇보다 철학적으로 의식화되고, 이를 통해 고양된 현실의 의미를 통해 역동적인 총체성을 파악하는 데서뿐만 아니라 개별범주들의 내용(Was)과 방법(Wie)을 올바로 평가하는 데서도 그의 가장 중요한 선구자들과 구별된다. 그럼에도 그가 말하는 현실의 의미는 순수한 경제학의 한계를 훨씬 넘어서 있다. 마르크스는 여전히 이 경제학 속에서 대담한 추상작업을 일관되게 수행하고자 했다. 그럼에도 고유의 경제적인 것들과 경제 외적인 현실 간의 생동하는 상호작용이 사회적 존재의 전체 틀 안에서 끊임없이 작용하고 있으며, 이러한 작용이 없었다면 해결 불가능한 이론적인 문제들이 그로 인해 추상적인 이론들 속에서 분명한 의미를 갖게 되었다.

사회적 존재에 관한 마르크스 이론에서 보이는 이러한 항구적인 존재론적 비판과 자기비판을 통해 순수 경제학의 영역에서 이루어지는 추상화의 사유실험은 과학이론적으로 볼 때 새롭고 독특한 성격을 획득한다. 즉 추상은 한편으로 부분적인 것, 다시 말해 하나의 부분, 하나의 '요소'를 추상화하고 고립화하는 것이 아니라, 오히려 경제학의 전 영역이 추상화하는 기획 속에 드러난다. 이러한 기획 속에서 어떤 포괄적 범주연관들이 사유 상으로 잠정 배제된 결과, 핵심범주들이 방해받지 않고 충분히 전개되고, 그것들의 내적인 합법칙성이 순수한 형태로 해명될 수 있을 것이다. 그럼에도 다른 한편 사유실험의 추상은 경제 외적인 관계들과 경향들 등이 포함되어 있는 사회적 존재의 총체성과 끊임없이 접촉하고 있다. 지금까지 거의 이해되지 못한 이 역설적인 변증법적 방법은 이미 언급된 마르크스의 통찰에 기초해 있다. 즉 경제적인 것과 경제 외적인 것이 사회적 존재 안에서 끊임없이 상호이행하고, 지양 불가능하게 상호작용하지만, 그럼에도 이미 지적한 것처럼 이로부터는 몰규칙적인 독특한 역사발전도, 추상적이고 순수한 경제적 요소의 기계적이고 '법칙적인' 지배도 나오지 않는다. 오히려 경제학의 엄밀한 법칙들에 지배적 계기의 역할을 부여하는 바의 사회적 존재의 유기적 통일이 이어지는 것이다.

이처럼 사회적 존재 속에서 이루어지는 경제적인 것과 비경제적인 것 간의 상호침투가 범주론 자체 속으로 깊숙이 들어온다. 마르크스는, 그가 임금을 일반적인 가치론 속으로 편입시킨 점에서 고전경제학을 계승한다. 그럼에도 그는 노동력이 그 자체로(sui generis) 상품이라는 것, "그것의 사용가치 자체는 현실적인 사용 속에서 가치창조를 수행하는"[34] 독특한 속성을 지닌다는 것을 인식했다. 지금 우리는 이러한 설명이 갖는 의미를 더 이상 천착하지는 않겠다. 다만 우리는 노동력이라는 상품이 지닌 이러한 독특한 속성으로부터 불가피하게 가치법칙의 실현과정에서, 그리고 이러한 상품의 정상적인 구매와 판매과정에서 경제 외적인 계기들이 끊임없이 개입할 수밖에 없다는 주장에 스스로를 한정 짓고자 한다. 다른 상품들에서는 현재의 재생산 비용이 가치를 규정하는 반면, "노동력의 가치 규정은 역사적이고 도덕적인 요소"[35]를 담고 있다. 결국 "상품교환 자체의 본성으로부터는 노동일의 어떠한 한계도, 따라서 잉여노동의 어떠한 한계도 발생하지 않는다. 자본가는, 그가 노동일을 가능한 길게, 아마도 하루의 노동일을 이틀로 만들려고 할 때 구매자로서의 자신의 권리를 주장하는 것이다. 다른 한편으로 판매된 이 상품의 특수한 본성은 구매자에 의한 이 상품의 소

---

34) *Kapital* I, S. 129; MEW 23, S. 181.
35) Ebd., S. 134; ebd., S. 185.

비가 일정한 한계에 갇혀 있으며, 노동자는 그가 노동일을 일정한 정량(定量)으로 제한하기를 원할 때 판매자로서의 자신의 권리를 주장한다. 그러므로 여기서 권리 대 권리라는 어떤 이율배반이 발견되며, 두 권리는 똑같이 상품교환의 법칙에 의해 결정된다. 두 개의 권리가 맞서 있을 때는 힘이 결정한다. 그리하여 자본주의적 생산의 역사 속에서 노동일의 표준화는 노동일의 제한을 둘러싼 투쟁으로—총 자본가들, 다시 말해 자본가 계급들과 총 노동자들 혹은 노동계급들 간의 투쟁으로—나타나는 것이다."[36] 이러한 경제 외적인 계기들은 가치법칙 자체에 의해 규정된 필연성을 띠고 끊임없이, 말하자면 자본주의적 상품교환의 일상 속에, 가치법칙의 정상적인 실현과정 속에 등장한다. 그럼에도 이 세계를 경제학적으로 엄밀한 그 법칙적 필연성과 통일성 속에서 체계적으로 분석한 다음에, 특별히 한 장을 빌려 마르크스는 그것의 역사적(존재론적) 발생을, 말하자면 수백 년에 걸친 경제 외적인 일련의 폭력행위들로 점철된 원시적 축적을 서술하고 있다. 이러한 폭력행위를 통해 저 역사적 조건들이 비로소 현실적으로 창출될 수 있었고, 이 조건들로부터 노동력은 자본주의 경제학의 이론적 합법칙성의 토대가 된 특수한 상품이 되었다. "자본주의적 생산양식의 '영원한 자연법칙'을 해방시키고, 노동자와 노동조건 사이의 분리를 수행하고, 이한 극단 위에서 사회적 생산수단과 생계수단을 자본으로 변형시키고, 다른 극단에서는 인민대중을 임노동자로, 자유로운 '노동빈민'으로, 근대사의 인위적인 산물로 변형시키기 위해서는 이 같은 상당한 수고(tantae molis erat)가 필요했다."[37]

---

36) Ebd., S. 196; ebd., S. 249.
37) Ebd., S. 725; ebd., S. 787 f.

엄밀히 합법칙적인 경제적인 것과 본래 그것과 이질적인 경제 외적인 것들의 관계들, 힘들 등 사이에 이루어지는 이처럼 끊임없는 상호작용을 고려할 때 비로소『자본론』의 구조가 이해될 것이다. 즉『자본론』의 구조는 지극히 합법칙적이고 추상화된 동질의 법칙 연관들을 실험적으로 정립하는 것으로부터, 때때로 보다 넓고 보다 현실에 가까운 구성요소들을 연속적으로 삽입함으로써 결국에는 사회적 존재의 구체적 총체성에 도달하여 최초의 영향이 지양되기에 이르는 것이다. 마르크스는 이미 앞서의 저작에서 그가『자본론』에서 실현하고자 한 이러한 접근 및 구체화의 과정을 위해 하나의 프로그램을 제시한 바 있다. 물론 이러한 저작은 단편으로만 남아 있다. 즉 구체적 총체성에 접근한 성과로서 계급이 명확해지는 지점에서, 수고는 단절되었다.[38] 그 부분을 구체적으로 채우기 위해서는 핵심적 의미를 갖는 '요소들'에 대한 연구로부터 시작되어야만 한다. 마르크스가 구체적인 것으로부터 추상적인 것으로, 나아가 이해 가능해진 총체성을 향해 걸어가는 길은 임의의 추상으로부터 시작할 수는 없기 때문이다. 마르크스에 의해 강조된, 현상과 본질 간의 차이가 갖는 의미를 지금 다시금 상기하자는 것은 아니다. 왜냐하면 분리시켜 고찰할 경우, 모름지기 이러한 길이 총체성에 대한 이해로 발전하지는 못한다 하더라도, 모든 임의의 현상은 '요소'로서 추상되어 출발점이 될 수 있기 때문이다. 그런데 출발점이 오히려 객관적이고 존재론적인 의미에서 중심범주이어야 하는 것이다.

마르크스가『자본론』에서 가치를 첫 번째 범주로서, 우선적 '요소'로서

---

38) 수고에서는 다음의 각주가 이어진다: "물론 오늘날 우리는 결국 수고 원문에서 얼마나 많은 부분들이 발견될지를 알 수가 없다. 라자노프(Rjazanow)는 나에게 1930년 초에『자본론』의 수고가 열 권이 되는데, 엥겔스에 의해 발간된 것은 다만 이 수고 총량의 일부일 뿐이라고 말했다."

탐구했던 것은 이유가 없는 것이 아니다. 특히 여기서 가치가 그것의 발생 속에서 현상하는 방식 때문에 그렇다. 가치의 발생은 한편으로 추상적으로, 하나의 결정적인 계기로 환원이 됨으로써 전체 경제현실의 역사에 대한 가장 일반적인 개요를 보여주고, 다른 한편으로 범주들 자체가 그것들의 실존에서 필연적으로 이어지는 연관들 및 관계들과 결합해서 사회적 존재의 구조에서 가장 중요한 것을, 즉 생산의 사회적 성격을 핵심적으로 밝혀준다는 점에서, 이러한 선택은 곧바로 선택의 효과가 크다는 것을 보여준다. 마르크스가 여기서 제시한 가치의 발생은 곧바로 그의 방법의 이중성을 조명해준다. 즉 이러한 생성 자체는 가치 개념으로부터의 논리적인 연역이나, 가치가 순수한 사회적 형태를 띨 때까지 그 가치발전의 개별적인 역사적 단계들의 귀납적 기술이 아니다. 오히려 그것은 사회적 존재의 역사적 존재론을 그 구체적이고 현실 영향적인 합법칙성에 대한 이론적 구명과 이론적-유기적으로 통일된 하나의 독특하고 새로운 방식의 종합이다.

이 서론적 장은 경제생활에서 가치의 역사적 발생을 외연적으로 서술하라는 요구를 제기하는 것이 아니다. 다만 원칙적으로 산발적이고 우연적인 시작들로부터 그 이론적 본질이 순수한 형태로 표현된 완전한 전개에 이르기까지 이러한 범주들의 자기운동 속에는 이론적으로 결정적인 단계들이 존재할 뿐이다. 가치범주가 자기에로 복귀하는 역사적-존재론적이며 이론적인 단계들의 이러한 수렴은 경제적 존재의 체계에서 그것들이 차지하는 핵심적 위상을 보여주고 있다. 우리가 나중에 보게 되겠지만, 여기서 드러난 가능성을 전체 경제학의 일반적이고 방법론적인 토대로 삼아, 이론적 발전과 역사적(존재론적) 발전 사이에, 경제적 범주들의 연속과 차이 사이에 예외 없이 일반적인 평행을 받아들인다는 것은 성급한 결론일 것이다. 이러한 성급한 일반화에는 마르크스 이론에 대한 적지 않은 오해가,

마르크스 자신이 언젠가 그 원천으로부터 거리를 두려 했던 오해가 있다. 사회적 생산의 핵심범주인 가치 속에서만 전체 과정을 규정하는 본질적인 규정들이 결집되기 때문에, 결정적인 요소로 환원되고 단축되어 서술된 발생의 존재론적 단계들은 동시에 구체적인 경제적 단계들의 이론적 토대로서의 의미도 지니고 있다.

가치범주의 이러한 중심적 위상은 하나의 존재론적인 사실이지, 순전히 이론적이거나 논리적인 연역의 출발점으로서의 '공리'가 아니다. 그럼에도 이러한 존재론적인 현사실성이 일단 인식될 경우, 그것은 이미 그 단순한 현사실성을 넘어선다. 즉 가치범주에 대한 이론적 분석은 곧바로 그것이 모든 사회현실의 가장 중요한 경향들의 초점임을 보여줄 것이다. 물론 여기서 우리가 규정들 속에 담겨 있는 이러한 풍부함을 지적하는 것조차 쉽지는 않다. 우리는 다만 간단히 가장 중요한 계기 하나만을 지적하겠다. 무엇보다 사회적 범주로서의 가치 속에는 곧바로 사회적 존재의 보다 기본적인 토대, 즉 노동이 등장한다. 가치의 사회적 기능과 노동이 맺고 있는 연관은 동시에 인간의 자연적 존재로부터, 인간이 자연과 맺고 있는 신진대사로부터 성립한 사회적 존재의 구조적 근본원리를 드러내준다. 이러한 신진대사는 그 계기들 전체―이러한 물질적 토대로부터 궁극적으로 분리 불가능하다는 것과 외연적으로나 내포적으로 끊임없이, 그리고 점진적으로 그 토대를 극복하는 것 사이의 불가분적이고 존재론적인 결합, 순수한 사회성으로의 그 물질적 토대의 변형―가 하나의 과정을, 즉 가치 자체와 마찬가지로 이미 물질적인 자연성으로부터 완전히 벗어난 범주들 속에서 정점을 이루는 과정을 보여준다. 따라서 사회적 존재의 존재론은 언제나 두 가지 관점을 고려하고 있다. 첫째는 두 가지 극단이, 즉 직접적이고 순수하게 자연세계에 속한 것(과수, 가축 등)으로 나타나지만 결국에는 인간의 사회적 노동의 산물인 대상들과, 모든 자연적 물질성이 사라진 사회적 범주들(무엇보다 가치 자체)이 이 가치 변증법 속에서 서로 간에 불가분적으로 결합되지 않을 수 없다는 것이다. 모름지기 모순으로 표현되는 사용가치와 교환가치의 불가분성이 대립적으로 나타나면서도 불가분적인 결합 속에서 사회적 존재의 이러한 존재론적 속성을 보여준다. 언제나 새롭게 출현하는 부르주아적-관념론적 사회철학의 이론적인 막다른 골목은 그 기원을 종종 물질적인 것과 정신적인 것, 자연적인 것과 사회적인 것의 추상적이며 이율배반적인 대립에 두고 있으며, 이로 인해 현실 변증법의 모든 연관들이 불가피하게 분열되고, 또 그렇기 때문에 사회적 존재의 특수한 요소가 이해할 수 없는 것이 되고 말았다. (이러한 복합체에 대한 상세한 서술은 제2부에서나 가능할 것이며, 여기서는 두 가지 극단의 불가분성을 지적하는 것만으로 충분할 것이다.)

하지만 둘째로 이러한 변증법은 현실에 대한 저 초보적인 직관을 넘어서지 못하는 사람들에게는 이해되지 않을 것이다. 그들은 소박하게 물성을 물질성으로서, 더욱이 객관적인 존재자로서 인정하고, 사유의 산물로 직접적으로 나타나는 모든 현실의 반영들(추상 등)뿐만 아니라 다른 모든 대상성의 형식들(관계들, 연관들 등)을 자립적이고 능동적인 것으로 보이는 의식의 활동 탓으로 간주한다. 자연적이고 직접적으로 이해되면서도, 객관적으로 볼 때는 지극히 초보적이고 거짓된 이러한 직관들을 극복하고자 한 헤겔의 노력에 대해 우리는 이미 다룬 바 있다.[39] 가치에 대한 마르크스의 선구적인 분석은 추상에 관한 그의 논의에서도 드러난다. 더욱 공고해지는 사용가치와 교환가치의 관계와 관련된 노동의 변화는 특정 대상에

---

39) 제3장 헤겔의 잘못된 존재론과 참된 존재론을 참조하라.

대한 구체적 노동을 추상적이고 가치창조적인 노동으로 전화시키고, 이제 사회적 필요노동의 실재성에서 정점에 이른다. 우리가 이러한 과정을 편견 없이 관념적인 형이상학에서 고찰한다면, 이러한 추상과정은 사회적 실재성 안에서 이루어지는 하나의 실제적인 과정이라는 인식에 도달하지 않을 수 없다. 우리는 다른 맥락에서 노동의 평균성은 노동의 사회성의 지극히 초보적인 단계에서도 이미 자연발생적이고 객관적으로 발생한다는 것을, 그것은 노동 대상의 존재론적 속성과 무관한 단순한 인식이 아니라 노동의 사회화가 점증하는 과정에서 나중에 가서야 비로소 이론적으로 의식된, 노동이라는 새로운 존재 범주의 발생이라는 것을 보여주었다. 따라서 사회적 필요(더불어 사실상[ipso facto] 추상적인)노동은 하나의 실재이자 사회적 존재의 존재론의 한 계기, 즉 추상이 의식에 의해 수행되었는지 여부와 전혀 관계없이 사회적 존재에 의해 실제 대상들에 행해진 실제적 추상이다. 19세기에 수백만의 독립적인 수공업자들은 사회적 필요노동의 이러한 추상이 끼친 영향을 자신들의 파산으로서 체험했으며, 아울러 실제로 구체적인 결과를 체험했다. 그들은 자신들이 사회적 과정에 의해 수행된 추상과 맞서 있다고는 전혀 생각도 못하고 그런 체험을 했던 것이다. 이러한 추상은 사람을 치는 자동차와 같은 현사실성의 존재론적 비정함을 지니고 있다.

마찬가지로 관계들과 연관들도 존재론적으로 파악되어야만 할 것이다. 이러한 물음에서 마르크스의 서술은 더욱―논쟁적으로―진행된다. 즉 그는 관계들과 연관들을 사회적 존재의 존재 속성으로 입증하는 것에 만족하지 않는다. 마르크스는 그것들의 현사실성을 실제적인 삶 속에서 고려하면서 그것들을 현실로 체험해야만 한다는 불가피성이 그것들을 사유 속에서 종종, 그리고 필연적으로 물성으로 전화시킬 수밖에 없음을 보여주고 있다. 우리는 이미 존재론적인 '직 지향(intentio recta)'의 초보적인 현상 방식이 인간의 의식 속에서 이처럼 모든 존재자의 '사물화'로 갈 수 있고 또 종종 가고 있다는 것을, 그리하여 이러한 경향은 과학과 철학에서 한층 더 확장되고 사유 상으로 고정되었다는 것을 보았다. 마르크스는 지금은 유명해진, 상품의 물신성에 관한 장에서 사회적 관계들과 상태들의 이러한 '사물화'의 과정을 상세하게 서술하면서, 그 과정은 협소한 의미에서의 경제적 범주들에 한정된 것이 아니고, 오히려 인간적 삶을 이루는—항시 사회화된—지극히 미묘하고 중요한 정신적 대상에 대한 존재론적 왜곡의 기초가 되었음을 입증했다. 여기서 마르크스는 철학적으로 보다 성숙한 단계에서 외화와 소외라는 헤겔적 개념들에 대한 비판을 시작했다. 우리는 이 문제들에 대해 제2권에서 별도로 장을 할애할 것이기 때문에, 여기서는 이 정도의 언급으로 만족할 것이다.[40]

『자본론』 제1권의 전체 구조 문제로 돌아가보자. 우리는 사실 자체에 내재해 있는 가치들의 모순 복합체가 매우 중요한 경제범주들을 성숙하고도 폭넓게 발전시킨다는 것을 알고 있다. 노동의 일반 문제를 우리는 이미 지적한 바 있다. 하지만 다시금 그 문제를 언급하기에 앞서, 우리는 일반적인 가치형태로부터 화폐의 필연적 발생을 지적해야만 할 것이다. 이를 위한 다음의 언급: 마르크스에 의한 가치분석의 마지막에 이르러 화폐가 필연적인 '논리적' 결과로 나타날 경우, 이러한 '논리'는 존재론적으로 볼 때 말 그대로 이해되어서는 안 되며, 사유상의 문제로 환원되어 이해되어서도 안 된다. 오히려 여기서는 일차적으로 존재의 필연성이 관건이라는 것, 따라서 마르크스의 '연역'은 오직 추상적으로 단축되고 가장 일반적인 것

---

40) 제4권 4장 '소외'를 말한다. (역주)

으로 환원된 형태의 존재에 대한 서술방식이 논리적인 연역으로 나타난다는 점이 분명하게 통찰되어야 한다. 사실적으로 볼 때 여기서는 사실 연관들의 이론적 내용이 탐구되고 있으며, 마르크스 자신은 『자본론』 제2권의 후기에서 '선험적 구성'의 외관은 그 기원을 오직 서술 속에서만 두고 있을 뿐 탐구 자체에는 없다고 강조한다.[41] 아울러 다시금 마르크스에 의해 존재론적인 것의 우위성이 강조된다. 물론 이러한 우위성은 엄밀한 과학적 방법론의 토대가 된 존재론적 원리이다. 여기서 철학의 역할은 '다만' 끊임없이 존재론적으로 통제하고 비판하는 것이며, 일반화를—곳곳에서—확장하고 심화시키는 것이다.

철학적 일반화의 이러한 기능은 이론적이고 경제적인 개별 분석들의 과학적 엄밀성을 손상시키는 것이 아니라, '다만' 그러한 엄밀성을 사회적 존재를 그 총체성 속에서 적합하게 인식하는 데 불가결한 연관들에 접목시키는 것이다. 이런 식의 물음을 우리는 앞서 '사물화(Verdinglichung)'의 문제로 강조한 바 있지만, 그럼에도 마르크스는 이 문제에만 국한되지 않는다. 왜냐하면 가치나 화폐 등등의 존재론적 발생을 과학적으로 엄밀하게 서술하는 것은 순수한 개별과학적인 논의에서는 현실적인 역사가 순전히 합리적으로 진행된다는 식의 거짓 외관을 야기할 수 있기 때문이다. 이러한 합리성에 의해서 역사의 존재론적 본질이 왜곡이 될 수도 있다. 왜냐하면 이처럼 순수한 법칙적 합리성이야말로 개별적인 경제적 과정의 본질일 뿐만 아니라—확실히 이미 경향성을 띤 형태에서—경제적인 전체 과정 자체의 본질이기도 하기 때문이다. 하지만 이러한 법칙은 그 자체 의식적으로 수행된 개인들의 실천적이고 경제적인 개별행위들로부터 현실 자체를

---

41) *Kapital* I/XVII; MEW 23, S. 27.

발생하게 하지만, 그럼에도 이론이 고착시킨 그 궁극적인 성과는 이론적인 파악 능력과 이러한 실천적 행위를 실제로 수행하는 개인들의 실천적인 결단 가능성을 훨씬 넘어서 있다는 것을 결코 잊어서는 안 될 것이다. 따라서 인간들 자신에 의해 실천적으로 (실천적인 의식과 함께) 수행된 경제적인 개별행위의 결과가 행위자 자신에게는 어떤 초월적인 '운명'의 형태를 띠고 나타난다는 것은 완전히 법칙적인 것이다. 앞서 지적한 '사물화'의 경우에서 그렇듯, 화폐의 경우에는 특별히 더 그렇다. 마르크스는 화폐의 발생을 가치의 변증법으로부터 합리적이며 법칙적으로, 말하자면 논리적으로 엄밀하게 '연역'했다. 이처럼 인간적 활동의 산물로서 필연적으로 발생한 화폐는 그럼에도 이해할 수 없고 적대적이며 모든 신성한 연대를 파괴하는 사실로서 사회 속으로 침입해 들어와 수천 년 동안 성스러운 비밀로 가득 찬 힘을 유지하고 있다. 마르크스는 『경제학-철학 수고』에서 이러한 삶의 느낌을 특별히 시적으로 의미심장하게 표현하고 있다.[42]

　물론 이것은 화폐에만 관련된 것은 아니다. 여기서 사회적인 이론과 실천의 관계의 근본구조가 드러난다. 마르크스 이론의 획기적인 기여는 그가 인식에 있어 실천의 우위성을, 실천의 주도적이고 지배적인 기능을 규명했다는 점에 있다. 하지만 그는 이러한 근본적 연관 일반을 명백히 하는 데 만족한 것이 아니라 이론과 실천의 적절한 관계가 사회적으로 성립되는 방식을 해명할 수 있는 방법을 입증했던 것이다. 여기서 가장 직접적이고 가장 일상적인 모든 실천은 그 자체가 통찰과 의식 등에 대해 이러한 관계를 가지고 있다는 것이 드러난다. 왜냐하면 실천은 언제나 목적정립이 내용적으로나 시간적으로 현실화에 앞서 있는 바의 합목적적 행위이기 때문

---

42) Mega I/3, S. 146; MEW Ergänzungsband I, S. 563 f.

이다. 그럼에도 이로부터 개별행위의 사회적 결과에 관한 인식은 무엇보다 그 개별행위가 그 총체성(혹은 부분 총체성)에 있어서 사회적 존재의 변화의 부분 원인을 형성하는 한에서만 가능하다는 결론이 나오는 것은 아니다. 여기서 인간의 사회적이며 경제적인 행동이 사회적 힘들과 경향들, 대상들과 구조들 등을 만든다. 그러나 이것들은 오직 인간적 실천을 통해서만 발생함에도, 그 본질은 그것을 생산한 사람들에게 전혀 혹은 상당 부분 이해할 수 없는 것으로 남아 있다. 따라서 마르크스는 이처럼 일상적이고 기본적인 사실들, 말하자면 단순 교환으로부터 가치로서의 노동 생산물의 관계가 발생하는 것에 대해 다음과 같이 말했다: "당신은 그것을 알지 못하지만 그것을 행한다."[43] 그리하여 그 상황은 직접적인 실천의 수준에서뿐만 아니라, 이론이 이러한 실천의 본질을 사유 안에서 파악하고자 하는 곳에서도 있다. 마르크스는 노동에서 가치를 발견하고자 한 프랭클린의 시도와 관련해서 다음과 같이 말했다. "그가 알지 못하는 것을, 그럼에도 그는 말한다."[44] 이러한 주장은 경제학과 그것의 역사에서, 경제학 이론과 그것의 역사에서 근본적인 의미를 갖는다. 하지만 그것은—과학에서 철학으로 이어지는 유사한 이행에서—경제학의 영역을 넘어서 이러한 맥락의 사회적 존재와 의식 속에서 일어나는 모든 것을 포괄한다. 여기서 다시금 존재론적 기원은 그 지배적인 힘을 보여준다: 실천과 이론 사이의 이러한 관계가 실천적인 일상적 삶의 보다 기본적인 사실들 속에서 주장될 때, 사물화와 소외와 물신화의 현상은 스스로 창출했으면서도 이해되지 않는 현실에 대한 모사자로서, 더 이상 인간의 내부나 외부에 있는 인식되거나 의식

43) *Kapital* I, S. 40; MEW 23, S. 88.
44) Ebd., S. 17; ebd., S. 65.

되지 않는 힘들에 대한 불가해한 표현이 아니라, 오히려 가장 기본적인 실천 자체 속에서 종종 광범위하게 이루어지는 매개로서 나타난다. (여기서 등장하는 문제는 마찬가지로 오직 제2부에서 상세하게 논의될 것이다.[45])

특수하지만 서로 간에 질적으로 다른 두 가지 상품들, 화폐와 노동력에 대한 마르크스의 서술은 고유한 의미에서의 최초의 사회적 생산, 즉 자본주의에 관한 통일적이고 완성도 높은 상을 대단히 세밀하게 제시하고 있다. 아울러 그는 끊임없이 원시적인 경제구성체들을 조회하는 과정에서 그 차이를 변별함으로써 무엇보다 자본주의 생산이 지닌 특수한 사회성과 내용적이며 범주적으로 '자연적 제약'을 극복하는 과정을 가능한 다양하게 조명하고 있다. 『자본론』의 풍부한 내용들을 일일이 언급하지 않고서도, 우리는 마르크스가 모든 사실 복합체들의, 모든 범주들의 발전을 순수하게 사회화의 방향에서 탐구했다는 점에서 사회적 존재의 존재론적 발전 이론에 대한 초석을 놓았다고 말할 수 있을 것이다. 오늘날에는 진보사상에 대해 점잖게 웃어넘기면서, 모든 발전에 불가피하게 수반되는 모순들을 모든 진보, 다시 말해 존재론적으로 낮은 단계로부터 높은 단계로의 모든 발전을 주관적 가치판단으로 학문적으로 경멸하는 데 이용하는 것이 대단한 유행이 되었다. 여기서 사회적 존재에 대한 존재론적 탐구는 사회적 존재의 범주들 및 관계들이 처음에는 점차적으로 진행되다가 여러 단계들을 거치면서 지배적인 사회적 성격을 얻게 된다는 것을 보여준다. 우리는 거듭 지배적이라고 지적한 바 있다. 왜냐하면 그것은, 유기적 자연이 비유기적인 것을 지양된 형태로 통합한 것과 마찬가지로, 자연의 토대로부터 완벽하게 벗어나지는 못해도—인간은 어쩔 수 없이 생물학적 존재이

---

45) 제4권 4장 '소외'를 말한다. (역주)

다.―사회적 존재의 본질에 속하기 때문이다. 그러나 사회적 존재는 언제나 발전을 수용하는데, 여기서 자연범주들이 완전히 사라지지 않는다 할지라도, 이러한 자연범주들은 자연에서 전혀 유비를 찾아볼 수 없는 범주들이 주도적 역할을 맡게 됨에 따라 점점 더 퇴조하게 되는 것이다. 상품교환에서 일어나는 일이 모름지기 이러한 일이다. 여기서는 자연에 가까운 특정한 형태들(일반적인 교환 수단으로서의 소)이 순수한 사회적 화폐로 대체된다. 그리하여 절대적인 잉여가치는 여전히 특정한 '자연적' 요소들을 지니고 있는 반면, 노동력의 가치를 저하시키는 생산성의 증가로부터 발생하는 사회적인 잉여가치에서는 임금이 상승함에도 불구하고 잉여가치와 더불어 착취가 똑같이 증가될 수 있는 착취의 형태가 이미 포함되어 있다. 인간과 그의 노동 능력이 더 이상 노동의 결정적 요인이 되지 못하고, 인간의 노동 자체가 탈인간화되는 산업혁명에서 기계를 도입할 때 비슷한 현상이 발생했다.

이러한 일련의 모든 발전은 존재론적 성격을 띠고 있다. 다시 말해 발전은 대상성과 관계, 그리고 연관 등이 어떤 방향으로, 어떤 변화를 일으키면서 경제학의 결정적인 범주들이 원초적이고 지배적인 자연구속성을 점점 더 강하게 극복하고, 지배적인 사회적 성격을 점점 더 결정적으로 수용하는가를 보여주고 있다. 당연히 여기서 범주들은 순전히 사회적인 성격을 띠고 등장한다. 이는 가치의 경우에도 마찬가지이다. 가치는 사용가치와의 그 불가분성으로 인해 특정하게, 그럼에도 자유롭게 사회적으로 변형된 자연과 결합되어 있다. 여기에 하나의 발전이 제시되고 있다는 것은 의심할 여지가 없다. 여기서 순전히 존재론적 관점에서 본다면, 이 새로운 형태의 사회적 존재가 발전과정에서 점점 더 자기에로 복귀하는 한, 말하자면 점점 더 독립적인 범주들 속에 실현되고 자연적 형태들이 점점 더 지양된 방식에서만 자체 내에 보존된다는 점에서, 하나의 진보를 확정지을 수 있다는 것 또한 의심의 여지가 없다. 진보를 이처럼 존재론적으로 확정하는 데는 어떠한 주관적인 가치판단도 담겨 있지 않다. 어떻게 평가되는지에 관계없이, 그것은 존재론적인 사태에 대한 확정인 것이다. (우리는 '자연적 한계의 축소'를 긍정할 수도 개탄할 수도 있다.)

이러한 사실이 아무리 옳다 하더라도, 여기서 머무른다는 것은 경제적 객관주의로 남는다는 것이며, 마르크스도 여기서 머무르지는 않았다. 마르크스가 경제적 범주들을 사회적 존재의 전체 대상들 및 힘들과의 역동적인 상호관계 속에서 제시한 점에서 그는 주관적 평가의 길이 아닌 객관적인 존재론적 길을 넘어선다. 자연히 이러한 상호관계는 사회적 존재의 존재론적 중심에서, 인간에서 그 중심을 발견한다. 하지만 사회적 존재의 총체성 속에서 인간이 차지하는 이 같은 위상은 이 과정에서 발생하는 문제 복합체들에 대한 모든 주관 지향적 입장과는 전혀 상관없이 객관적이고 존재론적인 것이다. 이러한 존재론적 시각은 사회적 존재의 과정적 총체성 속에 있는 현상과 본질에 대한 마르크스의 심오한 이해에 기초해 있다. 이러한 문제들에 관한 마르크스의 가장 분명한 표현은—결코 우연적이지 않은—이러한 발전을 주관적이고 도덕적이며 문화철학적 등으로 평가한 입장에 대한 반대 속에서 형성되었다. 우리는 '잉여가치론'에서 시스몽디와 리카도의 대비된 입장을 볼 수 있다. 객관적 경제학자 리카도를 옹호하면서 마르크스는 다음과 같이 말했다. "생산을 위한 생산은 다만 인간 생산력의 발전을, 말하자면 **자기목적으로서의 인간 본성의 부의 발전을** 의미할 뿐이다 ⋯ 인간 유의 능력의 이러한 발전은, 그것이 처음에는 다수의 인간 개인들, 어쩌면 인간 계급들을 희생시킬지 몰라도 마침내 이러한 적대를 타파해서 개별 인간들의 발전과 일치한다는 것, 따라서 개체성의 보다 높은 발전은 오직 개인들이 희생되는 역사적 과정을 통해서만 얻어진다는 것이 [시스몽디의 입장에서는―역자] 이해되고 있지 않다 ….".[46] 그렇기 때문에 생산력의 발전을 인간 유의 발전 탓으로 돌린다는 사실이 곧 객관적인 존재론적 관점을 포기하는 것은 아니다. 마르크스는 다만 경제 속에 순전히 사실적으로 주어진 생산력 발전에 관한 상(像)을, 경제발전에 관여된 (그것을 실제로 수행하는) 인간을 위해 본질적이고 객관적으로 유지되는 이러한 경제발전의 결과들에 관한 상으로 보완했을 뿐이다. 여기서 마르크스가 이처럼 높은 수준의 인간 유의 발전이 전체 인간 계급의 희생을 대가로 수행되고 있다는―객관적으로 현존하는 똑같은―모순을 지적할 때, 그는 언제나 사회적 존재의 존재론의 토대에 머물러 있으며, 이 영역에서 하나의―물론 모순적인―존재론적인 진보를 주장하는 것이다. 이로부터 분명한 것은 존재론적 발전의 본질이 경제적인 (결국에는 인간 유의 운명에 영향을 미치는) 발전 속에 담겨 있으며, 존재론적으로 필연적이고 객관적인 이러한 발전의 모순들은 곧 그 현상의 형식들이다.

얼핏 무관해 보이고, 현실 속에서 복잡하게 매개된 윤리학과 미학 등등 일단의 문제들에까지 미치는 복합체들의 복잡한 연관들을 계속 다루는 것에 대해 우리는 이 장의 후반부에 가서 비로소 언급하게 될 것이다. 하지만 우리가 이 지점에서 잠정적으로 머물지라도, 『자본론』 제1권은 내용적 상뿐만 아니라 방법론적인 상과 관련해 대단히 역설적으로 작용한다. 과학적 의미에서 엄밀하고 정확한 경제분석은 언제나 사회적 존재의 총체성에 대해 잘 정비된 존재론적인 전망을 열어주었다. 마르크스의 근본적인

---

46) Marx: *Theorien über den Mehrwert*, II/I, Stuttgart 1921, S. 309 f.; vgl. MEW 26/2, S. 107. ―Vgl. 좀 더 상세한 부분으로는 *Grundrisse*, S. 312 f.

경향은 이러한 통일 속에서 나타난다. 즉 과학적인 연구와 방법을 통해 확립된 사실로부터 발전한 철학적 일반화를 표현하는 것, 다시 말해 과학적 진술뿐만 아니라 철학적 진술을 일관되게 존재론적으로 정초하는 것이다. 견고하게 근거 지어진 사실과 대담한 철학적 일반화의 이 같은 통일이 이 저작의 생생한 분위기를 전달해주고 있다.

이론적으로 정통하지 못한 독자들에게는 여기서 전체 구조를 사전에 정초 짓는 계기인 경제학적 추상, 즉 모든 상품은 그 가치대로 구매되고 판매된다는 추상이 모호해지거나 사라지고 만다. 어쨌든 이것은 그 나름의 (sui generis) 추상이다. 이러한 추상에는 사회적인 상품교환의 현실적인 근본 법칙이, 즉 정상적으로 기능하는 전체 경제현실에서 결국 모든 가격 변동을 통해 관철되는 하나의 법칙이 놓여 있다. 때문에 추상은 순수한 경제적 연관들에 대한 해명에서뿐만 아니라 사회적 존재의 경제 외적인 사실들 및 경향들에 대해 이 연관들이 맺고 있는 상호관계들에서 추상으로 작용하지 않는다. 말하자면 『자본론』의 제1권 전체는 현실의 모사이지 추상화하는 사유의 실험은 아닌 것이다. 그 근거는 다시금 이러한 추상의 존재론적 성격에 놓여 있다. 추상은 상품교환에서 기본법칙을 고립시켜 부각하는 것 이상도 이하도 아니며, 특정 사회에서 똑같이 영향을 미칠 수밖에 없는 다른 구조적 관계들 및 과정들에 의해 왜곡되거나 변형되지 않은 상태에서 그 근본 법칙에 흔들림 없는 무제한의 타당성을 부여하는 것이다. 때문에 가장 본질적인 것으로 추상화하는 이 같은 환원 속에서 모든 계기가—경제적 및 비경제적인—왜곡되지 않은 상태로 현상하는 반면, 존재론적으로 근거 지어지지 못했거나 주변에서 변죽만 올리는 추상은 결정적인 범주들을 왜곡할 수밖에 없다. 이것은 다시금 새로운 방법의 핵심을 보여준다. 즉 추상의 종류와 방향, 사유의 실험을 규정하는 것은 인식론적이거나 방법론적인(적어도 논리적인) 관점이 아니라, 사실 자체, 말하자면 문제되는 소재의 존재론적인 본질이다.

현실 세계에서 끌어온 모든 증거에도 불구하고 마르크스에게서는 추상이 관건이라는 것은 『자본론』의 구성 자체가 보여준다. 그 저작의 구성은 모름지기 언제나 새로운 존재론적인 요소들 및 경향들을 그러한 추상의 근거에서 보사된 원초적인 세계 속으로 통합하고, 이로부터 발생한 새로운 범주들과 경향들, 그리고 연관들을 과학적으로 해명해서, 마침내 전체 경제를 사회적 존재를 움직이는 첫 번째 중심으로서 개념적으로 이해하는 데 있는 것이다. 여기서 행해져야 할 다음 단계는 무엇보다 일반적으로 이해된 전체 과정 자체가 될 것이다. 왜냐하면 전체 사회가 언제나 제1권의 배경을 이룬다 할지라도, 이론적인 핵심 서술은 수많은 노동자들과 복잡한 분업 등으로 구성된 전체 공장이 문제가 될 때조차 개별행동만을 파악하기 때문이다. 이제 지금까지 개별적으로 인식된 과정을 사회 전체의 관점에서 고찰해보자. 마르크스는 거듭해서 현상들에 대한 추상적이고, 그렇기 때문에 형식적인 서술이 일차적이라고 지적하고 있다. 이는 예를 들어 "상품 생산물의 자연적 형태는 분석에서는 아무런 차이가 없는데", 왜냐하면 추상적인 법칙이 어떤 종류의 상품에도 동일하게 관철되는 데서 드러나기 때문이다. 다만 상품의 판매(W—G)가 다른 상품의 구매(G—W)로 반드시 이어지지는 않는다는 사실은 불가피한 우연의 형식에서 개별행위들과 전체 과정은 전혀 다르다는 것을 시사한다. 전체 과정이 경제 전체와 관련된 법칙에 입각해서 탐구될 때 비로소, 이러한 형식적인 이해는 더 이상 만족스럽지 못하게 된다. "생산물 가치의 일부가 자본으로 다시금 탈바꿈되고 다른 부분은 자본가들과 노동계급의 개인적인 소비로 마감되는 것은 총자본의 결과물인 생산물 가치 내부에서의 운동을 형성한다; 그리고 이러한 운동은 가치의 대체물일 뿐 아니라 소재의 대체물이기도 하며, 따라서 사회적 생산물을 이루는 가치 구성물들의 상호관계에 의해서뿐만 아니라, 그것들의 사용가치, 그것들의 소재 형태에 의해서도 제약된다.[47] 확실히 핵심적인 것이지만 이러한 개별문제에 따르면, 개별과정들로부터 전체 과정에 이르는 도정은 이미 근대적인 사유의 습관에 의해 종종 상정되는 것처럼 좀 더 확장된 추상을 포함하기보다는, 오히려 추상이 지닌 일정한 제약을 제거하여 개념적 총체성의 구체성에로 접근해가기 시작한다는 것이 드러난다. 여기서는 『자본론』 제2권의 상세하고 세밀한 사유 연관에 대해 어떤 언급도 할 수 없다는 것이 분명하다. 다시 말해 이 단계의 가장 중요한 근본 문제를 그 존재론적 의미에 기초해서 해명하는 것만이 유일무이한 관건인 것이다. 경제적 재생산의 전체 과정은 세 가지 단계를 지닌 세 가지 과정의 통일이다. 즉 화폐자본과 생산자본, 그리고 상품자본의 순환이 통일의 일부를 구성한다. 마찬가지로 처음부터 다음의 사실이 강조되어야 한다. 즉 여기서는 한 과정에 대한 단순한 방법론적 해부가 문제가 아니라 세 가지 실제적인 경제과정이 하나의 통일적이고 실제적인 과정으로 파악된다는 것, 개념적인 해부는 세 가지 재생산과정의, 즉 산업자본과 상업자본, 그리고 화폐자본의 사유적 반영에 다름 아니라는 것이다. (이것과 연관된 문제는 『자본론』 제3권에서 훨씬 구체화된다.) 세 개의 모든 과정에서 내용, 요소, 단계 및 순서는 동일하다. 그럼에도 그것들의 본질적인 차이는 그것들이 어디서 시작하는지와 일단 재생산과정이 종결될 경우, 어디에서 끝나는지에 있다. 사회적 재생산과정의 연속성은 물론 여기서 지양되지 않는다. 한편으로 모든 끝은 동시에 새로운 원환운동의 처음이며, 다

---

47) *Kapital* II, 3. Auflage, Hamburg 1903, S. 368 f.; MEW 24, S. 393.

른 한편으로 세 가지 과정은 내부적으로 상호 간에 얽혀 있으며, 또 이러한 통일적 운동 속에서 재생산과정 전체를 형성하고 있다. 마르크스는 다음과 같이 말한다: "우리가 세 가지 형태 모두를 총괄한다면, 과정의 모든 전제들은 그 결과로서, 그것들 자체에 의해 생산된 전제로서 나타날 것이다. 모든 계기는 출발점, 통과점, 그리고 귀착점으로 나타난다. 전체 과정은 생산과정과 순환과정의 통일로 나타나며, 생산과정은 순환과정의 중개자가 되고 그 역도 마찬가지이다 … 그 모든 형태와 그 모든 단계에서 자본의 재생산은 세 가지 단계를 통한 이러한 형태의 변형과 세 단계의 순차적인 진행과 마찬가지로 연속적이다. 따라서 여기서 총순환은 세 가지 형태의 현실적 통일이다."[48]

순환에 대한 이러한 분석은 자본주의 사회의 가장 중요한 비례관계 (Proportionsmaße)를 낳으며, 큰 논쟁 없이 '물적' 대상성으로서의 자본에 대한 직접적인 표상을 파괴시킨다. 분석은 자본이 하나의 관계임을 보여주는데, 이러한 관계의 고유의 존재방식은 단절되지 않은 하나의 과정이다. 여기서 발생하는 비례성을 상당히 투명하게 드러내기 위해, 마르크스는 『자본론』 제1권의 추상태들을 대체할 수 있는 새로운 추상을 실행했다. 이 과정에서 마르크스는 축적이 없는 단순 재생산을 하나의 출발점으로 삼았으며, 여기에서 획득된 인식들에 의해 참다운 재생산을, 확장된 재생산을 다루게 되었다. 그러나 마르크스의 방법을 올바로 평가하기 위해서는, 그 자체가 현실의 일부를 구성하고, 그것을 수행하는 것 역시—『자본론』 제1권에서와 마찬가지로—비록 보충이 필요하기는 해도 참다운 규정들 속에서 실제적인 과정을 반영하는 하나의 추상이 관건이라는 점이 강

---

48) Ebd., S. 72 f.; ebd., S. 104 f.

조되어야 한다. 마르크스는 말한다. "축적이 발생하는 한, 단순 재생산은 언제나 그러한 축적의 일부를 형성하며, 따라서 독립적으로 고찰될 수 있으며, 축적의 현실적 요인이다."[49]

『자본론』에 대한 이전의 해석에서 사실상 마르크스는 확장된 재생산으로의 이행과정에서 이러한 추상을 포기했지만 현실적 과정과의 관계에서 추상은 계속 남아 있으며, 생산성의 제고는 전혀 고려되지 않았다. 제3권에서 추상이 포기되고, 이 문제가 끊임없이 전체 과정의 구체적 이론의 자명한 계기로 다루어질수록, 이러한 사실은 더욱 놀랄 만하다. (우리는 평균이윤율에 관한 논의와 관련해서 곧바로 이 문제를 다루게 될 것이다.) 물론『자본론』전권이 발간되면 여기서의 마르크스의 견해들이 명백해지리라는 점도 가능하다. 하지만 문제가 어떠하든, 적어도 이 문제를 주목할 만한 가치는 있다. 왜냐하면 그것으로부터 마르크스의 경제학이 사회적 존재의 인식에 있어 시간이 흐름에 따라 그 영향력을 확대해가고 있다는 것이 분명해지기 때문이다. 생산성의 증가를 전체 과정에 대한 분석에 삽입하는 것은 존재론적으로 볼 경우, 여기서 아무리 새롭고 중요한 규정이 등장한다 할지라도, 단순 재생산으로부터 확대 재생산으로의 이행과정과 원칙적으로 구분되지 않는다는 것이 분명하다. 앞서 인용된 마르크스의 지적은 이 새로운 문제를 다루고 있으며, 그 자체가 생산성의 증가를 삽입하는 것은 새로운 차원을 연관의 실제적인 내용 속으로 끌어들인다는 점을 전제하고 있다.[50] 마르크스의 추상화의 방법의 존재론적인 정초는 방법론적인 기초와 관련해 조금도 변경시킬 필요 없이 구체화 작업을 계속하게 해준다. (물론 이것

---

49) Ebd., S. 369; ebd., S. 394.
50) 나는 이 문제에 대한 시사를 프란츠 야노시(Franz Janossy)에 빚지고 있다.

은 마르크스 자신의 방법하고만 관계되어 있다. 근대 개별과학의 정신에 사로잡힌 그의 제자들의 그릇된 추상은 전혀 다른 성격을 띠고 있다. 예를 들어 카우츠키[Kautsky]에 의해 잘 알려진 변형에서 보듯, 이른바 '절대적인 궁핍'의 이론이 그렇다.)

『자본론』 제2권에서 주어진 이른바 총생산의 도식에 관한 구체적인 경제적 분석은 여기에 속하지 않는다. 다만 여기에 주어진 비율들은 언제나 구체적이고 양적으로 규정된 복합체라는 점이 강조되어야 한다. 당연히 비율 자체는 명백히 양적으로 표현될 수 있다. 하지만 이러한 비율은 언제나 질적으로 규정된 복합체이다. 생산수단과 소비수단을 생산하는 산업들의 차이가 주된 구분을 형성한다. 또 한 부문의 불변자본과 다른 부문의 가변자본 사이의 관계가 양적 비율을 보인다는 것은, 양적 가치에 적합한 비율들은 그것들이 존재론적으로 결합되어 있는 질적으로 다른 사용가치를 불가피하게 자기 안에 포함할 수밖에 없다는 것을 보여준다. 이는 『자본론』 제2권이 제1권과 상반된 의미로 제시한 구체화 작업의 불가피한 결과이다. 그 일반적인 문제에 대해 우리는 앞서 지적한 바 있다. 여기서는 다만 일반적인 순환의 한 계기인 생산과정에서, 사용가치와 교환가치의 불가분적인 변증법적 관계가 두 가지로 등장한다는 점이 강조되어야겠다. 한편으로는 당연히 각 단계의 결론에서이다. 왜냐하면 사용가치는 교환가치를 실현하는 데 절대적으로 필요하기 때문이다. 하지만 자본가가 생산하기 위해서 필요한 생산수단들 및 그러한 수단들을 가동하는 노동력을 공급하는 각 단계의 시초에서도 그렇다. 자본가는 사용가치를 생산하기 위해서 생산수단과 노동력을 구매한다. 이것은 진부한 것처럼 보일 것인데, 사용가치는 지금까지 정상적인 일상적 실천의 '직 지향(intentio recta)'이었다. 그럼에도 사이비 이론적 일반화가 발생한다면, 부르주아 경제학이 G-G'

(재생산과정의 시작과 끝에서의 화폐)라는 몰개념적인 추상을 가지고 작업한 결과이다. 마르크스주의적이라고 명명한 스탈린 시대의 경제학은 가치론을 단순히 하나의 이론으로, 즉 교환가치가 어떻게 기능하는가를 보여주는 이론 정도로 간주했다. 하지만 진정한 마르크스주의를 부활시키고자 한다면, 존재론적으로 참된 '직 지향'이 과학과 철학적 일반화의 기초를 형성한다는 것, 어떤 경제현상들도 현실연관 자체로부터—여기서는 모름지기 대립적 관계에 있지만 사용가치와 교환가치의 존재론적 불가분성으로부터—출발하지 않는다면 올바로 파악될 수 있다는 것을 강조하는 일이야말로 더할 나위 없이 필요하다.

　재생산과정을 그 총체성에서 파악함으로써 사회적 존재의 구체적 속성에 다가서는 일을 마르크스는 시초의 추상화를 계속해서 해소할 수 있는 하나의 가능성으로 제시했다. 이는 이윤율에 관한 이론에서 나타났다. 가치와 잉여가치는 자본주의 경제의 실질적인(seinsmäßig) 근본범주를 형성한다. 『자본론』 제1권의 추상화 단계에서는 노동력이란 상품의 고유한 속성만이 새로운 가치를 창출할 수 있고, 반면 생산수단과 원자재 등등은 노동과정을 통해 그 가치를 담지할 뿐이라는 주장으로 충분하다. 『자본론』 제2권의 구체화 작업은 불변자본, 가변자본, 그리고 잉여가치가 유통과정의 계기로서 모습을 드러내는 한, 동일한 기초의 다양한 측면에서 총 과정에 대한 분석을 제시한다. 여기서 진리가 관철되는데, 총 과정에서—순전히 그 보편성에서 고찰할 때, 따라서 방법론적인 면에서 의식적으로 총 과정을 현실적으로 구성하는 개별성을 도외시할 때—가치법칙은 변함없이 효력을 유지한다는 것이다. 이것은 존재론적으로 볼 때도 옳고 중대한 입장이다. 왜냐하면 가치법칙으로부터 일탈한다 하더라도 총체성 속에서 필연적으로 조정되기 때문이다. 간단한 도식을 이용해보자. 소비는 (사회의 생산적 소비를 포함하여) 생산보다 클 수가 없다. 추상으로서 여기서는 자연히 대외무역이 고려에서 빠졌다는 것을 전제로 한다. 이것은 옳다. 모름지기 여기서는 더 이상의 수고 없이도 이러한 추상을 폐기하고, 이렇게 발생한 변형들을 복잡한 법칙 속에서 고려하는 것이 가능하기 때문이다. 잠정적으로 언급한다면, 세계경제가 이론의 직접적인 대상이 될 경우, 이 모든 문제는 사라질 것이다.

어쨌든 이제는 『자본론』 제3권이 문제이다. 총 순환과정의 내부에서, 개별적인 경제행위를 규제하는 합법칙성을 이제는 따로 분리된 상태에서뿐만 아니라 총 과정의 맥락에서 탐구해야만 한다. 범주들을 존재론적으로 변형하는 개별활동이 전체 과정에 미치는 이러한 영향은 그럼에도 두 가지 전제를 가지고 있다. 첫째는 생산력이 증가하면 그 결과 가치는 하락한다는 것이고, 둘째는 자본이 한 부문으로부터 다른 부문으로 투자될 수 있는 가능성이 확대된다는 것이다. 이 두 가지 전제는 상대적으로 높은 사회적 생산의 발전단계를 전제하는데, 이는 다시금 순수하고 발전된 형태에서의 경제적 범주들은 사회적 존재가 기능하는 과정에서의 발전된 현존을 요구한다는 것, 다시 말해서 그것들의 범주적 발전, 자연적 한계에 대한 그것들의 범주적 극복은 사회-역사적인 발전의 성과라는 것을 보여준다.

하지만 이러한 상황하에서도 결정적인 경제적 범주로서의 이윤율의 발생은 인간의 경제행위와 무관한 기계적 법칙도 아니고 인간 행위의 직접적인 생산물도 아니다. 잉여가치의 이윤으로의 전화와 잉여가치율의 이윤율로의 전화는 확실히 제1권의 추상을 제3권에서 지양한 방법론적 결과이다. 우리가 이 점을 다른 모든 추상들 및 그것을 지양하는 구체화들을 마르크스에게서 보았던 것처럼 잉여가치가 기초 역할을 하고 있다. 잉여가치는 다만 다른 관계로, 말하자면 원초적인 것과 무관하게 남아 있으면서 똑같이 실제적인 관계로 전화할 뿐이다. 잉여가치가 노동력 등의 가치하고만, 노동력을 자본주의적으로 가동하는 가변자본하고만 관계하는 반면, 직접적으로—확실히 직접적으로만—잉여가치와 양적으로 동일한 이윤은 불변자본하고만 관계한다. 생산과 유통 등을 실현하는 개별행위는 그렇기 때문에 일차적으로는 이윤의 증대를 지향한다. 처음에는 특정 장소에서 필연적으로 등장하는 생산력의 발전은 이 경우에서 초과이윤을 산출하는데, 이는 자연히 개별 생산자들의 목적론적인 행위의 목표가 된다. 왜냐하면 이렇게 도달된 생산물 가치가 하락하면서 상품은 그 가치 이상으로 판매될 수 있지만, 반면에 다른 생산자들에 의해서 판매된 것보다 낮은 가격으로 판매될 수도 있기 때문이다. 한 부문으로부터 다른 부문으로의 자본의—상대적으로—임의적인 이동이 일어나는 어떤 발전단계에 도달할 때, 이로부터는 지속적인 독점이 발생하기보다는 생산성의 증가에 의해 가치 축소가 확대되는 수준까지 가격이 하락한다. 따라서 자본의 이러한 이동 가능성은 한편으로 평균이윤율을 낳고, 다른 한편으로는 그 운동 속에서 모름지기 생산력의 증가로 인해 이윤율이 지속적으로 하락하는 경향이 발생한다.

마르크스가 이 새로운 법칙의 경향적 성격을 어떻게 설명하는가는 순수한 경제학적 문제에 속하는 것으로서, 우리가 여기서 왈가왈부할 수는 없다. 지금은 우리가 설정한 목적에 비추어볼 때 다음과 같은 내용이 확정되어야만 한다. 첫째로, 사회적 존재의 구체적 총체성에서 한 법칙의 필연적 현상형식으로서의 경향은, 하나의 현실 복합체가 다른 현실 복합체들과 복잡하고 종종 상당 정도 매개된 상태로 상호작용하는 데서 필연적으로 발생한다. 즉 법칙의 경향적 성격은 법칙의 본질적 성격이 역동적이고 모순적인 복합적 운동의 결과에 대한 표현이라는 것이다. 둘째로, 이윤율 저하의 경향은 개별적인 목적론적 행위들의 결과이며, 궁극적으로는 의식적인 정립의 결과이지만, 그럼에도 그 내용, 그 방향 등은 이러한 행위가 객관적으로나 주관적으로 지향하는 바와는 정반대되는 것으로 드러난다. 인간의 사회-역사적인 실존과 행동의 기초적이면서 필연적인 이러한 근본 사태는 여기서 정확히 통제 가능한 사실적 형태로 나타난다. 즉 경제적 관계가 역동적이고 구체적인 총체성 속에서 파악되는 순간, 비록 인간이 자신의 역사를 스스로 만들어간다고 할지라도, 역사의 진행 결과는 일반적으로나 개별적으로 배제하기 어려운 인간 의지의 표현이 겨냥한 것과 다르거나 종종 정반대로 드러남을 다시금 보여준다. 여기서는 객관적인 진보가 총체적 운동 내부에 등장한다는 점만을 지적한다. 이윤율의 하락은 생산물의 제작을 위해 사회적으로 필요한 노동시간의 감소로 인한 생산물의 가치변화를 전제한다. 이것은 다시금 인간에 의한 자연력의 지배의 증가, 실행 능력의 증가, 생산을 위해 사회적으로 필요한 노동시간의 감소를 의미한다.

추상을 포기하고 구체적인 복합체를 정립한 『자본론』 제3권이 다루는 또 다른 커다란 복합체는 이윤으로 화한 잉여가치의 사회적 배분이다. 추상에 의해 한정된 제1권과 제2권에서는 다만 산업 자본가들과 노동자들이 상호대립하고 있다. 제2권에서는 본질적 성격에 비추어볼 때 상업자본과 화폐자본이 유통과정에 참여하는 것으로 보일지라도, 그것들은 다만 전체 운동 속에서 그것들의 위상을 기술할 뿐이다. 그럼에도 이러한 위상이 아직 분화되지 않은 가치와 잉여가치의 범주들을 통제하고 있다. 제3권에 가서야 비로소 상업자본과 화폐자본은 (지대와 마찬가지로) 이윤의 배분과정에서 그 구체적인 역할을 담당한다. 이미 서술된 잉여가치의 일방적인 존재론적 우위는 결국에는 지양 불가능한 것으로 입증된다. 왜냐하면 잉여가치야말로 새로운 가치가 발생하는 유일한 지점이기 때문이다. 이윤으로 전화된 잉여가치는 비록 새로운 가치를 창출하지는 못할지라도 경제적으로 필요한 사회적 노동분업의 모든 대표자들 사이에서 배분된다. 우리는 이 자리에서 그 세부 사항을 논의할 수는 없지만, 이 과정에 대한 분석이 제3권의 핵심 요소를 구성한다. 경제생활의 모든 능동적 요인들에 대한 이러한 구체화 작업이 좁은 의미의 경제로부터 비약 없이 사회의 사회적 구성으로의 이행을, 계급분화로의 이행을 가능하게 한다는 점에 주목해야만 한다. (유감스럽게도 여기서는 다만 마르크스의 최초의 지침만이 존재한다. 하지만 방법론적으로 볼 때 그 길은 충분히 명백하다.)

이러한 문제 상황으로부터 제3권은 여기서 새롭게 등장한 경제 복합체들의 역사에 관한 크고 상세한 보론(補論)을 담고 있다는 것이 드러난다. 이것이 없다면 상업자본과 화폐자본은 지대와 마찬가지로 전체 경제의 구체적인 배치에 편입될 수 없다. 상업자본과 화폐자본의 역사적 발생은, 비록—혹은 바로 그렇기 때문에—이러한 역사적 일탈이 그것에 궁극적으로 맡겨진 역할을 직접적으로 설명하는 것이 불가능할지라도, 참다운 사회적 생산의 체계 안에서 그것들의 현실적 영향력을 이론적으로 파악하기 위한 전제이다. 이러한 일은 산업생산 아래 종속됨으로써 결정되는 것이다. 비록 그것이 산업생산이 있기 훨씬 이전부터 독립적으로 존재했고, 그 속성상 일정한 항상성에도 불구하고 그 독립적 성격에서 전혀 다른 사회-경제적 기능들을 충족시키고 있다 할지라도 그렇다. 이러한 맥락에서 여기서 주어진 가치의 발생에 관한 대부분의 유도는 전혀 다른 특성을 보여주고 있다는 것이 드러난다. 그럼에도 어떻게 이것들이 역사발전에 관한 하나의 통일적 상을 요약하고 있는가에 대한 증명은 우리가 지금까지 끊임없이 씨름했던 마르크스주의의 일반적 역사이론이라는 문제로 나아간다. 그럼에도 그 문제를 취급하기에 앞서 우리는 다시금 『정치경제학 비판 요강 (Robentwurf)』의 서문에 나타난 범주 분석을 일별해야만 하는데, 이를 통해서 범주의 구조 및 연관의 복잡성과 역동성이 우리에게 역사적 문제에 대한 보다 넓고 확고한 기초를 제공할 수 있기 때문이다.

여기서 생산이 소비와 분배 등과 맺고 있는 일반적 관계가 문제가 된다. 마르크스주의의 사회적 존재의 존재론에서는 생산에 우위성이 부여된다는 것이 상식이다. 그러나 이러한 상식이 전반적으로 옳다 하더라도, 그것은 과도하게 속류화됨으로써 마르크스의 참다운 방법에 대한 이해를 여러 모로 방해하고 오도하기도 했다. 그러므로 이러한 우위는 상세하게 묘사되어야 하며, 포괄적 계기들에 관한 마르크스적 개념은 좀 더 복잡한 상호작용의 영역 속에서 정확하게 이해되어야만 한다.

정치경제학의 가장 일반적이고 가장 근본적인 범주들, 즉 생산, 소비, 분배, 교환과 유통이 관건이다. 마르크스 시대의 부르주아 경제학은 이러한 범주들을—생산과 소비와 같은—부분적으로 동일시했고, 부분적으로는 상호 배타적으로 대립시켰으며, 또 부분적으로는 그것들 사이에 거짓 위계를 수립했다. 마르크스는 무엇보다 거짓 연관들에 관한 헤겔적인 변용들을 거부했는데, 헤겔은—논리적으로 파악된 보편성, 특수성 및 개별성의 도움을 받아—그것들로부터 하나의 추리 형식을 전개할 수 있었다. "물론 이것은 하나의 연관이기는 해도 천박한 연관이다."라고 마르크스는 말하면서, 추리 형식을 산출한 논리적 장치는 다만 피상적이고 추상적인 표지 위에서만 정초될 수 있음을 보여주었다. 이어서 그는 정치경제학이 "상호연관된 것을 야만적으로 해체했다고 비난하는" 정치경제학의 부르주아 옹호자들이나 반대자들에 대해 짤막한 반대를 덧붙이고 있다. 마르크스는 다시금 제 관계에 대한 논리적으로 정의가 가능한 논의를 거부한다는 명목하에 이러한 관계들이 실제적(seinsmäßigen)이고 존재론적인 성격을 띤다고 답변했다. "마치 이러한 해체가 현실로부터 교과서로 오는 것이 아니라 반대로 교과서로부터 현실로 들어오며, 또 여기서는 현실적 관계들에 대한 파악이 아니라 개념들의 변증법적 화해가 관건인 것처럼 보인다."[51] 마찬가지로 그는 생산과 소비를 동일시하는 헤겔적인 관점에 대해 결정적으로 반대 입장을 취한다. 이러한 견해를 대변하는 "사회주의 통속 작가들"과 속류 경제학자들은 "사회를 유일한 주체로" 간주하는 오류에, 그리하여 잘못된 사변에 빠지는 것이다.[52] 다른 많은 경우들처럼 마르크스는 여기서 궁극적이고 변증법적이며 모순적인 사회의 통일로부터, 즉 무수히 많은 이질적 과정의 상호작용의 궁극적 결과로 발생한 통일로부터 그 자체 동질적인 하나의 통일을 만들고, 또 그처럼 부적절하게 단순화시킨 동질화를 통해 사회에 대한 적합한 인식을 방해하는 것에 대해 경고하고 있다. 덧붙이자면 이러한 동질화가 사변적인지 혹은 실증적인지 여부는 이러한 관점에서는 별반 차이가 없는 것이다.

마르크스는 이제 현실적인 상호관계를 먼저 가장 복잡한 경우에서, 생산과 소비의 관계에서 분석한다. 다른 분석들에서와 마찬가지로, 여기서 다시금 이 모든 범주들이 상호 개별적으로 종종 대단히 착종된 상호관계에 있을지라도, 그것들은 현존의 형식들이자 실존 규정들이며, 그 자체가 다시금 하나의 총체성을 형성하고, 오직 이러한 총체성의 요소로서 존재하며, 계기들로서 과학적으로 파악될 수 있다는 존재론적 측면이 전면에 등장한다. 이로부터 두 가지가 이어진다. 한편으로 각각의 범주들은 그것

---

51) *Grundrisse*, S. 11.
52) Ebd., S. 15.

들의 존재론적 특성을 보존하며, 이러한 특성들은 다른 모든 범주들과의 상호작용 속에서 드러난다. 때문에 이러한 관계에서는 어떤 보편적인 논리적 형식들이 있을 수 없다. 오히려 이러한 범주들은 그것들의 특수한 특성 속에서 파악되어야만 한다. 다른 한편으로 이러한 상호작용들은 한 쌍씩이나 그 전체에서 결코 등가가 아니며, 오히려 전반적으로 생산의 존재론적 우위가 지배적 계기로서 관철되고 있다. 우리가 이제 이러한 견해에 입각해서 생산-소비의 관계를 분리시켜 고찰한다면, 여기서 하나의 관계가, 즉 헤겔에 의해 다루어진 반성규정들과 대단히 유사한 관계가 드러날 것이다. 이러한 방법론적 유사성은 이미 오성(悟性)의 수준에서 상호관계가 언제나 등장하지만, 그럼에도 언제나 추상적 동일성으로서 혹은 마찬가지로 추상적 상이성으로서 현상한다는 것과 두 가지 관점이 구체적인 상호작용에 대한 이성(理性)적 견해에서 비로소 지양될 수 있다는 데에서 드러난다. 그럼에도 이러한 유사성은 방법론적인 것에 지나지 않는다. 마르크스에게서 지배적인 것은 존재의 계기들이다. 즉 이러한 규정들은 현실 복합체의, 현실적으로 운동하는 복합체의 현실적 계기들이며, 이러한 이중적 존재(상호작용과 복잡한 연관 속의 존재와 이러한 고유한 존재 속에서의 존재)의 성격으로부터 비로소 이러한 규정들은 반성적 관계에서 이해될 수 있을 것이다. 유물 변증법에서, 사태 자체의 변증법에서, 현실적으로 존재하고, 종종 상호 이질적인 경향들의 착종은 범주 쌍들의 상호 모순적 연관으로 나타난다. 따라서 존재론적 규정들에 그 참다운 의미를 되돌려주기 위해 단순히 논리적인 규정들을 제거하는 것은 하나의 관계 속의 두 요소들로 이루어진 관계 복합체들을 지극히 예외적으로 구체화하는 것을 의미한다.

　마르크스는 이러한 상황을 생산의 관점에서 요약하는데, 생산이 소비의 대상과 방식, 그리고 욕구를 규정한다는 것이다. 첫 번째 계기는 더 이상 말할 필요도 없이 분명하다. 두 번째 계기는 인간의 삶 전체에 대해 폭넓은 전망을 보여준다. 마르크스는 이 점에 대해 다음과 같이 말한다: "**첫째로**, 대상은 결코 대상 일반이 아니라, 특정한 대상, 즉 생산 자체를 통해 다시금 매개되는 방식으로서 소비되어야 하는 대상이다. 배고픔은 배고픔이지만, 포크와 칼로 요리된 고기를 먹음으로써 충족되는 배고픔은 손과 손톱, 그리고 이의 도움으로 날고기를 먹는 그런 배고픔과는 전혀 다르다. 소비의 대상만이 아니라 소비의 방식이 생산을 통해 생산되며, 객관적으로 그럴 뿐만 아니라 주관적으로도 그렇다." 이러한 생산의 기능은 세 번째 계기에서 더욱 분명해진다. 이러한 연관의 실제적이고 역사적인 성격은 이미 마르크스가 그것의 유효성을 소비가 "최초의 자연적 조야성과 직접성을" 탈각한 것과 결합시켰다는 데서, 그리하여 인간의 현실적 인간화, 즉 사회적 존재의 범주들의 독자적 구성을 향한 경향이 천명된 단계와 결합시켰다는 데서 드러난다. 충동이 대상을 통해 매개되고 변형되는 것과 같은 소비의 일반적 경향은 비로소 여기서 본질적인 사회적 성격을 드러낸다. 이러한 매개는 본래 자연 상태에서도 있으며, 자연적 규정들이 지배적인 단계에서도 추상적으로 현존한다. 하지만 대상과 충동의 관계는 이 단계에서는 충동이 순수하게 혹은 적어도 지배적으로 자신의 자연 본능적 성격을 보존할 수 있다는 식으로 지속되곤 한다. 생산으로 인해 대상이—처음에는 아직은 점진적일지라도—변화에 종속될 때 비로소 새로운 관계가 발생하는데, 말하자면 과정으로서의 대상을 통해 충동이 형성되는 것이다. 이와 관련해 보편적인 종류의 어떤 사회적 관계가 문제가 된다. 일차적으로 그것은 당연히 물질적 생산 속에서 실현되지만, 그러나 그 관계는 더욱 매개되고 더욱 정신적인 종류의 생산성을 포괄하고 있다. 때문에 마르크스는 이러한 맥락에서 다음과 같이 강조한다. "예술작품은—다른 생산물과 마찬가지로―예술적 감수성이 있고 심미적인 대중을 만들어 낸다. 그러므로 생산은 주체를 위해 대상을 생산할 뿐만 아니라, 대상을 위해 주체를 생산하기도 한다."[53]

소비의 생산에 대한 관계의 분석은 생산과정의 존립과 작동에 중요하면서도 불가피한 상호작용이다. 따라서 무엇보다 생산은 먼저 소비 속에서 참으로 실현된다. 소비가 없다면 생산은 한낱 가능성에 그칠 것이며, 결국에는 목적을 상실하고, 따라서 사회적으로 고찰한다면 존재하지 않는 것이다. 생산은 더 폭넓은 상호규정 속에서 구체화된다. 소비는 "생산의 충동을 창출한다. 소비는 또한 목적 규정적으로 생산 속에서 활동하는 대상을 창출하기도 한다." 다시 말해―우리가 나중에 상세히 고찰하게 될 것이지만―소비를 통해 생산을 정립하고 통제하는 목적론적 정립의 본질적 내용이 규정된다. 정확히 표현한다면, "소비가 생산의 대상을 관념적으로, 내면적 상으로서, 욕구로서, 충동과 목적으로서 정립하는 것이다."[54] 우리는 "상호작용이 다양하고 다면적으로 얽혀 있다."는 것을 알고 있다. 하지만 우리는 동시에 그처럼 세분화된 반성규정들의 관계 속에서 유물 변증법의 근본 사태가 관철되고 있다는 것도 알고 있다. 어떤 실제적인 상호작용도 (어떤 실제적인 반성규정도) 지배적인 계기 없이는 있을 수 없다. 이러한 근본 관계가 무시될 때, 일면적이고 그렇기 때문에 기계적으로 현상들을 왜곡하고 단순화하는 일련의 원인들이 발생하거나 혹은 피상적이며 모

---

53) Ebd., S. 13 f. ―어떤 대가를 치르더라도 청년 마르크스와 성숙한 마르크스 사이에 하나의 대립을 설정하려고 하는 사람들에게는 이러한 입장을 『경제학-철학 수고』에서의 음악과 음악성의 발전에 관한 입장과 비교하는 것이 시사하는 바가 있다. 마르크스가 여기서 '오감의 형성'을 지금까지의 세계사 전체의 성과로 고찰할 때, 그는 똑같은 생각을 마찬가지로 보편적인 방식에서 정식화했다. MEGA I/3., S. 120; MEW Ergänzungsband I, S. 541 f.

54) *Grundrisse*, S. 13.

호하며 방향이 없는 상호작용이 발생하게 된다. 헤겔은 확실히 이러한 관계의 몰이념성의 출구를 찾지 못했지만 올바로 비판은 했다. 생산과 소비의 상호작용의 경우에서는 전자가 "현실적인 출발점이며, 때문에 지배적 계기이다."라는 점이 분명하다.[55] 모름지기 경제적 범주들에 대한 분석의 이 마지막 결과는 그것이 지닌 존재론적인 전제들이 고려되지 않은 상태에서 마르크스적 방법의 핵심 물음으로 이해되었기 때문에, 이러한 진리는 그것의 전제와 그것이 경제학에 미친 결과가 없는 상태에서 사회적 존재에 적용될 경우 그 진리가 거짓으로 변질될 수도 있음을 보여주는 일은 절대적으로 불가피한 일이었다.

우리가 이제 두 번째 중요한 관계인 생산과 분배의 관계를 좀 더 상세하게 고찰한다면, 우리는 상당히 다른 종류의 문제에 대면하게 될 것이다. 여기서는 결국 우리가 앞선 고찰에서 경제 외적인 것으로 묘사했던 사회-역사적 세계에 대해 순수한 경제 형태들이 맺고 있는 관계가 문제가 된다. 속류 마르크스주의에서 강력한 경향을 보였듯, 이러한 관계들을 무시한다는 것은 마르크스주의를 '경제주의'로 환원하는 것이고, 부르주아적으로 제한된 '개별과학'으로 만든다는 것을 의미하는 것이다. 이 개별과학이 철저하게 일방적으로 관철되느냐 혹은—인식론적인 고려에 의해—다른 개별과학들이 그것을 '보충'하느냐는 본질적으로 어떠한 차이도 없다. 두 가지 경우 모두에서 사회적 존재의 존재론적 통일성과 고유성과의 단절이 발생하며, 아울러 그것을 파악할 수 있는 가장 적합한 방법으로서의 통일적인 유물 변증법적 과학 및 철학과의 단절이 발생한다. 마르크스는 여기서 생산과 분배 사이의 제 관계를 밝혀냄으로써 경제적인 것과 경제 외적인

55) Ebd., S. 15.

것이 경제과학과 맺고 있는 변증법적 대립을 유기적이고 법칙적인 연관 속으로 가져간다. 이를 위해서는 무엇보다 분배에 관해 널리 만연되어 있는 속류적 이해와의 단절이 필요하다. 이 경우에 분배는 단순히 생산물의 분배로서 나타나고, 그리하여 생산과 전혀 무관한 것처럼 보인다. "하지만", 마르크스는 말한다. "분배가 생산물의 분배가 되기에 앞서, 그것은: 1) 생산수단의 분배이며, 2) 동일한 관계에 대한 좀 더 세부적인 규정, 즉 다른 종류의 생산들 중의 하나로 사회 구성원들을 분배하는 것이다. (개인들이 특정한 생산관계 아래로 포섭되는 것) 생산물의 분배는 이러한 분배의 결과로서만 분명해진다. 이러한 분배는 생산과정 자체 내에 포함되면서 생산구조를 결정하는 것이다."[56]

거짓 가상은 개인의 관점으로부터 발생한다. 개인은 사회 속에서, 생산 속에서 그의 위상을 결정하는 사회적 법칙에 직접적이고 실제적으로 종속되어 있다. 이러한 가상은, 정복과 같은 특정한 역사적 사건들이 특정한 상황하에서 앞서 언급한 마르크스적 의미에서 분배관계를 쇄신하거나 변혁하는 한에서 전체 사회에서도 발생한다. 그 경우 정복이 종종 하나의 새로운 분배를 발생케 한다는 것은 의심의 여지가 없다. 피정복자가 정복자의 생산조건들에 예속되거나 혹은 생산방식이 공물(供物) 등을 통해 힘겹게 유지되다가 결국에는 상호작용을 통해 전혀 새로운 분배가 발생하는 것이다. 이 모든 변형들은 순전히 경제 외적인 힘들을 가리키는 것처럼 보인다. 그럼에도 구체적으로 고찰해보면, 경제 외적으로 발생한 분배조건들 사이의 이러한 상호관계가 어떤 결과를 야기하며, 이러한 분배관계에 기초한 생산의 발전 방향, 즉 생산에 지배적 역할이 주어지는 방향이 어떻

---

56) Ebd., S. 17.

게 관철되는가가 드러난다. 직접적이고 순수한 권력관계가 어쨌든, 이러한 권력을 행사하거나 혹은 그것에 종속된 인간들은 어떤 구체적 조건하에서 그들 자신의 삶을 재생산하고, 그리하여 일정한 재능과 숙련 및 능력 등을 소유한 인간들이며, 또 그들은 그것들에 상응해서만 행동하고 적응할 수 있을 것이다. 따라서 경제 외적인 권력관계로부터 인구의 새로운 분포가 발견된다면, 누구도 앞선 발전의 경제적 차원으로부터 독립할 수 없으며, 새로운 경제적 조건들에 대한 지속적인 규제가 위계적으로 계층화된 인간 집단들 간의 상호작용으로부터 불가피하게 발생하게 될 것이다. 마르크스가 이러한 상호작용들에서 생산양식에 지배적 계기의 기능을 부여했다면, 이것을 경제 외적인 실용주의나 공리주의의 의미에서 이해해서는 안 될 것이다. 생산에 의해 규정된 행동방식은, 마르크스가 몽골 유목민들이 러시아에서 폐허로 만든 예에서 보여준 것처럼 파괴적인 성격을 가질 수 있다. 하지만 그러한 행동방식은 생산관계에, 거주자가 없는 광활한 대지를 요구하는 목가주의로 되돌아가는 것이다. 이와 관련해서 마르크스는 약탈을 특정한 원시부족들의 생활양식이라고 말한다. 하지만 그는 "약탈을 하기 위해서는 무엇인가 존재해야만 한다. 따라서 생산이 있어야 한다."[57]고 지적하는 것을 잊지 않는다.

그러므로 우리는 지배적 계기로서의 생산이 여기서는 지극히 넓은─존재론적─의미에서 이해되고 있다는 것을, 대단히 원시적인 단계에서 (몽골인들의 가축 사육과 같은) 단순한 생물학적 보존을 훨씬 넘어서 명백히 사회-경제적인 성격을 갖는 인간적 삶의 생산과 재생산으로서 이해되고 있음을 본다. 마르크스적 의미에서 분배를 결정하는 것은 바로 이러한 일반

---

57) Ebd., S. 19.

적 형태의 생산이다. 보다 정확히 표현하면 다음과 같다. 즉 문제가 되는 것은 인간이며, 그의 능력과 습관 등이 특정한 생산양식을 가능하게 하는 것이다. 이러한 능력들은 물론 그 나름으로 구체적인 생산방식에 근거해서 발생한다. 이러한 주장은 다시금, 인간의 본질적 발전은 그가 생산하는 방식에 의해 규정된다는 마르크스의 일반적인 이론을 환기시키고 있다. 가장 야만적이거나 가장 소외된 생산양식도 특정한 방식으로 인간을 형성한다. 이러한 방식이 인간 집단들의 상호관계에서─직접적으로 볼 때는 이러한 상호관계가 여전히 '경제 외적인' 것으로 보인다 할지라도─결국에는 결정적인 역할을 담당하는 것이다.

따라서 우리가 생산에 의해 분배가 결정되는 이러한 방식을 생산 속에서 스스로를 형성하고 변형하는 인간의 우위라는 관점에서 고찰할 경우, 이러한 관계는 즉각 분명하게 드러나게 될 것이다. 마르크스주의의 내부에서 종종 등장했고 오늘날에도 여전히 존재하듯, 경제관계들이 인간들 사이의 관계로 이해되는 것이 아니라 물신화되고, '사물화'될 때─예를 들어 생산력을 그 자체 자율적이고 독립적으로 간주된 기술과 동일시하는 것─이러한 관계는 수수께끼와 같아질 것이다. 그리하여 오늘날 개발도상국가들의 산업화와 같이 해결하기가 지극히 어려운 문제 복합체들이 발생하게 되며, 그것들에 대한 구체적인 해결은 오직 생산과 분배의 관계에 대한 탈물신화된 해석이라는 마르크스적 개념화에 기초할 경우에만 가능할 것이다. 보다 일반적으로 말해보자. 분배의 발생과 변화 속에서 생산의 지배적 성격의 관계가 극명해질 때 비로소, 경제적인 것과 경제 외적인 것의 관계가 올바로 파악될 수 있을 것이다. 왜냐하면 경제적 계기가 경제 외적인 결과에서도 결정적 역할을 한다는 앞서 우리의 주장은 우리가 이러한 차이를 존재하지 않는 것으로, 단순한 가상으로 취급한다는 것을 의미하지는 않기 때문이다. 예를 들어 앞에서 우리는 이른바 원시적 축적을 분석하면서 자본주의의 참으로 순수한 경제법칙은 그것이 종결될 때 비로소 유효할 수 있음을 지적한 바 있다. 사회적 존재와 관련해서 볼 때 그 의미는 다음과 같다. 즉 자본주의라는 새로운 경제체제는 이처럼 분배관계의 선행적인 경제 외적 개혁이 없었다면 불가능했을 것이라는 점이다. 그럼에도 이것은 단순히 모든 현상들에 적용될 수 있는 추상적이고 보편적인 법칙이 결코 아니다.

한편으로 분배관계에서의 이 같은 근본적 변화들은 영국에서의 기계산업의 발생 시기에서나 최근 20세기에서의 미국에서 보듯 순전히 경제적인 이유로 발생할 수 있다. 이러한 발전은 여러 가지 다른 조건들하에서 전혀 다른 성격을 지닐 수 있다. 즉 레닌은 자본주의 시대의 농업 발전에서 프로이센의 길과 아메리카의 길을 구별했다. 전자는 그 나라에서의 봉건적인 분배관계의 지극히 오랜 붕괴과정을 의미했고, 후자는 정반대를, 말하자면 봉건주의의 완벽한 부재 혹은 급진적인 청산을 의미했다.[58] 이로부터 자본주의의 발전과정은 그 변화의 속도가 전혀 다르고, 지극히 다른 방식에서 진행되었다는 것이 분명해졌다.

다른 한편으로 직접적이고 경제 외적인 변화 역시 결국에는 경제적으로 결정되었다. 즉 봉건적인 분배관계를 극복하는 영국적 형태는 강력한 폭력을 행사함으로써 직접적으로 진행되었지만, 그럼에도 이러한 극복은 영국이 봉건적인 농업으로부터 양(羊) 목축으로, 방직공업을 위한 원자재 생산으로 이행함으로써 규정된 것이다. 이러한 예는 얼마든지 들 수 있다. 하지만 여기서 문제는, 사실을 변증법적으로 고찰하는 것, 말하자면 경제

---

58) Lenin: *Sämtliche Werke*, XII., Moskau 1933, S. 333.

적 본질과 경제 외적 본질의 관계를 단순한 동일성이나 배타적 대립이 아닌 동일성과 비동일성의 동일성으로 간주하도록 권고하는 것이 아니다. 오히려 이 경우에는 마르크스적 현실이해를, 즉 모든 사유의 출발점은 사회적 존재의 사실적 표현임을 파악하는 것이 관건인 것이다. 하지만 우리가 살펴보았듯, 이것이 존재론적인 '직 지향'을 담고 있을지라도, 그것도 절반의 불완전한 형태일지라도, 그것은 결코 경험주의를 의미하는 것은 아니다. 오히려 모든 사실은 다른 복합체들과 상호작용하는 역동적인 복합체의 일부분으로서, 내면적으로나 외면적으로 다양한 법칙들에 의해 규정된 것으로 파악되어야 한다. 사회적 존재에 관한 마르크스의 존재론은 법칙과 사실의 이 같은 유물 변증법적 (모순적) 통일에 기초해 있다. (당연히 관계와 조건이 포함된다.) 법칙은 오직 사실 속에서만 실현된다. 사실은 그 구체적인 규정성과 특성을 법칙이 교차하는 상호작용 속에서 스스로를 관철하는 방식으로부터 획득한다. 인간 삶의 현실적이고 사회적인 생산과 재생산이 언제나 지배적 계기를 형성하는 이러한 착종상태에 대한 이해가 없다면 마르크스의 경제학은 이해될 수 없다.

이러한 논의를 마무리하기 위해서는 다시금 폭력과 경제에 관한 통속적인 대립 역시 형이상학적이고 비변증법적이라는 점을 간략하게 지적할 필요가 있다. 폭력도 내재적인 경제학적 범주일 수가 있다. 예컨대 노동수익을 논의하면서 마르크스는 그것의 본질인 잉여가치는 "오직 경제 외적인 강제를 통해서만 강탈"될 수 있음을 지적한 바 있다. 이와 관련해서 그는 노동수익의 존재 기반인 경제적인 조건들을 분석했지만, 그럼에도 여기서 "가능성으로부터 현실성을 만드는" 것은 "최초에는 강제"[59]라는 사실을 덧

---

59) *Kapital*, III/2, S. 324 f.; S. 799 f.

붙이고 있다. 이러한 상호침투는 인류 역사 전체를 통해 이루어졌다. "유지 및 재생산에 필요한 것보다 더 많은 것을 생산하려 하고, 점진적으로 획득된 인간들의 능력 속에 그 전제를 두고 있는 노예제로부터 자본주의에서 노동일의 규정에 이르기까지, 폭력은 모든 계급사회의 경제적 현실을 구성하는 불가결한 계기로 남아 있다. 여기서 또한 문제가 되는 것은 존재론적-구체적 변증법이다. 그것들이 경제적-법칙적 연관들과 불가피하게 조화를 이룬다는 사실이 이 세상에서 그 둘 사이의 대립을 없앨 수는 없으며, 이러한 본질적 대립은 나름대로 연관의 필연성을 제거할 수 없다. 다시 한 번 보자. 존재에 대한 존재론적으로 올바른 이해는 언제나 개별적인 요소들, 과정들, 복합체들 상호 간의 일차적인 이질성으로부터 출발해야 하며, 동시에 구체적이고 역사적인 사회적 총체성 속에서 그것들이 상호 간에 내부적으로 긴밀하고도 깊이 있게 연관되어 있음을 파악해야 한다. 우리가 이질적이고 대립적인 복합체들의 이러한 결합에 대해서 이야기할 때마다, 우리는 사유 속에서 파악한 그것들의 구체성을 (그것들의 존재적 구체성에 대한 반영으로서) 지적하지 않을 수 없으며, 추상적이고 경험적인 '일회성'뿐만 아니라 마찬가지로 추상적인 '법칙성'에 대해서도 경고해야만 한다. 그럼에도 지금까지 우리가 고찰한 수준에서는 구체성에 대한 요구는 여전히 추상적이고 방법론적인 요청에 머물러 있을 뿐, 구체적인 것이 사상(事象) 자체에 이르지는 못하고 있다. 이처럼 추상성을 벗어나지 못한 것은 다음의 사실에 원인이 있다. 다시 말해 지금까지 우리는 마르크스에서 사회적 존재의 존재론에 관한 가장 중요하고 가장 일반적인 규정들을 완성하기 위해서, 그것이 지닌 가장 결정적인 차원들, 즉 이러한 존재의 역사성을 전체 속에서, 그 부분들의 결합과 그것들 상호 간의 연관 속에서, 변화로 인해 이 부분들이 총체성과 그 총체성을 구성하는 복합체들로의 변형 속에서 완전히 배제하지는 않았지만―이는 불가능한 일이다.―이러한 역사성의 존재론적 중요성에 대해 그것에 합당한 비중을 두지 못했다는 데 있다. 이제 다음 장에서 그 부족한 점이 다루어질 것이다.

3. 역사성과 이론적 일반성

지금까지의 우리의 모든 존재론적 고찰 속에는 모든 사회적 존재의 역사성이 전체적으로나 세부적으로 하나의 존재 규정으로서 함축적으로 담겨 있었다. 예를 들어 우리는 청년 마르크스의 머리에서 한순간도 떠나지 않았던 보편적이고 통일적인 역사과학에 관한 생각을 논의했을 때도 이 점을 지적한 바 있다. 그럼에도 불구하고 우리는 역사적인 것이 갖는 이 같은 절반의 현재성으로는 사회적 존재의 특수한 존재론적 문제들을 적절히 파악하기에 충분하지 않다고 믿는다. 오히려 적어도 가장 중요한 범주들 및 그것들에 내재하는 역사성(Historizität)과의 범주적 연관들에 대해 사유 상으로 대결하지 않으면 안 될 것이다.

역사는 하나의 비가역적인 과정이며, 그렇기 때문에 역사에 대한 존재론적 탐구에서는 시간의 비가역성으로부터 시작하는 것이 명백해 보인다. 여기에 하나의 참다운 존재론적 연관이 있다는 것은 분명하다. 시간의 이러한 존재방식(Wesensart)이 모든 존재의 필수 불가결한 토대가 되지 못했다면, 존재의 필연적 역사성이라는 문제는 등장조차 못했을 것이다. 물론 직접적인 연관에 의해 현실적 문제를 해결해나갈 수 없다는 것을 지적한다고 하더라도 수많은 과정들의 가역성이―비유기적 존재에 있어―소멸되는 것은 아니다. 왜냐하면 시간의 단순한 추상적 비가역성으로부터 특정한 물리적 과정의 비가역성이 직접적으로 도출될 수는 없기 때문이다. 이러한 물리적 과정들은 현존하기는 하지만, 그것들은 구체적인 물질적 경과와 관계들로부터 파악되어야만 할 것이다. 물론 그것들은 시간 속에서 작용하지만, 가역적 과정도—동일한 합법칙성을 가지고—시간 속에서 작용한다. 따라서 동일한 강물에 두 번 들어갈 수 없다는 헤라클레이토스(Heraklit)의 심오한 부분 진리도 물질의 중단되지 않는 운동에, 즉 운동과 물질은 동일한 실체성의 관계의 두 측면과 두 계기를 표현한다는 존재론적 근본 사실에 기초해 있다. 이 같은 천재적 부분 진리를 변증법적으로 교정하는 길은 (역동적인 연속성으로서의) 실체성 자체 속에서 근본원리를, 즉 헤라클레이토스 자신은 이러한 연관을 통찰했지만 여기서 서술된 사태 자체는 바꾸지 못했다는 것을 간파할 때만이다.

실체라는 표현은 여기서 우연히 끌어온 것이 아니다. 19세기가 시작된 이래로 철학에서는 실체를 세계상으로부터 배제하려는 움직임이 있었다. 이러한 움직임을 헤겔과 연관 지어서는 안 된다. 왜냐하면 실체를 주체로 전화시키려는 그의 지향은 궁극에는 철학에서 실체 개념을 제거하려는 목표를 가진 것이 아니다. 다만 운동적으로나 역사적으로 이러한 표현은 인류의 주체와 결합해서 파악되어야만 하기 때문이다. 설령 이러한 노력이 문제가 있을지라도 그렇다. 신칸트주의와 실증주의에서 비로소—인식론적으로 지향된—실체 개념의 해체가 등장했다. 실체 개념과 기능 개념을 대비시킨 카시러의 노력은 실증주의와 신실증주의에서도 강령으로서 유효하다. 이러한 경향은 새로운 인식이 거둔 소득에, 무엇보다 자연과학들의 소득에 뿌리를 두고 있는 것처럼 보이며, 때문에 낡은 실체관들—속류 유물론, 생물학에서의 생기론 등—에 대한 비판에서 여러 모로 올바르게 유지되고 있다. 하지만 그것들은 문제의 본질을 놓치고 있다. 변화 속의 지속이라는 존재론적 원리로서의 실체는 오늘날 변화에 대한 배타적 대립이라는 낡은 의미는 상실했다. 그럼에도 지속한다는 것이 현실의 실제적인 복합체들 속에서 계속적으로 자기를 보존하고 혁신하고 확장한다는 점에서, 복합체의 내적인 운동형식으로서의 연속성이 추상적이고 정태적으로 지속하는 것으로부터 생성의 내부에서 구체적인 지속을 만든다는 점에서, 이러한 실체는 새롭고 심화된 타당성을 획득했다. 이미 이것은 비유기적 존재의 복합체에서 타당하며, 유기체와 사회에서는 재생산의 원리로 고양되었다. 지금까지 정태적이었던 실체 개념의 동태적인 개념으로의 이러한 변화, 배타적이고 유일한 실체를 위해 현상계를 격하시키는 실체로부터 내부적으로 지극히 상이한 역동적 복합체들로의 이러한 변화는 과학의 새로운 업적들에 의해 철학적으로 극명하게 표현되었지만, 그러나 동시에 이러한 업적들은 단순한 상대주의, 주관주의 등과는 거리가 멀다. 그 결과―현재 우리 문제에서 각별히 중요한 것인데―실체 개념은 스피노자에게서 커다란 의미를 지닌 것처럼 역사성과의 배타적 대립을 멈췄다. 오히려 정반대이다. 즉 역동적 복합체의 존재원리로서 지속 안에서의 연속성은 존재 자체의 원리로서 역사성을 향한 존재론적 경향을 입증하는 것이다.

그럼에도 운동의 영원성은 역사적인 것의 특수한 구체성을 규정하기에는 충분하지가 않다. 가장 일반적으로 표현한다면, 이 역사적인 것은 운동 일반뿐만 아니라 이미 변화의 특정한 방향, 즉 특정 복합체들의 질적인 변화들 속에서, 자기 안에서나 다른 복합체들과의 관계 속에 표현된 방향을 포함하고 있다. 마찬가지로 여기서 본래의 참다운 존재론적 요소를 적어도 형이상학으로 기술된 그 이전의 존재론으로 표현된 오류들과 구분하기 위해서는 사전에 몇 가지 주목할 사항이 있다. 다른 맥락에서 이미 발전(또한 고도 발전)은 그것에 대한 평가―윤리적-문화적-미학적 등등의 의미—와 전혀 관계가 없다고 간략하게 언급한 바 있다. 그러한 평가들은 사회적 존재의 테두리에서 또 그 과정에서 존재론적 필연성을 띠고 나타나며, 또한 그것이 지닌 존재론적 연관을, 다시 말해 가치 자체의 존재론적 객관성을 정확하게 규정하는 것이 특별하고 중요한 과제가 되었다. (이것은 이 장의 뒷부분에서 현실적이고 구체적으로, 하지만 비로소 윤리학 속에서 등장한다.) 이러한 평가는—당분간 가치 자체는 제외한다면—가치의 사회적 발생의 필연성과 그것이 미친 영향의 중요성을 우리가 인정한다 할지라도, 여기서 지극히 일반적인 의미로 논의된 역사적인 것의 존재론과는 아무런 관련이 없다. 따라서 우리는 대단히 일반적인 의미에서, 직접성으로부터 해방된 관점에서 방향과 속도 등을 이해해야만 한다. 결과적으로 우리가 발전의 존재론적 영역으로부터 수십억 년이 걸리는 천문학적 발전을 배제할 경우, 우리는 단 몇 초나 몇 분을 생존하는 생명체에서 발전을 감지하지 않으려 할 때 범하는 것과 똑같은 오류를 범하게 될 것이다. 하지만 이것은 그 본질에 비추어볼 때 초보적이고, 쉽게 극복할 수 있는 인간 중심적인 유의 거부이다. 현실에 대한 과학적 이해에서, 발전의 개념이 존재론적으로 근거가 없는 방식으로 일반화되고—확장이건 축소건—제한될 경우, 훨씬 위험하다. 여기서 '존재론적'이라는 표현을 특별히 강조할 필요가 있다. 왜냐하면 발전을 과학적으로 근거 짓기 훨씬 전에, 일상 경험의 '직지향'이 그것의 의심할 수 없는 사태를 드러낼 수 있는 경우가 있기 때문이다. 즉 그것을 과학적으로 파악하려고 시도하는 사육자의 경험에서 오래전에 알려졌던 종들의 발생학적 발전은 그러한 사태에 대한 지극히 중요한 예이다. 그럼에도 이것을 N. 하르트만의 비판에서 강조했던 것처럼, 우리는 이러한 '직 지향'에 어떤 확실한 방향을 부여할 수 없다. 직 지향이 직접적이지만, 그러나 의심할 수 없는 현실에 확고히 기초해 있다는 것은 과학적 인식에 전제되어 있으며, 이따금씩 그것을 존재론적으로 교정할 수 있다. 그럼에도 직 지향은 모름지기 일상의 지향이기도 한 까닭에, 그것은 때때로 일상에서 필연적으로 발생하는 편견에 오염되고, 그리하여 왜곡되는 것이다. 이미 앞서 언급한 발전의 거부도 직접성에 지나치게 빠르거나 지나치게 늦은 속도로 이러한 방향에서 작용했다. 그럼에도 노동과정에 대한 부당한 일반화로부터 발생한, 상이한 인간중심적 표상들이 무엇이 참으로 발전인가에 대한 기준으로 고양되었다는 점이 보다 중요하다. 이와 관련해서 무엇보다 존재론적으로 고찰할 때 목적론적 성격을 전혀 갖지 않는 운동 복합체들이 직·간접적으로 그러한 성격을 갖게 되었다는 점이 논구된다. 이처럼 단순하게 받아들여지지만, 존재하지는 않는 목적론적 정립들, 자연스럽게 초월적이고 종교적 등등의 성격을 띤 정립들이 발전이 현존하는지 또 그 존재론적 본질에 비추어볼 때 그것이 어떤 특성을 띠고 있는지를 결정할 근본원리로 고양되었다. 지금은 그러한 파악의 상이한 결과들과 대결할 수 있는 자리는 아니다. 우리의 고찰들은 비유기적이고 유기적인 자연에서뿐만 아니라, 사회에서도 일반화된 저 목적론의 형식을 거부하고 그것이 타당한 범위를 인간적-사회적 행위의 개별행동들에—노동은 그것의 가장 풍부한 형식과 모델이다.—한정할 것을 강조하는 것으로 충분하다.

그럼에도 노동 자체라는 사실을 통해 또 그것의 결과들을 통해 사회적 존재에서 대단히 특이한 구조가 발생했다. 왜냐하면 목적론적 정립의 모든 생산물들이 인과적으로 발생하고 인과적으로 작용한다는 것, 그리하여 그것들의 목적론적 발생이 결과들 속에서 소멸되는 것처럼 보일지라도, 그럼에도 그것들은 사회 속에만 현존하는 이러한 특성을 갖고 있다는 것, 그리하여 그것들 자체가 대안적 성격을 지닐 뿐만 아니라, 그것들의 결과—그것이 인간과 관계하는 한—역시 그 본질에 비추어볼 때 대안들을 유발하기 때문이다. 이러한 종류의 대안은 상당히 일상적이고 피상적이라는 것, 그것의 직접적인 결과는 사소할 것이라는 것은 그다지 중요하지 않다. 그것은 진정한 대안이다. 왜냐하면 그것은 언제나 변함없이 주체에 역으로 작용할 수 있는 가능성을 자체 안에 담고 있기 때문이다. 고등동물들 사이에서 보이는 유비는—사자가 이 영양을 쫓을 것인지 혹은 다른 영양을 쫓을 것인지 등—그것과는 존재론적으로 아무런 연관이 없다. 왜냐하면 그러한 '선택'은 순전히 생물학적 차원에 머물러 있어서 결코 내부적 변화를 야기할 수 없기 때문이다. 이러한 변화의 발생과정은, 따라서 생물학적 존재의 차원에 단순히 부수적인 것이다. 이에 반해 사회적인 대안은, 설령 그것이 식량이나 성(性)과 같이 생물학적 요소에 깊숙이 뿌리 내리고 있다 할지라도, 이러한 영역에 갇혀 있는 것이 아니라, 언제나 앞서 지적한 선택 주체의 변화의 실제적 가능성을 자기 안에 담고 있을 것이다. 대안적 행위가 사회적 의미에서 자연적 한계를 축소시키는 경향이 있다는 점에서, 당연히 여기서는—존재론적 의미에서—발전이 등장한다.

이제 우리는 사회적 존재 내부에서 객관적 발전의 근본 사태에 도달했다. 하지만 여기에서 올바른 결론을 이끌어내기 위해서 언제나 다시금 사태 자체에 대해, 그것들의 관계와 구조에 대해 주목해야만 한다. 개별적인 배치들이 발견된다 할지라도, 그것들은 다른 종류의 것들에 대한 도식으로서 무비판적으로 받아들여져서는 안 된다. 무엇보다 명심해야 할 것은 대안의 불가피성을 사회적 실천 내부에서 자발적으로 혹은 주관주의적으로 해석해서는 안 된다는 점이다. 가치와 같이 마르크스주의의 핵심범주에 대한 간략한 분석은 기껏해야 여기서 필요한 방향을 제시할 수는 있을 것이다. 우리는 사용가치와 교환가치의 통일로서의 가치가 경제적으로는 사회적 필요노동의 확립을 포함하고 있다는 것을 보았다. 또한 인류의 경제발전에 대한 탐구는 사회성의 발전 및 자연적 제약의 축소와 더불어 한편으로 사회적 가치의 양이 끊임없이 상승 속도로 증가하고, 다른 한편으로는 그 가치의 생산에 요구되는 사회적 필요노동이 똑같은 정도로 감소한다는 것을 극명하게 보여준다. 경제학적으로 말한다면, 이것은 가치 총량은 증가하는데 개별 생산물들의 가치는 지속적으로 하락함을 의미하는 것이다. 이와 더불어 하나의 발전 방향이 주어지는데, 그것을 통해 생산의 점증하는 사회성이 단순히 생산물의 증가로 드러나는 것이 아니라, 동시에 생산물의 생산에 필요한 사회적 노동의 감소로 드러난다.[60] 이와 관련하여 사회적 존재의 내부에서 객관적이고 필연적인 발전과 그것의 존재론적 객관성은 실제로 이러한 발전을 산출한 개별행위들의 의도뿐만 아니라, 사람들이 상이한 관점들에 의해, 상이한 동기들에 의해 제약된 상태로 수행한 평가와 무관하게 있다는 것이 문제가 된다는 것은 의심의 여지가 없다. 따라서 우리는 사회적 존재의 내적인 발전 경향이라는 객관적이고 존재론적인 사태에 직면해 있는 것이다.

그러한 발전의 객관성 및 그것이 인간의 가치판단과 전혀 무관함을 확정짓는 것은 경제적 가치 및 그것의 발달 경향이 지닌 중요한 존재론적 특성이다. 따라서 그것과 더불어 존재론적 현상 자체가 더 이상은 완전하게 기술되지 않을지라도—혹은 안 되기 때문에—이러한 객관성이 확정되어야만 한다. 그것을 가치로 기술하는 일은—다른 모든 언어에서처럼 좋게—결코 우연적이지 않다. 의식과 무관한, 사회적으로 현실적이고 객관

---

60) 인간 문화 전체에 그처럼 중요한 여가와 같은 범주가 이러한 발전 경향과 긴밀하게 연관되어 있다는 것은 분명하다. 이 범주에 대한 논의는 제2부에서 가능할 것이다.

적인 관계, 우리가 여기서 가치라는 용어로 기술하고 있는 관계는, 말하자면 그것이 지닌 객관성과 상관없이—결국에는, 물론 단지 결국에만—우리가 가치로 명명한 모든 사회적 관계를 위해, 이로써 통상 가치판단으로 명명되는 사회적 연관들의 모든 행동방식을 위한 존재론적 토대이다. 사회적이고 객관적인 존재와 객관적으로 근거 지어진 가치관계 사이의 이러한 변증법적 통일은, 이 모든 객관적 관계들과 과정들 등이 심지어 그것들을 실현하는 인간적-개인적 행위와 무관하게 유지되고 작용되지만, 그럼에도 다만 그것들의 실현 태로서만 발생하고 또 그것들이 확장된 인간적-개인적 행위들에 역작용함으로써만 계속적으로 발전할 수 있을 것이라는 사실에 뿌리를 두고 있다. 우리가 사회적 존재의 고유한 특성을 파악하고자 한다면, 이러한 이중성이 파악되고 확정되어야만 한다. 즉 특수한 형상들과 과정들이 그것들을 직접적으로 생산하고 계속 진행시키는 개별적인 행위들에 의존하는 동시에 독립하는 것. 사회적 존재에 대한 수많은 오해들은 대부분의 경우는 두 가지—오직 그것들의 상호작용 속에서만 현실적인—구성요소들 가운데 하나가 유일한 요소로 혹은 절대 지배적인 요소로 구축되었다는 데서 발생한다. 마르크스는 말했다. "인간은 자신의 고유한 역사를 만든다. 하지만 인간은 그것을 제멋대로 만드는 것은 아니다. 그들은 그것을 스스로 선택한 상황이 아니라, 직접 발견하고 주어지고 전승된 상황하에서 만드는 것이다."[61] 마르크스가 이 구절에서 특별히 관심을 갖는 것은 전통의 영향이다. 하지만 철학적 의미에서 볼 때 그가 '상황'을 대단히 일반적인 의미에서 이해하고 있다는 것은 분명하다. 왜냐하

---

61) Marx: *Der achtzehnte Brumaire des Louis Bonaparte*, Wien-Berlin 1927, S. 21; MEW 8, S. 115.

면 전혀 구체적인 대안들이 존재하지 않기 때문이다. 이러한 대안들은 지금 여기서(hic et nunc, 이 표현의 가장 넓은 의미에서)와 결코 분리될 수 없을 것이다. 그럼에도 개별 인간들과 그들이 행위하는 사회적 상황 간의 불가분적 상호작용으로부터 발생하는 이러한 구체성 때문에, 각각의 개별적인 대안행위는 일련의 보편적이고 사회적인 규정들을, 즉 그것들에 대응하는 행위—의식적인 의도와 무관하게—로 인해 계속 영향을 미치고 또 비슷하게 구조 지어진 새로운 대안들을 자극하는 규정들이 인과 고리들을 발생하게 하는데, 그 법칙들은 대안들의 의도를 넘어설 수밖에 없을 것이다. 따라서 사회적 존재의 객관적 법칙들은 대안적 성격을 지닌 개별적 행위들과 불가분적으로 결합되어 있지만, 동시에 그것과 무관한 사회적 엄중함을 지니고 있다.

그러나 다시금 이러한 독립성은 변증법적인 것이다. 그것은 현상과 본질의 변증법에서 풍부하게 표현된다. (물론 여기서는 언제나 유물 변증법은 현상을 존재하는 어떤 것으로 보지 존재와 대립되는 어떤 것으로 보고 있지 않다는 것을 유념해야 한다.) 개별자들, 대안 주체들이 보편자에 대해, 사회적 합법적인 것에 대해 맺고 있는 변증법적 상호관계는 다종다양한 일련의 현상들을 창출하며, 바로 그렇기 때문에 사회적 본질의 현상화는 원칙적으로 개별화된 인간들을 매개로 해서만 명시될 수 있다. (이러한 배치에 상응하는 특수한 문제들에 관해서 우리는 제2부의 사실적으로 차별화된 맥락 속에서 좀 더 상세하게 언급할 수 있을 것이다.) 여기서는 다만 본질과 현상의 제 관계가 지닌 이러한 속성에 대해, 즉 전체와 부분의 반성규정에 대해 결정적으로 영향을 주는 사회적 존재의 다른 구조적 문제에 대해서만 간략하게 지적할 것이다. 비유기적인 자연에서의 일반적인 존재론적 상황은 이미 유기적 자연(Organik) 속에서 질적인 변화를 경험했다. 근거 지어진 것은 아니지만 우리가 믿기에, 동물의 기관 같은 것을 부분으로 파악할 필요가 있는지에 관해서 의심이 있을 수 있을 것이다. 확실히 그 기관들은 특수성과 차이성을, 비유기적인 세계에서는 불가능한 고도로 상대적인 자립성을 띤 고유의 생명을 지니고 있다. 그럼에도 그것들은 유기체 전체의 기능 속에서, 그 기능에 따라서만 존재하며, 그것들의 상대적 자립성을 재생산할 수 있기 때문에, 존재론적으로 보다 발전된 단계에서 그것들은 부분과 전체의 반성관계를 실현하고 있다. 사회적 존재에서 이러한 상황은 더욱 제고되고 있다. 생물학적 존재에서—적어도 최초의 직접성에서—전체였던 것, 스스로를 재생산하는 유기체는 여기서 사회적 전체의 내부에 있는 부분이 된다. 자립성의 제고는 명백하다. 왜냐하면 생물학적 의미에서 모든 인간은 필연적으로 하나의 전체이기 때문이다. 하지만 존재론적 문제는 모름지기 이러한 자립성이 사회적 의미에서의 부분 성격들의 담지자가 된다는 데 있다. 인간은, 그가 단순히 생물학적 생명체가 아니라 인간인 한에서, 즉 현실적으로는 결코 있을 수 없는 것인 한에서, 결국에는 (다른 이유 때문에, 그리하여 다른 방식으로) 유기체가 생물학적 총체성으로부터 분리될 수 없듯, 구체적인 그의 사회적 총체성으로부터 분리될 수 없다. 그 차이는 기관의 존재는 그것이 속해 있는 유기체와 불가분적으로 결합되어 있는 반면, 이러한 불가분적 연관은—사회성이 발전할수록 더욱 강화되는데—오직 사회 일반과 관계하며, 또 구체적으로 커다란 변화를 가능하게 한다는 데 있다. 그리고 여기서 자연적 제약이 감소된다. 원시인들에게 자신의 사회로부터 추방당하는 일은 사형선고를 의미했다. 인간 삶의 점증하는 사회성은 확실히 많은 개인들 속에서 사회 일반으로부터의 독립성, 즉 고립된 원자로서의 일종의 현존재라는 가상을 자극했다. 이미 청년 마르크스는 급진적인 청년 헤겔주의자들에서 보인 이러한 이해에 대해 저항했다.[62] 또 다른 자리에서 그는 개인들의 자립성의 가상을 신분이나 카스트 등과 반대로 자본주의 사회에서 "개인들의 삶의 조건의 우연성"으로부터, 따라서 다시금 보다 발전된 사회성들의 특수한 고유 법칙성의 강화로부터, 자연적 제약의 축소로부터 추론했다.[63]

실제로 필요한 이러한 여담은 사회적 필요노동의 변화와 연관된 가치문제를 좀 더 잘 이해하게끔 해준다. 일반적으로 이해된 가치법칙에서 사회적으로 필요한 노동시간이 상품 생산에서 양적인 감소로 드러난 것은 전체 연관의 한 측면일 뿐이며, 이러한 전체 연관을 보충하는 요소가 바로 개별 존재로서의 인간의 능력의 발전이다. 이른바『정치경제학 비판 요강』에서 마르크스는 이러한 이중적 귀속성을 다음과 같이 전개시키고 있다. "모든 형태들에서 그것(가치 혹은 가치를 통해 표상된 부―저자)은 물건이든 혹은 개인 바깥에 우연히 곁에 놓인 물건을 매개로 이루어진 관계이든 사물의 모습으로 드러난다 … 그러나 사실상, 협소한 부르주아적 형식이 벗겨지면, 보편적 교환 속에서 생산된 개인의 필요, 능력, 향유, 생산력 등의 보편성과 달리 무엇이겠는가? 자연의 힘, 이른바 자연뿐만 아니라 인간 고유의 본성에 대한 인간 지배의 완전한 전개가 아니겠는가? 이러한 발전의 총체성, 다시 말해 인간이 지닌 모든 능력 자체의 발전을, 미리 주어진 척도로 정확히 측정하지 않은 채 자기목적으로 삼는 앞서간 역사의 발전 이외에 다른 전제 없이 인간의 창조적 능력을 완전히 끌어내는 것이 아니겠는가? 어디서 인간은 스스로를 하나의 규정성 속에서 재생하는 것이 아니라 자신의 총체성을 생산하는가? 생성된 어떤 상태에 머무르려 하지 않고

---

62) MEGA I/3, S. 296; MEW 2, S. 127 f.
63) Ebd., 5, S. 65 f.; MEW 3, S. 76.

244

생성의 절대적 운동 속에 있는 것일까?"[64] 우리가 여기서 본질상 객관적인 발전과 관계하고 있다는 것은 분명하며, 하지만 동시에 여기서 발생한, 자기발전적 사실, 인간 능력과 필요의 확장이 모든 가치와 그 가치의 객관성에 대한 객관적 토대를 형성한다는 것도 분명하다. 가치에 관해서는 오직 사회적 존재의 내부에서만 이야기될 수 있다. 즉 비유기적이고 유기적인 존재에서의 발전은 확실히 그것들의 존재의 확대된 형식들을 산출할 수 있다. 하지만 확대된 것이 가치로 나타내는 것은 순전히 말장난일 것이다. 사회적 존재의 발전이 존재론적으로 원초적인 형식에서, 경제(노동)의 영역에서 인간 능력의 고도 발전을 산출하기 때문에, 인간 유의 자기활동의 성과로서 그 결과는 동시에 그 객관적인 실존과 묶여 있고 그 실존과 불가분적인 가치 성격을 갖는다.

이른바 임의의 모든 가치가 그것이 지닌 궁극적인 존재론적 토대 위에서 탐구된다면, 그것을 지향한 의도는 그것에 적합한 대상으로서 불가피하게 인간 능력의 발전을 마주하게 될 것이고, 그것도 인간 활동 자체의 결과로서 그럴 것이다. 이 점에서 인간의 본질(Sosein)에 기초해서 우리가 노동과 그 노동의—직접적이고 매개된—결과가 다른 활동 형식들보다 우위를 갖는다고 이야기한다면, 순전히 존재론적인 것을 염두에 두게 된다. 다시 말해 노동이 다른 무엇보다 발생적으로 인간의 인간화에서, 인간 능력의 형성에서 출발점이며, 여기서 자기 자신에 대한 지배가 망각되어서는 안 된다. 더 나아가 노동은 대단히 오랜 시간 동안 이러한 발전의 유일한 영역이었으며, 상이한 가치들이 결합되어 있는 인간 활동의 다른 모든 형식은 노동이 상대적으로 높은 차원에 도달한 후에야 비로소 자립적임을

---

64) *Grundrisse*, S. 387.

드러낼 수 있을 것이다. 또한 이러한 형식들이 나중에 노동과 얼마만큼 결합될 수 있는지는 여기서 탐구될 성질은 아니다. 여기서는 다만 이러한 존재론적 우위에만, 즉 우리가 거듭 반복해야만 하듯, 가치의 위계와 무관한 우위만 문제가 된다. 노동 속에서 인간적으로 표현된 것, 노동에 의해 발생한 것이 직접적이든 간접적이든 총체적인 가치가 근거해 있는, 인간적인 것의 바로 저 영역을 구성하는 것만이 유일한 문제인 것이다.

하지만 존재론적인 연관을 이렇게 확정 짓는다 하더라도 우리의 문제는 아직 소진되지 않았다. 우리가 마지막 여담에서 사회적 존재에서의 현상-본질의 관계에 대해 강조하듯 지적했던 것은 우연이 아니다. 만일 이러한 관계가 지극히 역설적이고 모순적으로 드러나지 않는다면, 그리하여 우리가 여기서 사회적 존재의 내부에서 핵심적이고, 지극히 전형적이며 특징적인 관계를 다루고 있음을 보여준다면, 가치문제는 훨씬 단순해질 것이다. 우리가 인용한 곳에 바로 이어서 마르크스는 이러한 복합체들이 자본주의적으로 현상하는 방식에 대해 다음과 같이 적고 있다. "부르주아 경제학에서—그리고 그것에 대응하는 생산시기에서—인간의 내적인 것의 이러한 완전한 계발은 완전한 진공으로서, 이러한 보편적 대상화는 총체적인 소외로서, 그리고 특정하고 일면적인 모든 목적의 파괴는 전적으로 낯선 목적 아래로 자기목적을 희생하는 것으로 나타난다."[65] 본질과 현상의 이러한 관계가 한편으로 가치와 부의 결합으로, 다른 한편으로는 인간 능력의 발전으로 (우리가 살펴보았듯, 이 둘은 하나의 불가분적인 복합체를 이루고 있다.) 올바로 이해된다면, 현상은 본질 못지않게 사회적으로 존재하는 것일 뿐만 아니라, 또한 이 둘이 동일한 사회적 필연성에 의해 담지된다는 것,

65) Ebd.

그것들 양자는 서로 간에 이러한 사회적-역사적 복합체를 구성하는 불가분적 요소들이라는 사실에서 출발하게 될 것이다.

그럼에도 이러한 통일의 내부에서 존재의 대립물로 상승할 수 있는, 지극히 중요한 존재의 구별이 양자 사이에서 발생한다. 가치법칙 자체에서는 개별적인 행위들로부터 종합된 저 보편성이, 사회발전의 종류와 방향, 그리고 속도 등을 규정하는 보편성이 지배하고 있다. 이에 반해 개별적인 인간은 패배를 대가로 해서만 그것에 저항할 수 있는데, (아쉽게도) 그의 저항은 돈키호테적인 기괴한 풍자로 바뀔 것이다.

당연히 그것은 혁명적인 변혁을 배제하지 않는데, 이러한 변혁은 나름대로 무수한 개별적인 행위들의 종합이다. 하지만 이러한 변혁은 전체로부터 시작하며 또 전체를 지향한다. 혁명은 자연히 대중들의 행위뿐만 아니라 객관적인 발전경향들 내부의 내적인 문제의식을 전제하는 경계상의 사건(Grenzfälle)이다. 그럼에도—모름지기 이러한 객관적인 영역의 관점에서 본다면—대중성으로 상승할 수 있는 저항이 이러한 질적인 구조와 운동의 변화 속에서 고취될 수 있는 중요한 경우들이 존재한다. 우리는 다만 상대적 잉여가치만을 생각할 수 있는데, 이러한 가치의 내적 성격은 노동자 계급의 저항으로 발생한 결과 절대적 잉여가치보다 훨씬 순수한 사회적 성격을 띠고 있으며, 따라서 그것은 단순히 자본주의 경제의 내적인 추동력의 내적 변증법에 의한 것이 아니라 계급투쟁의 산물인 것이다. 앞서 강조한 사회적 존재의 존재론적 사실, 즉 노동시간은 오직 그 최대치와 최소치에서만 '순수하게 경제적으로' 규정된다는 것, 하지만 노동시간의 그때그때의 구체적 상황과 관련해서는 투쟁과 권력이 결정한다는 사실은 여기서 질적으로 고양되어 실현될 것이다.

이에 대해 여기서 기술된 현상세계는 훨씬 직접적이고 불균등하게 개인들의 인격적 삶에 개입하고 있다. 즉 공허함, 소외 등은 개별 인간들의 개별적인 성격적 특성과 여러 면에서 긴밀하게 연결되어 있으며, 대부분 사회적 의미에서 의식되지 않은 채 개인들의 배후에서 수행되는 인간 능력의 보편적인 발전 이상으로 여러 가지 면에서—여기서 가능한—개인적인 결정들, 행위들 등에 긴밀하게 의존되어 있다. 여기서—나중에 다룰 것인데—이러한 통일적·분열적 과정들이 담고 있는 세부적 측면들을 천착하지 않은 상태에서도 이미 현상의 영역은 개별적인 행동들에서 본질의 영역보다 훨씬 큰 객관적 공간을 제공해주고 있다는 것, 그것은 따라서 어느 정도는 그 영향 면에서 볼 때 본질 영역보다 침투성이 약하고 또 강제성도 떨어진다는 점을 분명히 할 수 있다. 이처럼 상대적으로 느슨한 현상의 영역의 성격 때문에 그 속에는 그 나름으로—말하자면 대부분의 경우 대단히 넓고 복잡하게 착종된 매개들을 통해—사회적·역사적인 총체적 사건들에 역작용할 수 있는 입장과 행동방식의 가능성이 드러나고 있다.

따라서 이러한 물음은 구체적인 단계에서만 상세하게 다루어질 수 있다. 여기서 우리는 다만 인식론적이며, 구체적인 행위로 이행하는 입장들을 간략하게 지적할 수 있을 것인데, 여기에는 이미 구분이 오히려 특정한 유형학을 보여주고 있다는 것, 하지만 이러한 유형학은 역사발전의 상이한 단계들에서 그때그때의 경제구성체들의 구조와 성향에 따라 매우 상이한 속성들을 가질 수 있다는 것을 보여주고 있다. 앞서 인용된, 상호보충적인 구절들에 대한 마르크스의 결론적인 언급들은 본질과 현상의 통일 속에서의 전체 과정에 대한 판단과 평가에 관련되어 있다. 때문에 그것은 여기서 전체 과정의 존재론적 우위를 강조하고 있다. 마르크스는 이론적으로는 언제나 경제적으로나 사회철학적 견지에서 객관적으로 보다 높은 발전을 덜 발전된 과거에 대비시켜 낭만적으로 미화하는 것에 대해 반대했다. 하지만 이것이 전적으로 규정되어 나타난 여기서도, 우리가 언급했던 모순성에 대한 지적이 빠져 있다. "그리하여 한편으로 유아적 세계가 보다 고차적인 것으로 나타난다. 다른 한편으로 폐쇄적 형태, 형식과 주어진 제한이 모색되는 곳에서는 어디서든지 유아적 세계가 보다 고차적이다. 그것은 협소한 관점에 대한 만족이다. 현대적인 것을 불만족스럽게 두거나 혹은 그것이 자기만족적인 것처럼 보이는 경우가 보통이다."[66] 이미 자본주의 내부에서의 만족에서 통상 나타나는 표시는 마르크스가 확실히 전체 과정에서 객관적 원리의 사회-역사적이며 존재론적인 우위를 언제나처럼 핵심적인 것으로 간주하고 있지만, 그럼에도 동시에 전체의 불가피한 진보의 현상방식이 저 객관적 원리와—객관적이지만, 전혀 다른 차원에서—완전히 대립적인 관계에 서 있을 수 있으며, 이로부터 다른—마찬가지로 객관적으로 정초된—판단과 행위가 발생할 수 있다는 것을 잊지 않고 있다. 앞서 우리가 다룬 원시적 축적에 관한 기술을 주의 깊게 따라온 사람이라면 이러한 대립의 각 단계를 접했을 것이다.

엥겔스는 후일 『철학의 빈곤』에 대한 그의 서문에서 이러한 존재론적 입장을 날카롭게 정리했다. 그는 리카도의 잉여가치론으로부터 직접 사회주의적 결론을 이끌어냈던 그의 후계자들에 대해 언급했었는데, 엥겔스가 올바로 주목했던 것처럼 이들은 "경제학적으로 형식상 잘못을 범했다." 아울러 엥겔스는 그들의 도덕적 논증과 마르크스의 경제학적 논증 간의 대립을 강조했다. 엥겔스의 말에 따르면, 도덕적 문제는 경제학과 '전혀' 관계가 없다. 비판을 마무리하면서 그는 다음과 같이 말했다. "그러나 형식상 경제학적으로 잘못한 것이, 그럼에도 불구하고 세계사적으로는 옳을 수도

---

66) Ebd., S, 387 f.

있다." 또한 엥겔스는 경제구조와 경향에 대한 일반적인 도덕적인 비난 속에는 그러한 구조 및 경향이—경제학적으로도—유지될 수 없을 수 있다는 점도 지적했다. "경제학적 의미의 형식적 잘못의 배후에는 대단히 참다운 경제학적 내용이 감추어져 있을 수도 있다."[67] 엥겔스는 원시 공산주의의 해체를 방법론적으로 대단히 유사하게 취급했다. 여기서 그는 무엇보다 그러한 해체의 필연성과 진보성이 사회적 존재의 존재론의 관점에서 일차적 계기임을 강조했지만, 그러나 즉시 경제적 존재의 이러한 진보성이 "처음부터 하나의 타락으로서, 도덕적으로 단순한 고대 이교도 사회의 고결함으로부터의 타락으로서" 나타나고 있음을 덧붙이고 있다. "새로운 문명사회, 즉 계급사회에 헌신하는 것은 가장 저급한 이해—세속적 탐욕, 야만적인 향락 추구, 불순한 욕심, 공동 재산에 대한 이기적 탈취—이다. 계급 없는 과거의 고상한 사회를 와해시키고 붕괴시키는 것은 가장 비열한 수단—절도, 폭행, 사기, 모반—이다."[68] 역사 자체가 보여주듯, 여기서는 단순히 도덕적인 가치판단이, —여러 정황상—단순히 주관적인 것이 문제가 아니라, 앞서 논의된 경우에서와 마찬가지로 사회적 권력으로 고양될 수 있는 반응들이 문제인 것이다. 우리가 '황금시대'라는 뿌리 깊은 신화를 생각해보고, 많은 이교도 운동들이 루소에 이르기까지, 급진적인 야코비주의자들에 대한 그의 영향에 이르기까지 미친 영향들을 추적해본다면, 이 점이 분명하게 드러나게 될 것이다. 그러나 이러한 역사적 필연성은 (사회) 구성체들의 순수한 객관적 변화 속에서도 입증된다. 원시공산제

---

67) Engels: "Vorwort zu *Elend der Philosophie*", in der Ausgabe Stuttgart 1919, IX f.; MEW 21, S. 178.
68) Engels: *Ursprung der Familie etc.*, Moskau-Leningrad 1934, S. 86 f.; MEW 21, S. 97.

가, 고대 노예제로서, 나아가서는 봉건제와 자본제로서 해체된 것이 경제-사회적 진보의 원리로 입증되는 반면, "아시아적 생산양식" 속에서 잔존하는 원시 공동체의 요소들은 정체의 원리로 입증되고 있다. 덧붙여 말하자면, (아시아에서) 이러한 요소들이 현상하는 모습은 유럽의 상승 방향 못지않게 공포와 혐오감을 낳는다. 이러한 예들은 얼마든지 들 수 있을 것이지만 그대로 두겠다. 왜냐하면 우리가 원하고 있듯, 객관적인 발전과 그로부터 필연적으로 유래하는 대립적인 가치 형식들 사이에 모순적으로 존재하는 관계들 안에서 가장 중요한 계기들은 이미 충분히 해명되었기 때문이다. 이러한 문제들에 대한 세부적인 대결은, 우리가 사회의 존재론적 사회성을 분석하는 과정에서 마르크스가 중요하게 간주한 불균등 발전의 문제에 대해 언급할 때 비로소 이어질 것이다. 지금까지 다루어졌던 것들은 모두가 마르크스주의에서 핵심적으로 중요한 문제 복합체들을 구성하는 일부분일 뿐이다.

앞서의 고찰들이 아직은 잠정적이고 불완전하기는 하지만 적어도 그것은 매우 중요하고 근본적인 사실들을 보여주고 있다. 즉 발전, 진보 등과 같은 관계의 형태들이 요소들에 대한 복합체의 존재론적 우위와 결합되어 있다는 것이다. 역사는 오직 하나의 복합체만을 가질 수 있다. 왜냐하면 구조, 구조 변동, 방향 등과 같은 그 구체적인 구성요소들은 오직 복합체들 내부에서만 가능하기 때문이다. 원자가 요소적이고 불가분적인 존재자로 이해되는 한, 원자 자체뿐만 아니라 그러한 실재들의 상호작용들도 원칙적인 의미에서 비역사적일 수밖에 없다. 현대 물리학에 와서 원자가 비로소 역동적 복합체로서 해명된 이래, 우리는 원자 안의 참다운 과정들에 대해 이야기할 수 있다. 비유기적인 세계 전체 안에서도 인식의 상황은 비슷하다. 칸트와 라플라스의 이론에서 일종의 천문학 역사가 등장했다면, 그 역사는—이것이 방법론적으로 얼마나 의식되었는지에 관계없이—태양계가 구성요소들로 이루어져 있는 하나의 복합체이며, 그 복합체의 운동과 변화 등이 그 '요소들'의 존재와 생성을 결정하지만 그 역은 아니라는 인식을 전제하고 있다. 아울러 우리가 지질학이라고 부르는 지식이 존재론적 토대를 지니기 위해서는 지구 역시 복합체로 인식되지 않으면 안 된다. 이러한 사정은 유기적 존재에서는 훨씬 분명하다. 어떤 '요소'로서의 세포는 방법론적으로는 비유기적 세계에서 원자가 담당했던 역할을 결코 담당할 수 없다. 왜냐하면 세포는 그 자체가 하나의 복합체이기 때문이다. 각각의 유기적 존재의 발생과 소멸은 필연적으로 역사과정을 소규모로 표현하고 있으며, 라마르크와 다윈 이래로 이미 종들의 계통발생적 발전은 대규모의 역사과정으로 나타나고 있다. 역사가 사회적 존재의 차원에서 한층 더 높은 형태로 발전해야 한다는 것은 말할 나위 없으며, 게다가 사회적 범주들이 단순한 유기적-자연적인 범주들보다 훨씬 강력한 지배력을 유지할 정도로 발전해야만 할 것이다. 예를 들어 세포 분열에서부터 고등 동물의 성생활에 이르는 발전을 역사로 파악하는 것은 명백히 가능할 것이다. 하지만 결혼과 성애(性愛) 등으로 이루어진 인간의 성의 역사가 풍부함, 차별성, 분화, 단계, 질적으로 새로운 것의 산출 등과 관련하여 비교할 수 없는 우월성을 그 사회적 규정들의 복합체로부터 획득하고 있다는 것은 얼핏 보아도 분명하다.

이 점에서 이 새로운 존재 방식의 존재론적 특성이 드러난다. 역사성의 일반적 기초로서의 복합체는 보존되지만, 그러나 복합체의 속성은 근본적인 변화를 경험할 것이다. 무엇보다도 자연적 한계가 직접적으로 줄어든 결과 복합체들의 경계를 설정하는 과정에서 드러나는 가변성(Labilität)을 기억해야 할 것이다. 따라서 유기적 자연과 비유기적 자연 사이의 복합체의 안정성 면의 차이가 중요하다고 할지라도, 이러한 복합체들은 결정적으로 공통된 특성을 갖고 있다. 말하자면 모든 복합체는 그 역사적 발전에 의해 오직 자연적으로 주어진 형태를 입증하는 한에서만 존재하고, 또 이러한 복합체의 운동성은 오직 이러한 소여성 안에서만 존재할 수 있다는 것이다. 고등 유기체의 탄생과 죽음은 변화가 갖는 이러한 한계를 분명하게 보여주고 있다. 이에 대해 사회적 삶의 복합체는, 그 자연적 성격이 극복되는 순간 자기 자신을 재생산하는 존재를 갖지만, 그럼에도 이러한 존재는—다시금 그 정도를 더해가면서—원초적으로 주어진 상황의 단순한 재생산을 넘어선다. 재생산의 확대는 확실히 재생산관계 속에서 사회적 제한들을 가질 수 있지만, 그것은 유기체의 나이와 죽음에서 재현되는 정지와 쇠퇴, 그리고 종말과는 질적으로 구별되는 것이다. 둘 또는 그 이상의 부족들이 통합될 수 있으며, 어떤 부족은 분열될 수도 있다. 또 새롭게 발생한 복합체는 다시금 완전하게 재생산되기도 한다. 부족들과 국가들 등이 몰락하는 것은 자연스러운 현상일 것이다. 하지만 이러한 과정은 유기적 생명에서는 죽음과는 어떤 공통점도 없으며, 완전한 절멸조차도 하나의 사회적 행위이다. 하지만 분열과 통합, 종속 등으로부터 모름지기 새로운 복합체가 정상적으로 생겨나며, 자신들의 새로운 구조와 그 구조의 역동적 가능성들로부터 새롭거나 변형된 재생산과정이 형성되는 것이다.

우리가 이미 지적했듯 이처럼 전혀 새로운 상황을 위한 하나의 중요한 전제에 따를 것 같으면, 비록 인간이 사회 속에서만 존재할 수 있기는 하지만 사회는—존재사적으로—인간이 태어나면서 자연적으로 귀속되는 그런 것일 필요는 없다는 것이다. 인간 자신은 모두가 확실히 자연적으로는 하나의 생물학적 복합체이며, 그리하여 모든 유기적 존재의 특성들(탄생, 성장, 나이, 죽음)을 공유하고 있다. 하지만 이러한 유기적 존재의 특성을 결코 지양할 수 없음에도 불구하고 인간의 생물학적 존재는 압도적으로 또 점점 더 사회에 의해 규정된 성격을 지니고 있다. 예를 들어 포트만(Adolf Portmann)[69]과 같은 현대의 생물학자들이 인간과 동물 사이의 차이를 논구하면서, 아이의 더딘 성장을, 즉 어린 동물이 출생하자마자 갖게 되는 특수한 종류의 자립성과 비교할 때 오래 지속되는 아이의 무기력과 무능력을 근거로 제시할 때, 그는 이러한 특성을 인간의 생물학적인 특성으로 기술하고자 한 것이다. 얼핏 볼 때 이것은 나름대로 설득력이 있어 보인다. 그럼에도 인간이 지닌 이러한 생물학적 특성은 결국에는 사회의 산물임을 덧붙이지 않을 수 없다. 만일 인간의 조상인 동물종이 포트만이 인간에 대해 기술했던 것과 같은 특성만을 지녔다고 한다면, 의심할 여지없이 인간은 생존 경쟁 속에서 급속하게 몰락했을 것이다. 설령 원시적이고 불안정할지라도, 노동에 기초한 최초의 사회가 제공한 저 안정이야말로 신생아의 더딘 성장을 생물학적으로 보장할 수 있다. 동물에서 그러한 성장 속도는 전혀 의미가 없을뿐더러 일어나지도 않을 것이다. 인간의 변화(직립 보행, 언어, 노동에의 소질 등)에 대해 사회성으로부터 유래하는 새롭고도 커다란 요구로 인해 이처럼 느린 성장은 불가피해졌으며, 이에 대응해서 사회는 이러한 요구를 실현할 수 있는 조건을 만들었다. 수만 년이 경과하면서 이러한 것이 비로소 생물학적으로 고착될 수 있다는 사실은 이러한 발생이 지닌 사회적 성격을 전혀 변경하지 않는다. 마찬가지로 그것은, 인간의 이러한 생물학적 특성이 일단 유전적 성질로 고착될 경우,

---

69) 아돌프 포트만(1897~1982)은 동물학자로서, 스위스 바젤에서 티어나 바젤 대학에서 동물학을 공부했다. 나중에 제네바, 뮌헨, 파리, 그리고 베를린에서 일을 했지만, 주로 프랑스의 해저 생물학 연구소에서 근무했다. (역주)

사회적 존재의 요구가 증가하기 때문에, 특별한 생물학적 변동 없이도 그 '완성된' 상태를 계속적으로 연기할 수 있다는 사실도 변경시키지 않는다. 현재와 비교해서 어느 정도 원시적인 사회형태들을 단순하게 비교해보기만 해도 이러한 경향은 대단히 분명하다. 물론 생물학의 문제를 비판적으로 파고드는 것이 이러한 고찰의 과제가 아님은 자명하다. 하지만 인간의 생물학적 존재가 사회적 존재의 존재론의 근본적 계기를 형성하기 때문에, 또 전(前) 마르크스적 사유와 반(反)마르크스적 사유는 대개는 단순히 형식적 유비에 의해 형성될 수 있는 사회적 범주들을 부당하게 '생물학화'함으로써—이런 일련의 시도들은 아그리파(Menenius Agrippa)[70]의 당파적인 귀족적 우화로부터 슈펭글러, 융 등으로까지 이어지고 있다.—인간의 사회적 존재에 대한 이해와 올바른 파악에 혼선을 주기 때문에, 그러한 방법의 무근거성에 대해 적어도 하나의 예를 제시할 필요가 있다.

확실히 여기서 사회적 과정은 선택적으로 결정된 개별 인간들의 목적론적 정립으로부터 직접 시작한다는 것, 그럼에도 목적론적 정립의 인과적 진행으로 인해 [이러한 과정이—역자] 사회적 복합체 및 그 총체성의 모순적이고 통일적인 인과적 과정 속으로 흘러들어 보편적인 법칙적 연관을 낳는다는 것이 그 과정의 근본구조임이 드러난다. 이렇게 발생한 일반적-경제학적인 경향들은 언제나 사회적 운동 자체로부터 수행된 개별행위들의 종합이기도 하다. 그리하여 이러한 종합은 이제 다수의 개인들이 그것에 대해 분명하게 의식하지 못해도 전형적이고 적합한 방식으로 그때마다의 전

---

70) 마르쿠스 아그리파(Marcus Vipsanius Agrippa, 기원전 63년~기원전 12년)는 고대 로마의 군인이자 정치가이다. 어린 나이에 율리우스 카이사르에게 발탁되어 초대 로마 황제인 아우구스투스를 도와 제정시대를 여는 데 지대한 공헌을 하였다. (역주)

형적인 상황들, 배치들, 기회들 등에 대해 반응할 정도로 순수하게 사회-경제적인 성격을 띠게 된다. 이러한 운동들의 종합적 결과들이 전체 과정의 객관성으로 고양된다. 개별 운동들이 그것들이 구성하는 전체 과정과 맺는 이러한 방식의 관계가 통계학적인 방법으로 일컬어지는 것의 존재 근거를 형성한다. 볼츠만(Ludwig Eduard Boltzmann)[71] 이래로, 특이 현상들이 이러한 운동 복합체들 속에서 발견된다는 것은 물리학에서는 자명한 일이다. 그 경우 볼츠만이 그 자체로 인식 가능하다고 간주했던 개별 분자운동들이 어떤 상태에 있는가는 그의 고전적인 발견에서는 별다른 관심거리가 못된다. 이러한 운동들이 평균치를 벗어날 경우 통계법칙들을 수학적으로 정식화하는 과정에서 산포도(散布度)라고 부르는 것이 나온다. 만일 이러한 연관들이 단순히 존재론적 사실의 견지에서만 고찰될 경우, 오랫동안 지배해왔지만, 다행히도 오늘날에는 수학적으로 물신화된 극소수의 신실증주의자들만이 고수하고 있는 견해, 즉 통계법칙이나 경향성이 인과성과 배타적으로 대립한다는 견해는 순전히 불합리한 것으로 드러날 것이다. 전형적인 개별 인과계열들의 사실적 종합도 이러한 계열들만큼이나 인과적이다. 설령 이러한 통일이 인식이 불가능한 새로운 연관들을 밝혀줄지라도 그렇다. 따라서 이러한 성격이 의미하는 바에 따르면 통계적 방법은 복합체의 운동에서 특수한 인과성을 드러낼 수 있다는 것이다.

여기서 서술된 상황, 말하자면 '요소들(Elemente)'의 전형적인 운동들만이 과정 전체를 인식하는 데 문제가 된다는 것은 물론 통계법칙의 고전적

---

71) 루트비히 볼츠만(1844~1906)은 오스트리아의 물리학자이자 철학자이며, 통계역학의 발전에 큰 업적을 이루었다. 통계역학은 (질량, 전기량 및 구조와 같은) 원자들의 속성들이 물질들(속도, 열전도 및 산포도 같은)의 물리적 속성들을 결정하는 방법을 설명하고 예측한다. (역주)

인 단순한 사례에 지나지 않는다. 우리는 여기서 비유기적인 자연의 문제를 다룰 수는 없을 것이다. 그럼에도 이미 유기체의 세계에서는 종종 보다 일반적이고 또 일반성에 상응하는 개별과정들 간의 지극히 복잡한 상호작용의 상(像)이 문제될 수 있다는 것도 분명하다. 이 점은 사회적 존재에서 매우 첨예하게 나타난다. 왜냐하면 사회-경제적 연관들의 '요소'로서의 인간 자체가 과정 속의 복합체인바, 그 자신의 개별 운동이 경제발전의 특정 법칙에 대해 직접적으로는 실천적 의미에서 아무런 연관이 없을지라도 그렇다고 사회 전체의 발전에서 완전히 무시될 수 있는 것은 아니기 때문이다. 이 문제는 제2부에 가서야 비로소 보다 구체적으로 탐구될 수 있을 것이다. 지금은 다만 사회가 특수하게 규정된 복합체로서의 인간들을 자신을 구성하는 요소들로 포함할 뿐만 아니라, 더 나아가서 사회는 상호교차하고 상호착종되어 있고, 상호투쟁하는 등의 부분 복합체들—제도들, 사회적으로 규정된 인간들의 연합체들(계급들)과 같은—로부터 발생한다는 것, 또 이러한 부분 복합체들은 각기 상이하고 이질적인 차원의 존재로 인해 실제적인 상호작용에서 과정 전체에 결정적으로 영향을 미칠 수 있다는 점을 염두에 두어야 할 것이다. 이로써 과정을 그 총체성에서, 또 그것을 구성하는 결정적 계기들의 상호작용 속에서 인식할 때 복잡한 문제들이 발생하지만, 이러한 것들이 새로운 방법이나 복합체들의 인과적 연관의 본질을 변경시키는 것은 아니다. 다만 이러한 복잡한 문제들을 고려한다면, 그 존재론적 기초에서 통계학적인 것과 비견되는 이러한 방법들이 모든 경우에서 배타적으로 혹은 양적 통계를 가지고 우월하게 작용할 수 있다는 것이 아니라, 오히려 그 방법들은 현실연관들에 대한 질적 분석들에 의해 정초되고 보충되며 심지어는 대체되지 않으면 안 된다는 것이다.

　이러한 복합체의 운동들에 대한 인식은 그것들을 수학화함으로써 전반적으로 크게 증진된다는 것은 의심의 여지가 없다. 여기서 발생한 양적이고 양화가 가능한 연관들에 대한 수학적 표현이 없다면 그러한 복합적 법칙에 대해 정확히 인식한다는 것이 불가능하다는 점도 분명하다. 그럼에도 이로부터 현사실성의 존재론적 우위가 언제나, 그리고 어떤 경우든 수학적으로 동종화될 수 있다는 결론이 나오는 것은 아니다. 우리는 다른 맥락에서 양과 실이 반성규정들에 공속하며, 그 필연적 결과—각각의 사실 자체에 의해—일정한 한계 내에서 질적 규정들이 내용에 대한 어떤 왜곡 없이도 양적으로 표현될 수 있다는 점을 지적한 바 있다. 그럼에도 이러한 가능성은, 양적이고 질적인 연관들에 대한 수학적으로 정확한 모든 표현이 현실적으로 중요한 참다운 연관들과 필연적으로 일치함을 의미하는 것은 아니다. 우리는 이미 신실증주의를 비판하면서 실제 현상들에 대한 탐구가 이루어지려면 수학적으로 파악된 모든 현상들은, 물리학적이고 생물학적인 속성 등 그 존재론적 속성에 따라 해석되어야만 한다는 점을 강조한 바 있다. 이러한 요구는 통계적 방법에 대해서도 여전히 유효하다. 하지만 중요한 사실들을 확정하는 것으로부터 시작하는 수학화만이 참다운 결과에 도달할 수 있다는 것을 특별히 강조하지 않으면 안 될 것이다.

여기서 다른 경계 영역의 문제를 건드리지 않고서도, 사회적 존재에서, 특히 경제영역의 경우에서는 질료 자체가 그 자신의 변증법에 의해 순전히 양적인 범주들을 (무엇보다 화폐) 창출한다는 점이 지적되어야 하겠다. 이러한 범주들은 직접적으로는 수학적-통계적 취급을 위해 주어진 하나의 토대로 나타난다. 그럼에도 우리가 그것을 경제적인 전체 복합체 속에서 고찰할 경우, 그 범주들은 본질적 문제들로 우리를 인도하는 대신 그것들로부터 일탈하게 한다. (마르크스는 재생산과 같은 발전된 경제과정들을 언급할 때 종종 순수한 화폐적 표현이 무의미하거나 몰개념적이라고 말하곤 했다.) 사회주의 국가들에서 수학적-통계적 방법을 둘러싼 찬·반 논쟁은 순전히 탁상공론에 불과할 뿐이다. 이른바 정통 마르크스주의의 이름으로 그러한 방법의 유용성을 의심한다는 것은 우스운 일이었겠지만, 신실증주의의 헛수고에 대해 무비판적으로 열광하면서 그것을 흉내 내려는 것도 그 못지 않게 어리석은 일이었을 것이다. 이러한 문제에서도 정통 마르크스주의가 정치경제학에 대한 하나의 비판이라는 점, 게다가 우리가 지적했던 것처럼 하나의 존재론적인 비판이라는 점은 유효하다. 마르크스의 일반적 방법 속에는 복합체의 내적이고 외적인 운동법칙의 모든 원리에 관한 문제들이 담겨 있다. (우리는 평균 이윤율의 발생, 축적에서의 비례법칙 등을 생각한다.) 이러한 일반적 방법이 직접적인 수학적 통계의 형태로 바뀔 수 있는지, 바뀐다면 어느 정도인지 등은 언제나 각각의 상황이 지닌 구체적인 문제에 달려 있다.

이러한 문제가 대단히 중요할지 몰라도, 그것은 단순히 과학적 표현의 문제이지 사태 자체의 문제가 아니다. 이러한 문제는 그렇게 발견된 법칙 자체가 존재론적으로 어떤 성격을 갖는가 하는 복합적인 문제로 집중된다. 부르주아 과학은, 특히 랑케(Ranke) 이후의 독일 과학(학문)은 법칙과 역사 간의 대립을 구성하고 있다. 역사는 그것이 지닌 명시적인 일회성, 유일성, 반복 불가능성 등이 법칙의 '영원한 타당성'과 이율배반적으로 대립해 있는 하나의 과정이다. 여기서 존재론적인 물음들은 뒷전으로 밀려나 있기 때문에, 이율배반은 상호 배타적인 고찰방식들의 이중성으로 환원되고, 그리하여 대단히 비과학적이다. 이에 반해 슈펭글러(Spengler) 혹은 다소 완화된 형태인 토인비(Toynbee)의 경우에서처럼 역사의 합법칙성이 등장하는 곳에서는 영원하고, '우주적인' 종류의 법칙이 존재하며, 그 원환적 성격으로 인해 역사의 연속성이 지양되고, 결국에는 역사 자체가 지양된다. 반면 마르크스에게서 역사성은 사회적 존재 자체의 내적이고 내재적인 법칙의 운동이다. (우리는 지금까지 상이한 존재의 단계들에서 이루어지는 모든 운동 복합체의 역사성이라는 일반적 문제들을 지적했다.) 사회적 존재는—역사적으로는—비유기적이고 유기적인 세계로부터 등장했지만, 존재론적인 필연성에 비추어볼 때 그것이 이 세계를 떠날 수는 없다. 이렇게 언제나 역동적으로 단순한 자연적 성격을 넘어서 있으면서도 불가피하게 그 속에 뿌리를 두고 있는 매개의 핵심적 요소가 곧 노동이다. "노동이 사용가치의 창조자이고 유용한 노동인 한, 그것은 모든 사회형태들과 무관한 인간들의 실존 조건, 인간과 자연 사이의 신진대사, 그리하여 인간의 삶을 매개하는 영원한 자연 필연성이다."[72] 따라서 유일하게 객관적이고 완전히 보편적인 사회적 존재의 법칙성, 사회적 존재 자체만큼이나 '영원한' 법칙이 발생한다. 다시 말해 그것은 사회적 존재와 동시적으로 발생한 만큼, 마찬가지로 하나의 역사적 법칙의 성격을 띠지만, 그러나 그것은 사회적 존재가 존재하는 동안에만 효력이 있다. 그 밖의 다른 법칙은 이미 사회적 존재 안에서 역사적 성격을 띠고 있다. 마르크스는 이러한 법칙들 가운데 가장 일반적인 것, 즉 가치법칙의 발생을 그의 주저(主著)의 서론 장에서 설명했다. 확실히 가치법칙은 노동 자체에 내재적이다. 왜냐하면 그것은 노동시간을 통해 인간 능력의 전개로서의 노동 자체와 결합되어 있기 때문이다. 하지만 그것은 이미 인간이 무엇보다 유용한 노동만을 수행하는 곳에서, 노동의 산물이 아직은 상품이 되지 못한 곳에서도 내재해 있다. 그것은 또한 상품의 매매가 이루어지고 난 후에도 여전히 내재적으로 효력을 유지하고 있다.[73] 하지만 가치법칙의 확장되고 명시적인 형태는, 사용가치

---

72) *Kapital* I, S. 9; MEW 23, S. 57.

와 교환가치의 반성관계가 발생하고, 이로써 교환가치가 그 모든 자연적 규정을 탈각하여 순전히 사회적인 특수한 형태를 담지할 때 비로소 드러 난다. 다른 모든 경제법칙들은, 사실상 운동 복합체들의 법칙으로서 하나 의 경향성을 띠고 있는 그 법칙성에도 불구하고, 순수하게 역사적인 특성 을 지닌다. 왜냐하면 이러한 법칙들이 효력을 얻고 유지하는 것은 특정한 사회-역사적 상황에 달려 있는 반면, 이러한 상황의 현존이나 부재는 법 칙 자체에 의해 산출되지 않거나 거의 산출되지 않기 때문이다. 복합체를 규정하는 법칙의 존재론적 본질 속에는 다음과 같은 내용이 담겨 있다. 즉 이러한 법칙들이 효력을 발휘할 때 복합체 자체를 구성하고 있는 외부적 으로 비슷하게 작용하고 내부적으로 유사한 특성을 지닌 복합체들과 상호 관계를 맺고 있는 상호 이질적인 관계들, 힘들, 경향들 등의 이종성이 표 현되지 않으면 안 된다는 것이다. 때문에 다수의 경제법칙은 사회-역사적 차원에서 구체적으로 규정된, 즉 역사적으로 한정된 타당성을 갖지 않으 면 안 되는 것이다. 따라서 존재론적으로 고찰할 경우 법칙성과 역사성은 결코 대립된 것이 아니며, 오히려 상호 긴밀하게 뒤얽힌, 현실에 대한 표 현 형식이다. 이러한 현실은 그 본질상 여러 가지 이질적인 복합체들, 이질 적으로 운동하는 복합체들로부터 발생하고 또 이러한 복합체들을 각각의 고유한 법칙들 속에서 통일적으로 결합한다. 마르크스가 논구했던 사회 적 존재의 법칙을 이러한 존재들에만 적합한 존재론적 관점에서 고찰할 경 우, 기계적-숙명론적인 법칙에 대한, 그의 세계관을 지나치게 경직되고 일 면적인 합리주의로 간주하는 모든 편견들은 남김없이 소멸될 것이다. 마 르크스 자신은 현실에 대한 이러한 관점을 그의 방법 속에서 언제나 일관

---

73) Ebd., S. 43, 45; ebd., S. 91 ff.

되게 관철시켰다. 그가 다른 많은 물음들에서처럼 그의 관점을 체계적으로 완결하지는 못했을지언정 이러한 문제 복합체들을 언제나 다시금 이론적으로 고찰했다. 1850년대에 쓰인 중요한 서문에서—우리는 이미 그것의 방법론적 직관들에 대해 상세하게 고찰한 바 있다.— 마르크스는 순전히 개괄적으로 다루어진 마지막 부분에서 다음과 같이 적었다. **"이러한 해석은 필연적인 전개로 나타난다.** 하지만 우연에 대한 정당화일 뿐이다."[74] 법칙의 필연성 내에서 차지하는 우연의 이 같은 역할은 다만 논리적-인식론적 관점에서만 볼 때는 통일적인 어떤 것이다. 왜냐하면 우연이—상이한 체계의 상이한 방식에서—사유물로서, 결국에는 필연에 대한 보충적 대립으로 파악되기 때문이다. 존재론적으로 볼 때 현실의 이종성에 대응하는 우연은 지극히 다른 방식으로 나타나며, 그리하여 평균으로부터의 일탈로서, 따라서 통계법칙상의 분포(Streuung, 산포도)로서, 그리하여 두 복합체와 그것들 상호 간의 법칙에 작용하는 이질적-우연적인 관계로서 나타나는 것이다. 사회적 존재의 특수한 징표로서, 그 존재의 근저에 직접적으로 놓여 있는 개별적이고 목적론적인 정립이라는 대안적 성격이 이것과 관련된다. 왜냐하면 이러한 정립 속에는 우연이 갖는 다양한 역할이 제거할 수 없을 정도로 주어지기 때문이다.

다시금 가장 핵심적이면서 상대적으로 단순한 경우로서 노동을 살펴보자. 인간(사회)과 자연의 신진대사가 노동의 토대라는 사실은 이미 우연성을 제거할 수 없음을 드러내고 있다. 노동 수단이나 원자재 등과 같이 인간 목적을 위해 어떤 식으로든 유용성(또는 무용성)에 대한 지향을 그 속성들과 그것들의 내적인 법칙의 전개로서 자기 안에 담고 있는 자연 대상은

---

74) *Grundrisse*, S, 30.

없다. 대상들의 이러한 속성들과 법칙들이 적절하게 인식된다는 것은 당연히 노동 안에서의 모든 목적론적 정립의 불가결한 조건이다. 하지만 이로 인해 돌이 조각에 대한, 나무가 책상에 대한 관계에서 우연이 사라지지는 않는다. 돌이나 나무는 그 자연존재 속에서 나타나지 않을 뿐만 아니라 결코 나타날 수 없는 관계를 맺게 되며, 또 이 관계는 그것들의 자연적 소여의 관점에서 볼 때―거듭 말하지만―그것들의 중요한 속성들에 대한 인식이 노동이 성공하기 위한 불가결한 전제조건을 형성한다 할지라도 언제나 우연적으로 남을 수밖에 없을 것이다. 이러한 관계가 일상 언어에서 정확하게 표현된다는 것은 흥미롭다. 자연적 소재 자체가 미학적인 가공의 토대를 형성하는 곳에서―이를테면 조형미술, 건축, 공예에서―'순수 물질적'이라는 말은 대단히 정확한 의미를 갖는다. 왜냐하면 기술적으로 완벽한 성취에서조차 생산물은 순수한 소재의 제약을 벗어날 수 없기 때문이다. 이에 반해 매체가 순전히 사회적인 성격을 띠는 곳에서―언어, 음악의 음계―이러한 문제는 대개는 나타나지 않는다. 노동과 그것의 자연적 토대 사이에 존재하는 이같이 다양한 연관은 노동, 즉 노동의 기술이 이 노동이 기초해 있는 인간의 능력과 인식에 의해 순전히 사회적으로 규정됨으로써도 증가한다. 이 두 요인의 상호작용은 노동이 전개되는 과정에서 구체화된다. 가장 기본적인 발전, 가장 중요한 기술혁신 및 이러한 혁신을 위해 비교적 뒤늦게 출현하는 과학적 조건마저도 종종 우연에 의해 야기된다. 그것들은 종종 동시에, 각기 다른 곳에서 상호독립적으로 출현한다. 확실히 사회적 필연성의 구성요소들이 지배적 계기를 형성하고 있지만, 그럼에도 우연은 자연관계 속에 상존해 있다. 따라서 모든 노동행위를 특징짓는 선택도 마찬가지로 우연의 계기를 담고 있다는 결론은 적절하다.

한 사회가 발전할수록, 노동의 목적론적 정립행위를 그것의 실제적인 실행과 결합시키는 매개가 세분화되고 확장될수록, 그에 상응해서 우연이 담당하는 역할도 증가하지 않을 수 없음을 깨닫기란 어렵지 않다. 자연적인 소재와 사회적으로 규정된 그것의 가공 사이의 우연적 관계는 종종 퇴색하기도 하고, 심지어는 계속된 매개들 속으로—매개의 계기로서의 법질서 속으로—소멸하는 것처럼 보이지만, 그럼에도 우연은 개별적인 선택들 속에서 증가하고 있다. 이러한 사정은 이 선택들이 세분화될수록 더 그렇다. 선택들이 노동 자체로부터 멀어질수록, 선택의 내용이 사람들로 하여금 매개행위에 의해 계속적으로 매개하도록 부추길수록 더욱 그렇다. 여기서 발생한 구체적인 문제들은 노동 자체를 분석할 때 비로소 구체적으로 논의될 것이다. 지금은 다만 사회에서 역사 필연적으로 발생한 매개의 힘들(제도들, 이데올로기들 등)이 보다 발전할수록, 그에 상응해서 그것들이 내재적으로 완성되고, 또 그만큼 내적인 자립성이, 즉—궁극적으로 이러한 매개의 힘들이 경제법칙에 의존되어 있다는 사실과 관계없이—끊임없이 실천 속에서 작용하고, 따라서 우연적 연관을 지닌 양과 질을 배가시킨다는 점을 덧붙여야만 한다.[75] 이런 거친 개괄은 일반적이고 객관적인 경제법칙들이 작동하는 과정에서 우연이 담당하는 폭넓은 여지를 불완전하게 암시할 뿐인데, 이러한 여지가 경제발전의 수많은 영역을 포괄하고 있기 때문에 더 그렇다.

그럼에도 우리는 여전히 핵심적인 문제에 도달하지 못했다. 이제 우리가 간략하게 계급투쟁에 관여하고자 한다면, 우리는 여기서 우리 시대의 문제에 한정하지 않을 수 없을 것이다. 사회적 실천에서 계급투쟁은 언제

---

75) Vgl. Engels an Schmidt, 27. Okr. 1890, Marx-Engels: *Ausgewählte Briefe*, Moskau-Leningrad 1934, S. 380 ff.; MEW 37, S. 490 ff.

나 경제법칙 및 그것과 동일한 사회현실의 경제 외적인 요소들 간의 종합이기 때문에, 여기서는 오로지 우연의 계기가 경제법칙의 작동과정에 포함될 수 있는지 또 그 정도는 어떤지에 한정된다. 우리는 이미 여러 곳에서 경제 외적인 힘들을 위한 활동 공간이 경제 자체에 의해 창출되고, 경제 자체 속에 놓여 있다는 사실을 지적한 바 있다. (투쟁을 통한 노동시간의 규제, 계급투쟁의 산물로서의 상대적 잉여가치, 원시적 축적, 분배의 특정 형태들 등.) 이러한 맥락에서 경제와 경제 외적인 힘의 상호작용과 관련해 특히 중요한 것이 두 가지가 있다. 첫째, 경제법칙은 특정한 계급활동의 결과로 우회적으로 야기되는 경우가 있을지라도, 결국에는 독립적으로 작동한다. 경제구성체들의 연속과 분리, 이러한 구성체들 속에서 가능한 계급투쟁의 양식들의 거대한 근본적 경향들은 엄밀히 일반적인 경제법칙에 의해 규정된다. 하지만 두 번째로 이러한 규정성은 개별적인 사항들에 이르기까지, 진행의 개별적인 갈등에 이르기까지 적절하게 확대될 수 없다. 우리가 개괄한 크고 다양한 형태의 활동 공간은 개별적인 선택들과 충돌들을 결정하는 데 영향을 미쳤을 뿐만 아니라, 전체 진행에서도 커다란 의미를 차지하고 있다. 일반적인 경제법칙의 자기 관철은—그 근본 성격을 변경시키지 않고서도—상충되기까지 하는 여러 가지 방식으로 진행할 수 있으며, 그 본질적 성격이 역으로 계급투쟁에 영향을 미치고, 이는 또다시 일반적인 경제법칙이 실현하는 데 영향을 미치는 등등이다. 이와 관련하여 우리는 영국과 프랑스에서의 자본주의의 발생이 두 나라의 농업 상황에 대해 전혀 다르게 영향을 미쳤음을 염두에 두고 있다. 이로부터 전혀 다른 부르주아 혁명의 진행 형태가 이어졌으며, 그것들은 그 나름으로 두 나라의 자본주의에서 상이한 구조 형태를 형성하는 데 일조했다.[76]

존재론적인 분석 역시 논리학과 인식론에서 이율배반적으로 나타나는 상황을 낳는다. 우리가 그것을 다만 이 두 분과[논리학과 인식론—역자]에 기초해서 탐구하는 한, 그 상황은 해결 불가능한 이율배반(Antinomie)으로 이끌 수 있고 또 이끌었다. 반면에 존재론적으로 고찰할 경우 사회적 존재 속에서 이렇게 주어진 상호작용과 상호관계의 형태들은 곧바로 파악된다. 어려움은 논리적이고 인식론적으로 법칙성과 합리성을 해석할 때 생긴다. 존재론적으로 고찰할 경우, 법칙이란 현존하는 복합체 안에서 혹은 둘 혹은 그 이상으로 존재하는 복합들의 상호관계 속에서 특정한 조건들의 사실적 현존은 적어도 경향적으로 특정한 결과를 수반한다는 것을 의미할 뿐이다. 사람들이 이러한 연관을 관찰하고서 그것이 필연적으로 반복되는 상황을 사유 상으로 고정시킨다면, 그는 그것을 합리적이라고 지칭하는 것이다. 만일 상황적으로 앞서 발생한 것처럼 많은 그러한 연관들이 확정된다면, 점차적으로 그것들을 파악하고 그것들에 가능한 한 정확한 사유 상의 표현을 제공할 수 있는 사유 장치들이 발생할 것이다. 이러한 발전에 대해 다만 암시적으로 말하는 것이 여기서 우리의 과제가 될 수는 없다. 하지만 그럼에도 이러한 사유 장치가—무엇보다 수학, 기학 및 논리학—보다 정확하게 계발될수록, 그것들은 많은 경우에서 보다 성공적으로 기능할 것이며, 그만큼 외삽법(Extrapolation)의 도움으로 그것들에 실제 사태와 무관하면서도 이 사태들에 법칙을 규정해주는 일반적 의미를 부여하는 경향이 커진다. (사유구조의 유사성을 이유로 전혀 다른 부류의 현상들에 불가사의한 정식들과 공식들 등을 일반화시켜 적용하는 것도 어느 정도는 외

76) Vgl. Gesammelte Schriften von Karl Marx und Friedrich Engels 1841 bis 1850 (herausgegeben v. F. Mehring) III, Stuttgart 1913, S. 408 ff. (Aufsatz über Guizot); MEW 7, S. 207 ff.

삽법과 비슷하다는 것을 잊지 말아야 한다.) 따라서 현실 전체, 자연과 마찬가지로 사회를 통일적이고 합리적인 연관으로 파악하려고 노력하지만 이러한 노력이 그때마다 실제로는 실행 불가능한 것을 그 당시의 지식의 불완전성으로 돌리는, 결코 완벽하게 충족될 수 없는 노력이 생기는 것이다. 실제 연관들과 과정들에 대해 이처럼 논리적이고 인식론적으로 파악하는 데서 우리가 종종 합리주의적이라고 지칭하고 또 각기 다른 시기에 수없이 중요하고 영향력 있는 철학자들이 구체화시켰던 세계상이 발생하는 것이다. 이처럼 모든 것을 포괄하는 합리성이 어떻게 정식화되든, 그것은 우리가 탐구하고자 했던 존재의 존재론적 토대와는 모순되고 있다. 즉 현실의 이종 구조가 그러하다. 이러한 구조로 말미암아 하나의 복합체 내에서의 계기들의 상호관계 및 이 복합체들의 상호관계에서 우연을 궁극적으로 배제할 수 없을 뿐만 아니라 단순하게 주어진 (종종 상수의 경우에서 보듯 더 이상은 합리화가 불가능한) 사태들과 그러한 관계들로부터 발생하는 특정 연관들의 합리성 사이의 관계를 지양할 수 없게 되는 것이다. 우리는 또한 이러한 종류의 존재 속성이 존재의 단계들이 복잡해짐에 따라 지속적으로 증가할 수밖에 없다는 점을 지적한 바 있다. 거기서 우리는 철학사적으로 가장 중요한 문제, 즉 존재의 합리성과 인간적 삶의 의미 혹은 무의미성의 관계라는 문제를 전혀 논의하지 않았는데, 그것에 대한 적절한 논의는 윤리학과 관련할 때 비로소 방법론적으로 가능하기 때문이다. 여기서는 다만 이러한 물음은 의미문제와 관련하여 모든 자연존재의 완전한 존재론적 중립성으로부터 시작할 때만 비로소 일관되게 제기될 수 있다는 점만 지적할 것이다. 사회적 존재에서 이러한 물음은 이 영역에서의 존재법칙이 객관적이고 존재론적인 본질에 비추어볼 때 유의미한 삶에 대한 물음에 대해 마찬가지로 철저히 중립적인 한에서 훨씬 복잡하다. 앞서 우리가 지적했듯, 그것은 그 객관적 전개에서 인간 능력의 전개와 불가분적으로 결합되어 있기 때문에, 여기서 직접적인 사회적 행위를 훨씬 넘어서 있고, 또 윤리학에서만 구체적으로 다루어질 수 있는 중요한 상호관계가 발생한다. 이 구체성으로부터의 어떠한 일탈도 왜곡과 오류에 빠질 것이다. 현실적인 윤리학은 사회적 존재의 존재론적 중립성을 어쨌든 그 보편성에서 인정하지 않으면 안 되므로, 잠정적으로 유보해놓은 문제에 대한 이러한 지적이 훨씬 더 만족스러울 것이다. 현실적 윤리학은 우리가 가치법칙에 대한 분석에서 천명했던 것처럼 그 자신의 범주들을 사회적 존재의 보다 복잡한 이중적 시각에 기초해서만 발견하고 명료하게 할 수 있다.

이 문제에서 논리적이고 인식론적으로 보이는 과도한 긴장의 보다 중요한 계기는 인식된 합리성을 계산 가능성, 즉 이성적으로 적합한 현실인식의 기준으로서의 '예측을 위한 앎(savoir pour prevoir)'과 결합시키려는 시도이다. 여기서는 무엇보다 자연스럽게 천문학이 모델 역할을 한다. 그럼에도 비유기적인 자연에는 이러한 관점에서 볼 때 대단히 문제가 많은 기후의 예측 가능성과 같은 복합체가 있다. 오늘날 이것을 정확한 기초와 다양한 형태의 관찰이 결핍된 문제로 끌고 갈 수 있다 해도, 여기에는 천문학에서와 같은 정확한 예측 가능성이 도달될 수 있는지에 대한 의문이 남아 있다. 생물학에서, 그리고 특히 응용 생물학으로서의 의학에서는 매우 구체적이고 실제적으로 규정 가능한, 각 유기체의 개별성이 예측 불가능한 우연성의 여지를 제공한다. 현존하는 이러한 장애가 미래에는 극복될 수 있다고 생각한다 하더라도, 우리가 여기서 관심을 가지고 있는 문제, 즉 앞서 고찰했듯 사회적 존재가 지닌 질적으로 보다 높은 수준의 복잡성은 여전히 남아 있다. 물론 그것이 구체적인 개별 사례에서, 제한된 영역에서 단기간의 예측 가능성을 배제하는 것은 아니다. 모든 노동, 모든 사회적 실천은 이러한 예측 가능성에 기초해 있다. 이러한 예측 가능성에 스스로를 한정함으로써 모든 존재론적 주장을 배제하는 신실증주의의 조작이론은 과학적으로 정초된 합리주의에 도달할 수 있다고 상상한다. 이러한 견해를 우리는 앞서 비판한 바 있는데, 노동을 다루면서 다시금 그것에 대해 말하게 될 것이다.[77] 지금은 법칙의 일반적 합리성이 문제이며, 또 이로부터 불가피하게 나오는 결과가 어떻게 개별적인 사례와 연관될 수 있는지, 사회적 존재가 그 총체성과 세부적인 부분들에서 관념적으로 어떻게 완결된 합리적 연관으로 고양될 수 있는지가 문제이다. 계몽의 대변자와 그 후계자들은 이러한 생각으로 가득 차 있었으며, 무엇보다 프랑스 혁명 이래 비합리적인 반동은 이러한 견해와 극단적으로 대립했다. 더불어 사람들은 정반대의, 훨씬 잘못된 극단으로 빠져들었다. 왜냐하면 비합리주의는 존재론적 측면에서 볼 때 기대할 수 있는 근거가 없기 때문이다. 우리는 그 반대자들이 논리적이고 인식론적인 외삽법으로 존재론적 실재 너머로 간 것을 보았다. 그럼에도 비합리주의는 결단코 외삽법은 아니다. 그것은 실제적인 문제에 직면하여 순전히 관념적으로 후퇴한 주관적 투영에 다름 아닌데, 이러한 문제의 해결 불가능성이 주체에게는 비합리적인 답변이라는 거짓 형태를 만들어내는 것이다.

형이상학적으로 외삽하는 보편주의적 합리주의와 그 반대자인 모든 비합리주의가 존재론적으로 볼 때 얼마나 비현실적인 이율배반이라는 마법의 원환 속에서 움직이고 있는가가 과학에서, 특히 사회과학에서 드러나고 있다는 것은 합리성이 사후에(post festum) 보여주는 지극히 중요한 사실이다. 모든 역사과학의 실천은 오래전부터 자발적으로 그러한 방법과

77) Vgl. Georg Lukács: Werke Bd. 14, Ontologie zweiter Teil.

씨름해왔다. 하지만 여기서는 이러한 사실을 단순하게 고정하는 일뿐만 아니라 무엇보다 그것의 존재론적 기초를 이루고 있는 존재 속성을 밝히는 일이 문제이다. 모든 비합리주의적인 해석은 이 문제와 관련해서 완벽하게 무용하다는 것이 드러났다. 왜냐하면 이해되지 않았거나 완벽하게 이해되지 않는 상황에서 결정할 수밖에 없고 또 이러한 상황들에 대응하는 행위를 할 수밖에 없다는 것은 개별 인간들뿐 아니라 사회집단의 행위의 본질에 속하기 때문이다. 두 경우 모두에서 나중에—이 '나중'이 몇 날인지, 몇 해인지를 의미하는 것은 상관없는데—직접적으로 보면 이해할 수 없고, 심지어는 전혀 의미 없이 일어나는 것 같은 사건이 그것을 일으켰던 착종된 원인들에 대한 사후의 인식과정에서 역사의 필연적 인과의 도정과 완벽하게 부합된다는 것이 드러난다. 이렇게 발생한 합리성은 물론 철학적 합리주의의 공리와는 구분될 수밖에 없는데, 법칙의 관철이 매우 복잡한 방식으로 진행되고, 이 복잡한 방식이 우연의 역할이 크다는 것을 명시해주기 때문이다. 하지만 법칙과 참된 사실들(현실 복합체 및 그것들의 현실적 연관들) 사이의 실질적인 결합이 개념적으로 파악되었기 때문에, 현실적 사건에 내재해 있는 저 연관의 합리성이 드러난다. 합리적 표상들 및 이러한 표상들과 결합된 예측들을 벗어난 이러한 일탈은 당연히 이러한 예측이 실망되든 혹은 충족되든지와는 아무런 상관이 없다. 문제는 사회적 존재의 객관성에 대한 참다운 정당화에 도달하는 것이다. 레닌은 특별히 혁명에 대해 언급하면서 이러한 사태를 분명하게 묘사하고 있다. "역사, 특히 혁명의 역사는 최고의 당들, 진보적 계급의 계급의식에 충만한 전위들이 상상하는 최상의 당들보다 언제나 더 풍부하고 다양하고 다면적이며 생동적이고, '교활'하다."[78] 인간의 행위가 지향하는 바는 사건들의 진행에서 보이는 이러한 '교활함'이다. 그것은 어떤 이성적인 것이고 합법칙적인 것이지만, 그러나 철학적 합리주의가 받아들이는 것과는 전혀 다르게 구조화되는 합리적인 것이다.

이렇게 해서 우리는 다시 우리가 처음 출발했던 지점으로 돌아간다. 마르크스에게서 변증법적 인식은 다만 개략적인 특성만을 지닐 뿐이다. 모름지기 현실은 복합체들의 무한한 교호작용으로부터 발생하기 때문이다. 이러한 복합체들은 무수히 작용하는 계기들이 무한히 진행되는 이질적인 요소들의 운동 복합체인 이질적 관계들 속에서 내부적으로 혹은 외부적으로 발견된다. 때문에 인식이 지닌 이러한 대략성은, 비록 그것이 인식론에 붙박여 있다 할지라도 인식론적으로 일차적 성격을 띠는 것은 아니다. 그것은 오히려 존재 자체의 존재론적 규정성에 대한 인식론적 반영이다. 객관적으로 작용하는 요인들의 무한성과 이종성 및 이러한 사태가 갖는 중대한 결과, 다시 말해 법칙은 현실 속에서 경향으로서만, 필연성은 상반되게 작용하는 힘들의 혼란 속에서만, 무한한 우연들에 의해 발생하는 매개 속에서만 관철된다는 것이다. 사회적 존재의 이 같은 구조는 결코 그것이 인식 불가능하다거나, 심지어는 축소될 가능성조차 없음을 의미하지 않는다. 앞서 지적한 것처럼, 경제의 일반적인 운동법칙에 대한 해명은 명백히 가능하다. 이러한 법칙의 도움으로 우리는 역사발전의 일반 노선을 단순히 사실적으로뿐만 아니라 개념적으로 인식할 수 있다. 우리는 이처럼 정확하게 규정된 법칙의 인식을 이미 가치문제의 영역에서 확정한 바 있다. 사회적 존재를 그 역사적인 운동성 속에서 고찰할 때, 그런 법칙 인식은 약화되는 것이 아니라 오히려 강화된다. 앞선 구성체들의 발전에 대한 인식, 한 구성체의 다른 구성체로의 이행에 대한 인식은 당연히 사후의 인식

---

78) Lenin: *Sämtliche Werke*, XXV., Wien-Berlin 1930, S. 284.

이다. 이러한 인식은 사회적 존재에서의 질적인 변화와 연관될 것이다. 경제에 대한 과학(그리고 그것에 대한 내적 비판)은 순수한 사회적 범주들이 사회생활에서 '현존 형태들, 실존 규정들'로서 지배적인 힘을 얻게 될 때, 다시 말해 그 운동 방향과 속도 등을 규제하는 순전히 경제적인 관계들의 교호작용이 인식될 때 비로소 발생할 수 있다. 이때 비로소 (아리스토텔레스와 같은 천재조차 중요한 문제들에 대한 깊은 통찰에도 불구하고 실패할 수밖에 없었던) 경제의 일반법칙을 수립할 수 있는 가능성이 생겨난다. 예를 들어 마르크스가 경제위기(공황)의 조건들을 탐구했을 때, 그는 가장 일반적인 구조 분석에 한정했다. "공황의 가능성은 그것이 형태 변화의 단순한 형식 속에 드러나는 한 다음과 같은 사실로부터 발생한다. 즉 공황이 그 운동과정에서 거치는 형태의 차이들—단계들—은 처음에는 필연적으로 서로 보완하는 형태들 및 단계들이고, 두 번째는 내적으로 필연적인 이 같은 공속성에도 불구하고 상호 간에 무차별적으로 존재하는, 시간과 공간 속에서 각기 분리되어 있고, 상호 간에 분리 가능하고 분리된 과정과 형태들의 독립적인 부분들이라는 사실이다." 이로부터 공황은 "서로 간에 독립된 생산과정의 단계들의 통일의 강제적 관철"에 다름 아니라는 결론이 이어지는 것이다.[79] 이로써 공황에 대한 결정적인 본질 규정이 나타난다. 하지만 뉴턴의 천문학에 기초해서 항성들의 운동을 예측하듯, 지금 우리가 개별 공황들의 발발 시점을 예측할 수 있다고 생각하는 것은 어리석은 환상일 것이다. (공황의 성격은 지금까지 여러 모로 변화해왔고, 또 공황의 대처 방안들이 성공적일 수 있었다고 해도 이러한 방법론적 사실이 변경되지는 않을 것이다. 그것은 다

---

79) Marx: *Theorien über den Mehrwert* II/2, 4. Auflage, Stuttgart 1921, S. 279 f. und S. 282; vgl. MEW 26/2, S. 504 und S. 506.

만 스탈린주의로부터 해방된 마르크스주의자들에게 새로운 현상들을 마르크스적 방법에 상응해서 분석해야 한다는 과제를 제시할 뿐이다.)

우리는 앞서 존재 영역 내부에서 본질과 현상에 대한 마르크스주의적 구분을 기술한 바 있다. 이러한 기술은 다시금 지극히 복잡하고 상호 이질적인 현상들이 현실 속에서 개념적으로 파악될 수 있고, 경우에 따라서는 개인의 삶과 실천의 영역에 이르기까지 통용될 수 있게 해준다. 물론 위에서 아래로 진행되는 방식에는 일반법칙의 직접적 타당성을 기계적으로 과대평가하고 그것을 곧바로 모든 면에 적용함으로써 사실들에 폭력을 가할 위험이 있다. 반면 아래에서 위로 가는 길에는 몰이념적 실용주의의 위험이, 즉 개별 인간들의 일상생활조차 일반법칙의 직·간접적인 작용의 영향을 얼마나 많이 받고 있는가에 대해 무지할 수 있는 위험이 발생한다. 우리는 마르크스의 방법의 일반적 특징을 묘사하면서 『정치경제학 비판』이라는 제목을 제시한 것에 대한 그의 근본적 통찰을 실용주의적으로 정식화하면서 사실들과 그것들의 연관들, 그것들의 합법칙성들과 아울러 그것들의 구체적인 적용에 끊임없이, 늘 새롭게 제기되는 존재론적 비판이 적어도 결정적인 방법론적 근본원리를 형성한다는 것을 지적한 바 있다. 그것은 여기서 다루어지고 있는 아래에서 위로의 길과 위에서 아래로의 길과 같은 인식의 도정에도 타당하다. 그러나 이러한 도정들과 그 방향들, 그것들의 가지들 등을 규정하는, 앞서 지적한 사회적 존재의 구조를 일반적으로 통찰하는 것으로는 충분하지가 않다. 따라서 우리가 살펴본 것처럼, 마르크스는 추상과 일반화를 인식과정에 필수불가결한 것으로 간주했을 뿐만 아니라, 구체적인 복합체 및 연관들의 특수화도 그에게는 필수불가결한 것으로 보였다. 특수화는 여기서 존재론적 의미를 띠고 있다. 말하자면 어떻게 특정 법칙과 그것의 구체화, 그것의 변화, 그것의 경향화 및 그것의 특정한 결과가 특정한 구체적 상황에서 특정한 구체적 복합체에 영향을 미치는가를 탐구하는 것이다. 그 인식은 어떤 대상 복합체의 개별적인 특징들에 대한 탐구만으로 그러한 대상들에 대해 접근할 수 있다. 때문에 마르크스는 불균등 발전과 같이 대단히 중요한 복합체에 대한 인식을 다음과 같이 말했다. "어려움은 이러한 모순들을 일반적으로 파악하는 데서만 생긴다. 모순이 특수화되는 순간, 그것은 이미 설명된 것이다."[80] 우리가 보게 되겠지만 이러한 확정이 불균등 발전에 관한 논의에서 진술되었다는 것이 결코 우연이 아닐지라도, 이러한 진술의 의미는 그 동기를 훨씬 넘어선다. 다시 말해 그 속에는 마르크스적인 사회적 존재의 존재론을 특징짓는 관점의 이중성이, 즉 사유 상으로나 분석적으로는 분리가 가능하지만 존재론적으로는 불가분적인 하나의 통일을 형성할 수밖에 없는 것, 일반 법칙과 특수한 발전 경향의 통일이 표현되고 있다. 하나의 복합체 안에서 혹은 다수의 복합체들의 연관들 속에서 이질적인 과정의 존재론적 공속성은 그것들을—항상 제한적이지만—사유 상으로 분리할 수 있는 실제적 토대를 형성한다. 따라서 존재론적으로 볼 때 현상 복합체들을 제약하는 동시에 그로부터 벗어나는 것처럼 보이는 일반법칙들과의 연관 속에서 그러한 복합체의 정확한 성격을 파악하는 것이 관건이다.

그렇기 때문에 이러한 방법은 철학사적으로 대단히 진부한 합리론과 경험론의 이율배반에 대한 제3의 길(tertium datur)을 의미한다. 말하자면 이질적 계기들의 종합으로서 현 상태를 지향하는 것은 인식론적으로 편향된 합리론과 경험론에서의 물신숭배를 지양하는 것이다. 이성의 물신숭배에 대해 우리는 이미 이야기한 바 있다. 이러한 물신숭배로 인해 역사성을 적

---

80) *Grundrisse*, S. 30.

절히 인식함에 있어, 역사과정을 전적으로 개념(추상화하고 왜곡하는 개념)으로 처리하고, 이로 인해 보다 중요한 국면과 단계의 현 상황을 부주의하게 간과할 뿐만 아니라, 전체 과정을 지나치게 합리화함으로써 이러한 과정에 운명적이고 심지어는 목적론적인 성격을 띨 수 있는 바의 어떤 지나치게 규정된 직선적 성격을 부여할 위험이 발생한다. 인식론적으로 정초된 경험적 물신숭배 역시 헤겔이 재치 있게 말했던 것처럼 "사물에 대한 습관적 애착"[81]을 야기하는데, 이러한 애착을 통해 사물들의 심오한 모순, 기본법칙들과 맺고 있는 연관이 사라진다. 또한 현 상태는, 과정의 결과들이 그 최종적이고 완성된 형태 속에서만 고찰될 뿐 그것의 현실적이고 모순에 찬 발생 속에서 고찰되지 못할 경우, 언제나 나타날 수밖에 없는 대상화하고 경직화하는 물신숭배에 빠지고 마는 것이다. 현실은 몰이념적이고 직접적인 '일회성'이나 유일성으로 물신화되고, 그렇기 때문에 더욱더 쉽게 비합리적인 신화로 격상될 수 있다. 두 경우 모두에서 현상-본질과 개별성-특수성-보편성과 같은 근본적인 존재론적 범주관계들이 관념적으로 무시되며, 이로 인해 현실의 모상(模像)은 생기 없고 단순화되고, 때문에 과도하게 왜곡된 동질성을 띠게 되는 것이다. 대부분의 마르크스주의로부터의 일탈이 그 방법들에서 이러한 길을 걷고 또 마르크스에 의해 도달된 거짓 이율배반의 극복이 부르주아적 의미로 다시금 되돌아간다는 것은 놀라운 일은 아니지만 주목은 끌고 있다. 우리는 이러한 문제들을 보다 상세하게 고찰할 수는 없으며, 다만 종파주의적 교조주의가 대개는 이성의 물신화의 길로 나아가는 반면, 마르크스주의의 기회주의적 수정주의자들은 대개는 경험적 물신화의 경향을 보이고 있다는 점을 지적할 수 있겠다. (물

---

81) 레닌이 동의하면서 인용하고 있다. *Aus dem philosophischen Nachlaß*, S. 50 f.

론 여기에는 다양한 종류의 혼합된 형태들이 존재한다.)

전체 과정에서 보이는 역사성과 참된 합리적 법칙성의 이러한 존재론적 불가분성은 마르크스주의에서는 너무나 자주 오해되곤 했다. 철학적이고 합리적인 진보의 개념은 헤겔에게서 지극히 매혹적으로 결합되었다. 이것을—유물론적인 것으로 전도시키고 경제적인 것에 적절히 우위성을 부여함으로써—마르크스주의로 이전시키고, 이로부터 새로운 종류의 역사철학을 이끌어내기란 대단히 쉬운 일이다. 마르크스 스스로 자신의 방법을 그처럼 해석하는 것에 반대했다. 따라서 러시아 평론지인《조국》의 편집자에게 보내는 한 편지에서(1877년 말) 원시적 축적에 관한 자신의 이론을 부적절하게 역사철학적으로 일반화하는 것에 대해 단호하게 반대했다. 다시 말해 서유럽에서의 축적의 발전이 변경 불가능한 법칙인 양, 그리하여 사전에 논리적으로 강제되어 러시아에 대해서도 무조건적 타당성을 갖는다고 말하는 것이 그렇다. 마르크스는 경제발전의 진행과정에서 하나의 법칙이 확정되는 것에 대해 반대한 것이 아니라 특정 상황에서 강제적으로 관철되는 경향에 반대했다. "이것이 전부이다. 하지만 나의 비판자들에게 그것은 너무 미약하다. 그들은 서유럽에서의 자본주의의 발전의 발생에 관한 나의 역사적 개괄을 모든 민족이 처한 역사적 상황이 어떤지에 관계없이 그들이 운명적으로 복종하는 보편적 발전의 길이라는 역사철학적 이론으로 변질시킴으로써, 마침내 사회적 노동 생산력의 엄청난 제고와 함께 인간의 전면적 발전을 보장하는 경제구성체에 도달한다는 것이다. 하지만 감히 그들에게 용서를 빈다. 그것은 나에게 엄청난 명예인 동시에 엄청난 모욕을 가하는 것이다."[82]

82) *Ausgewählte Briefe*, S. 291: vgl. MEW 19, S. 111.

자신의 역사방법의 역사철학적 일반화에 대한 마르크스의 항변은 전적으로 청년 시절의 그의 헤겔 비판과 관련되어 있다. 우리는 앞서 마르크스가 현실의 실제적 연관들을 논리적이고 필연적인 사유의 계열들로 변경하는 헤겔의 입장에 대해 언제나 반대했다는 점을 고찰한 바 있다. 당연히 이것은 일차적으로 헤겔의 철학적 관념론에 대한 비판이지만, 그럼에도 동시에 헤겔의 관념론의 본질이나 마르크스의 비판과 뗄 수 없는 역사철학의 논리적 정초에 대한 하나의 비판인 것이다. 헤겔에게서는 시대들 및 그 속에 있는 (철학사에서 극명하게 보이듯) 형상들의 연쇄는 방법론적 의미에서 필연적으로 논리적인 범주들의 연쇄에 대응한다. 그럼에도 마르크스에게서 이러한 범주들은 결코 실체로부터 주체에 이르는 도정의 정신의 구현이 아니며, 오히려 복합체들 내에서 존재하고 작용하는 '현존 형태들, 실존 규정들'일 뿐이며, 모름지기 그것들이 존재하는 바대로 존재론적 의미에서 개념화되는 것이다. 그 결과로서 범주가 발생하고 존재하고 혹은 소멸하는 바의 과정이 그 나름의 합법칙적 합리성을 갖고, 그렇기 때문에도 그 논리를 갖고 있다는 것은 이러한 과정을 인식하는 데 중요한 방법론적 수단이지만, 그러나 헤겔에서처럼 과정들이 존재할 수 있는 실제적 기반은 아니다. 헤겔에 대한 이 같은 방법론적으로 결정적인 타격이 무시되고, 논리학에 기초한 헤겔의 구조—모든 징후의 유물론적 전도에도 불구하고—가 상존하는 한, 마르크스주의에는 극복하기 어려운 헤겔적 체계 동기가 남을 것이며 또 과정 전체에 대한 존재론적-비판적 역사성은 헤겔적 의미에서의 논리주의적인 역사철학으로 나타날 것이다.

마르크스주의의 해석이 이처럼 헤겔적 역사철학의 잔재로 가득 차 있다는 것과 이러한 역사철학이 종종—유물론에도 불구하고—논리적으로 매개된 사회주의의 목적론적 필연성으로까지 고양될 수 있다는 것을 명백히 하기 위해서 예들을 나열하는 것으로는 충분치가 않다. 엥겔스가 때때로 헤겔적인 역사의 논리화에 매료당했다는 것이 아니라면, 지금까지 설명했고 또 곧바로 설명하게 될 것에 의해 그런 견해에 반대할 필요는 없을 것이다. 마르크스의 『정치경제학 비판』에 대한 그의 논평에서 엥겔스는 "역사적인 것과 논리적인 것"의 방법론적 딜레마를 제기하면서 다음과 같이 결정했다. "따라서 논리적인 취급방식만 적합했다. 하지만 이러한 방법은 사실상 역사적인 방법, 즉 귀찮은 우연성을 제거한 역사적인 방법과 다르지 않다. 역사가 시작하는 곳에서 똑같이 사유의 도정도 시작한다. 사유의 계속적인 진행은 추상적이고 이론적으로 일관된 형식에서 역사적인 진행의 반영과 다르지 않지만, 그러나 수정된 반영, 즉 각각의 계기가 완전한 성숙과 전형성이 발전된 지점에서 고찰될 수 있기 때문에 현실 역사의 진행 자체에 의해 제공된 법칙에 따라 수정된 반영이다.[83] 우리는 곧바로 고전주의(Klassizität)에 대한 마르크스의 견해를 천착할 것이기 때문에, 엥겔스가 총체적인 복합체에만 적용할 수 있는 이러한 범주들을 개별적인 계기들의 속성으로서 파악한 결론에 대해 비판할 필요는 없을 것이다. 이러한 견해는 적절한 자리에 가서 우리가 똑같이 다룰 것이지만 엥겔스 자신의 이후의 생각과도 대립된다. 마르크스의 견해와의 결정적인 대립은 여기서 역사적인 취급과 동일하게 정립된 '논리적 취급방식'―'다만 역사적 형식과 귀찮은 우연성은 제거된'―의 우위에 있다. 역사에서 역사적인 형식이 제거된 것이다. 무엇보다 여기에서 헤겔로 복귀한 엥겔스의 관점이 감추어져 있는 것이다. 헤겔의 철학에서 이러한 제거는 가능할 것이다. 왜냐

---

83) Marx-Engels: *Ausgewählte Schriften* I, Moskau-Leningrad 1934, S. 371 f.; MEW 13, S. 475.

하면 전체 현실과 마찬가지로 역사는 다만 논리의 실현으로 나타나기 때문에, 체계는 역사적 사건들을 그 역사적 형식으로부터 해방시키고 다시금 그 고유의 본질인 논리적인 것으로 환원시킬 수 있기 때문이다. 그러나 마르크스에게, 대개는 엥겔스에게도 역사성은 더 이상 환원이 불가능한 물질의 운동의 존재론적 속성이다. 이것은 여기서처럼 오로지 사회적 존재가 거론될 경우에 특히 중요하다. 이러한 존재의 가장 일반적인 법칙조차 논리적으로 파악하는 것이 가능하다. 하지만 그것을 논리학으로 환수하거나 환원하는 것은 가능하지가 않다. '귀찮은 우연성'이라는 표현은 이러한 일이 이미 여기에서 일어났음을 보여준다. 존재론적으로 볼 때 어떤 우연적인 것은, 우연성이 순전히 논리적 의미에서 '귀찮은 것'으로 파악되는 것과 상관없이 어떤 본질적 경향의 담지자일 수 있다.

　엥겔스의 견해에 대해 상세히 논박하는 것이 이러한 서술의 과제는 아니다. 다만 마르크스에 대한 엥겔스의 대립을 간략하게 조명하는 것이 관건일 따름이다. 마르크스는 『정치경제학 비판 요강』의 서문에서 무엇보다 개별범주들의 역사적 위상은 그것들의 역사적 구체화에서, 그것들에 특정한 사회구성체를 지정해주는 역사적 고유성 속에서 파악되는 것이지, 결코 단순하거나 발전된 어떤 것으로서의 그것들의 논리적 특성에 의해서 파악될 수 있는 것은 아니라는 데서 시작했다. 마르크스는 "단순한 범주들이란 아직 발전되지 않은 구체적인 것들이 그 속에서 실현되는 바의 상태들에 대한 표현이며, 아직은 구체적인 범주들 속에서 정신적으로 표현된 다의적 관계나 상태가 정립된 것이 아니라고 강조했다. 반면 보다 발전된 구체적인 것들은 이러한 범주들에 종속적인 관계들로 붙박여 있다."[84] 예를 들어

---

84) *Grundrisse*, S. 23.

화폐의 경우가 그렇다. "그 점에서 가장 단순한 것들에서 결합된 것들로 상승하는 추상적 사유의 도정은 실제의 역사과정에 대응한다." 그럼에도 마르크스는 곧바로 "그 속에서 경제의 최상의 형태들, 이를테면 조합이나 발달된 분업 등이 페루에서처럼 화폐가 없는 상태로 출현할 수 있는 바"[85]의 미발전 형태의 경제가 존재할 수 있다고 시사했다. 이제 우리가 노동과 같은 핵심범주를 고찰한다면, "노동은 아주 단순한 범주로 나타난다. 이러한 일반성에서의 노동에 대한 표상은―노동 일반으로서―오래되었다. 그럼에도 경제학적으로 이러한 단순성에서 파악해본다면, '노동'은 이러한 단순한 추상을 낳는 관계들 못지않게 근대적인 범주이다."[86] 몇 가지 예가 이처럼 풍부한 내용을 지닌 텍스트로부터 더해질 수 있다. 하지만 우리는 여기서 다만 방법론적 결론만을 이끌어낼 것이다. "부르주아 사회는 가장 선진적이고 가장 다양한 역사적 생산조직이다. 그러므로 이 사회의 관계를 표현하는 범주들, 이 사회의 구성요소들에 대한 이해는 몰락한 모든 사회 형태들―이 사회의 잔재들과 요소들로부터 부르주아 사회가 건설되었으며, 부분적으로는 이 사회들에 의해 넘어설 수 없는 잔재들이 부르주아 사회 속에서 끌려들어 왔으며, 단순한 암시가 풍부한 의미로 발전되기도 한다.―의 구성요소와 생산관계들에 대한 통찰을 제공하고 있다. 인간의 해부학 속에는 원숭이의 해부학에 대한 열쇠가 담겨 있다. 하위 동물 종들에서 보다 고등 종에 대한 암시는 고등 종 자체가 이미 인식될 때 비로소 이해될 수 있을 것이다. 부르주아 사회는 따라서 고대 사회에 대한 열쇠를 제공한다."[85] 그러므로 우리는 앞에서 말한 것, 즉 인식이 사후에 부가되는

85) Ebd.
86) Ebd., S. 24.

전체 발전과정의 주된 경향의 존재론적 필연성에 대한 확증을 발견하는 것이다.

　이로부터 다음 두 가지 결론이 이어진다. 첫째, 이러한 필연성은 사후적이기는 하지만 합리적으로 파악될 수 있다. 이로써 순전히 논리적 필연성에로 지나치게 연장하려는 모든 합리적 시도는 엄격히 부정된다. 고대가 존재 필연성을 갖고 발생하고, 마찬가지로 존재 필연적으로 봉건주의가 몰락했다는 식이 그렇다. 하지만 우리는 노예경제로부터 농노제가 논리-필연적으로 '이어진다'고 말할 수는 없다. 당연히 결론에 대한 이러한 사후 분석과 확정은, 지금까지 일반적으로 인식된 경향들로부터 일반적인 미래의 경향들을 이끌어낼 수 있는 것과 같이 다른 비슷한 발전들과도 연결될 수 있다. 그러나 이러한 존재론적 필연성은 이로부터 우리가 논리적으로 정초된 '역사철학'을 구성하려 할 경우 즉시 왜곡될 것이다. 둘째로 이러한 존재구조는 오직—상대적—총체성을 형성하는, 구체적으로 운동하는 복합체들 속에서만 존재론적으로 가능하다. '요소들'(개별범주들)은 그것들이 실제로 모습을 드러내는 그 전체성을 벗어나서 독립적으로는 어떤 고유의 역사성도 지니지 못한다. 이 요소들이 부분 총체성들, 상대적으로 고유의 법칙에 따라 독립적으로 운동하는 복합체들인 한, 그것들의 존재가 진행하는 과정 역시 역사적이다. 따라서 어떤 사람의 삶이나 이를테면 한 계급의 발전 등과 같이 한 사회 내부에서 상대적으로 독립적인 존재 형태들로서 발생하는 그런 형태들이나 복합체들 등이 그렇다. 하지만 여기서 작용하는 자기운동은 그것에 속한 복합체와의 교호작용 속에서만 현실적으로 기능할 수 있기 때문에, 이러한 자립성은 상대적이며 각기 다른 구조적

---

87) Ebd., S. 25 f.

이고 역사적인 경우에서는 그 종류가 전혀 다르다. 이러한 상황의 변증법과 함께 우리는 불균등 발전을 취급할 때 좀 더 상세하게 다룰 것이다. 여기서는 다만 이러한 지적으로 충분할 것이다.

지금은 몇 안 되는 의미 있는 경우들에서 경제의 일반법칙들이 사회-역사적인 진행의 전체 과정과 맺고 있는 관계를 설명하는 것이 관건이다. 이처럼 중요한 경우는 마르크스가 발전단계의 '전형성'(고전주의)으로 묘사하곤 했던 것이다. 그가 영국에서의 자본주의의 발전을 고전적인 것으로 규정했던 것이 아마도 가장 중요한 예일 것이다. 이와 관련하여 마르크스는 이 규정이 방법론적으로 의미하는 바를 분명하게 말했다. 마르크스는 자연과정이 가장 전형적인 형태 속에서 혼란스러운 영향으로부터 독립해서 나타나는 곳에서 그것을 연구하는 물리학자를 언급하고 있다. 이러한 생각은 과정의 순수한 진행을 보장하는 조건들이 실현되도록 돕는 실험의 중요성을 강조하는 데까지 일관되게 확대된다. 그런데 역사적인 것이 사회적 존재 자체의 토대이자 운동형식으로서 특별한 우위를 차지한 까닭에 존재론적으로 볼 때, 이러한 존재 속에서 자연과학적 의미에서의 실험이 원칙적으로 불가능하다는 것이 사회적 존재의 본질에 속한다는 것은 누가 보기에도 분명하다. 만일 보다 일반적인 경제법칙이 가능한 한 가장 순수하게 작동하는 모습을 현실에서 탐구해야 한다고 하면, 특별히 유리한 상황이 사회적 복합체의 형태와 그 관계들을 창출할 수 있는 역사발전의 단계들, 즉 이러한 일반법칙들이 낯선 요소들의 방해를 받지 않고 높은 수준에서 확장될 수 있는 발전단계들을 발견할 필요가 있을 것이다. 이런 숙고를 통해 마르크스는 자본주의 발전에 대해 다음과 같이 말했다. "그 고전적 장소가 지금까지는 영국이다."[88] 이러한 규정에서 '지금까지'라는 제한이 특별히 강조된다. 그것은 경제발전 국면의 고전주의가 순전히 역사적인 성격을 띠고 있음을 시사하고 있다. 사회구조 및 그 발전을 구성하는 상호 이질적인 요소들은 우연히 이러저러한 상황과 조건들을 만들어낸다고 한다면, 우리는 여기서 다시금 존재론적 의미에서 이 범주가 갖는 객관적이고 엄밀히 인과적으로 규정된 성격을 상기하지 않을 수 없을 것이다. 이 범주의 영향은 무엇보다 사회적 복합체들의 제 관계의 이질적 속성에 기초해 있기 때문에, 그것이 관철되는 방식은 오직 사후에만(post festum) 엄밀히 근거 지어진 것으로서, 필연적이고 이성적인 것으로서 파악될 수 있다. 그리고 이질적 복합체들의 이러한 교호관계 속에서 그것들의 비중과 영향력, 그리고 비율 등이 끊임없이 변화되기 때문에, 이렇게 발생한 인과적 교호관계들은 특정한 상황하에서는 이 교호관계들이 고전주의를 야기하는 것과 마찬가지로 고전주의에 의해서 이끌려질 수 있다. 이러한 구도(Konstellationen)의 역사적 성격은 때문에 무엇보다 고전주의가 '영원한' 유형을 표현하기보다는 오히려 특정한 사회구성체의 가장 순수한 현상방식을, 가능하다면 그것들의 특정한 국면의 현상방식을 표현한다는 점에서 드러난다. 따라서 마르크스가 영국의 과거와 현재의 발전을 전형적이라고 규정했다고 해서 가령 우리가 오늘날 미국적 형태를 고전적인 것으로 인정한 것이 정당화될 수 없음을 의미하는 것은 아니다.

과거의 원시적인 여러 사회구성체, 고대 폴리스의 발생과 발전에 대한 엥겔스의 분석은 여전히 이러한 상황을 더욱 구체적으로 설명하는 데 매우 적합하다. 엥겔스는 아테네를 이러한 구성체의 고전적 구현으로 간주했다. "아테네는 가장 순수하고 고전적인 형태를 제공했다. 여기서 국가는 귀족사회 자체 내에서 발전한 계급 대립들로부터 직접적이고 압도적

---

88) Kapital I/VI; MEW 23, S. 12

으로 발생했다." 또 다른 곳에서 그는 이러한 발전 형태를 다음과 같이 설명했다. "아테네인들에게서 국가의 발생은 특히 국가 형성 일반의 전형적인 유형이다. 왜냐하면 그것은 한편으로는 대단히 순수하게, 외부적으로나 내부적인 폭력의 개입이 없이 일어났기 때문이며 … 다른 한편으로 그것은 매우 고도로 발전된 형태의 국가, 즉 민주적인 공화정을 귀족사회로부터 직접 출현하게 했기 때문이다."[89] 이러한 지발전 사회구성체들의 본질에 대응해서, 엥겔스의 강조점은 아테네 국가가 내부 사회세력들 간의 교호작용으로부터 발생한 것이지 이 시대의 대부분의 국가들처럼 외부 세계의 정복과 약탈에서 비롯된 것이 아니라는 데 놓여 있다. 아울러 이 단계에서 특정한 경제-사회적 힘들의 실현 속에 있는 순수한 사회적 내재성은 여전히 대개는 우연적이고 운 좋은 개별 경우들에 속한다는 것이 강조된다. 경제구조, 즉 경제의 발전 경향들과 가능성의 관점에서 볼 때, 여기서는 그 일반적 측면을 우리가 앞서 고찰했던 물음들, 다시 말해 마르크스가 기술했던 것처럼 폭넓고 일반적인 의미에서 생산의 분배에 대한 관계가 관건이 된다. 따라서 고전적 발전을 좌지우지하는 것은 특정 영역의 생산력이 특정 단계에 분배관계를 그 의미에 상응해서 경제적으로 정리할 수 있는 내적 힘을 가지고 있는지 혹은 경제적으로 필연적인 상황을 관철시키기 위해 외부의 우월한 경제 외적 권력이 개입하는지 여부이다. 엥겔스가 언급한 그리스 국가들의 경우에서는 외국의 정복이 이처럼 비고전적인 발전의 가장 흔한 경우라는 것은 분명하다. 물론 순전히 내부적인 이러한 힘들이 움직이는 발전은 어떤 폭력의 사용도 배제하지 않는다. 그럼에도 엥겔스 자신은 계급투쟁의 의미를 아테네의 고전적 발전에서 이야기했다. 하지

---

89) *Ursprung*, S. 165, 110; MEW 21, S. 164, 116.

만 폭력이 하나의 계기, 즉 내부의 경제적 힘들에 의해 지배된 발전의 실행 수단인지 혹은 그것은 분배관계를 직접적으로 재조정함으로써 경제를 위한 전혀 새로운 조건을 창출하는가는 하나의 질적인 차이이다. 마르크스가 영국에서의 자본주의의 발전을 고전적인 것으로 묘사했던 『자본론』에서 자본주의의 강제적 발생과 원시적 축적, 분배관계의 강제적 조정, 자본주의에 필수불가결한 '자유로운' 노동자의 출현에서 시작하지 않고, 오히려 그는 고전적으로 표현되는 경제법칙들을 포괄적으로 서술하고 나서 비로소 이러한 현실적 발생을 언급했던 것은 특기할 만하다. 이와 관련해 그는 다음과 같은 것을 주목하는 일도 잊지 않고 있다. "사물의 통상적인 진행에서 노동자는 '생산의 자연법칙'에 맡겨질 수 있는, 다시 말해 생산조건들 자체에서 발생하고, 이 조건들에 의해 보장되고 영속화되는 자본에 대한 그들의 의존성에 내맡겨질 수 있다. 자본주의적 생산의 역사적 발생기간 중에는 사정이 달라진다."[90] 영국은 오직 원시적 축적 이후에, 또 그 결과로서만 자본주의의 고전적인 국가가 되었다.

우리가 이러한 마르크스의 고전적 발전의 개념을 올바로 파악하고자 한다면, 이 문제와 관련해서도 완전히 가치중립적인 그의 객관성을 고수해야만 한다. 고전적이란 말을 마르크스는 단순하게 발전이라고, 궁극적이고 결정적인 경제적 힘들이 다른 어느 곳보다 분명하고 순수하고 간섭받지 않고 표현되는 바의 발전으로 명명하고 있다. 아테네의 발전의 고전주의로부터만은 결코 다른 유형의 폴리스에 대한 직접적인 우위를 도출할 수 없으며, 이러한 발전은 특정한 시기에 특정한 지역에서만 존재했다는 점에서 더욱 그렇다. 고전적 형태로 발생하지 않은 사회 유형도 고전적인 사

---

90) *Kapital* I, S. 703; MEW 23, S. 765.

회만큼이나 성장할 수 있을뿐더러 많은 측면에서 그 고전적인 사회를 능가할 수 있을 것이다. 따라서 고전적 사회와 비고전적 사회의 대립은 이러한 유형의 가치 척도로서는 결코 적합하지가 못하다. 하지만 그것은 현실 자체에서 상대적으로 순수하게 작용하는 경제법칙의 '모델'의 측면에서는 상당한 인식적 가치가 있다. 마르크스는 이러한 인식의 본질과 한계에 대해 다음과 같이 이야기했다. "한 국가는 다른 국가로부터 배워야 하고 배울 수 있다. 한 사회가 그 운동의 자연법칙을 따른다 할지라도—근대 사회의 경제 운동법칙을 밝히는 것이 이 책의 궁극 목적이다.—이 사회는 자연적인 발전단계를 뛰어넘을 수도 없고 법령으로 제거할 수도 없다. 하지만 이 사회는 산고를 단축할 수도 있고 완화할 수도 있다."[91] 그 가치가 드물게 인정되는 마르크스의 이 같은 지적은 실천적으로는 상당한 의미를 지니고 있다. 이러한 지적이 올바로 추구되는 곳에서, 고전적인 것이 갖는 고유성이 상당한 역할을 담당한다. 우리는 소비에트에서의 사회주의의 발전과 같이 상당히 논쟁적인 문제를 들 수 있다. 소비에트에서의 사회주의의 발전이 여러 분야에서 그 생명력을 거듭 보여주었다는 것은 의심의 여지가 없다. 하지만 그것이 결코 고전적 발전의 산물이 아니었다는 것도 분명하다. 마르크스는 나름대로 사회주의 혁명이 우선은 선진 자본주의 국가에서 승리할 것이라고 말했지만, 그는 다시금 여기서 지적된 생산의 분배에 대한 관계를 생각했다. 사회주의로의 이행의 문제는 이러한 측면에서 상당히 재조정될 수 있을 것이다. 그럼에도 선진 자본주의 국가들에서는 이미 인구의 분포가 발전된 사회적 생산의 요구들에 대응하는 반면, 후진 국가는 이 과정의 초기나 중간 단계에 있을 수 있다. 이러한 인식에 상

---

91) Ebd., VIII; ebd., S. 15 f.

응해서 레닌은 러시아에서의 사회주의 혁명이 마르크스적 의미에서 경제적으로 결코 고전성을 가질 수 없다는 점을 분명히 했다. 레닌이 이를테면 『급진주의, 공산주의에서의 좌익 소아병』이라는 그의 책에서 러시아 혁명이 갖는 국제적 의미에 관해서 언급했을 때, 그는 사태 자체와 그것을 이루는 여러 가지 계기들이 갖는 국제적 중요성을 강조하는 외에 이처럼 혁명이 갖는 비고전적인 특성을 분명하게 강조했다. "이러한 진리를 과장해서 그것을 우리 혁명의 본질적 특성으로 확장하는 것은 당연히 심각한 오류일 것이다. 마찬가지로 단 **하나의** 선진 국가에서일지언정 프롤레타리아 혁명이 승리한 후에 유사한 변화가 일어날 것이며, 곧바로 러시아는 모범적 사례가 되기보다는 다시금 후진 국가(사회주의와 소비에트 체제의 의미에서)로 되돌아갈 것이라는 점을 간과하는 것도 오류가 될 것이다." 다른 곳에서 그는 똑같은 문제로 대하면서 다음과 같이 말했다. "⋯ 러시아에서, 구체적이고 역사적으로 볼 때 1917년이라는 지극히 예외적인 특별한 상황에서 사회주의 혁명을 시작하는 것은 쉬운 일이었던 반면, 그것을 **계승해서** 끝장을 보는 일은 유럽 국가들보다 러시아에 더 힘들었을 것이다."[92] 소비에트 정부의 개별행동들에 대해 개략적으로 제시한다거나 심지어는 그것을 비판하는 것은 이러한 고찰의 의도가 지닌 과제가 아니다. 그럼에도 레닌이 전시 공산주의에서 상황에 의해 강요된 긴급조치를 언급하면서 신경제정책(NEP)을 특수한 상황에 의해 초래된 이행 형태로 간주한 반면, 스탈린은 후진 자본주의 국가에서 인구분포를 강제적으로 조정해서 모든 사회주의 발전에 일반적인 모범으로 제시하는 일에 진력했다는 점은 지적해야만 한다. 아울러 레닌과 반대로 스탈린은 소련에서의 발전을 고전적 발

---

92) Lenin: *Sämtliche Werke*, XXV., S. 203, 250.

전으로 선언했다. 이로써 이러한 해석이 지배하는 한 소비에트 발전의 중요한 경험들을 이론적으로 올바로, 또 그렇기 때문에 성과 있게 평가하는 일은 불가능했다. 왜냐하면 모든 단계의 옳고 그름은 비고전적인 발전에 비추어서 판단될 수 있기 때문이다. '고전주의'의 선언은 이처럼 국제적으로 중요한 사회주의에 이르는 길에 대한 탐구를 방해하고 또 내부 개혁 등에 대한 모든 토론을 잘못된 궤도로 밀어 넣었다. 아마도 마르크스주의의 역사이론에서 여전히 중요한 것은 앞서 고찰한 불균등 발전일 것이다. 『정치경제학 비판 요강』의 서문의 결론에 대한 단편적인 언급에서 마르크스는 무엇보다 경제발전이 법이나 예술과 같은 중요한 사회적 대상들과 맺고 있는 관계들의 '불평등 관계'를 논했다. 이와 관련해 그는 곧바로 존재론적이고 방법론적인 의미에서 결정적인 계기를, 즉 이러한 문제들에 대한 논의의 핵심에 위치할 수밖에 없는 진보의 개념을 강조했다. 그는 그 전에 "일반적으로 진보의 개념은 통상적인 추상에서는 파악될 수 없다."고 말했다.[93] 이와 관련하여 그는 맨 먼저 가장 일반적인 진보 개념의 추상화와 결별하고자 했다. 결국 이러한 개념은 절대적으로 일반화된 이성(Ratio)을 논리적이고 인식론적 의미에서 외삽법적으로 정립한 것을 역사의 진행에 적용한 것이다. 우리는 앞서 본질과 현상에 관한 논의에서 마르크스의 해석에 따라 객관적인 경제발전이 인간 능력의 일반적 전개에 불가피하게—아마도 일시적으로—축소·왜곡하는 영향을 미칠 수 있다는 것을 살필 수 있었다. 여기서도 우리는—마르크스에 의해서는 다만 방법론적으로 암시되었을 뿐 분명하게 여기에 속하는 것으로 논의되지 못했던—불균등 발전의 중요한 사례를 다룬다. 경제적으로 제약된, 사회적 존재의 범주의 사회

93) *Grundrisse*, S. 29.

화 과정으로 인해 인간 능력의 발전에서 나타나는 불균등성이 문제이다. 직접적으로 여기서는 언제나 질적인 변화가 문제이다. 원시사회의 사냥꾼의 관찰력이 오늘날의 실험에 능한 자연과학자와 직접적으로 비교될 수는 없다. 추상적이고 고립된 개별 영역에 대한 관찰은 관찰 능력의 증가와 감소와 같은 복잡한 대립으로 이끄는데, 그리하여 어떤 관점에서의 개별적 진보가 다른 관점에서는 후퇴가 되는 현상이 동시적으로 발생할 수밖에 없다. 철학적 낭만주의에서 시작한 문화 비판은 대개는 이러한—명백히 현존하는—후퇴에서 시작해 여기서 얻어진 척도들을 가지고 진보 일반의 현존을 확증하곤 했다. 다른 한편 순전히 양화된 발전의 최종 성과물에 기초해 있는, 속류화되고 단순화된 진보 개념(생산력의 성장, 인식 등의 양적 확산)도 언제나 나타나고 있으며, 이에 기초해서 일반적인 진보가 선포되기도 한다. 두 경우—종종 중요한—계기이지만 다만 전체 과정을 이루는 개별적인 계기들이 유일한 기준으로 확장된다. 그렇기 때문에 이 두 경우는 문제의 핵심을 벗어나 있으며, 이러한 방법들에 대한 부당하지 않은 비판은 이러한 문제가 원칙적으로 답변될 수 없다는 식의 그럴 듯한 가상까지 만들어낼 수 있는 것이다.

여기서는 다만 본질과 현상의 관계에서의 모순이, 즉 본질의 객관적이고 필연적인 진보에 어떤 결정석 영향도 미칠 수 없는 모순만이 다루어진다는 것에 대해 반대가 있을 수도 있겠다. 그럼에도 결국 사회적 존재의 존재론적 발전계열이 이 모든 모순들을 관통해서 관철된다는 주장은 옳음에도 불구하고 피상적일 것이다. 하지만 이러한 진보는 인간 능력의 진보와 불가분적으로 결합되어 있기 때문에, 그것이 적절한 현상세계를 창출하는지 혹은 왜곡된 현상세계를 창출하는지라는 문제는 순전히 객관적이고 범주적인 진보의 관점에서도 사소한 문제일 수가 없다. 하지만 그 문제는 지금까지 여전히 해결되지 않고 있다. 우리는 알고 있다. 즉 고도로 발전된 사회성을 지향하는 사회적 존재의 객관적인 존재론적 운동은 인간의 행위들로 구성되어 있다는 것과 전체적인 진행과정에서 인간들의 개별적인 선택적 결정들이 개별적으로 의도되지 않은 성과를 보여줄지라도, 이렇게 결합된 행위의 궁극적 결과가 그러한 개인적 행위들로부터 완벽하게 독립할 수 없다는 것이다. 이러한 관계는 그 일반성 속에서 매우 조심스럽게 이야기되어야만 한다. 왜냐하면 앞서 언급된, 대안적으로 근거 지어진 개별행위들과 전체 운동 사이의 역동적 관계는 역사를 통해 볼 때 상당한 다양성을 보여주기 때문이다. 이러한 관계는 상이한 구성체들 속에서 상이하게 나타나며, 특히 그것들의 상이한 발전단계 및 이행단계들 속에서 상이하게 존재한다. 당연히 그것들 모두를 이야기한다는 것은 불가능하므로, 여기서는 이러한 관계 속에 등장하는 무수한 변형들을 단순히 지적하는 정도에 그치겠다. 한편으로 혁명적인 이행 상황에서 인간 집단들의 입장의 의미(당연히 개별적 결정들의 종합이다.)는 어떤 사회구성체의 정체되고 고정된 발전의 시기보다 객관적으로는 훨씬 중요하다는 점이다. 이로부터 당연히 개별 결정들의 사회적 비중 역시 증대한다는 결론이 나온다. 레닌은 역사의 이 같은 전환점의 사회적 본질을 올바로 기술했다. **"하층 계급들**이 낡은 질서를 더는 **원하지** 않을 때만, 그리고 **상층 계급들**이 낡은 방식 속에서 더는 **살 수 없을** 때─오직 이때만이 혁명이 승리할 수 있다."[94] 다른 한편으로 불균등 발전에서 볼 때 모든 혁명적 변혁 속에는 그것의 객관적이고 주관적인 요인들이 곧바로 구분될 수 있을 뿐만 아니라─그리고 이

---

94) W. I. Lenin: "Der Zusammenbruch der II. Internationale (Juni 1915)" in: Werke Bd. 21, Berlin 1960, S. 206.

것이 구분 가능성의 객관적 토대이다.—필연적으로 병행할 수도 없으며, 오히려 그 복잡한 사회적 규정들에 따라 상이한 방향들과 속도, 강도와 의식성의 단계 등을 가질 수 있다는 점이 덧붙여져야만 한다. 충분히 객관적인 위기요소들에 상응하지 않는 민중봉기가 가능하듯, 주관적인 요인들이 충분히 성숙하지 못해서 해결되지 않은 채 남아 있는 객관적인 혁명적 상황이 있을 수 있다는 것도 존재론적으로 볼 때는 충분히 근거 있는 사실이다. 이러한 사태가 사회-역사적 발전에서의 불균등성의 중요한 계기를 형성하고 있다는 점은 상세한 설명을 필요로 하지 않는다. 우리는 다만 근대 독일(1848년과 1918년)에서 2차에 걸친 주관적 요인들의 결핍을 생각하면 된다.

앞서 지적한 문제가 '서문'에 제시한 마르크스의 방법론적 언급에서 논구되지 않았다고 해서 그 문제가 그의 방법에 따를 때 불균등 발전의 복합적 문제에 속하지 않는다는 것을 입증하는 것은 아니다. 그는 거기서 비변증법적 관점에서는 이율배반적으로 보이는 특별한—그렇지 않다면 다루지 않았을—상황을 중심에 놓고, 그에게 자명하게 보이는 것은 고려하지 않은 채로 놓아두었다. 우리가 지금 일반적인 경제발전에서의 불균등성과 관련해 고찰하려는 간략한 지적도 마찬가지이다.[95] 경제발전의 조건들이 각기 상이한 나라들에서 상이하다는 것은 진부하리만큼 자명하다. 하지만 불균등성이 현실에서는 종종 놀랍고 강력한 변혁적 역할을 담당한다. 잘 알려진 하나의 예를 들어본다면 미국을 발견하고 그 결과 모든 무역항로를 재조정함으로써 유럽의 전체 경제적 균형이 혁명적으로 바뀌게 된 점을

---

95) 방금 다룬 것은 특별히 독일과 관련해서 그의 청년기 저작들에서 다시금 반복적으로 등장한다. 예를 들어 MEGA I/1, 1, S. 616; MEW 1, S. 386.

생각해보면 된다. 여기서 결정적인 것은, 경제발전이 언제나 다시금 새로운 상황을 창출하고, 여기에 관여된 인간 집단들(부족으로부터 국가에 이르는)이 객관적으로나 주관적으로 그것의 실현과 가공, 그리고 필요 등에 매우 다르게 적응한다는 점이다. 이로써 이러한 집단들 사이에 종종 지극히 불안정한 상대적 균형이 몇 번이고 깨어질 수밖에 없다. 한 집단의 부흥과 다른 집단의 몰락은 전체 발전에 때로는 전혀 다른 모습을 가져온다.[96]

지리적 상황부터[97] 인구의 내적 분포까지 걸쳐 있고, 또 그 운동성 혹은 경직성 등이 주어진 상황의 상이한 계기들에 결정적 의미를 부여할 수 있는 바의, 경제생활을 구성하는 이러한 기초적인 사실들은 사회와 경제생산이 발생한 이래로 존재했다. 그럼에도 이러한 사실들은 본질상 사회적 존재에 속하기 때문에, 그것들은 자연적 한계들이 제거되고, 아울러 사회구조와 그것을 움직이는 힘들이 점점 더 순수하게 사회화되는 것과 병행해서 비로소 그 현실성을 실현한다. 이러한 경향은 경제영역의 착종이 현실화되면서 증대된다. 로마와 중국은 전혀 다른 경제발전의 길을 겪었다. 하지만 이 두 국가는 서로 간에 어떤 현실적 영향을 주고받지 않았기 때문에, 우리는 이러한 차이를 결코 불균등 발전에 넣을 수는 없으며, 기껏해

---

96) 이 모든 불균등성의 요인들은 사후에 비로소 파악될 수 있다는 것은 자명하지만, 그러나 불균등성을 결코 지양하지는 못한다. 다른 후진 국가들과 비교할 때 일본의 놀랄 만큼 빠른 수용은 중국이나 인도에서와 같은 아시아적 생산관계들과 달리 일본의 봉건적 구조로부터 사후에 어렵지 않게 설명될 수 있다. 하지만 인식에서 자본주의로의 이행을 위해 해체되는 봉건사회의 특별한 장점을 그 경제적 합리성 속에서 파악하기 위해서는 일본의 경우가 필요하다.

97) 지리적 상황은 물론 자연적 토대이다. 하지만 그것은 역사발전이 이루어지면서 결국에는 압도적인 사회적 규정이 되었다. 바다가 두 나라를 분리시킨 건지 혹은 결합한 건지는 본질적으로 생산력 발전의 수준에 제약을 받는다. 생산력이 높을수록, 여기서 자연적 한계는 훨씬 더 축소된다.

야—헤겔적 어투로—불균등 발전은 그 고유의 독자적 형태가 실현되지는 않았어도 그 당시 이미 현존해 있었다고 말할 수 있을 뿐이다. 따라서 최초의 진정한 사회적 생산으로서 자본주의적 생산은 진정한 의미에서 불균등 발전이 전개되는 데 적합한 최초의 영역이다. 모름지기 보다 크고 경제적으로 다양하게 구조화된 영역들의 경제적 연계가 보다 풍부하고 착종된 경제적 관계들의 영역들을 창출하기 때문에, 그러한 영역의 내부에서 지역적 차이들이—긍정적 의미나 부정적 의미에서—보다 쉽고 보다 집중적으로 전체 발전의 방향에 영향을 미칠 수 있을 것이다. 경제발전의 속도에서 보이는 이러한 차이들이 언제나 다시금 정치-군사적 차이로 바뀐다는 사실은 불균등의 경향을 훨씬 강화시킨다. 따라서 레닌이 이러한 문제를 제국주의시기에 관한 그의 분석의 핵심으로 간주했던 것은 대단히 옳다.[98] 불균등 발전에서 복합체 및 복합체 상호 간의 관계를 구성하는 각 요소들의 존재론적 이종성이 표현된다. 경제가 더욱 발전하고 더욱 사회화될 때마다, 자연적 요소들의 이종성들이 배후에서 더욱 강화되며 또 언제나 순수하게 사회성의 방향으로 변화된다. 하지만 이러한 과정은 이종성(Heterogenität) 자체가 아니라 자연적 성격만을 지양한다. 이종성은 전체 흐름의 통일 속에서 종합될 수밖에 없는데—사회적 범주들의 전개가 강화될수록 더욱 그렇다.—그럼에도 이처럼 종합 내부에 있는 그것의 원초적인 이질적인 성격은 이러한 종합 내부에 남아서—전체 과정의 일반법칙 내부에서—불균등한 발전 경향들을 산출한다. 따라서 이것은 경제영역 자체에서는 일반법칙과 어떤 형태의 대립도 의미하지 않으며, 하물며 어떤 역사적 '유일성' 혹은 전체 과정의 비합리성을 의미하는 것은 더더욱 아

---

98) Lenin: *Sämtliche Werke* XIX, Wien-Berlin 1930, S. 200 f.

니다. 그것은 오히려 사회적 존재의 속성에서 유래하는 필연적인 현상방식을 구성하는 것이다. 이제 우리는 마르크스 자신에 의해 방법론적으로 논급된 불균등 발전의 문제를 좀 더 상세하게 다룰 수 있을 것이다. 이와 관련해 먼저 예술이 다루어진다. 하지만 마르크스도 고찰했고, "특별히 어려운 문제"라고 강조했던 문제, 즉 "어떻게 생산관계가 불균등 발전 속에서 법적 관계로 발전하는가."라는 문제가 다루어진다.[99] 유감스럽게도 이러한 단편적인 언급을 통해서는 마르크스가 여기서 방법론적인 해결을 어떻게 생각했는지에 관해 지적하기가 쉽지 않다. 다행히도 그는 라살레의 『획득된 법체계』에 대한 편지글 속의 비판에서 이 문제를 다시 언급하고 있으며, 엥겔스 역시 콘라트 슈미트에게 보낸 한 편지에서 이와 관련해 한 가지 언급을 하고 있다. 불균등 발전의 가능성은 여기서 보다 발전된 사회적 분업에 기초해 발생한다. 사람들의 사회적 협력과 공생이라는 문제가 본질적으로 관습에 의해 정리되는 한, 이 문제 자체가 아직은 자생적으로 발생하고 쉽게 통찰할 수 있는 욕구를 특별한 장치 없이도 결정될 수 있는 한(가족과 가족 노예, 직접 민주제에서의 재판), 법적 영역의 경제적 영역으로부터의 독립성의 문제는 전혀 나타나지 않는다. 인간들 상호 간의 경제-사회적 교류를 일정하게 규제할 수 있는 기관을 창출할 필요는 계급분화와 계급적 대가 발생하는 보다 높은 단계의 사회구조에서이다. 이처럼 각기 다른 영역들이 발생하는 한, 그것의 기능은 사회의 기초적인 삶의 조건에 의해(이 사회에서 현재 결정적 의미를 갖는 층위에 의해) 규정되지만, 그럼에도 모름지기 그렇기 때문에 그것은 틀림없이 이러한 조건들에 대해 이종성의 관계에 놓여 있는 고유의 목적론적 정립의 산물이다. 사회적 관점에서 볼 때 이것

99) *Grundrisse*, S. 30.

은 새로운 것이 아니다. 노동을 분석함에 있어 우리는 모든 목적론적 정립 속에서, 이미 목적과 수단 사이에서 필연적으로 존재하는 존재론적으로 필연적인 이종성들을 상세하게 다루었다. 구체적 총체성으로서의 사회의 척도 속에는 유사하면서도 여전히 보다 복잡하게 구조 지어진 경제와 법 사이의 관계가 있다. 무엇보다 이종성은 훨씬 첨예하다. 여기서 문제가 되는 것은 하나의 동일한 목적론적 정립 안에 있는 이종성만이 아니라, 두 개의 상이한 목적론적 정립의 체계들 사이에 있는 이종성이다. 법은 보다 함축적인 방식에서 경제적 영역과 행위로서의 정립이다. 왜냐하면 상대적으로 발전된 사회에서 의식적이고 체계적으로 지배관계를 고착하고, 인간들의 경제적 교류를 조정하기 위해서 생기기 때문이다. 이로부터 법의 목적론적 정립의 출발점은 경제적 정립과 비교해볼 때 근본적으로 이질적인 성격을 지닐 수밖에 없다. 경제와 반대로 법의 목적론적 정립은 결코 물질적으로 새로운 것을 산출하는 데 관심을 갖지 않는다. 오히려 그것은 이러한 세계 전체를 존재하는 것으로 전제하고, 그 세계가 내재적 자발성으로부터 발전시키지 못했을지도 모르는 구속적인 질서의 원리를 구축하고자 한다.

이 두 가지 사회적 정립 방식의 이종성을 구체적으로 서술하는 것이 여기서 우리의 과제가 될 수는 없다. 경제구성체들과 이러한 구성체들에 의해 산출된 법적 체계들의 상당한 차이를 감안할 때, 이러한 이종성은 우리의 문제와는 너무 멀리 떨어져 있다. 우리는 다만 이종성을 그 일반성 속에서 제시하는 것, 아울러 이 영역에서 불균등 발전에 관한 마르크스적 해석을 좀 더 잘 이해하려고 하는 것이 관건이다. 마르크스는 앞서 언급한 라살레에게 보내는 편지에서 "특정한 소유관계에 대한 **법적** 표상은, 아무리 그것이 이 소유관계로부터 발생했을지라도 다른 한편으로 다시금 그것과 일치하지 않으며 또 일치할 수 없다."[100]는 점을 지적했다. 지금까지의 우리의 언급은 이미 마르크스에 의해 강조된 일치 불가능성이 인식론적 의미에서 이해될 필요는 없다는 점을 지적했었다. 문제를 이렇게 접근할 경우 불일치는 단순한 결함이며, 일치의 수립은 표상들의 일치를 발견하거나 수립할 것을 요구하는 것이다. 이에 반해, 마르크스는 이러한 일치가 원칙적으로 불가능한 존재론적인 사회상황을 염두에 두고 있다. 왜냐하면 이러한 상황은 불일치에—좋건 나쁘건 이에 따라—기초해서만 일반적으로 기능할 수 있는 일반적인 사회적 실천의 현상방식이기 때문이다. 마르크스는 이로부터 곧바로 불균등 발전으로 이행한다. 다시 말해 그는 역사발전의 연속적 진행에서 법의 현상들을 사유로 파악하고 실천으로 옮기려는 시도는 언제나 다시금 보다 이전 시기의 제도들과 그것들에 대한 해석으로 소급하는 형식으로 이어지고 이어질 수밖에 없음을 보여준다. 그럼에도 이러한 제도는 그것의 오해를 결과로서 전제하는 원초적인 전통의 의미와 결코 대응하지 않는 방식에서 수용되고 적용되었다. 때문에 마르크스는 얼핏 이율배반적으로 라살레에 반대해서 다음과 같이 이야기했다. "『로마서』의 학습이 본래 ⋯ 오해에 기초해 있다는 것을 여러분들이 증명했다. 하지만 이로부터 성서가 그 **현대적** 형식에서 ⋯ **오해된** 『로마서』라는 결론이 이어지는 것은 아니다. 어쩌면 나중에 획득된 이전 시기의 모든 성취는 **오해된 과거**라고 말할 수도 있겠다 ⋯ 오해된 형식은 모름지기 일반적이고, 또 일반적이라는 표현을 쓴다면 확실한 사회발전단계에 적용될 수 있는 것이다."[101] 여기서 오해는 앞서의 불일치와 마찬가지로 인식론적

---

100) 라살레와 마르크스 간의 서신 교환: Lassalle: *Nachgelassene Briefe und Schriften* (herausgegeben von G. Mayer), Ⅲ., Stuttgart-Berlin 1922, S. 375; MEW 30, S. 614. — Engels' Brief vgl. Marx-Engels: *Ausgewählte Briefe*, S. 380; MEW 37, S. 491.

101) Ebd.; ebd., MEW 30, S. 614.

으로 해석되어서는 안 된다는 것이 분명하다. 그것은 때때로 특정한 사회적 필요에, 즉 앞서 그 전제를 묘사했던 예술에서 하나의 목적론적 정립을 통해 때때로 낙관적으로 의도된 이러한 성취에 달려 있다. 이것은 경제행위에 대한 대안적 방식으로 첨예하게 근거 지어졌다. 왜냐하면 여기서 목적과 수단은—상대적으로가 아니라—물질적인 직접성 속에 주어지지 않았기 때문이며, 그것을 실행에 옮기기 위해 동종의 수단을 독자적으로(sui generis) 창출하는 데 성공하고, 그것에 기초해서 비로소 사회적인 과제가 충족될 수 있기 때문이다.

더 나아가서 이로부터 이러한 상황을 첨예하게 만드는 것, 즉 사회적 과제의 규칙에서 하나의 충족체계가 요구되고, 과제 자체나 그 물질적인 토대로부터 적어도 형식적인 이 체계의 기준이 배제되고, 오히려 고유의 내적이고 내재적인 충족의 기준들을 소유해야만 한다는 결론이 이어진다. 다시 말해 우리의 경우 사람들 상호 간의 사회적 교류를 법적으로 규제하기 위해서는 법적으로 동질화된 특수한 규제지배 등의 사유체계가 필요하며, 그것의 원칙적인 구조는 마르크스에 의해 확립된, 경제현실과 이러한 표상세계의 불일치에 기초해 있다는 것이다.

여기에는 우리가 노동을 고찰할 때 그것의 가장 단순하고 기초적인 규정들 속에서 분석한 사회발전의 구조적인 근본 사태가 표현되고 있다. 어떤 목적론적 정립을 실현하는 수단은—특정하게, 즉각적으로 제시된 한계 안에서—내재적이고 변증법적인 고유의 연관을 소유하고 있으며, 그것의 내적인 완성은 그것이 정립을 실현하는 과정에서 성공적으로 기능할 수 있기 위한 가장 중요한 계기들 중의 하나이다. 따라서 사회적 삶의 각기 다른 수단과 매개들은 법의 영역에서 형식적이고 동질적인 이 같은 내재적 완성을 자기 안에서 형성하려고 할 수밖에 없다. 이러한 완성이 전체 과정에서 차지하는 역할이 크다고 하면, 그 때문에도 그것에 적합한 이해가 중요한데, 그럼에도 그것은 실제 사태의 한 측면일 뿐이다. 마찬가지로 모든 내재적 완성이 동일한 정도로 사회적으로 유효한 영향력을 발휘할 수 없다는 점도 분명하다. 이러한 질서체계의 형식적 폐쇄성은 그것의 반영으로서의 질료와 불일치관계에 있지만, 그럼에도 불구하고 현실적이고 본질적인 그것의 특정한 계기들은 그것의 정렬 기능 일반을 수행에 옮길 수 있기 위해서 관념적으로나 실천적으로 올바로 파악되어야만 한다. 이러한 기준은 상호 이질적인 두 계기들, 다시 말해 질료적이고 물질적인 계기들과 목적론적인 계기들 속으로 통합된다. 노동 속에서 이러한 계기는 기술적 계기들과 경제적 계기들의 필연적 통합으로 나타나고, 법 속에서는 입법의 정치-사회적 목적정립과의 관계에서 내재적인 법적 일관성과 결과로 나타난다. 이를 통해 이미 이러한 목적론적 정립 속에서는 법의 발생과 법의 체계의 이중성으로 정식화되곤 하는 사유의 계획이 발생한다. (법의 발생은 법적 성격이 아니라는 강조점과 함께.) 이러한 계획은 너무나 강력하게 나타나 법 형식주의의 중요한 대변자인 켈젠(Kelsen) 같은 이는 곧바로 입법을 종종 '신비'로 묘사하기도 했다.[102] 따라서 법의 발생의 목적론적인 정립은 필

---

102) H. Kelsen: *Hauptprobleme der Staatsrechtlebre*, 1911, S. 411. 칸트는 이러한 불일치를 보다 덜 역설적으로 표현했는데, 이러한 불일치는 당연히 혁명과 같이 극단적인 경우들에서 극명하게 드러난다. 그의 말에 따르면, 혁명은 기존의 모든 법을 부정하지만 성공적인 혁명의 법은 충분한 법적 타당성을 주장할 수 있고 해야만 한다는 것이다. Kant: *Metaphysik der Sitten, Philosophische Bibliothek*, Leipzig 1907, S. 144 f. —이 같은 현대적 법해석은 오랫동안 이른바 저항권을 전제하고 있는데, 그것의 반향은 이미 피히테, 심지어는 라살레에서도 발견될 수 있다. 법의 발생과 타당성 사이의 사회적 이중성과 이종성은 존재론적 본질에서가 아니라 다만 현상에서의 변화만을 겪고 있다. 저항권 자체에서의 이러한 모순은 비록 근대법의 그것과 다른 형식일지라도 법적 현상방식을 취한다는 점에서 더 그렇다.

연적으로 이질적인 사회세력들(계급들)의 투쟁의 결과로 나타난다. (이러한 투쟁이 궁극적 결과를 야기하는 혹은 계급들 간의 타협으로 이어지는지와 상관없이 그렇다.)

이제 우리가 마르크스에 의해 인용되고 역사적으로 가장 중요한 경우인 현실적으로 수용된 아테네인들을 살펴볼 경우, 그러한 정립이 얼마나 복잡한 내적 '전사(前史)'를 가져야만 하는지, 특정 법체계가 하나의 통일적이고-동질적인 기능을 실현할 수 있기 전에, 얼마나 많은 대안들이 각기 다른 차원에서 답변되어야만 하는지가 분명하다. 이러한 상황으로부터 비로소 마르크스가 언급한 것처럼 과거와 이른바 오해에 대한 그의 해석을 그 사회적 의미 속에 호소한 경우가 이해될 수 있다. 과거에 대한 재해석은 일차적으로는 현재의 필요에서 나온다. 인식론적이고 객관적인 동일성 혹은 일치가 선택이나 거부의 결정적 동기가 될 수는 없다. 이러한 동기는 구체적인 사회적 이해를 둘러싼 투쟁 속에서 야기된 결과물의 관점으로부터 구체적인 현재의 상황에서 실제적인 유용성 속에서 생긴다. 따라서 경제발전 자체에 이르는 이러한 과정의 성과가 불가피하게 불균등한 발전을 수용할 수밖에 없다는 것은 사회발전 자체의 구조적 토대의 필연적 결과로 나타난다. 그럼에도 역사과정 자체를 지나치게 논리주의적으로 합리화하고 통일화하는 일이 그러한 불균등성을 필연적으로 대립시킬 수밖에 없다면, 동시에 그렇기 때문에—경험적으로나 비합리적으로—그러한 해석과 반대로 모든 법칙을 부정하는 입장을 취할 수밖에 없다. 선택지들 사이에서의 개별적인 결정이 결국 단순한 오류가 되거나 혹은 발전에 해를 끼치게 된다는 것은 전체 과정에서 볼 때 이처럼 고유한 합법칙성을 변경시키지 못한다.[103] 발전의 불균등성이 의미하는 바는 '다만', 사회적 존재의 운동에서의 커다란 노선들, 모든 범주들과 관계들 및 연관들의 점증하는 사회성은 직선적이거나 어떤 합리적인 '논리'에 상응해서 전개될 수 있는 것이 아니라, 부분적으로는 우회하거나(심지어는 난국을 뒤로하고), 또 부분적으로는 개별적인 복합체들과 통일된 그것들의 운동들이 전체 발전을 만들고, 상호 비대칭관계를 이룰 수밖에 없다는 데 있다. 하지만 이처럼 합법칙적인 전체 발전의 커다란 노선으로부터 일탈하는 것은 예외 없이 존재론적으로 필연적인 사태에 기초해 있다. 이제 이러한 사태들이 그에 상응해서 탐구되고 연구될 때, 이러한 모든 일탈의 합법칙성, 필연성이 전면에 드러나게 되는 것이다. 존재론적으로 현실적인 사태와 관계에 대한 분석만이 그것에 대한 분석일 것이다. 우리는 앞에서 이미 이러한 분석을 위한 마르크스의 결정적인 방법론적 주의를 인용했다. "어려움은 다만 이러한 모순들을 일반적으로 파악하는 데 있다. 모순들을 특정화하는 순간, 그것은 이미 설명된 것이다."[104]

마르크스가 여기서 취급하는 불균등 발전의 두 번째 문제는 예술의 문제이다. 만일 우리가 그의 해석을 올바로 이해하고자 한다면, 곧바로 우리는 다음과 같은 점을 강조해야 할 것이다. 즉 불균등성의 조건들은 지금까지 다루어진 법에서의 조건들과 질적이고 근본적으로 구별된다. 이러한 확정은 앞서 두 번째로 인용된, 마르크스의 방법론적 지적과 정확히 대응한다. 여기서는 예술 발전의 특수한 현상들을 불균등한 것으로 규정한 사회적 요소들을 새롭게 구체적으로 다듬어야 할 것이다. 여기서 마르크스는

---

103) 앞서 인용한 편지에서 엥겔스는 경제와 관련한 모든 정치적 결정에서 그러한 가능성을 시사했다. 그는 결과적으로 그릇된 결정들이 경제발전의 주축(主軸)을 결정적으로 변경시킬 수는 없을지라도 치명적인 피해를 끼칠 수 있다고 올바로 지적했다. *Ausgewählte Briefe*, S. 379; MEW 37, S. 489.
104) *Grundrisse*, S. 30.

사회의 구체적인 사회적 속성과 관련하여 지금 탐구된 단편적 기록들에서 시작하는데, 탐구된 예술작품이 발생하는 곳은 바로 이러한 토대 위에서이다. 이와 관련해 그는 곧바로—**사전에**라고 말할 수 있을 것이다.—이른바 그의 지지자들 사이에서 그의 방법들을 끊임없이 화해시키도록 만든 두 가지 편견들을 단절한다. 첫째로, 예술작품은 상부구조에 속하기 때문에 이러한 작품의 탄생은 경제적 토대로부터 단순하고 직접적으로 도출될 수 있다는 식의 견해이다. 이에 반해 마르크스는, 물론 고도로 생략된 방식에서, 이데올로기적인 경향들을 포함하고 있는 사회로부터 출발하고 있다. 호머의 예술이 그리스 신화와 불가분적인 연관을 맺고 있는 한, 이러한 경향들은 마르크스가 끌어들이고 있는 호머의 예술에서 특별히 강조되고 있다. 또 호머의 예술은 신화가 없는 시대에서는 말할 것도 없고, 다른 신화의 역사적 환경에서는 불가능했을지도 모른다는 점이 특별히 강조된다. 마르크스가 아닌 다른 사람이 그랬다면, 그는 확실히 경제적 토대를 소홀히 했다고 속류주의자들의 비난을 받았을지도 모를 일이다. 마르크스의 경우에서 우리는 그가 사회적 존재를 그 시대의 '경제적 구조' 못지않게 '신화적 관계들'에 의해 규정된 것으로 보았다고 믿을 수 있다. 그러나 마르크스가 여기서 생각했던 것은 속류화에 대한 단순한 거부 이상이다. 그는 한편으로 예술을 사회적 관계들의 총체성과 관계 지었다. 다른 한편으로 그는 예술작품, 예술가들 혹은 예술의 유형의 의도는 모든 사회적 관계들의 광범위한 총체성을 지향할 수는 없다고 보았다. 오히려 총체성의 특정한 계기들은 호머에서 그리스 신화의 특정한 형식이 그렇듯 특정한 예술활동에서 주도적 의미를 갖기 때문에, 객관적이고 필연적인 관점에서 하나의 선택이 이루어져야 한다는 것이다.

둘째로, 발생을 증명하는 과정에서 토대와 상부구조(여기서는 예술) 사이의 단순한 인과관계가 관건은 아니다. 물론 여기에는 언제나 인과적 연관이 존재한다. 마르크스적인 발생의 개념에서는 그럼에도 이러한 종류의 규정성이 예술의 발생에 호의적인지 악의적인지가 결정적 의미를 갖는다.[105] 여기서 우리가 탐구한 개요에서 마르크스는 곧바로 불균등 발전 자체를 전망하고 있다. 그는 일반적으로 인식되고 인정된 바로서의 사실로부터 시작한다. "예술에서 예술이 꽃을 피우는 시기는 결코 사회의 일반적 발전이나 물질적 토대의 발전, 다시 말해 사회조직의 기본구조의 발전과 연관되지 않는다는 것은 잘 알려져 있다." 호머와 셰익스피어를 지적하면서 그는 이제 분명하게 다음과 같이 확정 짓는다. "예술 자체의 영역에서 확실히 중요한 예술의 형태는 예술 발전의 미성숙한 단계에서만 가능하다." 그리고 그는 이러한 고찰을 다음과 같이 마무리한다. "만일 이것이 예술 자체의 영역 안에서 이루어지는 여러 종류의 예술들의 관계라고 한다면, 예술이 사회의 일반적 발전과 맺고 있는 전체 영역의 관계에서 그렇다고 하더라도 그다지 놀라운 일은 아니다."[106] 이로부터 앞서 인용한, 이러한 물음의 일반적 이해와 특수화의 특별한 결실이라는 두 가지 명제가 이어진다.

불균등 발전은, 따라서 마르크스의 눈에는 확고한 사실이며, 과학의 과제는 그것의 조건들과 원인들 등을 분명히 하는 데 있다. 마르크스는—사회의 완전한 총체성의 맥락 안에서—모든 개별적인 유형의 예술은 그것이 지닌 특수한 속성으로 인해 이러한 총체성을 규정하는 계기들과 모종의 특수한 관계를 맺고 있으며, 그것들의 형식과 내용이 그것들의 특수한

---

105) Vgl. Theorien über den Mehrwert I, 3. Auflage, Stuttgart 1919, S. 382; MEW 26/1, S. 248.
106) *Grundrisse*, S. 30.

발전에 구체적이며 결정적으로 영향을 미치고 있다는 점을 지적하고 있기 때문에, 이러한 단편적 묘사 속에 과제 수행을 위한 결정적인 단초가 이미 실행되어 있다. 다시금 되풀이해보자. 이것은 전체의 발전, 그 전체의 각 단계, 또 이러한 단계들 각각의 지배적 경향들 등이라는 일반적 맥락 안에서만 일어날 수 있다. 하지만 이러한 계기들 각각과 특별히 그것들 속에서, 그것들과 함께 관련된 예술의 유형이 특별하고도 긴밀하게 결합되어 있고, 유리한 조건 혹은 불리한 조건이 내적인 필연성을 띠고 등장하기 때문에, 예술의 단순한 실존과 더불어 예술 발전의 불균등성이 동시적으로 주어진다. 이러한 관점에서 볼 때 호머의 서사시가 탄생하는 데 결정적인 요인으로서 그리스 신화에 대한 마르크스의 강조는 현상에 대한 구체적인 설명을 넘어서 방법론적으로도 의미가 깊다. 왜냐하면 마르크스는 그것과 더불어 저 특수한 사회현상, 이 현상의 현존과 부재, 그것의 본질(Was)과 방법(Wie)을 서사시가 탄생하는 데서뿐만 아니라 발전하는 데도 사회환경의 유리하고 불리한 조건으로서 결정적인 의미에 도달하는 것으로 묘사했기 때문이다. (우리는 베르길리우스[Vergil]에서의 신화의 역할 및 후기 서사시나 이러한 유형의 동방의 시에서 그것을 생각할 수 있다.) 마르크스의 이러한 방법론적인 자극은 유감스럽게도 그의 계승자들에게서 거의 반응을 찾아볼 수 없다. 플레하노프(Plechanow)나 메링(Mehring)에서조차 예술 현상들은 대부분 추상적이고 사회학적으로 다루어졌으며, 스탈린주의에서는 순전히 기계적인 환원이 일어나, 다양한 유형의 예술들 상호 간의 독립적이고 불균등한 발전이 철저히 무시되었다. 내가 여기서 방법론적인 이유들에 의해 나 자신의 작업을 상기해본다면, 예를 들어 나는 마르크스에 의해 여기서 지적된 이유들로부터 어떻게 똑같은 자본주의적 발전이 전례 없는 음악의 발전을 이끈 반면, 건축에서는 그것이 훨씬 해결하기 어려워지고 끊임없이

증대되는 문제의 원천이 되었는가를 보여주려고 했다.[107]

사회적 존재 안에 등장하는 모든 방향들과 경향들 등등이 개별적이고 선택적 성격의 행위들로 이루어졌다는 것은 이 사회적 존재의 존재론적 본질에 속한다. 문제되는 객체화들의 압도적 다수가 이미 직접적으로는 개인적 행위들의 산물인 예술에서, 이러한 일반적 구조는 특별한 의미를 갖게 되는바, 말하자면 불균등 발전의 법칙이 여기서는 여전히 보다 심대하고 결정적인 의미에서 개인적 행위들 자체 속에 포함되는 것이다. 이러한 현상들의 일반적인 존재론적 기초는 잘 알려져 있고 또 인정되고 있다. 이미 헤겔이 주목했던 것처럼, 인간의 행동은 그 주관적인 목적 정립에서 의도된 것과는 다른 결과를 낳는다는 것, 따라서—대단히 거칠게 표현한다면—인간은 자신의 역사를 대개는 허위의식으로 만들어간다는 것이다. 마르크스주의가 발전하는 과정에서 이러한 확정은 본질적으로 극단적인 정치수단으로, 말하자면 이데올로기와 행동이 불일치한다는, 전적으로 인식론적 의미에서 정초된 비판을 통해 상대방을 폭로하는 방법으로 환원되었다. 여기서 이러한 실천이 마르크스의 본래적인 생각과 언제, 어디서, 또 어느 정도 일치하는지에 대해 더 이상 논의하고 싶지는 않지만, 마르크스 자신이 이러한 물음을 인식론적으로가 아니라 언제나 존재론적으로 고찰했다는 것을 새롭게 지적하지 않을 수 없다. 그 결과 마르크스는—종종 그 자신이 행했던—이러한 부적합성의 부정적 결과들을 비판적으로 폭로했을 뿐만 아니라, 세계사적 견지에서 필연적이고, 때문에 성과 있는 이데올로기적 '자기기만'이 이루어지는 중요한 사례들을 지적했다. 이러한 기만

---

107) G. Lukács Werke, Bd. 12, Die Eigenart des Ästhetischen, 2. Halbband, Neuwied/ Rhein 1963, S. 375 ff. und S. 448 ff.

은 그것이 없었다면 불가능했을 위대한 행위를 사람들이 행하는 데 도움을 줄 수 있었다.[108]

　우리가 지금 탐구하는 현상들은 물론 이러한 일반적인 '허위의식'을 존재론적 기초로 삼고 있지만, 그러나 본질적 의미에서 본다면 그것을 넘어서고 있다. 다시 말해 여기서는 그의 시대, 그의 국가와 계급에 대한 '허위의식'을 공유하고 있는 예술가가 그의 예술적 실천이 현실에 직면하는 특정 상황에서는, 그의 편견의 세계를 타파하고 현실을 진정성 있고 심오한 특성 속에서 올바로 파악할 수 있다는 것이 핵심이다. 즉 그가 그것을 특정한 상황하에서 **할 수 있다**는 것은 그러나 물론 그가 반드시 그것을 **해야만 한다**는 것을 의미하지는 않는 것이다. 마르크스는 이러한 현상들을 이미 그의 청년기에 주목한 바 있다. 슈(Eugène Sues)[109]에 대한 비판에서 그는 그의 소설의 성공한 캐릭터를 언급하면서 다음과 같이 말했다. 즉 슈는 "그 자신의 세계관의 지평 너머로 자신을 고양시켰다. 그는 부르주아의 편견들을 대놓고 모욕했다."[110] 수십 년이 지난 후 엥겔스는 이러한 이데올로기적 관계를 하크니스(Mary Harkness)에게 보내는 편지에서 보다 상세하고 정확하게 정식화했다. 그는 말했다. "내가 말한 리얼리즘은 물론 저자의 견해에도 불구하고 드러날 수 있다." 또 그는 발자크(Balzac)에게서 이러한 현상들을 분석한 후에 그의 견해를 다음과 같이 요약했다. "자기 계급의 교감 및 정치적 편견과 다르게 발자크는 자신이 사랑하는 귀족들의 몰락의 필연성을 **보았다는 것**, 그들을 더 나은 운명의 보살핌을 받을 수 없는

---

108) *Brumaire*, S. 21 f.; MEW 8, S. 115.
109) 유진 슈(1804~1857)는 프랑스 소설가이다. 그는 1842년에서 1843년에 발간된 파리의 매우 통속적이고 대중적으로 모방을 불러일으킨 연작소설의 장르를 확립한 바 있다. (역주)
110) MEGA I/3, S. 348; MEW 2, S. 181.

인간들로 묘사할 수밖에 없었던 것, 또 그는 거기서 미래의 참다운 인간들을 **보았다**는 것, 그곳은 그 당시 그들만이 유일하게 발견되었다는 것—이것을 나는 리얼리즘의 위대한 승리의 하나로서 또 늙은 발자크의 가장 훌륭한 성품의 하나로 간주했다.“[111]

지금은 예술과 그 역사를 이해하기 위해 이러한 주장이 갖는 의미를 좀더 자세히 논구하는 자리는 아니다. 나는 여러 연구들에서 그것을 적용하고 구체화하고자 했다. 아울러 그 점과 관련해 예술의 불균등 발전에 관한 전체 마르크스 이론이 '스탈린주의의 경직된 이데올로기'에는 불편했고 또 그렇게 남아 있었다는 점에 대해 길게 설명할 필요는 없다. 하지만 우리의 본질적 문제에 있어서는 이것이 예술(특정 유형의 예술)에서 특정 시기의 유불리에 관한 마르크스의 올바른 개념을 변증법적 의미로 중요하게 구체화하고 심화하고 있다는 점을 간단하게 지적할 필요는 있다. 다시 말해 이러한 유불리가 설령 개별적인 유형의 예술과 관련해 정확하게 구분된다 할지라도 일반적인 사회적 범주로 남아 있는 한에서, 개별적인 예술가에게는 여전히 광범위한 개별적 대안들이 있을 수 있고 또 현실적으로 있다는 것을 보여준다. 따라서 불리한 어떤 시기에조차 여전히 중요한 예술작품이 탄생할 수 있다는 점에서, 불균등 발전은 보다 높은 변증법적 수준에서 나타난다. 물론 이로 인해 불리 자체가 포기되지는 않으며—이러한 시도는 속류주의자들의 단순화에 빠질 수밖에 없다.—불균등 발전 안에서 보다 높고 확장된 잠재력을 지닌 것도 가능하다는 사실을 보여준다. (이로부터 자연스럽게 상황이 유리하다는 것이 예술이 꽃피울 수 있는 보증서가 될 수는

---

111) Marx-Engels: *Über Kunst und Literatur*(herausgegeben von M. Lifschitz), Berlin 1948, S. 105 f.; vgl. MEW 37, S. 43 f.

결코 없다는 정반대의 결론도 이어진다.)

　이러한 서술이 단편적이기는 해도—우리가 제2부 첫 부분에서, 심지어는『윤리학』의 첫 부분에서 그에 상응해 논의할 수 없었던 문제들을 부적절하게 선취하고자 할 때 이러한 서술은 그렇게 단편적일 수밖에 없다.—그것은 적어도 사회적 존재의 일반적 발전이라는 존재론적 문제를 제기하지 않은 상태로 마감할 수는 없는데, 여기서 사회적 존재의 역사성의 새로운 측면뿐만 아니라 이 역사성 안에서의 객관적 진보의 측면, 즉 유적 인간의 문제도 표현된다. 마르크스는 이미 그의 청년기에 유적 인간에 대한 정태적이고 자연적인 해석, 즉 총체성의 고찰을 배제하는 포이어바흐식의 해석을 부정했다. 그는 포이어바흐에 관한 그의 여섯 번째 테제에서 기본적으로 잘못된 그의 견해로 인해 포이어바흐는 다음의 결론에 도달할 수밖에 없었다고 적었다. 즉 "1. 역사적 진행과정을 추상하고 종교적 감정을 독립적으로 고정시킨 것, 또 추상적이고—**고립된**—인간 개체를 전제한 것. 2. 그리하여 본질을 다만 '유(Gattung)'로서, 내적인 것, 다수의 개인들을 **자연적으로** 결합하는 무언의 보편성으로 파악했다."[112] 그러므로 포이어바흐에게서 나타나는 거짓 극단은 한편으로는 고립되고 추상적인 개인이며, 다른 한편으로는 유의 자연적 침묵이다.

　이로써 우리는 다시금 사회적 존재의 고유한 속성이라는 핵심문제로 되돌아와 있음을 본다. 유기적 생명이 유들을 산출한다는 것은 상식이다. 결국 이러한 생명은 오직 유(類)만을 산출한다. 왜냐하면 유를 현실적이고 직접적으로 실현하는 개별 유기체들은 발생하고 소멸하기 때문이며, 오직 유만이 이러한 교체과정 속에서 지속적으로—모름지기 그것이 자신을 보존

112) MEGA I/5, S. 535; MEW 3, S. 7.

하는 한에서—보존할 것이다. 여기서 개별 유기체들과 유 사이에 성립하는 관계는 모든 의식성과 모든 의식적 객체화로부터 완전하게 독립된, 순전히 자연적인 관계이다. 유는 개별 유기체들에서 실현되며, 이러한 유기체들은 그것들의 생명과정 속에서 유를 실현한다. 유가 결코 의식을 가질 수 없다는 것은 자명하다. 자연적인 개별 유기체들에서는 유적 의식이 결코 발생할 수 없다는 것 역시 자명하다. 물론 이것은 고등동물이 결코 의식을 가질 수 없기 때문에 그런 것은 아니다. 이러한 생각은 오래전에 경험과 과학을 통해 논박되었다. 오히려 고등 생명체의 실제적 생산과 재생산은 그것들에게 동일한 관계를 창출하지 못하기 때문에 그런데, 이러한 관계에 의해 개별 유기체들과 유의 이중적 통일이 객관적으로 표현될 수 있다. 노동만이 이 같은 결정적 계기를 형성할 수 있다는 것은 분명하다. 물론 인간이 환경과 자연에 대해, 또 그들의 동료들에 대해 맺고 있는 태도들에서 야기한 모든 결과들과 함께 그렇다. 청년 마르크스가 동물과 인간 사이의 이 같은 차이를 반복해서 묘사한 것은 언제나 노동과 노동의 후속적 현상들에 기초해서이다. 따라서 그는 『독일 이데올로기』에서 인간 상호 간의 교류의 필요로부터 언어가 발생한 과정을 지적하면서 동물에 대해 다음과 같이 말했다. "어떤 관계가 존재하는 곳에서, 그것은 나에 대해 존재하지만, 동물은 스스로 어떤 것과도 **관계하지** 못한다. 동물은 어떤 것과도 관계하지 않는다. 동물에게 타자와의 관계는 관계로 존재하지 않는다."[113] 그가 인간들 사이의 교류의 결과를 탐구한 『경제학-철학 수고』에서 그는 이러한 교류를 통해 비로소 인간들의 차이가 사회적 교류의 중대하고 유의미한 계기가 되었다는 점을 지적했다. 반면 동물들에서 사정은 이

---

113) Ebd., S. 20; ebd., S. 30.

렇다. "동물류 안의 상이한 종들의 특수한 속성들은 본래 인간의 습성과 행위의 차이보다 훨씬 분명하다. 하지만 동물은 **교류**할 수 있는 능력이 없기 때문에, 동물 개체는 동일한 유의 동물의 상이한 속성은 이용하지 못하고, 다만 상이한 종의 속성만을 이용할 뿐이다. 동물은 그들 유의 상이한 속성들을 결합할 수 없다. 동물은 그들 유의 **공동의** 이익과 안정을 도모할 수 없다."[114] 이러한 차이들이나 유사한 차이들은, 단순히 생물학적 의미의 생명관계로서의 유가 무언의 일반성만을 갖는다는 표현에 대단히 구체적이고 상이한 내용을 부여한다.

얼핏 볼 경우 포이어바흐는 구체적(사회적) 인간이 아닌 고립된 개인만을 고찰하고 있다는 마르크스의 보충적 비난은 동일한 상황에서 나온 것이 아닌 것처럼 보인다. 하지만 이는 다만 그렇게 보일 뿐이다. 설령 마르크스의 이러한 반대가 생물학적 의미에서의 동물의 유적 존재와 비교해 볼 때 뒤로 가는 것이 아니라 앞으로 가는 것, 즉 개별 인간들이 자신의 유적 존재와 맺고 있는 결합을 의식적으로 상실할 수도 있는 분업이 고도로 발전된 사회를 지향할 경우에도 그렇다. 정상적으로는 일차적으로 노동이 이러한 관계를 창출한다. 마르크스 역시 『경제학-철학 수고』에서 다음과 같이 말했다. "모름지기 대상 세계를 가공하는 과정에서 인간은 먼저 **유적 존재로서** 현실적으로 입증된다. 이러한 생산이 그의 활동적인 유적 삶이다. 생산을 통해 자연은 **그의** 작품이자 그의 현실로 드러난다. 노동의 대상은 그리하여 **인간의 유적 삶의 대상화**이다. 인간은 의식 속에서처럼 자신을 지적일 뿐만 아니라 활동적이고 현실적으로 이중화하고, 그리하여 자신이 창출한 세계 속에서 자신을 본다."[115] 또 그의 저작의 다른 곳에서 그

---

114) MEGA I/3, S. 142; MEW Ergänzungsband I, S. 560.

는 지금까지 인용한 것들로부터 다음과 같은 결론을 이끌어낸다. "개인은 **사회적** 존재이다. 개인의 삶의 표현은 그것이 다른 사람들과 동시에 수행된 **공동의** 삶의 표현의 직접적 형식에서 나타나지 않는다 하더라도 역시 **사회적 삶**의 표현이고 확증**이다.**"[116] 우리가 통상 고립된 개인이라고 부르는 것은 객관적으로나 주관적으로 인간의 근본적인 사회성 내에서의 특별한 의식 상황에 근서하고 있다. 인간은 그가 인간인 한 사회적 존재라는 것, 인간은 그의 삶의 행위 속에서―이러한 행위가 그의 의식 속에 늘 반영되든 안 되든―언제나, 그리고 예외 없이 인간 유에 의해 당대에 도달된 발전단계와 더불어 지극히 다양한 형식에서 모순적으로 실현한다고 하는 존재론적 입장은 결코 마르크스에 의해 발견된 테제가 아니다. 아리스토텔레스에서 괴테와 헤겔에 이르기까지 이러한 근본적 진리는 구체적으로 반복되었으며 결정적으로 강조되었다. 아마도 괴테의 마지막 대화들 중 하나를 언급하는 것으로도 충분할 것인데, 여기서 그는 조레(Soret)와 반대로 개인과 사회 사이의 상호관계의 절대적 불가피성을 각자의 삶의 표현이 어떻든 그 자신의 삶의 경험에 비추어 특별히 강조했다.[117]

적어도 상대적으로 고도로 발달된 사회들에서, 특히 빈번한 공황기에 개인이 사회와 맺는 모든 관계는 단순히 외적이고, 부수적이며, 단순히 부가적이고, 결국에는 기술적으로 수립되며, 임의로 알려지고 지양될 수 있는 관계라는 식의 생각이 개인들 속에 일어날 수 있다는 것은 하나의 문화사적인 사실이다. 이러한 사실은 초기 기독교의 은자들로부터 하이데거의

---

115) Ebd., S. 88 f.; ebd., S. 517.
116) Ebd., S. 117; ebd., S. 538 f.
117) Gespräch mit Soret, 5. Jan. 1832, Goethes Gespräche mit Eckermann, Insel-Ausgabe, Leipzig o. J., S. 702.

'피투성(Geworfenheits)' 이론에 이르기까지 사상사에서 배제하기 어려운 역할을 담당했다고 말할 수 있을 것이다. 고전적인 로빈슨 크루소 부류들로부터 내가 실존주의 비판에서 데카당스(Dekadenz)의 로빈슨 크루소 부류들이라고 불렀던 것에 이르기까지 이러한 이해는 오늘날에 이르기까지 부르주아 이데올로기의 상당 부분을 지배하고 있다. 심지어 그것은 현대적으로 변용된 키르케고르의 기독교 전통에 뿌리박고, 후설 현상학의 그럴듯한 엄밀성에 기초해서, 사이비 존재론의 하부구조를, 말하자면 인간 세계에서 고립된 개인은 존재론적으로 볼 때 원초적이며 다른 모든 것을 근거 지을 수 있다는 것을 담고 있다. '본질 직관'의 도움으로 인간의 모든 관계들과 모든 사회적 연관들이 여기서 도출된 것으로, 고립된 개인에 의해 창출되고, 때문에 그 개인에 의해 되돌릴 수 있다고 생각하는 것은 어렵지 않게 가능할 것이다. 현실을 '괄호 속에 넣는 것', 존재론적 의미에서 일차적으로 주어진 것과 이렇게 주어진 것에 대한 주관적 반영들 사이의 차이를 혼동하는 것, 결과를 토대로 서술하고 또 그 반대로 서술하는 것은 이 방법의 본질에 상응한다. 하지만 이를 통해 근본적인 사태는 그대로 남겨진다. 버나드 쇼(George Bernard Shaw)는 예를 들어 그의 최초의 코미디에서 어떻게 불로소득자들이 사회로부터 '자유롭다'고, '규정되지 않았다'고 느끼는가를, 또 현실은 그것을 얼마나 충격적으로 상기시켜주는지를, 그들의 '의존성'의 기초가 사회적으로 볼 때 얼마나 규모가 컸는지를 재치 있게 그려냈다. 『정치경제학 비판 요강』에서, 원초적인 로빈슨주의자 부류들에 대한 비판과 관련해서 마르크스는 이러한 편견들과 대결하고 있다.

"우리가 더욱 깊이 역사로 되돌아가면 갈수록, 개인 역시, 그리하여 생산하는 개인도 어떤 거대한 전체에 귀속하는 비자립적인 존재로 나타난다. 처음에는 완전히 자연적인 방식으로 가족에서, 그리고 부족으로 확장된 공동체에서, 나중에는 부족의 대립과 통합으로 발생한 공동체의 여러 다른 형태들에서. 18세기에서, 부르주아 사회에서 비로소 사회적 연관의 상이한 형태가 그 사적 목적을 위한 단순한 수단으로서의 개인들과, 외적인 필연성으로서 대립했다. 하지만 개별화된 개인들이라는 이러한 관점을 낳은 시대는 모름지기 지금까지 가장 발전된 사회적(이러한 관점에서 본다면 일반적인) 관계들이다. 인간이란 말 그대로 정치적 동물, 즉 사회적 동물일 뿐만 아니라 오직 사회에서만 개별화될 수 있는 동물이다."[118] 마르크스는 언제나 사회이론의 커다란 물음과 관련해서 고립된 개인의 상상되고 의식적일 뿐인 비존재론적 속성에 반대했다. 결국 개인들이 사회를 '건설하는' 것이 아니라 개인들은 반대로 사회 속에서 사회의 발전과정에서 탄생한다는 것, 따라서 자주 강조된 사항을 되풀이한다면 현실적 복합체가 언제나 그것을 구성하는 요소들에 대해 존재론적인 우위를 갖는다는 것이 중요하다. 『신성가족』에서 마르크스는 고립된 개인이 각각의 '원자'이고, 그것들의 집단은 국가에 의해 '결합된다'고 보는 헤겔 좌파의(또 일반적으로는 자유주의의) 견해에 등을 돌렸을 때 비슷한 선상에 있었다. 반대로 국가는 사회의 기초 위에서 비로소 건설되고 '원자'는 언제나 사회의 실제적 성질에 의해 규정되어 이 사회 속에서 존재하고 활동한다.[119]

이제 우리가 이러한 거짓 문제를 뒤로하고 개체-유의 참다운 관계로 돌아간다면, 우리는 개체 속에서의 유적인 것의 실현은 개체가 자기 고유의 실존을 생산하고 재생산하며, 그리하여 개체성 자체의 확장과 분리될 수 없는 바의 저 실제적 관계들과 떨어질 수 없음을 보게 된다. 하지만 이것

---

118) *Grundrisse*, S. 6.
119) MEGA I/3, S. 296; MEW 2, S. 127 f.

은 문제 전체에 대해 구조적이고 역사적 의미에서 결정적인 결과를 낳는다. 동물의 표본이 자신의 유와 맺고 있는 '무언의' 관계에서 유는 순수한 즉자로 있으며, 그에 상응해서 언제나 자기 자신과 관계를 맺으며, 개별적인 표본들 속에서 순수하고 추상적인 형태로 실현된다. 개별 표본들의 태도는, 모름지기 유가 계통발생적으로 보존되는 한, 이러한 유적 성격 속에서 보존된다. 그런데 인간이 인간 유와 맺고 있는 관계는 처음부터 노동, 언어, 교환, 교류 등과 같은 사회적 범주들에 의해 형성되고 매개되기 때문에, 이러한 범주들은 원칙적으로 '침묵'하기보다는 의식적으로 활동하는 연관들과 관계들 속에서만 실현될 수 있기 때문에, 처음에는 똑같이 즉자적으로만 존재하던 인간 유의 내부에서의 구체적인 부분 실현들이, 그것들의 구체적 부분성과 특수성으로 인해 유적 의식의 발전과정에서 이러한 즉자의 지위를 받아들이는 부분 실현들이 발생한다. 따라서 생물학적으로 자연적인 인간의 일반적인 유적 성격, 즉자적으로 존재하고 또 이러한 즉자로서 분리 불가능하게 유지될 수밖에 없는 유적 성격은 인간 유로서만 다음의 내용을 실현할 수 있다. 즉 기존의 사회적 복합체는 언제나 구체적인 부분성과 특수성 속에서 활동한다는 것, 유적 존재의 '침묵'은 사회의 구성원들이 이러한 복합체의 맥락에서 이 복합체의 구성원으로서 자신들의 유적 성격을 의식하는 한 그들에 의해 극복이 된다는 것이다. 이러한 관계에서 근본적이고 객관적인 모순은 이러한 부분성과 특수성 속에서 이루어지는 유의 의식화가 일반적인 유적 존재를 다소 완벽하게 은폐하거나 적어도 배후로 깊숙이 밀어버린다는 점에서 드러난다. 특수한 인간 의식은 오직 인간의 사회적 활동(노동과 언어)의 연관 속에서만, 그리고 그 결과로서만 발생할 수 있듯, 유(類)에의 의식적 공속성은 인간들의 구체적인 공생과 협동으로부터 성장하는 것이다. 그 결과, 처음에 유로서 나타나는 것은 인간 자체가 아니라 관련된 사람들이 살아가고 노동하고 서로 간에 구체적으로 교류하는 바의 당대의 구체적인 인간 사회일 뿐이다. 이러한 이유로 인해 인간의 유적 의식의 발생은 자연적으로 결합된 부족들로부터 거대한 민족들에 이르기까지 지극히 상이한 규모의 순서와 단계들을 보여준다.

이처럼 근본적인 현상을 확정할지라도 모순이 서술된 것은 결코 아니다. 무엇보다 원시공산제가 해체된 이래로 지금까지 이야기했던 사회적 복합체는 더 이상 내적으로 통일적일 수 없다는 점을 주목해야만 한다. 계급들이 발생했다. 이러한 발전을 거칠게 개괄하는 것이 지금 우리의 작업은 아니다. 다만 이러한 유의 복합체가 획득한 다수의 역동적인 내적 속성이 역사의 진행과정에서 상당한 변형을, 종종 전혀 상반된 성격을 보이고 있다는 점은 주목해야만 한다. 따라서 카스트 제도는 그것에 의해 파악된 복합체의 정태적 안정화의 방향을 가리키는 반면, 가장 발전되고 가장 순수한 이러한 구조의 사회적 형식, 즉 계급분화는 통상 역동적이고 전향적인 방향으로 작용했다. 그럼에도 이러한 구조가 모든 구체적인 사회적 복합체에 내재해 있을지라도, 인간 사회의 공동체를 형성하는 이 두 체제가 상호 경쟁관계 속에 있고, 그것의 첨예한 징후는 공황기에만 분명하게 드러나곤 한다는 것을 파악하지 못했다는 것은 우리의 문제의 관점에서 볼 때 미숙한 실패일 것이다. 역사는 개별 계급들이 일국 내에서의 그들의 계급 적대자에 반대해서 외국과 동맹을 맺은 사례들로 가득 차 있다. 자연히 이것은 인간들이 종종 그들의 국가나 그들의 사회를 특정 계급의 지배(혹은 특정 계급의 균형)라는 맥락하에서만 자신들의 것으로 받아들인다는 사실에 기초해 있다. 여기에서 사회적인 유적 의식의 구체적 성격이 드러난다. 침묵하는 생물학적 유는 순수한 객관적인 것, 개별 표본에 의해 변하는 것이 아닌 것인 반면, 인간이 자신의 유적 의식을 실현하는 바의 사회 복합체와 맺는 관계는 어떤 능동적 활동, 협력, 건설 혹은 파괴의 행위이다. 때문에 어떤 구체적인 사회에 대한 귀속감이나 적어도 그 사회에 거주하는 것은 사회적 의미에서 유의 발생을 위한 불가결한 전제이다. 물론 이것은 의식의 현상만이 관건임을 의미하지 않는다. 의식은 무엇보다 사회적이고 객관적으로 상이한 구체적 관계들에 대한 반응의 형식(심지어는 대안적 성격)이며, 또 현재 출현하는 대안들의 공간은 객관적 의미에서 경제적-사회적으로 한계 지어져 있다. 의식은 개인이 그에게 주어진 것으로 존재하는 사회 환경에 대해 종종 불분명하고 단순히 느낌에 기초한 반응이다.

여기서 구체적인 변용들과 구체적인 단계들 등을 세밀하게 살피지 않은 상태에서, 일반적 발전을 간단히 일별해 보아도 이러한 복합체들이 확실히 불균등하고 퇴보하는 경우들이 많아도 지속적으로 성장하는 경향이 보인다. 이를 위해 어떤 증거가 필요하지는 않다. 지구에는 수없이 작은 부족들이 넘치고, 그것들은 종종 이웃 부족들에 의해 전혀 의식되지 않았다. 이제 지구는 멀리 떨어진 민족들 상호 간에도 포괄적이고 전면적으로 상호의존된 경제 통일을 형성하고 있다는 것은 논의의 여지가 없는 사실이다. 대개는 알지 못한 상태로 이루어지는 이러한 경제발전의 통합이 참여자의 의지와 무관하게 훨씬 빈번하게 수행되고 있다는 점이 여기서 우리에게 중요하다. 더 이상 침묵하지 않고, 더 이상 자연적이지 않은 유, 즉 인간유(Menschengeschlecht)에로 인간의 자발적이고 끊임없는 통합은, 따라서 생산력 발전이 이루어낸 불가피하고 확장된 성취이다. 우리는 이러한 발전이 불가피하게 개별 인간들의 능력을 끌어 올리게 되었음을 보여주었다. 이러한 진행은 여기서 지적된 과정, 즉 인간 유의 발생을 끊임없이 야기하는 과정에 의해 보완되었다. 아울러 이러한 지적은 또한 사회적 의미에서의 인간 유로 가는 길로서, 자연적 즉자가 우리에 대한 존재로 바뀌는 것으로서, 시각에 따라서는 대자존재로 완벽하게 발전하는 것과 같이 순전히 존재론적으로 생각된다는 점이 강조되어야만 한다. 이처럼 순수한 존재론적 고찰은 그렇기 때문에 여하한 형태의 가치판단을, 사회적 의미에서 객관적인 가치에 대한 지적은 담고 있지 않다. 확실히 이러한 고찰은—인간 능력의 고도 발전이라는 앞서의 측면과 마찬가지로—사회적 의미에서 객관적인 가치 정립의 상이한 필연적 형태들을 포함하고 있다. 그럼에도 그것은 우리가 사회성을 인식하기 위한 구체적인 연구를 할 때 비로소 이성적 방식으로 상세하게 파악될 수 있는 그런 문제들이다. 여기서 결정적으로 중요한 것은, 생산력의 발전은 이론의 여지가 없이 이러한 진보를 수행해야만 한다는 존재론적 사실이다. 노동이 그것이 현실화되는 초기에 동물을 인간으로 바꾸었듯, 노동의 지속적인 고도 발전은 그 고유의 사회적 의미에서 인간 유를 발생시켰다.

기본적이면서도 존재론적인 사태를 이처럼 단순하게 확정짓는 과정에서 오해를 일으키지 않기 위해서는 하나의 보충적인 언급이 필요하다. 첫째로 이러한 과정은 결코 목적론적인 과정이 아니다. 인간들 상호 간의 자연적 관계 및 자연에 대한 관계를 사회적인 것으로 바꾸는 모든 변화의 과정은 경제현실의 자연발생적 변화를 수행한다. 많은 침체와 퇴보에도 불구하고 경제의 전체 경향은 인간의 교류 형태에서의 사회성의 증가뿐만 아니라 동시에 소 공동체들이 확장되고 포괄적인 공동체 속으로 통합이 이루어짐으로써 각기 다른 사회적 복합체들 상호 간의 결합이 안팎으로 끊임없이 증대하는 것은 순전히 법칙적이다. 결국 자본주의는 역사에서 최초로 현실적인 세계경제를, 하나의 인간 사회가 다른 모든 인간 사회와 경제적으로 결합된 사회를 창출했다. 사회적 의미에서의 인간 유의 발생은 생산력 발전의 의도하지 않은 필연적 산물이다. 둘째로—이것은 이러한 발전의 반목적론적 성격을 다시금 강화시켜준다.—여기서 다시금 불균등 발전에 대해 언급하지 않을 수 없다. 모든 사회구성체들이 고유의 확장된 생산을 향한 동일한 경향을 갖고 있는 것은 아니다. 마르크스는, 예를 들어 이른바 아시아적 생산양식과 관련하여 그 경제적 토대는 경향적으로 단순한 재생산을 지향함을 입증했다.[120] 여기서 진보라는 우리의 관점에서 고찰해볼 때, 결국에는 오랜 침체 후에 비로소 자본주의의 침투에 의해서 또한 외부로부터 도래하는 낡은 경제 형태들의 붕괴에 의해서 중단될 진퇴양난이 발생한다. 고대의 노예제는 전혀 다른 종류의 진퇴양난에 직면했는데, 오직 역사적 '우연'을 통해서만, 말하자면 우연적인 게르만 민족의 이동을 통해서만 봉건제로 발전할 수 있었던 것이다. 세 번째로 이러한 합법칙적 발전의 반목적론적인 성격에 따르면—인간 능력의 고양에서와 마찬가지로—실현의 구체적 견인차는 사태 자체와의 항구적 모순 속에 있다는 사실이 드러난다. 즉 유혈 전쟁, 노예화, 전체 민족의 멸망, 황폐화 및 인간 지위의 하락, 수 세기에 걸친 민족들의 관계에서의 증오의 첨예화—이것들은 인류가 유(類)로의 통합을 수행해왔고 또 언제나 수행하면서 도움을 받은 직접적 '수단'이다.

하지만 그럼에도 이러한 과정이 일어나고 있다는 것은 인간 능력의 발전만큼이나 사실로 남아 있다. 이러한 발전과정에 하나의 역사적 실재로 드러난 세계사는 그 자체가 역사적 성격을 띤 범주이다. 마르크스는 『정치경제학 비판 요강』에서 다음과 같이 말했다 "세계사는 언제나 존재하는 것이 아니다. 세계사로서의 역사는 결과이다."[121] 역사과학은 오늘날 이미 이

---

120) *Kapital* I, S. 323; MEW 23, S. 379.
121) *Grundrisse*, S. 30.

러한 상황을 야기한 과정을 해명하고 서술하는 과정에서 발견된다는 것, 따라서 이미 오늘날에는 세계사의 과학의 단초가 존재한다는 것이 이러한 존재론적 확정과 모순되기보다는 오히려 그것을 확증하고 있다. 왜냐하면 이러한 세계사는 과학에서 지금까지 그 자신의 과거의 존재론적 부재를 발견할 수 있었을 뿐이기 때문이다. 물론 여기서, 또 이 점이 탐구해야 할 가장 중요한 것인데, 불균등하기는 해도 작은 통일들을 확대하는 통합의 과정은 상호교류의 과정에서 안팎으로 끊임없이 이루어지는 성장과정과 내적인 구조에 대한 그것의 영향 못지않게 강화되고 있다. 사회적 실재로서의 세계사는 그럼에도 최근에 이루어지는 발전 국면을 (반영하는) 현상이다. 여기서는 이러한 국면에서 인간과 인간 집단의 주관적 반응은 종종 객관적 상황에 상응하는 태도를 취하는 것과 멀리 떨어져 있다는 것, 심지어 그들은 이 상황에 대해 격렬한 저항도 전개하고 있다는 것이 준비단계로서 특징적이다. 물론 사건의 과정은 경제적 필연성이 그럼에도 관철되어야만 한다는 점을 보여준다.

따라서 우리는 더 이상 침묵하지 않는 인간 유의 발생이라는 문제와 관련해 우리가 이미 인간 능력의 발전과 그 모순(소외 등)을 확정하면서 전망했던 문제들에 직면한다. 경제의 주요 경향의 합법칙적이고 일반적인 근본 노선은 구체적인 발전과정에서 불균등성을 나타내고, 내적이고 모순적인 방식으로 드러날 뿐만 아니라, 합법칙적인 주요 발전의 결정적인 객관적 결과들과 직접적인 모순관계를 빚는 여러 가지 형태들 속에서 언제나 다시금 실현된다. 이러한 모순은 사회발전의 총체성과 그것의 완벽한 동력학과 합법칙성에 대해 존재론적으로 서술할 때만이 적확하게 파악될 수 있다. 우리가 마르크스의 사회적 존재의 존재론의 한 측면—물론 핵심적인—에 대해, 즉 경제영역의 존재론적 우위에 한정할 수밖에 없는 이 자리에서, 우리는 사회적 총체성 내부의 참다운 연관에 대한 대단히 일반적이고 지극히 추상적인 암시에 이어질 구체적인 설명을 나중으로 미룰 수밖에 없다. 우리가 이 사회를 하나의 복합체로 파악할 경우, 우리는 그것이 지극히 착종된 방식에서 이질적이고, 때문에 상호 이질적으로 작용하는 복합체들로부터 발생한다는 것을 알게 될 것이다. 여기서 우리는 한편으로 적대적으로 행동하는 계급들 속의 차별만을, 다른 한편으로는 상대적으로 자립적인 복합체들로 확대된 매개체계(법, 국가 등)를 생각해야만 한다. 이와 관련해서 이러한 부분 복합체들이 그 나름으로는 복합체들로부터, 인간 집단과 개별 인간들로부터 발생하고, 환경—모든 매개와 차별의 복합체의 토대를 형성하는—에 대한 그것들의 반응이 끊임없이 대안적인 결정들 속에 기초해 있다는 것을 잊어서는 안 된다.

이러한 역동적인 힘들의 상호작용은 얼핏 직접적으로 볼 때는 하나의 혼란(Chaos)으로, 적어도 쉽게 평가하기 어려운 상충하는 가치들의 전쟁터를 낳는데, 여기서는 개인들이 그들의 대안 결정을 위한 세계관적 토대를 발견한다는 것이 어렵기도 하고 때로는 불가능한 것처럼 보이기도 한다. 가장 비근한 과거의 모든 사상가들에 대해 베버는 이러한 상황의 직접적인 면모를 날카롭게 파악했으며, 유연하게 묘사했다. 『직업으로서의 학문』이라는 그의 강연에는 다음과 같이 적혀 있다. "실천적인 입장을 학문적으로 옹호한다는 것이 불가능하다는 사정은 … 훨씬 더 깊은 곳에 있는 이유에서 나옵니다. 세계의 다양한 가치질서들이 서로 풀기 어려운 투쟁 속에 있기 때문에, 그러한 옹호는 원칙적으로 의미가 없습니다 … 어쨌든 우리는 또한 오늘날에는 어떤 것은 그것이 아름답지 않음에도 불구하고 또 그것이 아름답지 않기 **때문에(weil)**, 그리고 그것이 아름답지 **않은 한에서(insofern)**, 신성할 수 있다는 것을 알고 있습니다 … 또한 어떤 것은 그것이 아름답지도 않고 신성하지도 않으며 선하지도 않음에도 불구하고 또 그렇기 때문에 참된 것일 수 있다는 것은 일상적인 지혜입니다 … 여기에서도 역시 다른 신들이 서로 싸우고 있으며, 더욱이 그 신들은 영원히 싸울 것입니다. 단지 그 의미만이 다를 뿐이지, 사정은 그 신들과 데몬들의 주술로부터 깨어나지 못한 옛 세계와 같습니다. 고대 그리스 사람들이 처음에는 아프로디테에게, 다음에는 아폴론에게, 그리고 특히 자신들의 도시의 모든 신에게 제물을 바친 것처럼, 오늘날에도—(신들을 섬기는) 그러한 태도가 주술에서 벗어났으며, 또 내적으로는 진정한 유연성을 지닌 신화에서도 탈피하기는 했지만—사정은 똑같습니다. 그리고 이 신들과 그들의 투쟁을 지배하는 것은 운명이지, 결코 그 어떤 학문도 아닙니다 … 각자에게 있어서는 실로 궁극적인 입장에 따라서 어떤 것은 악마가 되고 또 어떤 것은 신이 됩니다. 또 각자는 자기에게 있어서는 무엇이 신이고 무엇이 악마인지를 결정하지 않으면 안 됩니다. 그리고 이것은 삶의 모든 질서에 걸쳐서 그렇습니다 … 옛날의 많은 신들은 그 마력을 잃어버렸기 때문에 비인격적인 힘의 형태로 그들의 무덤에서 나와서 우리 삶에 대한 지배를 추구하며 또다시 서로 간의 영원한 투쟁을 시작하고 있습니다.”[122] 비극적이고 격앙된 회의조로 제시된 이러한 이율배반은 이러한 문제 복합체에 대한 후기의 입장들에서 오늘날까지 계속되고 있는데, 신실증주의와 실존주의의 공속적인 대립 속에서는 추상적이고 피상적 형태로 증발할 뿐이다. 첫째로 신실증주의에서는 모든 갈등의 조작적 ‘지양’으로, 실존주의에서는 추상적 주관성이라는 빈 공간 속으로, 이러한 추상성 속에서는 객관적으로 실존하지 못하는 주관성 속으로 모든 대안들을 이전시킨 결과 내적으

---

122) Max Weber: *Gesammelte Aufsätze zur Wissenschaftslehre*, Tübingen 1922, S. 545 ff.

로 공허한 이율배반으로 발전하는 것이다.

하지만 전통적인 마르크스주의는 한 번도 그러한 적들을 굴복시키지 못했다. 이들 속에는 인식론적으로 근거 지어졌지만, 그러나 모름지기 그러한 이유로 결정적인 존재론적 물음들에서는 간과된, 사회적 존재와 사회적 의식이라는 거짓 이원론이 발생했다. 말할 것도 없이 레닌 이전 시기에 철학적으로 가장 세련된 이론가인 플레하노프는 내가 아는 한은 이러한 이론을 영향력 있게 정식화했다. 그는 토대와 상부구조의 관계를 다음처럼 규정했다. 즉 토대는 "생산력의 수준"과 "이를 통해 제약된 경제관계"로부터 발생한다. 이러한 토대 위에서 이미 상부구조로서 "사회-정치적인 질서"가 발생한다. 이러한 토대에 대해 비로소 사회적 의식이 조응하는데, 플레하노프는 그것을 다음과 같이 정의했다. "한편으로는 직접적으로 경제를 통해 규정된, 다른 한편으로는 이로부터 발생한 사회-경제적 질서에 의해 규정된 **사회적 인간의 심리학.**" 이데올로기들은 이제 다시금 "이러한 심리학의 속성들"[123]이다. 플레하노프가 여기서 전적으로 19세기 인식론의 영향하에 있다는 것을 안다는 것은 어려운 일이 아니다. 이 이론은 본질적으로 근대 자연과학의 성과물들을 철학적으로 근거 지으려는 노력에서 발생했다. 이와 관련하여 물리학이 결정적인 모델 역할을 했다는 점은 이해할 수 있다. 즉 한편으로 법칙적으로 규정된 존재가 있는데, 여기서는 의식의 현재에 대한 어떤 이야기도 할 수 없다. 다른 한편으로는 자연과학의 순수하게 인식적인 의식이 있는데, 이는 그것이 기능하는 데 어떠한 존재의 요소도 자기 안에 담고 있지 않다. 이 자리에서 이러한 종류의 순수한 인식론의 문제를 천착하지는 않겠지만, 다만 그 속에서 의식이 없는 존재

---

123) G.W. Plechanow: *Die Grundprobleme des Marxismus*, Stuttgart-Berlin 1922, S. 77.

와 존재가 없는 의식이라는 이 같은 순수한 이원성은 상대적이기는 해도 여기서 상대적인 방법론적 정당성을 갖고 있다는 점은 분명히 해야 할 것이다. 따라서 유기적 생명이 인식론의 문제의 범위 안에 포함된 것은 이러한 모델이 기능하는 데 오점이 되지는 않는다. 우리가 살펴보았듯, 의식은 고등동물에게는 순전히 자연적인 것의 부대 현상으로 간주될 수 있기 때문이다. 인식론적 가상이라는 이러한 도식을 사회적 존재에 적용할 때 비로소 이 협소한 틀을 벗어나 해결 불가능한 이율배반을 전면에 드러낸다. 부르주아 인식론은 모든 사회적 현상들을 순전히 관념적으로 해석함으로써 이러한 문제를 해결했는데, 여기서 사회적 존재의 존재성이 완벽하게 사라질 수밖에 없다는 것은 당연한 일이다. 심지어 N. 하르트만의 경우에도 그렇다.

이와 관련하여 마르크스의 계승자는 어려운 상황에 봉착했다. 마르크스는 경제법칙에 자연법칙 자체와 비슷한 보편타당성을 올바로 부여한 반면, 그들은 이러한 유형의 법칙들을 더 이상 구체화하거나 제한하지 않고 단순히 사회적 존재에 적용할 것을 제안했다. 하지만 이로부터 존재론적 상황에 대한 이중적 왜곡이 일어난다. 첫째로—마르크스의 이해와는 정반대로—사회적 존재 자체, 무엇보다 경제현실이 순전히 자연적인 어떤 것(결국 의식이 없는 존재)처럼 보였다. 우리는 나중에 어떻게 플레하노프에게서 의식이 문제 일반으로 등장했는가를 알고 있다. 개별적인 목적론적 (의식을 지닌) 행위는 그 자체의 객관적 법칙을 지니고 있다는 마르크스의 이론은 그러한 이론들과는 공통점이 없다. 사회적 존재와 의식의 형이상학적 대비는 마르크스의 존재론과는 엄격히 대립되는데, 여기서 모든 사회적 존재는 의식의 행위들(대안적 정립들을 지닌)과는 불가분적으로 결합되어 있다. 둘째—이미 이것은 플레하노프 자신보다는 일반적인 속류 마르크스주의자들에 해당하는데―경제적 필연성의 기계적이고 숙명론적인 과잉 긴장이 발생한다. 여기서 상세한 비판이 필요하다고 보기에는 이러한 사태는 너무 잘 알려져 있다. 마르크스에 대한 신칸트주의적 '보충'은 예외 없이 이러한 입장이지, 마르크스 자신의 입장과는 무관하다는 점을 지적만 하자. 마르크스가 『정치경제학 비판』 서문에서 "인간의 존재를 결정하는 것은 인간의 의식이 아니며, 오히려 인간의 사회적 존재가 인간의 의식을 결정하는 것이다."[124]라고 말했을 때, 그것은 이러한 이론들과 관계된 것이 아니다. 한편으로 마르크스는 사회적 존재에게 사회적 의식을 대립시킨 것이 아니라, 모든 의식을 대립시킨 것이다. 그는 특수한 사회적 의식을 결코 분리된 형태로 이해하지 않았다. 다른 한편으로 첫 번째 부정적인 명제로부터, 마르크스는 여기서 단순히 이러한 물음과 관련하여 관념론에 대해 저항했으며, 단순히 의식에 대한 사회적 존재의 존재론적 우위성을 주장했다는 결론이 이어지는 것이다.

엥겔스는 이러한 속류화가 마르크스주의와 대치된다는 분명한 느낌을 가졌다. 그가 그 당시 노동운동의 중요한 인물에게 보냈던 편지에서, 우리는 토대와 상부구조 사이에 교호작용이 존재한다는 것, 개별적인 역사적 사실들을 단순히 경제적 필연성으로부터 '도출'하는 것 등은 현학적일 것이라는 많은 시사점들을 발견한다. 그는 이 모든 문제들에서 언제나 올바로 처신했지만, 그럼에도 마르크스적 방법으로부터의 일탈을 언제나 원칙적으로 논박하는 일에 성공했던 것은 아니다. 블로흐(Joseph Bloch)와 메링(Franz Mehring)에게 보내는 편지들을 보면, 그는 이론적 근거를 제시하려 했고, 심지어는 자신과 마르크스의 저작들에 대한 자기비판까지 시도했다

---

124) Zur Kritik, LV; MEW 13, S. 9.

는 점도 인정된다. 따라서 그는 블로흐에게 다음과 같이 적었다. "유물론적 역사관에 따르면 역사에서 **최종 심급**의 결정적 계기는 현실적 삶의 생산과 재생산이다. 마르크스도 나도 그 이상을 주장하지는 않았다. 이제 누군가 그것과 관련해 경제적 계기가 유일하게 결정하는 계기라고 곡해한다면, 그는 저 명제를 아무것도 말하지 않는, 추상적이고 의미 없는 구절로 변질시키는 것이다. 경제 상황은 토대이다. 하지만 상부구조의 상이한 계기 … 역시 역사적 투쟁들에 영향을 미치고 있으며, 많은 경우 이러한 투쟁 형태들을 결정적으로 규정하고 있다. 그것은 이 모든 계기들의 상호작용이며, 결정적으로 여기서 무한 수의 우연들을 통해 … 경제 운동을 필연적인 것으로 관철시킨다."[125] 의심할 바 없이 엥겔스는 이러한 상황의 여러 가지 본질적 특징들을 올바로 서술하고, 속류주의자들의 많은 오류들을 대단히 명확하게 교정하고 있다. 그럼에도 그가 철학적 토대에 대한 비판을 제시하고자 한 곳에서, 우리가 믿기에 그는 아무것도 움켜쥐지 못하고 있다. 왜냐하면 내용(경제)과 형식(상부구조) 사이의 보충적 대립은 그것들의 연관이나 그것들의 상호 차이를 적절히 표현하지 못하고 있기 때문이다. 우리가 메링에게 보내는 [엥겔스의―역자] 편지에서 형식을 "이러한 관념들이 발생하는 바의 방식과 수단"으로 해석한 것을 취할 경우, 우리가 얻을 것은 더는 없다. 엥겔스는 여기서 이데올로기들의 발생을, 또 이러한 발생의 상대적 특수성을 올바로 지적하고 있다. 하지만 이것 역시 결국에는 형식-내용의 관계와 똑같이 파악될 수는 없다. 왜냐하면 이것은 우리가 헤겔 장에서 지적하고자 했던 것처럼 하나의 반성규정이기 때문인데, 이에 따르면

---

125) Engels an Bloch, 21. Sept. 1890, Ausgewählte Briefe, S. 374; MEW 37, S. 463
　　―Ähnlich an Mehring, 14. Juli 1893, ebd., S. 405; MEW 39, S. 96 f.

형식과 내용은 언제나, 그리고 대개는 개별대상에서, 복합체와 과정에서 결합해서, 그리고 오직 결합해서만 그 고유의 속성과 그 현 상태(보편성을 포함한)를 규정한다. 하지만 바로 그렇기 때문에, 각기 다른 현실 복합체들 상호 간의 규정에서 하나는 내용으로서, 다른 하나는 형식으로 나타난다는 것은 불가능할 것이다.

　그릇된 마르크스 해석을 긍정적으로 교정함으로써 이러한 비판을 마감하는 일의 어려움은 지금까지 이루어진 우리의 서술의 지극히 추상적인 수준에서는 토대와 상부구조에 관한 참으로 구체적인 변증법의 존재론적 전제가 미처 발전되지 못했으며, 그렇기 때문에 추상적인 기대가 쉽게 오해를 야기할 수 있기 때문이라는 데 있다. 또 이러한 추상적 서술과 관련해서는 무엇보다 마르크스에 의해 강조된 경제적인 것의 존재론적 우위가 위계적 관계를 자기 안에 포괄하고 있는 것은 아니라는 점이 강조되어야만 한다. 상부구조의 사회적 실존이 존재론적으로 언제나 경제적 재생산과정의 실존을 전제하고 있다는 것, 이 모든 것은 경제가 없다면 존재론적으로 표상이 불가능하다는 것, 반면 다른 한편으로 그것은 경제적 존재의 본질에 속한다는 것, 그것은 모순적일지라도 그것에 상응하는 상부구조를 활성화하지 않고서는 스스로 재생산될 수 없다는 단순한 사실을 표현하고 있다. 존재론적 기반 위에서 위계질서를 부인하는 것은 경제적 가치가 다른―사회적―가치들과 어떤 관계에 있는가라는 물음과 긴밀하게 연관되어 있다. 사회적이라는 형용사를 우리는 잠정적으로, 물론 처음에는 추상적이고 선언적인 의미에서 우리의 가치관을 관념적인(대개는 초험적인) 가치관으로부터 구분했다. 우리가 믿기에 가치정립의 사회적 필연성은 동등한 존재론적 필연성과 동시에 인간의 사회적 행위의 대안적 성격에 대한 전제이자 결과이다. 대안을 결정하는 행위 속에는 필연적으로 가치가 있는 것(Wertvollem)과 반가치적인 것(Wertwidrigem)에 대한 결정을 담고 있으며, 그것은 존재론적 필연성을 띠면서 반가치적인 것을 선택할 가능성뿐만 아니라 가치적인 것의 주관적 선택과 관련해 오류를 범할 가능성도 내부에 담고 있다.

서술의 이 단계에서 우리는 여기서 발생한 모순들을 구체화하는 일에 천착할 수는 없다. 단지 우리는 특별하게 함의된, 경제적 대안들의 유일한 특성만을 강조할 수 있을 것이다. 이러한 특성과 함께 말하자면 한낱 자연적인 것이 사회적인 것으로 바뀌고, 아울러 사회성의 물질적 기초가 창조되는 것이다. 사용가치 속에서 자연 대상들은 인간 삶의 재생산에 적합하고 유익한 것들로 변화된다. 한낱 자연적인 대타존재는 사용가치의 의식적 생산과정을 통해 사회화됨으로써 인간과 원칙적으로 새로운 관계를 맺게 되는데, 이러한 관계는 자연 속에서는 아직 현존할 수 없는 것이다. 또 교환가치에서 사회적 필요노동시간이 경제에 의해 규정된 인간들의 사회적 교류의 척도이자 조정자가 되므로, 사회적 범주들의 자기구성은 자연적 한계의 퇴조(退潮)를 포함한다. 그리하여 경제적 의미에서의 가치는 한낱 자연적인 것의 사회적인 것으로 전환되는 원동력이고, 인간의 인간화가 인간의 사회성으로 완성되는 원동력이다. 이제 경제적 범주들이 이러한 변화의 견인차로 기능하기 때문에―경제적 범주들만이 이러한 변화의 기능을 수행할 수 있다.―이 범주들에는 우리가 지금까지 이야기했던 사회적 존재 안에서의 존재론적 우위가 부여된다. 하지만 이러한 우위는 영향의 방식과 경제적 범주들의 구조에서, 무엇보다 가치의 구조에서 상당한 의미를 지니고 있다. 첫째로, 경제적 가치는 그것의 객관성이 내재적으로 유효한 법칙성의 형식으로 구체화되는, 유일한 가치범주이다. 이러한 가치는 가치(선택적 정립)인 동시에 객관적 법칙이다. 이러한 이유로 유익하거나 해로운, 성공적이거나 실패작이거나와 같은 이처럼 근본적인 가치범주들이 직접 경제적 가치의 선택으로부터 발생한다 할지라도, 역사의 과정에서 그 가치의 성격은 여러 모로 희미해질 것이다. (인간적 활동과 직접적으로 관계된 가치범주들이 오랫동안 끈질기게 유익하거나 해로운 것의 선택에 근거해 있고 또 그것으로 되돌아가고 있다는 것은 확실히 우연은 아니다. 사회성이 상대적으로 높은 단계에서 이 사회의 모순이 명백하게 드러날 때 비로소 이러한 연관성은 칸트에서 보듯 원칙적으로 거부된다.) 둘째로, 우리가 이미 이야기했던바, 경제적 가치범주는 사회적으로 훨씬 복잡한 관계들 속에서 그것을 실현하기 위해 사회적 매개들을 활성화하고, 이 속에 질적으로 새로운 유형, 말하자면 순전히 경제적으로는 다룰 수 없는 선택들이 발생하는, 그런 방향으로 작용한다. 이미 언급된 문제 복합체들에서 인간 능력을 끌어올리고 유를 통합하는 과정을 상기하는 것으로 충분할 것이다.

이러한 매개의 세계들에서 점차적으로 지극히 다른 인간적 가치체계들이 발생한다. 우리는 이미 여기서 대단히 중요한 사회적-존재론적 사실을, 즉 이 모든 매개들은 각각의 경제와 이종관계를 맺고 있으며, 그것들의 매개기능은 이러한 이종성(Heterogenität)으로 인해 곧바로—경제적 가치와 비교해서—이러한 토대에서 발생하는 가치의 이질적 속성 속에서 자연스럽게 표현될 수밖에 없는 것을 충족시킬 수 있다는 점을 지적했다. 하지만 여기에 인용된 것은 두 가지 가치체계가 이종성으로부터 발생한 상이성이 대립으로까지 고양되는 선택지로 발전하는 한, 이종성이 특정 상황하에서는 대립으로 발전할 수 있다는 것이 밝혀진다. 이러한 상황에서 경제적 가치와 다른 가치들 사이의 근본적인 차이가 표현된다. 후자의 가치들은 언제나 다시금 사회성을, 이미 존재하고 자기발전하는 그것의 존재성을 전제하는 반면, 전자의 경제적 가치는 사회성을 원초적으로 산출할 뿐만 아니라 끊임없이 그것을 새롭게, 보다 확장된 방식으로 산출하고 재산출하고 있다. 이러한 재생산과정에서 경제적 가치는 언제나 다시금 새로운 형태를 유지하고 있다. 심지어 그것은 전혀 새로운 가치형태를 낳을 수도 있다. (우리는 이와 관련해 반복해서 다루어진 상대적 잉여가치를 생각한다.) 그럼에도 그것의 근본 형태는 본질적으로 이처럼 끊임없는 변화의 과정에서 변화하지 않는다.[126] 비경제적인 가치형태는 사회적 존재를 산출하는 것이 아니라 그것을 현재 주어진 것으로 전제하고 또 이렇게 주어진 존재의 테두리 안에서 사회적 존재에 의해 제시된 대안들과 결정 방식들을 모색하고 발견하기 때문에, 사회적 구조와 사회적으로 작용하는 경향들을 이루고 있는 현재의 지금 여기(hic et nunc)가 그것들의 형식과 내용을 결정적으로 규정한다. 경제발전이 사회구조의 현실적 변화를, 질적으로 상이한 사회구성체들의 대체물을 산출하는 곳에서는 노예제 국가에서 봉건제를 넘어 자본주의로 이행하는 과정에서 보듯 불가피하게 질적인 변화가 상부구조와 비경제적인 가치영역들의 속성에서 발생한다. 자연발생적으로 규제하는 생활방식이 의식적인 주도로, 인간 행동의 제도적 지배로 이행하고, 그리하여 전혀 새로운 유형의 가치체계들이 등장하는 것은 사회적으로 필연적이다. 이 새로운 유형들은 자연의 규칙적 변형이 경제적 가치에 각인시킨 고정된 범주 형태를 벗어날 수밖에 없기도 하다. 그것들은 때로는 안정이 오래 지속됨에도 불구하고 그 내용과 형식에서 헤라클레이토스적인 생성의 불안에 의해 파악되는 것처럼 보인다. 이것은 불가피한 현상인데,

---

126) 마르크스는 사회적 필요노동시간이 어떻게 지극히 상이한 구성체들 속에서 본질적으로 불변 상태로 유지되는가를 『자본론』에서 보여주고 있다. *Kapital* I, S. 43 ff.; MEW 23, S. 90 ff.

왜냐하면 그 기능을 채우기 위해서 그것들은 사회적인 지금 여기라는 당대의 문제틀로부터 유기적으로 성장할 수밖에 없기 때문이다. 물론 속류 마르크스주의에서 보듯, 그것들의 특성은 단선적으로, 직접적인 인과적 의존성으로 파악될 필요는 없다. 이러한 의존성은 현실에서는 '다만' 사회발전의 현 단계에서 삶의 문제들이 제기된다는 것, 이로부터 구체적인 선택지들이 발생하고, 이에 대한 구체적 답변들이 모색된다는 데 있다. 따라서 물음과 답변이 갖는 입장, 성질과 내용과 관련해서 의존성이 존재한다. 그럼에도 우리가 살펴보았던 것처럼, 경제발전의 후속 현상들은 대단히 불균등한 성격을 띠고 있기 때문에, 그것들 각각은 사회적 존재를 표현할뿐더러 동시에 균등한 존재론적 필연성을 띠고 새로운 평가를 위한 출발점을 제공하기 때문에, 이러한 의존성은 경제발전단계의 후속 현상들과 근본적으로 모순되고 또 그것들을 반가치적인 것으로 드러내는 비경제적인 가치체계 속에서 구체화될 수 있다. (우리는 여기서 소외의 문제를 생각하고 있다.) 이렇게 해서 이러한 의존성 내부에서 가능한 답변들이 좀 더 확대된 공간을 차지하기에 이르는 것이다. 그것들의 의도들은 직접적인 현실로부터 인간 유의 문제를 직접 지향하는 일에까지 확장될 수 있으며, 따라서 그것은 현재로부터 먼 미래까지 활발한 영향을 미칠 수 있을 것이다. 물론 이처럼 크게 확장된 공간이 한계가 없다거나 자의적이라는 것은 아니다. 현 단계의 경제발전이라는 구체적 지금 여기(hic et nunc)로부터 그것이 출발한다는 것이 결국에는 결정적으로 가치의 내용과 형식에서의 현 상태를 결정한다.

　이처럼 역사적으로 깊숙이 연관되어 있고, 현실적 차이를 변별하기 어려울 정도로 결합된 상태에서 마르크스주의를 벗어난 그들의 해석이 역사적 상대주의에 빠진다는 것을 이해하기란 어렵지가 않다. 하지만 그것은 가능한 오해의 한 단면일 뿐이다. 왜냐하면 그것들의 복수성에도 불구하고 비경제적 가치들은 순전히 시간적으로 결합된 단순한 개별성들이 보이는 무분별한 다양성과는 거리가 멀기 때문이다. 이러한 가치들의 진정한 탄생은 설령 불균등하고 모순적일지라도—결국에는—통일적으로 진행하는 사회적 존재로부터 비롯된 것이기 때문에, 또한 오직 사회적 의미에서 전형적이고 유의미한 선택들만이 참다운 가치들로 응축될 수 있기 때문에, 그것들을 순전히 사유에 의해 구축하고, 논리적인 형식에 따라 규제된 체계로 동종화(Homogenisierung)하는 일은 질서정연한 사유와는 정반대가 되는 것일 것이다. 동종화의 원리에 따르면, 형식적으로 볼 경우 이러한 가치들이야말로 가치들이라는 것이다. 때문에 체계화는 그것들의 존재론적 속성과 이종성을 무시할 수밖에 없다. 이러한 모든 논리화(Logisierung)는 동시에 탈역사화가 될 수밖에 없으며, 이로써 모든 가치는 그 구체적인 토대, 그것의 구체적이며 현실적인 실존을 상실한 채, 단순히 형식적인 것으로 퇴조된 자기 자신의 그림자로서의 체계 속으로 들어가는 것이다. 그럼에도 불구하고 그러한 가치체계, 한 가치 내에서의 그러한 체계화들(덕의 체계 등)이 대량으로 발생한다. 하지만 그것들은 다만 하나의 부수적 의미만을, 즉 대개의 경우 가치 자체가 아니라 단순히 이론으로 퇴색된 그것들의 반영들이 체계화의 기초를 형성함으로써 격하된 의미만을 갖고 있다.

아리스토텔레스의 실천적 행동의 가치론은 무엇보다 그것이 이론적 체계화를 전혀 모색하지 않고 있기 때문에, 그러나 지극히 드문 현상이지만, 심오하고 구체적인 방식으로, 그의 시대의 진정한 사회적 대안들로부터 시작해서 그것을 현실화하는 내적이고 변증법적인 연관들과 법칙들을 탐구하고 해명했다는 점에서 흔치 않은 영향을 지속하고 있다. 그러나 대단히 빈곤하고 추상적인 '정언명법'이 대중성을 새롭게 획득한 것조차 논리적 체계를 상대적으로 절제한 덕분이다. 칸트는 적어도 부정적이고 금지하는 방식으로 논리적 추론을 통해 구체적인 행동 가능성을 규정하고자 했던 점에서 그의 문제의식을 공공연하게 드러냈다. (우리는—정반대로 지향된—헤겔과 짐멜의 부정적인 비판을 생각하고 있다.) 따라서 사상사에는 가치론을 둘러싼 거짓 이율배반이, 즉 한편에는 역사적 상대주의가, 다른 한편에는 논리적-체계적 독단론이 생겨난다. 특히 위기와 전환기에 탁월한 사상가가 가치문제의 구체적 실재성과 관련해 의식적으로 반체계적이고, 종종 경구적인 사유 표현을 선택했다는 것은 결코 우연이 아니다. (라 로쉬푸꼬)

이러한 이율배반을 벗어나는 존재론적 제3의 길(tertium datur)은 사회-역사적 과정의 현실적 연속성으로부터 출발하는 것이다. 이와 관련해 우리는 앞서 기술했던 새로운 실체관으로 돌아갈 수밖에 없는데, 그것에 따르면 실체는 자기보존의 정태적이고 고정된 관계로서 생성의 과정에 대해 경직되고 배타적으로 대립하는 것이 아니라 과정적이고, 그 과정 속에서 변화되고 혁신되며, 함께 그러한 과정을 만들어가면서도 본질적으로는 자신을 보존하는 것이다. 사회과정 속에서 발생하는 참다운 가치는 오직 이런 방식에서만 견지되고 보조될 수 있다. 이 점에서 자연히 우리는 가치의 '영원하고' 영속적인 타당성을 근본적으로 부인할 수밖에 없다. 가치 역시 예외 없이 사회의 진행과정의 특정 단계에서 발생한다. 참다운 가치라고 할 때, 이는 과정이 그 자체 '영원한' 가치의 실현을 낳는 것처럼 보이는 것이 아니라, 오히려 가치 자체가 사회과정 속에서 현실적으로 발생하고 또 부분적으로는 현실적으로 소멸한다는 의미이다. 그러나 사회적 존재에서 실체의 연속성은 인간의 연속성, 그의 성장, 그의 문제의식, 그의 선택들이다. 하나의 가치가 그 실재성에서, 그 구체적인 실현들에서 이러한 과정 안으로 들어가 그 과정에 영향을 미치는 구성요소가 되고, 그것의 사회적 실존의 본질적 계기를 구현하는 한, 그것과 더불어 또 그 속에 가치 자체의 실체성이, 가치의 본질과 현실성이 담겨 있는 것이다. 이 점은 진정한―물론 절대적인 것이 아니라 사회적이고 역사적인―가치의 일관성 속에서 분명하게 드러난다. 지양하기 힘들 것처럼 보이는 지금까지의 상대주의와 독단주의의 이율배반의 양 측면은, 역사과정이 변화 못지않게 변화 속의 지속을 끊임없이 재생산한다는 것에 기초해 있다. 예술 영역에서의 객체화 가능성뿐만 아니라 특정한 윤리적 문제제기의 불변성도 발생과 소멸만큼이나 두드러진다. 때문에 우리가 강조한 새로운 실체 해석, 여기서 연속성으로 객체화된 실체 해석이 이러한 이율배반을 해소할 수 있는 방법론적 기초를 형성할 수 있다.

이 과정은 사회의 모든 과정과 마찬가지로 불균등한 과정이라는 것, 연속성은 때때로 오랜 소멸로서, 그리고 마침내는 순간적인 현실화로 나타난다는 것은 사회적 존재에서 연속성이 실체에 대해 맺고 있는 관계를, 그리고 재생산에서 연속성의 영향력을 변경하지는 못할 것이다. 우리는 불균등 발전의 맥락에서 호머에 관한 마르크스의 견해를 언급한 바 있다. 거기서 마르크스는 곧바로 미학적 존재의 연속성이라는 문제를 제기했다. 그는 사회적 발전으로부터 가치가 탄생하는 데서 참으로 결정적인 문제를 보았던 것은 아니다. 오히려 그는 가치문제를 다음과 같이 정식화했다. "하지만 어려움은 그리스 예술과 서사시가 특정한 사회발전의 형태들과 결합되어 있다는 것을 이해하는 데 있지 않다. 오히려 어려움은 그것이 우리에게 여전히 예술적 쾌감을 주고, 어떤 측면에서는 모범이자 도저히 이를 수 없는 모델로 간주된다는 데 있다."[127] 그가 제시한 답변은 인간 유의

127) *Grundrisse*, S. 31.

발전에서 나타나는 연속성에 기초해 있다. 또 레닌이 『국가와 혁명』에서 사회주의의 두 번째 국면, 즉 공산주의의 가능성과 전제에 대해 언급할 때, 그는 인간적 가치가 있는 삶의 조건에서의 인간의 '습관'을 중심에 두었다. 그러나 이러한 '습관'의 내용은 레닌에 따르면, "자본주의적 노예 상태로부터 자본주의적 착취의 무수한 공포, 야만성, 불합리, 비열함으로부터 해방된 인간은 예로부터 알려져 있고, 수천 년 동안 온갖 가르침들 속에서 반복된 가장 기본적인 사회적 공생의 규칙을 폭력 없이, 강제 없이, 종속 없이, 국가라 부르는 **특수한 강제 장치 없이** 지키는 일에 점차로 습관화하는데 있다."[128] 그리하여 레닌도 마르크스와 똑같이 인간의 발전의 연속성을 언급하고 있다. 인간의 발전의 연속성에서 드러나는 이처럼 구체적이고 현실적인 과정의 실체성은 상대주의와 독단주의의 거짓 딜레마를 가치문제 속으로 지양한다. 가치의 사회적 연속성에 대한 이러한 구성을, 그것의 현실적 방향이 과거에서 미래로 향하고 있다고, 다시 말해 과거로의 복귀는 언제나 현재의 실천, 즉 미래에 대한 지향으로 이어진다고 확정함으로써 구체화하는 일이 피상적이지만은 않을 것이다. 현재를 과거 속에 있는 그것의 '뿌리'로 되돌리는, 종종 등장하는 일면적 해석은 따라서 현실적 사태를 어렵지 않게 왜곡할 수 있다.

마르크스 존재론에 대한 이러한 개괄은 불가피하게 지극히 불완전할 수밖에 없고, 주요 문제만을 그 의미에 따라 다루는 일로부터도 멀리 떨어져 있다. 두 번째 부분에서 적어도 하나의 핵심문제와 관련하여 이러한 생략을 보완하려는 보충적인 시도가 이루어졌다. 하지만 이러한 고찰은 적어도 사회주의적 시각의 발전과 마르크스의 일반적인 존재론적 견해 사이의 관

---

128) Lenin: *Sämtliche Werke* XXI., Wien-Berlin 1931, S. 544 f.

계에 대한 보다 상세한 언급 없이는 마무리될 수가 없다. 마르크스가 그의 사회주의관을 무엇보다 유토피아적 사회주의와 반대되는 과학적 사회주의로 차별화했다는 것은 잘 알려진 일이다. 우리가 그의 존재론의 관점으로부터 이러한 분리를 파악하고자 할 때, 마르크스에게서 사회주의란 사회적 존재의 내적 변증법의, 계급투쟁뿐 아니라 그 모든 전제들과 결과들을 담지한 경제의 자기전개의 정상적이고 필연적인 산물로서 나타나는 반면, 유토피아주의자들에게서 본질적으로 수많은 오류의 전개는 결단과 실험, 사례 제시 등을 통해 교정되어야만 하는 점이 첫 번째 결정적인 차이로서 주목될 것이다. 이는 무엇보다 경제가 갖는 존재론적 핵심 역할이 사회주의의 발생을 가능케 할 뿐만 아니라 그것의 존재론적 의미와 기능이 현실 사회주의에서도 중단될 수 없다는 것을 의미한다. 『자본론』에서 마르크스는 이에 대해 경제의 영역은 사람들의 생활권에서 언제나 '필연성의 왕국'이었지만, 사회주의에서도 역시 마찬가지로 남을 것이라고 말했다. 아울러 마르크스는 그가 평상시 천재적이고 비판적인 통찰을 가졌다고 높이 평가했던 푸리에(Fourier)가 사회주의에서 노동이 유희의 기술로 바뀔 것이라고 생각했던 점에 대해 정면으로 반대했다. 아울러 그는 어떤 분명한 논쟁은 없었다 할지라도 사회주의에서 "경제가 없는" 시대를 살아갈 것이라고 한 모든 견해를 부정했다. 객관적인 존재론적 의미에서 사회주의로 가는 길은 앞서 우리가 묘사했던 발전, 즉 노동을 통해, 노동으로부터 성장한 경제 세계를 통해, 원동력으로서의 노동의 내재적 변증법을 통해, 사회적 존재가 그 고유성으로, 단순히 침묵하는 자연적인 것이 아닌 의식적인 것으로서의 인간 유의 속성을 낳게 되는 바의 발전이다. 경제는 사회적 범주들이 고도로 발전된 사회를 낳는다. 그럼에도 경제는 이 작업을 계급사회들 속에서는 경제가 인간들과 대립된 '제2의 본성'으로 대상화됨으로써만 수행한다. 개별적인 선택행위들과 전혀 무관한 객체성의 이 근본적 성격은 지양 불가능한 어떤 것으로 남아 있다. 마르크스는 그것을 '필연성의 왕국'이라는 말로 특징지었다. 질적 도약은 이러한 '제2의 본성' 역시 인간성에 의해 지배된다는 데 있는데, 계급사회는 이러한 일을 결코 수행할 수 없다. 예를 들어 현재의 자본주의는 소비의 전 영역을 지금까지는 결코 존재하지 않았던 방식으로 인간을 지배하는 '제2의 본성'으로 만들 수밖에 없다.

자본주의의 특수성은, 그것이 사회적 생산을 그 말의 고유한 의미에서 자연발생적으로 생산하고 있다는 것이다. 사회주의는 이러한 자연발생성을 의식적 통제로 바꾸었다. 경제를 '필연성의 왕국'으로 설명하기 위한 예비적이고 기초적인 명제들에서 마르크스는 사회주의의 경제에 관해 다음과 같이 말했다. "이(경제의) 영역에서 자유는 오직 사회화된 인간, 단결된 생산자들이 어떤 맹목적인 힘에 의해 지배되게 하지 않고, 자연과 그들의 신진대사를 합리적으로 규제하며, 그들의 공동의 통제하에 놓을 때에만 존립할 수 있다. 다시 말해 자연과의 신진대사를 최소한의 힘을 사용해서, 그리고 그들의 인간적 본성에 가장 알맞고 최적한 조건하에서 수행할 때 그렇다." 이러한 토대 위에서야 비로소 자유의 왕국이 탄생할 수 있다. 이 왕국의 피안에서 그 자체 목적인 인간 힘의 발전이, 그러나 오직 그 토대인 필연성의 왕국 위에서만 꽃을 피울 수 있는 참다운 자유의 왕국이 시작된다.[129] 여기서 종종 자신의 지지자들에 의해 오해된 마르크스의 존재론이 분명하게 드러난다. 대단히 예리하게 마르크스는 사회적 존재의 사회화인 경제만이 인간성의 이 같은 발전단계를 낳을 수 있다는 것, 경제는 인간이 궁극적인 자기성취를 이루는 도정으로서뿐만 아니라 영구적인 존재론적

129) *Kapital* III/2, S. 355; MEW 25, S. 828.

기초로서도 빼놓을 수 없는 것이고 또 그렇게 남아야 한다는 것을 분명히 했다. 사회주의의 다른 전제를 모색하는 모든 이론적 경향은 불가피하게 유토피아에 빠질 것이다. 동시에—우리가 지금까지 거듭해서 지적했던 것처럼—이러한 경제는 오직 토대이고, 존재론적으로 일차적이기는 하지만 이러한 경제는 경제적으로 필연적인 것의 실현을 현실적으로 생산하는 인간 능력과 사회적 복합체의 힘을 낳고, 다시금 이것들은 경제발전을 사회적 현실로서 촉진하고 강화하고 요구하며, 특정 상황에서는 그것을 방해하거나 왜곡할 수도 있다.

경제적으로 필연적인 사회적 존재의 발전과 경제구성체의 사회적 전제들 및 결과들과 사회의 탈경제적 요인들(폭력적인 것 등) 사이의 구체적 모순들 간의 이러한 변증법적 모순 역시 지금까지의 역사에서 불균등 발전의 중요한 기초를 이루었다. 모든 인간 행위의 형식들로서의 구체적인 선택들은 보다 높은 단계에서 다시금 모든 역사적 전환점을 반복하고 있다. 마르크스가 심지어 사회주의에서조차 경제적인 것의 존재론적 우위를 주장했기 때문에, 마찬가지로 그는 그것의 발생에 포함된 선택을 확고히 했다는 것은 분명하다. 이미 『공산당 선언』에서 계급투쟁 및 고도로 구조화된 새로운 경제구성체들의 발생과 관련해 다음과 같은 말을 한 적이 있다. "자유인과 노예, 귀족과 평민, 영주와 농노, 동업조합의 장인과 직인, 요컨대 억압자와 피억압자는 끊임없이 대립관계에 있으며, 끊임없이 때로는 은폐되고 때로는 공개적인 투쟁을, 매순간 전체 사회의 혁명적 변혁으로 끝장나거나 투쟁 계급들의 공동 몰락으로 끝장나는 투쟁을 진행하게 된다."[130] 전체 역사발전을 특징짓는 이 같은 양자택일적 성격은 존재론적 우위와

---

130) MEGA I/6, S. 526; MEW 4, S. 462.

경제의 궁극적이고 결정적인 역할을 지양하는 것이 아니라 오히려 그것을 사회-역사적으로 구체화하고 있다. 그런데 이러한 특성은 마르크스의 계승자들 사이에서 대단히 희미해졌으며, 종종 완벽하게 사라졌다. 그것은 한편으로 속류 유물론의 기계론적 '필연성'으로 단순화되었고, 다른 한편으로는 이러한 속류화에 대한 신칸트주의적 혹은 실증주의적 반대자들을 역사적 신비주의로 빠뜨렸다. 오직 레닌만이 마르크스주의의 원초적 입장을 고수했으며, 모름지기 힘들고 복잡한 상황에서도 그것을 혁명적 실천의 길잡이로 간주했다. 이 점은 1917년 11월 7일 프롤레타리아의 권력 장악을 달성하고자 한 봉기를 결정하는 데서 특히 그러했다. 하지만 레닌은 1920년 제2차 국제공산주의연맹에서 그러한 입장들의 이론적 기초와 관련해 오로지 마르크스의 견해라는 의미에서 입장을 표명했다. 여기서 레닌은 그 당시의 커다란 위기를 경시했던 사람들뿐만 아니라 그 위기를 부르주아에게 탈출구 없는 것으로 간주했던 사람들 모두를 비판했다. 레닌은 말한다. "절대적으로 탈출할 수 없는 상황이란 존재하지 않는다." 그것을 이론적으로 '입증'하고자 하는 것은 "공허한 현학이거나 말이나 개념 장난이다. 그것에 대해 혹은 그것과 유사한 경우에 대한 현실적 '증명'은 오직 실천만이 담당할 수 있다."[131] 이러한 실천은 선택적 특성을 지니고 있다.

사회주의로 가는 길은 따라서 마르크스의 일반적인 사회-역사적 존재론과 완벽하게 일치한다. 이러한 존재론은 '역사의 종말'을 받아들이는 모든 견해와 대립하는 것으로 드러난다. 마르크스의 시대에는 무엇보다 사회주의를 최종적으로 등장하는 인간적 상황으로 간주하는 유토피아주의자들이 문제였다. 마르크스에게는 여기서 역사의 계속적인 진행도 문제였다.

---

131) Lenin: *Sämtliche Werke* XXV, S. 420.

『정치경제학 비판』 서문에서 그는 사회주의에 대해 다음과 같이 적고 있다. "그리하여 이러한 사회구성체와 더불어 인간 역사의 전사(前史)가 종결된다."[132] '전사'라는 말은 심사숙고해서 고른 것이며 여기서는 이중적 의미를 갖고 있다. 첫째로, 침묵은 하고 있지만 그럼에도 모든 형태의 역사의 종말은 결정적으로 부인하는 것이다. 동시에 마르크스가 사용한 표현은 역사에서의 새로운 장이 갖는 특수한 성격을 특징짓고 있다. 우리는 거듭해서 사회적 존재의 새로운 존재론적 단계가―유기체에서처럼―한 차례 현존하는 것이 아니라, 역사적 과정 속에서 점차로 고유의 내재적이고 지극히 순수한 형태로 발전한다는 것을 강조했다. 지금 인용된 결론에 앞선 지적에서 마르크스는 자본주의 사회에서의 적대주의를 사회주의와의 결정적 차이로 규정했다. 일반적으로 사람들은 사회주의적 측면에서 이러한 규정을 다음과 같이 해석하곤 했다. 즉 계급적대의 종결은 동시에 그것이 갖고 있는 필연적이고 적대적인 속성을 지양한 것이다. 매우 일반적으로 표현할 경우 이것은 옳지만, 그럼에도 우리가 앞서 다루었던 문제와 관련해서 본다면 경제적 가치가 사회적 삶 전체의 객관적 가치들과 맺고 있는 관계에 대해 중요한 보충을 필요로 한다.

가치는 언제나 행동과 행위 등을 통해 실현되기 때문에, 그것이 실현되는 과정에서 이 가치의 실존이 선택들과 분리될 수 없다는 점은 분명하다. 모든 목적론적 정립에 담겨 있는 결정과정에서 불가분적으로 존재하는 가치 있는 것과 반가치적인 것 사이의 대립 역시 지양하기가 어렵다. 이러한 대립은 가치 자체의 내용과 형식과는 전혀 다른 것이다. 특정한 사회들에서 이것들은 경제적 과정과 적대적 관계를 맺고 있으며, 경제발전이 지극

---

132) *Zur Kritik*, LVI; MEW 13, S. 9.

히 다른 단계들에서도 그러하며, 자본주의에서는 특별히 그렇다. 마르크스가 선언한 이율배반의 소멸은, 따라서 이러한 문제 복합체와도 연관된다. 사회적 존재의 존재론적 근본구조와 관련되어 있고, 이러한 구조는 다시금 경제영역들의 성질과 긴밀한 관계에 있다는 것이다. 앞서 인용한 필연성과 자유의 왕국에 관한 마르크스의 주장들은 경제발전의 질서에서 경제적으로 낙관적인 합리성에 대해서만 언급하는 것이 아니라, 이러한 질서가 그 인간적 본성에 가장 적합하고 적절한 조건들하에서 수행되었다는 것에 대해서도 언급하는 것이다. 여기서 경제적 가치들과 탈경제적 가치들 사이의 이율배반의 지양을 위한 경제적 토대가 분명하게 이야기되었으며, 다시금 마르크스가 항상 대변했던 근본 견해와 완벽하게 일치하게 되었다. 이미 『경제학-철학 수고』에서 마르크스는 남자와 여자의 관계를 '자연적인 유적 관계'로 간주했다. 이것은 이중적 관점에서 올바르고 의미가 있다. 한편으로 인간 유(類)의 생명의 기초는 이러한 관계에서 지양하기 어려운 직접성 속에서 실현되며, 다른 한편으로 그것은 그럼에도 인간성의 발전과정이라는 지극히 넓은 의미에서 생산이 인간에게 각인시킨 형태 속에서 실현된다.[133] 이로부터 인간의 유적 발전에서 경제적 필연성과 그것의 결과들 사이에 존재하는 적대관계가 끊임없이 재생산되게 되었다. 이러한 적대관계는 오직 점진적으로만 의식적 형태 속에 나타난다는 것, 적대관계의 출현은 대단히 오랫동안 (오늘날에 이르기까지) 매우 느리게 그것의 초기 단계를 벗어났고 또 종종 허위의식으로 객관화되었다는 것은 다시금 이러한 발전의 일반적인 역사적 성격을 보여주었지만, 그러나 가치들 상호 간

---

133) 수고에는 여기서 주석이 이어진다. "새로운 인종학의 탐구는 이러한 관계가 이미 경제발전의 초보적인 단계에 사회구조의 결과로서 결정되었음을 보여준다." (역주)

의 관계의 존재론적 기초에서 본질적인 것을 변화시키지는 못했다. 때문에 그 당시 마르크스는—지금은 푸리에에 동의하면서—다음과 같이 말할 수 있었다. "이러한 관계로부터 우리는 인간들의 형성단계의 전체를 판단할 수 있다."[134] 여기서 모름지기 이러한 상황의 억센 일상성에서, 경제발전과 '형성단계(인류의 발전 수준 전체)' 사이에 존재하는 가치의 적대관계가 명확하게 드러난다.[135]

선택들의 지양 불가능한 영향력을 인정하는 것은 대체로 인간 행동들의 사회적-실천적 종합화에 대해 언급되는 곳에서는 우리가 살펴보았듯 경제발전의 주된 경향의 법칙과 모순되지 않는다. 때문에 마르크스는 그의 시대의 자본주의 경제의 순환적 성격의 일반적 필연성과 아울러 공황의 주기를 이론적으로 엄밀하게 규정할 수 있었다. 하지만 이것은 경향들과 시각들에 대한 단순한 일반적 인식일 뿐, 마르크스 자신은 그것의 도움으로 개별적인 위기들이 발발하는 장소나 시간을 비근하나마 규정할 수 있다고 주장하지 않았다. 사회주의에 대한 마르크스의 전망적 예측도 이러한 방

---

134) MEGA I/3, S. 113; MEW Ergänzungsband I, S. 535.
135) 여기서 우리는 오로지 마르크스의 견해만을 대상으로 하고 있다. 스탈린 체제하의 사회주의의 실현은 결정적인 물음에서 다르며, 때로는 전혀 상반된 길을 가고 있다는 것을 나는 종종 이야기한 바 있다. 여기서는 어떤 방법론적 오해도 일어나지 않도록 하기 위해서 사회주의의 스탈린적 발전을 마르크스의 이해와 동일시하는 모든 견해들에 반대해서 한편으로는 그것의 거짓 차별을 마르크스에 대한 거짓 원용들로 덮어버리고 보존하며, 다른 한편으로는 스탈린의 이론과 실천을 마르크스와 레닌과 일치한다고 기술함으로써 사회주의 일반을 훼손하는 입장을 취하는 것. 여기서 이처럼 커다란 문제 복합체에 대해 상세히 논구하지 않고서도 근본적으로 새로운 구성체를—역사적으로 고찰할 때—이처럼 짧은 실현의 시기 후에 결정적으로 포기하는 것은 지극히 소박하다(혹은 선동적이다)라는 말을 덧붙이지 않을 수 없다. 이론적으로나 실천적으로 스탈린주의의 유산을 극복해서 마르크스주의에 복귀하기 위해서는 수십 년이 필요하다고 해도, 그 시간은—역사적 관점에서 본다면—상대적으로 짧다.

법론적 관점에서 고찰해야 한다. 마르크스는 무엇보다『고타강령 비판』에서 가장 일반적인 이러한 경제 경향들을 첫 번째 이행 국면에서 현실적으로 상세하게 논구하고 있다. 그는 상품교환의 구조는 여타의 근본적인 변화에도 불구하고 이 이행 국면에서는 자본주의에서와 똑같이 기능한다고 확정했다. "교환이 등가교환인 한 상품교환을 규제하는 것과 똑같은 원리가 지배한다는 것은 분명하다. 내용과 형식은 변화한다. 왜냐하면 변화된 상황에서는 누구도 자신의 노동을 벗어나서는 어떤 것도 줄 수 없으며, 다른 한편으로 개별적인 소비수단을 벗어나서는 어떤 것도 개인의 소유로 이행할 수 없기 때문이다. 하지만 개별적인 생산자들 사이에 이 소비수단들을 분배하는 문제에 관한 한, 상품 등가물들의 교환에서와 동일한 원리가 지배한다. 한 형식에서의 노동의 양이 다른 형식에서의 노동의 양과 똑같이 교환되는 것이다." 이것은 사회적으로 결정적인 매개체계에서는 매우 광범위한 결과를 갖는다. 사회주의가 낳는 계급구조가 아무리 많이 변화할지라도, 권리는 본질적으로 똑같은 권리로 남으며, 따라서 '부르주아 권리'가 여러 모로 이전의 이율배반적 성격을 탈피하거나 적어도 약화시킨다 할지라도 그것은 여전히 '부르주아 권리'이다. 마르크스는 곧바로 다음과 같이 말하고 있다. "이 **동등한** 권리는 불평등한 노동에 대해서는 불평등한 권리이다. 그것은 어떠한 계급적 차이도 인정하지 않는다. 왜냐하면 모두가 다른 사람들과 마찬가지로 노동자일 뿐이기 때문이다. 하지만 그것은 암묵적으로는 개인의 불평등한 재능을 인정하고 있으며, 그리하여 노동자의 수행 능력을 자연적 특권으로 인정한다. **따라서 그것은 다른 모든 권리와 마찬가지로 내용상으로는 불평등의 권리이다.**" 보다 높은 단계에서, 그가 지적한 경제적 전제들, 그리고 경제에 의해 사회적으로 가능해진 인간적 전제들 위에서 비로소 "만인이 자신의 능력에 따라 일하고, 자신이 필요에 따라 가져가는"[136] 상태가 객관적으로 가능해진다. 아울러 상품교환의 구조, 소비자로서의 개별 인간들에 대한 가치법칙의 효력도 중단된다. 생산 자체에서 사회적으로 필요노동시간 및 생산의 규제자로서의 가치법칙은 생산력의 성장에도 불구하고 그 효력이 변경되지 않은 채로 남아 있다는 것은 명백히 의심의 여지가 없다.

이것들은 발전의 일반적이며 필연적인 경향들이며, 그렇기 때문에 이러한 보편성 속에서 과학적으로 확립 가능하다. 첫 번째 부분은 이미 그 타당성을 입증했다. 계속적인 전망이 옳은지 여부에 대한 검증은 미래의 사실들이 제공할 수 있을 것이다. 하지만 이처럼 지극히 일반적 의미에서 견지된 의식적 시각으로부터 구체적이고 전술적인 혹은 심지어 구체적이고 전략적인 즉각적 결정들과 직접적인 이정표를 얻을 수 있다고 생각하는 것은 무의미할 것이다. 레닌은 이 점을 정확히 깨닫고 있었다. 신경제정책 (NEP)과 관련해 국가 자본주의를 도입하는 것이 문제가 되었을 때, 이 물음에 대한 지침서가 없었다. "마르크스도 이 문제에 대해 생각하거나 단한 줄이라도 쓰지 않았으며, 한 줄이라도 정확하게 인용하거나 반박하기 어려운 지적을 남겨두지 못하고 죽었다. 따라서 우리는 우리 스스로를 도울 방도를 모색해야 할 것이다."[137] 여기서도 또한 모든 전략적이거나 전술적인 결정을 마르크스-레닌의 이론으로부터 직접적이고 논리적이며 필연적인 결론으로서 '도출하려는' 이론적 악습이 스탈린에게서 나타났다. 이로 인해 원칙들이 일상적 요구에 기계적으로 적용되면서 왜곡되었으며, 일반법칙들과 일회적이고 구체적인 결정들 사이에 존재하는 중요한 구분이

---

136) Ausgewählte Schriften II, S. 580 ff.; MEW 19, S. 20 f.
137) Lenin: *Ausgewählte Werke* IX, Moskau-Leningrad 1936, S. 364.

사라짐으로써 결국에는 주의적이며 실천적인 독단론에 빌미를 제공하게 되었다. 실천의 관점에서 볼 때도, 마르크스가 그의 저작들 속에서 발전시킨 저 존재론을 다시금 회복하는 일이 얼마나 중요한지가 이러한 지적을 통해서 드러난다. 여기서는 물론 무엇보다 그의 존재론으로부터 비롯된 이론적 성과물들이 문제였다. 그럼에도 제2부에서 그것을 개별적인 핵심 문제에 적용함으로써 지금까지의 일반적인 고찰에서 가능했던 것보다 더 구체적이고 더 정확하게 그 효력의 범위를 조명할 때 비로소 우리는 이것을 그것의 완전한 의미에서 파악하게 될 것이다.

찾아보기

344

지은이

:: 게오르그 루카치 György Lukács, 1885-1971

헝가리 출신의 마르크스주의 철학자, 미학자, 문예 이론가이다. 은행장의 아들로 태어났다. 부다페스트에서 법철학을 전공했고, 거기에서 1906년 경제학 박사 학위를, 1909년에는 철학 박사 학위를 받았다. 1918년 12월에 헝가리 공산당에 가입했고, 그 이듬해 헝가리 소비에트 공화국 교육부 인민위원이 되었다. 헝가리 혁명이 좌절된 이후 빈으로 망명했으나, 1930년에 추방을 당하고 나서 모스크바에서 살았다. 1931년에서 1933년까지 베를린에서 지냈지만, 독일 파시스트의 권력 장악 이후에 다시 모스크바에서 살았다. 1945년 부다페스트로 돌아와서 미학, 문화 이론을 담당하는 교수가 되었다. 헝가리에서 반혁명적 사건이 벌어진 1956년 10월에 나지(Nagy) 정부의 문화부 장관으로 입각했지만, 곧 그만두었다. 저술로는 『근대 드라마 발달사』(1911), 『영혼과 형식』(1911), 『소설의 이론』(1916), 『전술과 윤리』(1919), 『역사와 계급의식』(1923), 『레닌』(1924), 『청년 헤겔』(1948), 『이성의 파괴』(1954), 『역사 소설론』(1955) 등이 있다.

옮긴이

:: 이종철

연세대학교 정법대학 법학과를 졸업한 후 동대학원 철학과에서 석사와 박사 학위를 받았다. 연세대 철학연구소의 선임 연구원으로 재직하면서 연세대, 교원대, 숙명여대, 서울여대, 대안연구 공동체 등에서 강의를 했다. 현재는 몽골 후레 정보통신대학 한국학 연구소장 겸 한국어과 교수로 재직 중이다. 저서로 『헤겔 〈정신현상학〉 '이성'장 연구(학위논문)』, 『삶, 사회 그리고 과학』(공저), 『삐뚤빼뚤 철학하기』(공저), 『우리와 헤겔철학』(공저) 등이 있으며, 역서에 『헤겔의 정신현상학 1』(공역), 2(J. 이폴리트), 『아인슈타인, 나의 노년의 기록들』(A. 아인슈타인), 『철학과 실천』(H. 오피츠), 『철학의 이해』(S. 모리스 엥겔), 『헤겔 변증법의 쟁점들』(J. 맥타가르트), 『문학 속의 시간』(H. 마이어호프), 『마르크스주의 인간론』(페도세예프 외), 『소방관이 된 철학교수』(F. 맥클러스키), 『헤겔 법철학 입문』(로즈) 등이 있다

정대성

연세대학교에서 철학을 공부하고(학사, 석사), 독일 보쿰 대학교에서 독일 근현대철학으로 철학 박사 학위를 받았다. 연세대학교에서 HK연구교수로 일했고, 지금은 연세대학교 언어정보연구원 전임연구원으로 활동하고 있다. 현대사회의 병리현상에 대한 철학적 해명에 관심을 두고 있으며, 특히 독일관념론과 사회비판이론에서 많은 통찰을 얻고 있다. 『내러티브연구의 현황과 전망』, 『인문정신의 탐색과 인문언어학』, 『세상을 바꾼 철학자들』의 저술 활동에 참여했고, 『청년헤겔의 신학론집』(헤겔), 『헤겔』(Ch. 테일러), 『비판, 규범, 유토피아』(S. 벤하비브) 등 다수의 번역서가 있으며, 『자유주의와 공화주의를 넘어서』 등 다수의 논문이 있다.

한국연구재단총서 학술명저번역 서양편 **593**

사회적 존재의 존재론 ❷

1판 1쇄 찍음 │ 2017년 6월 23일
1판 1쇄 펴냄 │ 2017년 7월 7일

지은이 │ 게오르그 루카치
옮긴이 │ 이종철 · 정대성
펴낸이 │ 김정호
펴낸곳 │ 아카넷

출판등록 2000년 1월 24일(제406-2000-000012호)
10881 경기도 파주시 회동길 445-3
전화 │ 031-955-9511(편집) · 031-955 9514(주문)
팩시밀리 │ 031-955-9519
책임편집 │ 이하심
www.acanet.co.kr

ⓒ 한국연구재단, 2017

Printed in Seoul, Korea.

ISBN 978-89-5733-511-6 94160
ISBN 978-89-5733-214-6 (세트)

이 도서의 국립중앙도서관 출판예정도서목록(CIP)은
서지정보유통지원시스템 홈페이지(http://seoji.nl.go.kr)와
국가자료공동목록시스템(http://www.nl.go.kr/kolisnet)에서 이용하실 수 있습니다.
(CIP제어번호: CIP2016020949)